中國社會科學引文索引（CSSCI）來源集刊

簡帛研究 二〇一四

中國社會科學院簡帛研究中心
中國社科院歷史所戰國秦漢室
楊振紅　鄔文玲　主編

廣西師範大學出版社
·桂林·

圖書在版編目（CIP）數據

簡帛研究. 2014 / 楊振紅，鄔文玲主編. —桂林：
廣西師範大學出版社，2014.12
ISBN 978-7-5495-6285-5

Ⅰ. ①簡⋯ Ⅱ.①楊⋯②鄔⋯ Ⅲ.①竹簡—中國—文集
②帛書—中國—文集 Ⅳ. ①K877.54-53

中國版本圖書館 CIP 數據核字（2014）第 302585 號

廣西師範大學出版社出版發行
（廣西桂林市中華路 22 號　郵政編碼：541001
網址：http://www.bbtpress.com）
出版人：何林夏
全國新華書店經銷
桂林廣大印務有限責任公司印刷
(廣西桂林市臨桂縣金山路 168 號　郵政編碼：541100)
開本：889 mm × 1 194 mm　1/16
印張：23　　字數：480 千字
2014 年 12 月第 1 版　　2014 年 12 月第 1 次印刷
印數：0 001～1 200 册　　定價：100.00 元

目　録

清華簡《别卦》卦名補釋*

清華大學出土文獻研究與保護中心　程浩

内容提要　清華簡《别卦》載有六十四卦的卦名與卦象，其卦名用字與其他"易"類文獻多有歧异。這些用字的不同大多屬於音近假借的範疇，但其中的個别卦名當屬義訓而來。如《别卦》中對應今本《周易》卦名"姤"的"繫"字，與"姤"同義且見於本卦爻辭。"介"字與其對應的卦名"豫"都可訓爲大，同時也見於本卦爻辭。《别卦》中的"揨"字可讀爲"登"，與《周易》卦名"升"音義皆通。而用作"噬嗑"卦名的"燮"，則是從與"噬"字同義的"齧"字演化而來。

關鍵詞　清華簡　《别卦》　《周易》　卦名

清華大學藏戰國竹簡中有數枚載有卦名與卦象的短札，整理者擬題之爲《别卦》。該篇是繼上博楚簡本、馬王堆帛書本、阜陽漢簡本《周易》以及王家臺秦簡《歸藏》後早期易學文獻的又一重大發現，對研究六十四卦的卦名、卦序以及流傳與演變的過程都有重要意義。

《别卦》通篇用楚文字書寫，卦名用字與其他版本多有歧异。這些用字的不同大多屬於音近假借的範疇，整理者已經給出了很好的釋讀意見。[①] 但其中的個别卦名僅"乞靈于聲韻"來解釋似有未安，故在此試做别解。

---

* 本文係國家社科基金重大項目"清華簡《繫年》與古史新探"（10&ZD091）、國家社科基金重大項目"中國國家起源研究的理論與方法"（12&ZD133）階段性研究成果。

① 李學勤主編：《清華大學藏戰國竹簡（肆）》，上海：中西書局，2013。

一

今本《周易》卦名"姤"，《别卦》作"繇"。

整理者以音近釋之：

> 繇即繫，今本《周易》作姤，係通假關係。繫在錫部見母，姤在侯部見母，韻部旁對轉。

作爲卦名的"姤"字，上博楚簡本作"敂"，二字音近通用。又《周易》"隨"卦"上六"爻辭："拘係之"，上博楚簡本作"係而敂之"，知"係"（即"繫"）、"敂"義近，都是表係縛拘止意。[①] 由此可知，本卦中的"姤"字表示的也應該是與"繫"相同的意義，而非《彖》傳所説的"遇也"。

值得注意的是，《周易》本卦"初六"爻辭："繫于金柅，貞吉。有攸往，見凶，羸豕孚蹢躅"，第一字即爲"繫"；而"上九"爻辭："姤其角，吝，无咎"，第一字爲"姤"。我們知道，卦名與爻辭多有聯繫，許多爻辭中都體現了卦名。這在《周易》中不乏其例，如"需"卦爻辭：

> 初九，需于郊，利用恒，无咎。
> 九二，需于沙，小有言，終吉。
> 九三，需于泥，致寇至。
> 六四，需于血，出自穴。
> 九五，需于酒食，貞吉。
> 上六，入于穴，有不速之客三人來，敬之終吉。

除"上六"爻外，爻辭中都有卦名"需"，且每爻通用的"需于某"句例也與本卦"繫于金柅"相合。因此，我們頗疑《别卦》所用卦名"繫"即從"初六"爻辭"繫于金柅"中擷取而來。而前文已述，"姤"、"繫"本同義，則今本《周易》卦名用"上九"爻辭首字"姤"與《别卦》卦名用"初六"爻辭首字"繫"就無别了。

二

今本《周易》卦名"豫"，《别卦》作"介"。

整理者解釋説：

---

① 丁四新：《楚竹書與漢帛書〈周易〉校注》，上海古籍出版社，2011，52頁。

介字與王家臺秦簡《歸藏》同。阜陽漢簡、今本《周易》作豫。介屬月部見母,豫屬魚部喻母,魚月旁對轉,見喻牙喉音,音近可通。

關於卦名"豫"何以作"介",王家臺秦簡《歸藏》公布後學界曾有過相關討論。[1] 這其中以廖名春先生的觀點最爲值得重視,他認爲各本卦名作"豫"、"余"、"餘"、"介"等皆取自"豫"卦訓"大"之本義,并指出:"'餘'有饒、多義,而'豫'《説文》以爲'象之大者',當有大義。兩字義當相近。'介'有大訓,與'餘'、'豫'同義。"[2]

此外,本卦"六二"爻辭"介于石,不終日,貞吉",第一字恰爲"介",則本卦卦名作"介"的情況可能與上一條"姤"卦作"繋"一樣,是在字義相同的前提下擷取了其他爻辭的首字作爲卦名。

三

今本《周易》卦名"升",《别卦》作"揘"。

整理者的注釋爲:

揘,王家臺秦簡本《歸藏》、今本《周易》作升。揘應分析爲從手,呈聲。呈即徵之初文。呈和升同爲蒸部字,聲母同爲舌音,聲近可通。

我們認爲《别卦》中的這個"揘"字可以讀爲"登"。"呈"、"登"都屬端母蒸部,實爲同音字,音韻上的關係較之"呈"與"升"更近。馬王堆帛書本、阜陽漢簡本卦名即用"登"字,帛書本爻辭中的"升"也都作"登"。《爾雅·釋詁》:"登,陞也。""登"、"升"義雖近,但仍有差别。"登"字造字本義爲雙手持豆行烝祀,引申爲登進。而"升"字像斗之行,與"登"音近而得"登"義。觀諸本卦"九三"與"六五"爻辭,帛書本"登虚邑"、"登階"也明顯要勝過今本作"升虚邑"與"升階"。

由是觀之,《别卦》、馬王堆帛書、阜陽漢簡本卦卦名作"登"得其本意,而王家臺秦簡《歸藏》、今本《周易》用"升"字則是通假後的結果。

---

① 廖名春:《王家臺秦簡〈歸藏〉管窺》,《周易研究》2001 年第 2 期;王寧:《對秦簡〈歸藏〉幾個卦名的再認識》,簡帛研究網,2002 年 10 月 8 日;王輝:《王家臺秦簡〈歸藏〉校釋(28 則)》,《江漢考古》2003 年第 1 期。

② 廖名春:《王家臺秦簡〈歸藏〉管窺》,《周易研究》2001 年第 2 期。

四

今本《周易》卦名“噬嗑”,《别卦》作“嫛”。

整理者認爲:

> 嫛,王家臺秦簡《歸藏》作筮,今本《周易》作噬嗑,筮噬都是月部禪母字。嫛應分析爲從齒(齒)從又欠聲,欠談部溪母字,與月部禪母的筮噬可以通假。談月旁轉,溪禪亦有通轉之例。

本卦卦名在《周易》爲“噬嗑”兩字,在《别卦》則爲一字。我們知道,《别卦》簡制較短,各卦象卦名的間距又必須保持一致,故而簡文對二字的卦名或省簡爲一字或作合文處理。“噬嗑”作爲卦名的主要含義在於“噬”,爻辭也僅用“噬”字:

> 六二,噬膚,滅鼻,无咎。
> 六三,噬臘肉,遇毒,小吝,无咎。
> 九四,噬乾胏,得金矢,利艱貞,吉。
> 六五,噬乾肉,得黄金,貞厲,无咎。

再加之王家臺《歸藏》也作“筮”,可知《别卦》的“嫛”字應對應“噬”。“噬”,王弼注:“齧也”。簡文中的“嫛”,從齒從又欠聲。趙平安先生將其與卜辭中從齒從又讀爲“孽”的字聯繫起來,認爲就是“齧”的本字。[①] 趙先生對“嫛”字結構及來源的分析非常有道理,并且卦名作“齧”也與王弼所注“噬”字之義相合。因此,《别卦》中將“噬”寫作“嫛(齧)”的情況應該與前述幾條類似,都是由於字義相同而换用爲卦名。

附記:本文承蒙趙平安先生、李守奎先生指正,謹致謝忱!

---

① 趙平安:《戰國文字“噬”的來源及其結構分析》,《古文字研究》第30輯,北京:中華書局,2014,286-289頁。

清華簡《周公之琴舞》與《詩經·周頌》的性質新論*

廈門大學歷史系　孫飛燕

内容提要　關於《詩經·周頌》的性質,學者一般認爲主要是"告神明"的祭祀詩,然而清華簡《周公之琴舞》讓我們重新思考這一成説。《周公之琴舞》中的詩應屬於《周頌》,但這些詩不是向鬼神祝禱之辭,而是面向大臣的講話。這説明針對現實中的人所作的詩在《周頌》中占很大的比重。經過全面的梳理,筆者認爲《周頌》的性質可能是統治者在重大典禮上所作的樂舞之詩。其中有些典禮是單純的祭天、祭地、祭祖等祭祀活動,有些典禮中祭祀活動衹是典禮的一部分。爲這兩類中的祭祀活動所作的詩是爲了"告神明";在第二類典禮上祭祀後所作的詩面向現實中的人,但是因爲舉行過祭祀,所以也會在詩中提到祖先、天地。

關鍵詞　《周公之琴舞》　《周頌》　性質

《詩經·周頌》的性質、各篇的主旨,歷來都是研究《詩經》的學者非常關注的問題。但衆説紛紜,因此還有深入研究辨析的必要。一般認爲,《周頌》主要是"美盛德"、"告神明"的祭祀詩。清華簡《周公之琴舞》的發現,啟發我們對此成説重新思考。本文試圖通過對《周公之琴舞》的分析,重新探討《周頌》的性質。

* 本課題研究得到福建省社會科學規劃項目"清華簡《繫年》中的春秋史料研究"(2013C043)的資助。

一 《周頌》代表性看法存在的問題

關於《頌》的性質,《毛詩序》認爲:"頌者,美盛德之形容,以其成功告於神明也。"①意思是説,《頌》主要描述盛德,在祭祀時向神明報告"成功"。描述盛德説的是《周頌》之詩在内容上的特點,祭祀時告神明説的是《周頌》之詩的用途。鄭玄《周頌譜》也認爲《頌》是"周室成功致太平德洽之詩",并且指出祭祀的緣由和目的:"故自郊、社、祖廟、山川、五祀,義之修,禮之藏也。功大如此,可不美報乎?故人君必絜其牛羊,馨其黍稷,齊明而薦之,歌之舞之,所以顯神明,昭至德也。"②《毛詩序》的説法影響很大,也得到很多學者的認同。當代學者高亨先生就認爲《頌》是朝廷祭祀鬼神的祭歌,又含有贊美"功德"的意味。而《周頌》是周王朝的祭歌,其中大多數詩篇或者贊美鬼神的"功德",或者贊美當代王侯和别人的"功德",以告鬼神。③

《毛詩序》對於《頌》的定義是否合理呢?我們先來看"美盛德之形容"的説法。實際上,《周頌》中大多數詩篇描述的是盛德和成功,但是也有些詩篇并非歌頌盛德,最典型的是《閔予小子》、《訪落》。《閔予小子》:

> 閔予小子,遭家不造,嬛嬛在疚。於乎皇考!永世克孝。念兹皇祖,陟降庭止。維予小子,夙夜敬止。於乎皇王!繼序思不忘。

這首詩訴説了自己家道未成,孤獨憂傷的心情;表達能够永遠祭祀皇考的决心;因爲皇祖會監視人間,自己要夙夜敬慎,繼承先王的事業。

《訪落》:

> 訪予落止,率時昭考。於乎悠哉!朕未有艾。將予就之,繼猶判涣。維予小子,未堪家多難。紹庭上下,陟降厥家。休矣皇考,以保明其身。

這首詩表達的思想一是要遵循昭考,二是感歎自己不能勝任邦家的灾難,三是贊美皇考之休能保勉其身。

顯然,這兩首詩描寫的絶非"成功"。尤其是"閔予小子,遭家不造,嬛嬛在疚"、"於乎悠哉!朕未有艾。將予就之,繼猶判涣"、"維予小子,未堪家多難"等語句展現的可以説是憂病患難的景象。

再來看"告神明"的説法。祭祀是祭祀者和神靈之間的溝通和交流,《周頌》中的多數詩

① [漢]毛亨傳,[漢]鄭玄箋,[唐]孔穎達疏:《毛詩正義》,《十三經注疏》,臺北:藝文印書館,2011 年初版十六刷,18 頁。

② [漢]毛亨傳,[漢]鄭玄箋,[唐]孔穎達疏:《毛詩正義》,703、706 頁。

③ 高亨:《詩經引論(一)》,《高亨著作集林(第九卷)》,北京:清華大學出版社,2004,192 頁。

篇確實是祭祀鬼神的樂歌,例如《我將》就是祭祀上帝和文王的一首詩:

> 我將我享,維羊維牛,維天其右之。儀式刑文王之典,日靖四方。伊嘏文王,既右饗之。我其夙夜,畏天之威,于時保之。

但是,很多學者已經指出《周頌》有些詩篇并非用於祭祀,最明顯的就是《振鷺》、《有客》。比如《有客》:

> 有客有客,亦白其馬。有萋有且,敦琢其旅。有客宿宿,有客信信。言授之縶,以縶其馬。薄言追之,左右綏之。既有淫威,降福孔夷。

該篇是爲客人而作,與祭祀告神没有關係。

從上面的分析可以看出,《毛詩序》衹是就《周頌》的大體而言,其定義并非適用於每一首詩。由於不是用於祭祀的這類詩在今本《周頌》中所占比例不大,所以學者一般仍然認爲《周頌》主要是"告神明"的祭祀詩。然而,清華簡《周公之琴舞》讓我們在這個問題上有了新的認識。

二 《周公之琴舞》之詩的性質和内容

清華簡《周公之琴舞》記載了周公和成王作的儆毖之詩。簡文先説周公作儆毖之詩,但衹記了一首詩的"元内啟"部分。簡文又説成王作儆毖之詩,隨後記載了九首詩。這九首詩有的是周公所作,有的是成王所作,筆者在下文會有分析。筆者認爲這些詩應該都屬於《周頌》,有兩個理由:一是成王作的第一首詩即《詩經・周頌》中的《敬之》。而周公的儆戒之詩針對羣臣,成王的儆戒之詩主要針對自己,從所有詩句的語氣、内容、思想等方面來看,這些詩是語氣一致、前後連貫的,應該是在一個特定的場合製作,不可能是戰國時的編者將成王和周公在不同時間、不同場合的詩組合在了一起。既然《敬之》屬於《周頌》,而這些詩又是同一組,那麼其他的詩自然也屬於《周頌》。二是因爲《周公之琴舞》與《芮良夫毖》形制、字迹相同,爲同時書寫。《芮良夫毖》首簡背面有篇題"周公之頌詩",曾被刮削。整理者指出這一篇題與其正面内容毫無聯繫,推測是書手或書籍管理者據《周公之琴舞》的内容概括爲題,誤寫在《芮良夫毖》的簡背,發現錯誤後刮削。[①] 這個推測是非常合理的。篇題"周公之頌詩"説明作者認爲周公作的詩屬於《頌》。

從《周公之琴舞》的簡文來看,周公先對多士作了儆毖之詩,琴舞九遂;隨後成王、周公作了九首儆毖之詩,琴舞九遂。詩、樂、舞結合,一定是在盛大的典禮上使用。在這個盛大的典

① 李學勤主編、清華大學出土文獻研究與保護中心編:《清華大學藏戰國竹簡(叁)》,上海:中西書局,2012,132頁。

禮上,成王和周公率領群臣在宗廟祭祀過祖先。這從簡文中的兩首詩可以看出。首先是周公之詩:"無悔享君,罔墜其考(孝),享惟慆思,考(孝)惟型思。"這首詩是周公對多士的儆毖,儆毖的内容是什麽呢?關鍵在於對"享"、"考"的理解。李學勤先生認爲"享"字訓爲獻,是説以全心獻於君王,"享"的涵義類於晚出的"忠"。"無悔享君,罔墜其孝"詩句説的是忠於君、孝於親。① 李守奎先生認爲"考"指"先考","考惟型思"指"你們的先考是效仿的榜樣"。② 筆者的看法是,如果認爲"考"指先考,"罔墜其考"就應當是説不要喪失先父,這種説法并不通順。更重要的是,金文和《詩經》中"享"、"孝"連用的例子十分常見,皆指對祖先的祭祀。金文的材料如追簋銘文"用享孝于前文人"(《殷周金文集成》4219-4224)。《詩經》的材料如《小雅·天保》:"吉蠲爲饎,是用孝享。"毛傳:"享,獻也。"鄭箋:"謂將祭祀也。"再如《周頌·載見》:"率見昭考,以孝以享。"清代學者馬瑞辰指出:"《謚法解》云:'協時肇享曰孝。'是孝與享同義。故享祀亦曰孝祀,《楚茨》詩'苾芬孝祀'是也;致享亦曰致孝,《論語》'而致孝乎鬼神'是也。此詩'以孝以享',猶《潛》詩'以享以祀',皆二字同義。合言之則曰孝享,《天保》詩'是用孝享',猶《閟宫》詩'享祀不忒'也。"③因此筆者認爲簡文的享、孝都是指祭祀。第一句"無悔享君"的"君"指先君。《小雅·天保》:"君曰卜爾,萬壽無疆。"毛傳:"君,先君也。"金文中可寫作"皇君",例如叔噩父簋銘文(《集成》4056-4058)"其夙夜用享孝於皇君"。第四句"孝惟型思"與《大雅·下武》"永言孝思,孝思維則"意思相似,是説祭祀是别人的榜樣和準則。其次是成王所作的詩:"其余冲人,備(服)在清廟。惟克小心,命不夷歇,對天之不易。"④"余冲人",成王自稱。"清廟"一詞見於《周頌·清廟》"於穆清廟,肅雝顯相",鄭玄認爲是文王之廟。"服在清廟",李學勤先生已指出是在清廟中主祀。⑤

雖然成王、周公在這個典禮上舉行過祭祀,但是《周公之琴舞》之詩不是向鬼神祝禱之辭。周公作的多士儆毖詩是面向大臣的講話,要求他們恭敬地祭祀。在成王、周公兩人作的九首詩中,李學勤先生認爲再啟、四啟、八啟、九啟是周公所作,其餘爲成王所作。⑥ 筆者認爲祇有第四首、第八首是周公所作。第二首詩贊美衆臣的祖先能輔佐君主,用意在於希望羣臣輔助自己。第九首詩講"弗敢荒德",與其他詩中成王敬天敬德的言語相類。二者應該都是成王的口吻。從詩的内容看,周公的詩一是贊美成王,歌頌皇天之功;二是讓羣臣輔佐成王。成王的詩中一是贊美文人之美德,要求羣臣輔佐自己,二是在於儆戒自己敬慎天命,比如第

---

① 李學勤:《論清華簡〈周公之琴舞〉的結構》,《深圳大學學報》(人文社會科學版)2013 年第 1 期。

② 李守奎:《〈周公之琴舞〉補釋》,中國文化遺産研究院編《出土文獻研究》(第十一輯),上海:中西書局,2012,10 頁。

③ [清]馬瑞辰:《毛詩傳箋通釋》,北京:中華書局,1989 年,1085-1086 頁。

④ 李學勤主編、清華大學出土文獻研究與保護中心編:《清華大學藏戰國竹簡(叁)》,133 頁。

⑤ 李學勤:《 論清華簡〈周公之琴舞〉"疐天之不易"》,中國文化遺産研究院編《出土文獻研究》(第十一輯),2 頁。

⑥ 李學勤:《論清華簡〈周公之琴舞〉的結構》,《深圳大學學報》(人文社會科學版)2013 年第 1 期。

一首:"敬之敬之,天惟顯思,文非易思。毋曰高高在上,陟降其事,俾監在兹。亂曰:訖我夙夜不逸,敬之,日就月將,教其光明。弼持其有肩,示告余顯德之行。"第五首也是如此:"恒稱其有若,曰享答余一人,思輔余於艱,乃是惟民亦思不忘。"這些詩中提到皇天、祖先,是因爲成王和周公祭祀過,但其最終指向是現實政治。在重大的儀式上向大臣訓話,其實不難理解。要使周朝基業永固,統治者必然要勵精圖治,不敢貪圖享樂,也會對群臣提出各種要求和希望。

三 《周頌》性質新探

《周公之琴舞》中這類針對現實中的人所作的詩,今本《周頌》除了《振鷺》、《有客》,代表性的還有《烈文》和《臣工》。例如《烈文》:

> 烈文辟公,錫兹祉福,惠我無疆,子孫保之。無封靡於爾邦,維王其崇之。念兹戎功,繼序其皇之。無競維人,四方其訓之。不顯維德,百辟其刑之。於乎!前王不忘。

對於《烈文》的主旨,有的學者認爲是祭祀詩,但從詩的内容看,明顯是周王對羣臣的儆戒,希望他們不忘前王之德,繼承祖先的基業并發揚光大。

再如《臣工》:

> 嗟嗟臣工,敬爾在公。王釐爾成,來咨來茹。嗟嗟保介,維莫之春。亦又何求?如何新畬?于皇來牟,將受厥明。明昭上帝,訖用康年。命我衆人,庤乃錢鎛,奄觀銍艾。

這是作者勸誡臣工、保介、衆人的詩。對於詩的内容,程俊英先生有很好的分析:"此詩前四句是周王告誡臣工的話,後四句是告誡保介的話。中四句爲周王祈求上帝豐年之詞,末三句爲命令農夫準備收割之語。"[①]從歎聲"嗟嗟"、第二人稱代詞"爾"、"乃"來看,此詩是周王對這些人訓導的話語,不是祭祀時向神明頌禱。

《周頌》中的這些詩由於數量不多,没有引起學者足够的重視。清華簡《周公之琴舞》説明在重大典禮上統治者所作的這一類的詩并不少,《頌》詩主要用於祭祀的説法需要重新考慮,周初統治者對現實政治的關注不容忽視。結合《周公之琴舞》和今本《周頌》,我們可以看出,這類詩的内容有儆毖,包括自我儆毖和訓誡大臣,還有《振鷺》、《有客》這類爲客人而作、宴饗先代之後的贊美詩。

以上筆者論述了《周頌》之詩可以分爲兩類:一類是向神明祈禱之詞,一類是面向現實中的人。這兩類劃分祇是從總體而言,在内容上并不是截然分開的,祈禱之詩中常常會有儆戒

① 程俊英、蔣見元:《詩經注析》,北京:中華書局,1991,954頁。

之語,面向現實中的人作的詩中也會有祈禱之詞。以上舉的《臣工》爲例。筆者已經指出它不是祭祀時向神明頌禱之詩,這是從這首詩的總體上來看的,可是詩中爲什麽會有"于皇來牟,將受厥明。明昭上帝,訖用康年"的語句?這個問題如何解釋呢?

筆者的看法是,祈禱之詞中有儆戒之語是容易理解的,因爲祭祀時除了贊美祖先,也會向祖先表達決心。而面向現實中的人作的詩中會有祈禱之詞,是因爲《周頌》的這些詩都是在重大典禮上使用,而重大典禮的禮儀程序中一般都會有祭祀的環節。在這一環節之後所作的詩面向現實中的人,但是因爲舉行過祭祀,所以會提到祖先、天地。理由如下:

首先,關於《風》、《雅》、《頌》的區别,清代學者阮元認爲在於舞容的有無。他指出,"頌"之本義爲"形容"。《風》、《雅》但弦歌笙間,賓主及歌者皆不必因此而爲舞容,惟三《頌》各章皆是舞容,故稱爲"頌"。[①] 這種説法是比較可信的。《周頌》全用樂舞,必然是盛大的典禮。我們知道,周人極其重視祭祀,因此這類典禮中都少不了祭祀的部分。陳戍國先生曾經指出,西周會同之禮中祭祀天神地祇之禮是其中的一部分;又如振旅之禮與祭祀天地之禮的結合,例見《逸周書·世俘》;天子登基禮亦必祭祀天神地祇,例見《逸周書·克殷》;封國建侯之禮自當祭天祭地,例見《逸周書·作雒》。這些典禮都是多種禮儀的有機融合(譬如按禮制還應當祭祖)。[②]

其次,筆者在本文第二部分已經指出,《周公之琴舞》中會提到皇天、文人,原因在於這些詩不是用於祭祀告神明,而是在某個盛大的典禮上面向現實中的人所作,但是在這個典禮上成王和周公率領大臣進行過祭祀。

第三,據清華簡《耆夜》記載,周武王征伐黎國,歸來之後在文太室舉行飲至典禮。典禮上周公爲武王作詩,詩中最後説"作兹祝誦,萬壽無疆",其目的是祝福武王,但詩中開頭即説"明明上帝,臨下之光。丕顯來格,歆厥禋盟",也提到上帝和祖先。[③] 這説明舉行飲至典禮會先祭祀,否則不會説上帝照臨下土、祖考享用祭品這樣的話。

按照上面的理解,我們就可以解釋爲什麽面向現實中的人作的詩中也會有祈禱之詞。前面所説的《臣工》一詩,不可能衹是普通的勸誡農官之詩。《臣工》的最終目的是告誡百官注重農事,周代統治者所用禮樂中衹有籍田禮最適合。而籍田禮中會祭祀上帝。《國語·周語上》"虢文公諫宣王不籍千畝"章中虢文公詳細講述了籍田禮儀的程序:

> 先時五日,瞽告有協風至,王即齋宫,百官御事,各即其齋三日。王乃淳濯饗醴,及期,鬱人薦鬯,犧人薦醴,王祼鬯,饗醴乃行,百吏、庶民畢從。及籍,后稷監之,膳夫、農

① [清]阮元:《釋頌》,《揅經室集》,北京:中華書局,1993,18-19頁。

② 陳戍國:《先秦禮制研究》,長沙:湖南教育出版社,1991,197-198頁。

③ 李學勤主編、清華大學出土文獻研究與保護中心編:《清華大學藏戰國竹簡(壹)》,上海:中西書局,2010,150頁。

正陳籍禮,太史贊王,王敬從之。王耕一墢,班三之,庶民終於千畝。其后稷省功,太史監之;司徒省民,太師監之;畢,宰夫陳饗,膳宰監之。膳夫贊王,王歆大牢,班嘗之,庶人終食。

這段話描述了籍田禮的禮節。其中没有説何時用樂舞,高亨先生推測説是勞酒的時候,[1]這是很有道理的。從"王歆大牢"可以看出,王在舉行籍田禮的過程中祭祀過上帝。因此王在典禮上告誡百官的詩中提到上帝,這是很自然的事情。由此就很容易理解詩中"于皇來牟,將受厥明。明昭上帝,訖用康年"這類向上帝祈求豐年之語了。

關於《振鷺》、《有客》,從詩的内容上看不出與祭祀的關係,但是筆者傾向於是統治者在與祭祀有關的典禮上所作之詩。這是因爲《周頌》樂舞所用之詩是成組的,在宴饗禮上作詩的話不一定每首都提到祖先和神明。《毛詩序》説《振鷺》"二王之後來助祭也"、説《有客》"微子來見祖廟也",應該有一定的根據。

四　總結

根據以上分析,筆者認爲,《周頌》的性質可能是統治者在重大典禮上所作的樂舞之詩。《周頌》之詩從總體上可以分爲兩類:一類是向神明祈禱之詞,一類是面向現實中的人。其中有些典禮是單純的祭天、祭地、祭祖等祭祀活動,有些典禮中祭祀活動衹是典禮的一部分,比如登基大典。這兩類中的祭祀活動目的是向神明禱告、祈求,因此作的詩是爲了"告神明",主要内容是贊美和祈禱;在第二類典禮上祭祀後所作的詩面向現實中的人,爲具體的典禮服務,如涉及行政的典禮就有自警、面向大臣的訓誡之辭,涉及宴饗的典禮有贊美客人之語。但是因爲舉行過祭祀,所以也會在詩中提到祖先、天地,或者有向它們祈禱的話語。

筆者推測,由於典禮的多樣性,《周頌》各詩的主旨不會限於祝禱神明、自我儆毖、訓誡大臣、贊美賓客,其涉及的内容應該是更加豐富的,而這取決於西周時各種重要典禮的主要目的和訴求。這種推想是否合理,有待於新材料的檢驗。

補記:本文寫成後,蒙審稿專家提示,讀到徐正英、馬芳先生發表於《復旦學報》(社會科學版)2014年第1期的《清華簡〈周公之琴舞〉組詩的身份確認及其詩學史意義》一文,文中論證《周公之琴舞》中的詩屬於《詩經·周頌》的部分與本文第二部分首段的論據有所不同,且其論證詳細、充分,可參看。

---

① 高亨:《周頌考釋(中)》,《高亨著作集林(第十卷)》,北京:清華大學出版社,2004,192頁。

清華簡《保訓》"中"字解*

山東大學(威海)文化傳播學院　朱新林

内容提要　本文認爲清華簡"中"的觀念不僅被後世的儒家繼承,且爲道家所吸收。"中"字當作兩種解讀,"恐求中"、"既得中"之"中"爲"和"的觀念,後世道家解作"和"更接近《保訓》原意;"假中"、"歸中"之"中"當作"司中"講,即溝通天人的祭祀巫覡。

關鍵詞　清華簡　《保訓》　中　和　司中

一　問題的提出

清華簡《保訓》自公布以來,學者對其中的"中"字進行了富於啟發性的探討。歸納起來大致從兩個方面着眼,一是認爲"中"屬於思想範疇。如李学勤認爲《保训》篇裏的"中"为中正、中道,并指出它與後世儒家"中"的觀念密切相關,認爲《保訓》中"中"的觀念正是儒家所津津樂道的"中道"的源頭。但對於上甲微怎樣"假中"、"歸中"於河,仍然無法講通。① 姜廣輝認爲"中"即是处理事情时要把握分寸,要将事情处理得恰到好处。② 邢文認爲"中"就是孔子所傳帝堯所説的"天之歷數在爾躬"的"天數",也是傳説中舜得河圖的河圖之數,也是

* 本文爲教育部人文社會科學研究青年基金項目"《淮南子》徵引先秦諸子文獻研究"(項目批准號:11YJC870042)研究成果,山東大學基本科研業務費項目"《淮南子》方術文獻研究"(項目編号:2014SQXM008)成果之一。

① 李學勤:《論清華簡〈保訓〉的幾個問題》,《文物》2009年第6期。《清華簡中的周文王遺言〈保訓〉》,《光明日報》2009年4月13日。

② 姜廣輝:《〈保訓〉十疑》,《光明日報》2009年5月4日。

文王據以演《周易》的"易數"。[①] 廖名春認爲"中"即是"和"。[②] 二是"中"爲具體的事物。如趙平安認爲"中"和"詷"相類，以書的形式流傳。[③] 李零認爲："中"字的古文字写法正像旗表。这裏的"中"不可能指"地中"，"地中"无法借，所借衹能是测量和标志"地中"的器物，土圭和旗表。[④] 武家璧認爲"舜帝'求中'，實際上是天文數學方面的實踐活動，舜因能掌握和運用科學知識而獲勝"。[⑤] 申超認爲"中"是軍法，屬於廣義上的兵書，包含中道的思想。它所反映的思想觀念對後世兵書也産生了深遠影響。[⑥] 李均明更認爲"中"兼有思想觀念與具體物體兩個意思，即指判決書和周文王的治國理念。[⑦]

上述學者的探討對於理解《保訓》的核心要義富於啟發性，但認爲"中"爲儒家思想觀念的學者囿於"中"與後世中庸之道的聯繫，主張"中"爲具體事物的則受簡中"假中於河"的束縛，没有照顧到"恐求中"、"既求中"之"中"與"假中"、"歸中"之"中"之間的内在聯繫。筆者認爲應該重視李學勤與廖名春二者的研究觀點以及李均明的解讀思路，即"中"爲思想觀念，但并非儒家所特有。從傳世文獻看，"中"作爲上古思想觀念被後世儒家、道家并相繼承，"恐求中"、"既求中"之"中"與"假中"、"歸中"之"中"當從兩個方面解讀。下面筆者簡要陳述理由。

二 "恐求中""既求中"之"中"當從儒、道二家解

爲了叙述上的方便，現將《清華簡》釋文録下：

惟王五十年，不豫。王念日之多曆，恐墜寶訓。戊子自靧水。己丑昧[爽]□□□□□□□□□□□□□[王]若曰："發，朕疾適甚，恐不汝及訓。昔前人傳寶，必受之以詷。今朕疾允病，恐弗堪終。汝以書受之。欽哉，勿淫！昔舜舊作小人，親耕於歷丘，恐求中。自稽厥志，不違于庶萬姓之多欲。厥有施於上下遠邇，乃易位設稽，測陰陽之物，咸順不逆。舜既得中，言不易實變名，身兹備，惟允。翼翼不解，用作三降之德。帝堯嘉之，用授厥緒。嗚呼，祗之哉！昔微假中於河，以復有易，有易服厥罪。微亡害，乃歸中於河。微志弗忘，傳貽子孫，至於成湯，祗服不懈，用受大命。嗚呼！發，敬哉！朕

① 邢文：《清華簡〈保訓〉研讀講義》，簡帛網，2010年3月19日。

② 廖名春：《清華簡〈保訓〉篇"中"字釋義及其他》，《孔子研究》2011年第2期。

③ 趙平安：《關於〈保訓〉"中"的幾點意見》，《中國史研究》2009年第3期。

④ 李零：《説清華楚簡〈保訓〉篇中的"中"字》，《中國文物報》2009年5月20日；《讀清華簡〈保訓〉釋文》，《中國文物報》2009年8月21日第7版。

⑤ 武家璧：《舜帝的"求中"與"得中"——讀清華簡〈保訓〉》，簡帛網，2009年5月5日。

⑥ 申超：《清華簡〈保訓〉的"中"爲兵書説》，簡帛網，2012年4月19日。

⑦ 李均明：《周文王遺囑之中道觀》，《光明日報》2009年4月20日。

聞兹不久,命未有所延。今汝祗服毋懈,其有所由矣,不及爾身受大命,敬哉,毋淫! 日不足惟宿不羕。[1]

從簡文可知,"中"的來源甚古。"恐求中"、"既得中"之"中"的觀念爲後世儒家承繼。"中"、"衷"二字古通,先秦文獻中對于"衷"的記載屢見不鮮。《左傳》僖公二十八年云:"今天誘其衷,使皆降心以相從也。不有居者,誰守社稷。不有行者,誰扞牧圉。"杜預云:"衷,中也。"[2]《左傳》成公十三年引劉子云:"吾聞之,民受天地之中以生,所謂命也。是以有動作禮義威儀之則,以定命也。"[3]劉子又云:"天誘其衷,成王隕命。"[4]《左傳》襄公二十五年云:"天誘其衷,啟敝邑之心。"[5]《左傳》定公四年云:"天誘其衷,致罰於楚而君又竄之。周室何罪?君若顧報周室,施及寡人,以獎天衷,君之惠也。"[6]《左傳》哀公十六年云:"蒯聵得罪于君父君母,逋竄于晋,晋以王室之故,不弃兄弟,寘諸河上,天誘其衷,獲嗣守封焉。"[7]《國語・吴語》云:"天舍其衷,楚師敗績。"[8]又云:"天舍其衷,齊師還。夫差豈敢自多,文、武實舍其衷。"[9]又云:"日臣嘗卜於天,今吴民既罷,而大荒薦饑,市無赤米。"韋昭注云:"卜於天,天若弃吴,必許吾成,既罷弊其民,天奪之食,安受其燼之言者。"[10]申胥反對吴國征伐齊國,然吴王於艾陵大敗齊國。此事之後,吴王夫差訓斥申胥云:"今天降衷於吴,齊師受服。孤豈敢自多,先王之鐘鼓,寔式靈之,敢告於大夫。"[11]又《國語・晋語》云:"以君之靈,鬼神降衷,罪人克伏其辜,群臣莫敢寧處,將待君命。"[12]

上古是民神异業的時代,故統治階層需以巫的形式溝通天人,以實現政局的穩定與和諧,這種溝通天地的手段方逐漸爲統治階層所獨占。[13]

堯舜以來高度重視"中"的傳統,在後世文獻中仍留有重要的痕迹。如《僞古文尚書・湯誥》云:"惟黄上帝,降衷於下民。"[14]《僞古文尚書・皋陶謨》云:"天秩有禮,自我五禮有庸哉。

① 李學勤主編:《清華大學藏戰國竹簡》(壹),上海:中西書局,2010,143頁。
② 《春秋左傳正義》,上海古籍出版社,1997,1826頁。
③ 《春秋左傳正義》,1911頁。
④ 《春秋左傳正義》,1912頁。
⑤ 《春秋左傳正義》,1985頁。
⑥ 《春秋左傳正義》,2136頁。
⑦ 《春秋左傳正義》,2177頁。
⑧ 徐元誥:《國語集解》,北京:中華書局,2006,553頁。
⑨ 徐元誥:《國語集解》,554頁。
⑩ 徐元誥:《國語集解》,554頁。
⑪ 徐元誥:《國語集解》,544頁。
⑫ 徐元誥:《國語集解》,294頁。
⑬ 參見李零《數術方技與古代思想的再認識》,收入其著《中國方術正考》,北京:中華書局,2007,8-10頁。
⑭ [清]王先謙:《尚書孔傳參正》,北京:中華書局,2011,400頁。

同寅協恭和衷哉。"[1]王先謙引蔡邕《中鼎銘》云:"同寅協恭,以和天衷。"[2]又云:"自朝廷至岳牧,同敬協恭,遵行典禮,自能上合天心。"[3]這與清華簡所云"恐求中"、"既得中"的思想如出一轍。這種"中"的觀念即是《保訓》所云"恐求中"、"既得中"之"中",被後世儒家繼承并加以發揮。需要指出的是,即使從儒家思想入手解讀,《保訓》之"中"與儒家所主張的中庸之道依然有很大距離。若從治國理念和道德修養而言,二者尚比較接近。[4]

但在儒家之外,尚有道家繼承這一"中"的觀念并作别解,即"和"。黄生《義府》卷上"司中"條云:"《周禮》有司中、司命二神。始不解司中之義,偶讀《老子》'萬物負陰而抱陽,冲氣以爲和',乃知中即指此冲氣而言。'冲氣以爲和',謂陰陽兩相合,不偏不襍,人得之以生,此所以爲萬物之靈。《中庸》'喜怒哀樂之未發',意與《老子》合。古人不分性、命二物,故通謂之中。《書》所謂'和衷'、'降衷',《左氏》所謂'天誘其衷',皆指此。"[5]黄生所云"中"字含義不僅從儒家觀念入手,且關注了"中"與道家觀念之間的關係,這一點對我們理解清華簡"中"字很有啟發。如上文所揭,上古時代,民神异業,但隨着文明的啟蒙,當時的人們開始逐漸重視人的作用。如《尚書·吕刑》云:"乃命重黎,絶地天通,罔有降格。"[6]孔傳:"重即羲,黎即和。堯命羲和世掌天地四時之官,使人神不擾,各得其序,是謂絶地天通。言天神無有降地,地祇不至於天,明不相干。"[7]"中"在道家那裏已成爲萬物之靈,而文王在《保訓》中認爲衹有實現"庶萬姓之多欲",方能"用作三降之德"。"中"以冲氣而實現陰陽和諧,正是周文王所要孜孜以求的治國目標。需要注意的是這其中又摻雜了上古以來的陰陽學説。《淮南子·天文》云:"道始于一[8],一而不生,故分为阴阳,阴阳合而万物生。故曰:一生二,二生三,三生万物。"[9]《淮南子·精神》云:"古未有天地之時,惟像無形,窈窈冥冥,芒芠漠閔,澒濛鴻洞,莫知其門。有二神混生,經天營地,孔乎莫知其所終極,滔乎莫知其所止息。於是乃别爲陰陽,離爲八極,剛柔相成,萬物乃形。"[10]《淮南子》作爲先秦諸子在漢代的集大成之作,其中材料來源甚古。從上述文獻來看,後世道家所云"和"、"陰陽合而萬物生"正是清華簡"中"的核心意義,更接近"恐求中"、"既得中"之"中"的本義。即"中"爲萬物之靈,主宰着天地人的命運,衹有實現了"中"的境界,方能實現萬物和諧共處,興國安邦。這也是爲何自

① [清]王先謙:《尚書孔傳參正》,175頁。
② [清]王先謙:《尚書孔傳參正》,176頁。
③ [清]王先謙:《尚書孔傳參正》,176頁。
④ 參見廖名春《清華簡〈保訓〉篇"中"字釋義及其他》,《孔子研究》2011年第2期。
⑤ [清]黄生:《義府》卷上,合肥:黄山書社,2009,155-156頁。
⑥ [清]王先謙:《尚書孔傳參正》,933頁。
⑦ [清]王先謙:《尚書孔傳參正》,933頁。
⑧ 原文作"道曰規始於一",此處從王念孫説。
⑨ 何寧:《淮南子集釋》,北京:中華書局,1998,793頁。
⑩ 何寧:《淮南子集釋》,503-504頁。

堯舜以來便如此高度重視“中”的原因所在。

三 “假中”、“歸中”之“中”當解作“司中”

《保訓》中的“假中”、“歸中”之“中”與“恐求中”、“既得中”之“中”含義并不相同,應從另外的思路加以考察。先秦時期,“中國古代文明中的一個重大觀念,是把世界分成不同的層次,其中主要的便是‘天’和‘地’。不同層次之間的關係不是嚴密隔絶、彼此不相往來的。中國古代許多儀式、宗教思想和行爲的很重要的任務,就是在這種世界的不同層次之間進行溝通。進行溝通的人物就是中國古代的巫、覡”[①]。既然堯、舜以來如此重視“中”,也便有能實現天人溝通的專門職官,這種職官可將天的旨意與人的旨意互相溝通。《國語·楚語下》引觀射父云:“及少皞之衰也,九黎亂德,民神雜糅,不可方物。夫人作享,家爲巫史,無有要質。民匱於祀,而不知其福。烝享無度,民神同位。民瀆齊盟,無有嚴威。神狎民則,不蠲其爲。嘉生不降,無物以享。禍災薦臻,莫盡其氣。顓頊受之,乃命南正重司天以屬神,命火正黎司地以屬民,使復舊常,無相侵瀆,是謂絶地天通。”[②]

“假中”、“歸中”之“中”當作“司中”解。《國語·楚語上》云:“靈王虐,白公子張驟諫,王患之,謂史老曰:‘吾欲已子張之諫,若何?’對曰:‘用之實難,已之易矣。若諫,君則曰:“余左執鬼中,右執殤宫。凡百箴諫吾盡聞之矣,寧聞他言?”’”韋昭注云:“中,身也。”又云:“執,謂把持其録籍,制服其身,知其居處,若今世云能使殤矣。”沈鎔曰:“此言能役使鬼神,物之情狀無不知,蓋自以爲聖而拒言者。”[③]王念孫云:“韋以殤宫爲殤之居,非也。殤之居則不可言執,故又爲之説曰‘謂把持其録籍,制服其身,知其居處’,殆失之迂矣。宫,讀爲躬。中、躬,皆身也。執殤躬,猶言執鬼中。作宫者,假借字耳。”[④]清代黄生云:“又《國語》云:‘左執鬼中,右執殤宫。’此中字正與司中合,蓋司中、司命二神,即今俗所謂‘南斗注生,北斗注死’是也。司中主生,司命主死,故并祀之。左執、右執云者,猶言生殺在其柄。如司中、司命之神,凡大人小兒之命,皆得主之耳(本注解中爲身,亦誤。又孫思邈詩:‘南宫度名,北斗落籍。’玩‘殤宫’二字,恐當時已有此語)。”[⑤]這提示我們應該從“司中”這一角度去理解“假中”、“歸中”之中。“恐求中”、“既得中”之“中”爲萬物之靈,因此才使得“司中”能够主生。有生,民衆方能興盛繁衍,協和萬邦方有基礎。有主生便有主死,主死者即“司命”。先秦以

---

① 張光直:《考古學專題六講》,北京:文物出版社,1986,4頁。

② 徐元誥:《國語集解》,514-515頁。

③ 徐元誥:《國語集解》,502頁。

④ [清]王引之:《經義述聞》,南京:江蘇古籍出版社,2000,516頁。

⑤ [清]黄生:《義府》卷上,155-156頁。

來,“司中”、“司命”二神地位很高。《周禮·春官·大宗伯》云:“以槱燎祀司中、司命。”疏引《星傳》云:“三台,上台司命,爲太尉。”[①]《史記·天官書》云:“斗魁戴匡曰文昌宫……四曰司命,五曰司中。”司馬貞《索隱》引《春秋元命苞》云:“司命主老幼。”[②]《晋書·天文志》云:“三台六星,兩兩而居,起文昌,列抵太微……西近文昌二星曰上台,爲司命,主壽。次二星曰中台,爲司中,主宗室。”[③]何劍熏猜測《周禮》所祀“司中”,很可能就是少司命。中,得也,意云得到兒子。但僅屬懷疑,不敢肯定。[④]從先秦文獻來看,與“司中”職務相近的“司命”擁有極大的權利,以致先秦諸侯王立宗廟時將“司命”列在第一位。《禮記·祭法》云:“王爲群姓立七祀,曰司命,曰中霤,曰國門,曰國行,曰泰厲,曰户,曰竈。王自爲立七祀。諸侯爲國立五祀,曰司命,曰中霤,曰國門,曰國行,曰公厲。諸侯自立爲五祀。”[⑤]“司命”之神在楚地又有大司命和少司命之别。《九歌·大司命》云:“竦長劍兮擁幼艾,蓀獨宜兮爲民正。”[⑥]王逸云:“言司命執心公方,無所阿私,善者佑之,故宜爲萬民之平正也。”[⑦]清戴震云:“天之司命,亦猶下之居位大臣,所以有‘與君齊速’及‘宜爲民正’之語。”[⑧]此“大司命”正是簡文中主生的“中”。這也是爲何“司中”、“司命”威力如此大的原因。“司中”既爲神,則需巫覡來溝通天人,《殷周金文集成》9729、9730[⑨]著録“洹子孟姜壺”銘文云:“于大□(司)命用璧、兩壺、八鼎。”[⑩]“司中”、“司命”既然是掌握生殺大權的神,則負責溝通此神與人間的巫覡自然可借可還。

另外,《保訓》所云“假中于河,以復有易”也提示我們此“中”與神名有密切的關係。《今本竹書紀年》云:“(帝芬)十六年,洛伯用與河伯馮夷鬬。”[⑪]《淮南子·原道》云:“昔者馮夷、大丙之御也,乘雲車,入雲蜺。”高誘注云:“皆古之得道能御陰陽者也。”[⑫]顧炎武云:“是河伯者,國居河上而命之爲伯,如文王之爲西伯,而馮夷者,其名爾。《楚辭·九歌》以河伯次東君之後,則以河伯爲神……是河伯、馮夷皆水神矣。”[⑬]以神名解簡文中的“河”、“有易”對於我

---

① 《周禮注疏》,阮元校勘:《十三經注疏》,上海古籍出版社,1997,757頁。
② 《史記》卷二七《天官書》,北京:中華書局,1985年第2版,1294頁。
③ 房玄齡等:《晋書》卷一三《天文志》,北京:中華書局,1974,293頁。
④ 參見何劍熏《楚辭新詁》,成都:巴蜀書社,1994,94頁。
⑤ 《禮記正義》,阮元校勘:《十三經注疏》,上海古籍出版社,1997,1590頁。
⑥ [宋]洪興祖:《楚辭補注》,北京:中華書局,2002,73頁。
⑦ [宋]洪興祖:《楚辭補注》,73-74頁。
⑧ [清]戴震:《屈原賦注》卷二,光緒辛卯(1891)廣雅書局本。
⑨ 《殷周金文集成》,北京:中華書局,2007,5118-5119頁。
⑩ 李學勤將此壺定爲春秋早期,參《齊侯壺的年代與史事》,《中華文史論叢》2006年第2期。
⑪ 王國維:《今本竹書紀年疏證》,《王國維全集》第五卷,杭州:浙江教育出版社、廣州:廣東教育出版社聯合出版,2010,221頁。
⑫ 何寧:《淮南子集釋》,13頁。
⑬ [明]顧炎武著、[清]黄汝成集释:《日知録集釋》,上海古籍出版社,2007,1402頁。

們理解“司中”可借可還也很有幫助。

四　結語

綜上,清華簡《保訓》“中”的觀念要從儒家和道家兩個角度去考慮,且道家將“中”解讀爲“萬物負陰而抱陽,冲氣以爲和”更接近“中”的本義。“中”由於如此神聖,以致成神名,主生,很有可能即是後世所謂“司中”,“司中”與“司命”爲掌管生老病死之神,故地位甚崇。有神名即有相應與此神相通的巫覡,這也印證了上古濃郁的萬物有靈的宗教信仰傳統。因此,“中”的觀念不能作一元化的解讀,它的複雜性正如李零所説:“人類歷史上,凡是起點性的東西,往往具有混沌未分的特點。它們會在後來的發展中積淀爲文化的深層核心,并以各種複雜的形式反復展開。”[①]筆者上述看法還不是很成熟,衹是希望能從多個角度爲學者研究清華簡《保訓》提供一些啟示。

① 李零:《中國方術正考》,北京:中華書局,2007,8頁。

楚簡字詞零識(三則)

吉林大學古籍研究所　王凱博

内容提要　本文對三個楚簡字詞進行了探討,認爲上博簡《從政》甲篇簡9"志氣不旨"的"旨"在簡文中應讀"耆",訓爲"强";清華簡《芮良夫毖》簡7-8"民之俴矣"的"俴"應讀"散",指人民離散;清華簡《筮法》第二十九節"日月有此"的"此"應讀"差",是指日月失其躔度。

關鍵詞　楚簡　字詞　考釋

一　志氣不旨

上博簡《從政》甲篇9號簡:"聞之曰:志氣不旨,其事不……"。關於"旨"字,整理者認爲"或讀作'稽',用爲'啟'",無進一步的説明。[①] 周鳳五先生認爲字形是"達"的省體,義爲"通也",因此"志氣不達"意即"志氣不通",也就是情志不暢。[②] 楊澤生先生認爲'旨'應讀作"詣",是到的意思。《史記·孝文本紀》:"張武等六人乘傳詣長安。"簡文雖然殘缺,但大概意思還是可以揣摩的,就是如果志氣不到,所做的事則不會順利成功。[③] 王中江先生認爲"旨"或可讀爲"至"。《禮記·孔子閒居》載:"子夏曰:'民之父母,既得而聞之矣,敢問何謂

① 張光裕:《〈從政(甲篇、乙篇)〉釋文考釋》,馬承源主編《上海博物館藏戰國楚竹書(二)》,上海古籍出版社,2002,223頁。

② 周鳳五:《讀上博楚竹書〈從政(甲篇)〉札記》,簡帛研究網,2003年1月10日。

③ 楊澤生:《上海博物館所藏竹書札記》,簡帛研究網,2003年4月16日。

五至?’孔子曰:‘志之所至,禮亦至焉。禮之所至,樂亦至焉。樂之所至,哀亦至焉。’”①侯乃峰先生認爲“旨”讀爲“振”,訓爲“振作、奮起”。《周易·恒卦》上六爻辭“振恒,凶”,《説文》“榰”字下引作“榰恒凶”。段注云:“《釋文》曰:‘振恒,張璠作震。’今《易》皆同張。‘旨’聲、‘辰’聲合韵冣近。許偁蓋孟《易》也。”②

按“旨”原形作,結構清晰,比較楚簡“旨”的相同寫法,如(郭店簡《緇衣》10)、(上博七《凡物流形》甲23)、(清華壹《程寤》5)等,可知原釋爲“旨”是正確的。字形雖爲“旨”,但其在句中如何破讀、理解,諸家説法存有分歧。比較諸説,筆者覺得侯乃峰先生對句意的把握甚好,但是侯先生將“旨”讀爲“振”,“旨”爲脂部,“振”爲文部,韻部較遠,且兩者相通不見於出土文獻,而於傳世古書僅此一見,所以其所引實際就成了一條孤證。這不由得引起了筆者對其讀的懷疑。

順着侯先生對句意方向的把握,筆者覺得“旨”可以讀爲“耆”。郭店簡《緇衣》“日暑雨,小民惟日怨,晋冬旨寒,小民亦惟日怨”,上博簡本“旨”作“耆”。郭店簡《尊德義》“不以旨欲害其儀軌”,裘按“‘旨’当讀爲‘嗜’”。③ 睡虎地秦簡《日書》乙本《生子》“丁酉生,吉,旨酉”,而甲本《生子》作“丁酉生子,耆酒”,“旨”、“耆”异文。此皆“旨”、“耆”音通之證,而“耆”又從“旨”聲,所以“旨”讀爲“耆”没有問題。

“耆”字有“强”義。《廣雅·釋詁一》:“駛、勁、堅、剛、耆……强也。”《逸周書·謚法解》篇末所附訓詁有“耆,彊也”條。《左傳·昭公二十三年》:“不懦不耆”,杜預注云:“耆,彊也。”睡虎地秦簡《司空律》“居貲、贖責(債)欲代者,耆弱相當,許之”,④裘錫圭先生曾指出:“律文‘耆弱相當’,意即强弱相當。”⑤《國語·晋語九》“下邑之役董安于多”章,記董安于之言曰:“及臣之壯也,耆其股肱,以從司徒,苛慝不産。”韋昭注:“耆,致也。”根據韋注,“耆其股肱”其意不暢。裘錫圭先生將此“耆”字也訓爲“强”,“耆其股肱”意爲使其股肱强健,其文意方爲通達。⑥

上引《逸周書·謚法解》篇尾所附“耆,彊也”條,是訓解正文“耆意大慮曰景”中的“耆”的。“耆意”意思是强固其志意,“耆意”倒言即“意耆”,因爲“意”跟“志氣”意思接近,所以《從政》的“志氣不耆”其實就是“意耆”的否定説法。

“志氣不耆,其事不……”,簡文雖有缺失,但其大意不難推測,是説:意志不堅定的話,事

---

① 王中江:《〈從政〉重編校注》,收入其著《簡帛文明與古代思想世界》,北京大學出版社,2011,附録三,559頁。

② 侯乃峰:《上博竹書(1-8)儒學文獻整理與研究》,復旦大學博士後研究工作報告(指導教師:裘錫圭),2012,166頁。

③ 荆門市博物館編:《郭店楚墓竹簡》,北京:文物出版社,1998,175頁。

④ 睡虎地秦墓竹簡整理小组編:《睡虎地秦墓竹簡》,北京:文物出版社,1990,“釋文注釋”部分51頁。

⑤ 裘錫圭:《〈睡虎地秦墓竹簡〉注釋商榷》,《古文字論集》,北京:中華書局,1992,537頁。

⑥ 裘錫圭:《讀書札記四則》,《裘錫圭學術文集》第4册(語言文字與古文獻卷),上海:復旦大學出版社,2012,475頁。

情就不能如何(如成功等)。[1]

二 民之俴矣

清華簡《芮良夫毖》簡 7-8 云(爲了方便,所引釋文采寬式):

此德刑不齊,夫民用憂傷。民之俴矣,而誰適爲王。彼人不敬,不鑒于夏商。[2]

其中讀"適"之字,原簡作"啻",整理者讀"帝",文意難通,此從曹方向先生讀"適"(詳下)。[3]此外,整理者原將"俴"括讀爲"賤",注釋中無進一步的解釋。清華簡叁出版後,曹方向先生指出:

"簡文講德刑不齊,百姓遭殃。下句不當忽然説"民賤"。整理者讀爲"賤"的字,簡文寫作從人從戔,疑讀爲"殘"。啻讀爲"適"。簡文通讀爲"民之殘矣,而誰適爲王。"謂百姓殘滅凋敝散亡,誰能一個人稱王?下句説"彼人不敬,不監於夏商",夏商已失去民心而亡,所謂"此日曷喪,與汝偕亡",又曰"獨夫紂",皆指没有百姓之後,不能做真正的王了。"[4]

可見曹先生是把"俴"讀作"殘"的。後來研究者似均不出此兩種讀法。[5] 今按,曹先生對"民之俴矣,而誰適爲王"的大意把握是比較準確的,但具體到"俴"字,無論是整理者讀"賤"還是曹先生讀"殘",其意似還不够貼切。

筆者覺得此處的"俴"可讀爲"散"。首先,從通假慣例和用字習慣看,楚簡材料裏存在着一些"戔"聲字讀爲"散"的前例。[6] 郭店簡《老子》甲篇簡 25 有"俴",今本《老子》與之相應的字爲"散",上博簡《容成氏》簡 6"戔施",孫飛燕先生據文例及前述郭店簡的例證讀爲

---

① 古書中有與之意思相似的話,如"志堅者,功名之主也"(《抱朴子·廣譬》)。

② 李學勤主編:《清華大學藏戰國竹簡(叁)》,上海:中西書局,2012,145 頁。

③ 參見簡帛網簡帛論壇《清華簡叁〈芮良夫毖〉初讀》,"魚遊春水"(曹方向網名)第 0 樓發言,簡帛網,2013 年 1 月 5 日。

④ 同上。

⑤ 如馬楠從整理者讀"賤",參其著《〈芮良夫毖〉與文獻相類文句分析及補釋》,《深圳大學學報》(人文社會科學版),2013 年第 1 期;子居《清華簡〈芮良夫毖〉解析》,從曹方向先生讀"殘",孔子 2000 網,2013 年 2 月 24 日;王坤鵬讀爲"殘",説"殘民"典籍常見,將"啻"讀"謫",訓爲譴責,"民之殘矣"是由於王者行事有過失的原故。按其説語法上不通,且與前後語句不能建立聯繫。參其著《清華簡〈芮良夫毖〉篇箋釋》,簡帛網,2013 年 2 月 26 日;王瑜楨讀爲"殘",翻譯此句爲"人民都殘破凋亡了,又會擁戴哪位君主爲王呢?"參其著《〈清華大學藏戰國竹簡(叁)·芮良夫毖〉釋譯》,古文字學青年論壇論文集("中央研究院"歷史語言研究所主辦,2013 年 11 月 25-26 日),318 頁;陳鵬宇引此句時作"賤",參其著《清華簡〈芮良夫毖〉套語成分分析》,《深圳大學學報》(人文社會科學版)2014 年第 2 期。

⑥ 從語音上説,"戔"聲字多屬從母或精母元部,"散"爲心母元部,二者韻部相同,聲母均爲齒頭音。

"散施",已得到學界的普遍認同。[①] 鄧少平先生近又撰文補充論證了楚簡中的另兩個應讀爲"散"的"戔"字,即《容成氏》簡41"判宗離族戔群"及《融師有成氏》簡6"毀折離戔",[②]論證詳密,均可信。上博九《卜書》簡8"戔於百邦",也先後有學者讀爲"散於百邦"。[③] 此外,上博五《鮑叔牙與隰朋之諫》簡3"毋内錢器",學者對"錢器"的讀法和理解頗有歧异,筆者在一篇未刊稿中將之讀爲"散器",意爲粗劣、不堅致的器物。[④] 凡此均可參比。所以,我們將此處的"倸"讀作"散",從語音與通假習慣上講,没有問題。其次,從文意看,"倸"讀爲"散",則"民之散矣,而誰適爲王"句意顯白,"民之散矣"就是"民散",也即人民離散逃亡。《芮良夫毖》因爲屬於詩體文獻,爲了湊成長句而綴加虚字,不足爲奇,比如同屬簡8的"心之憂矣",其意就是"心憂",也是爲了成句而綴加虚字。"民散"見於文獻,如:

> 暴内陵外,則壇之;野荒民散,則削之;負固不服,則侵之。(《周禮·夏官·大司馬》)
>
> 嬰聞傲大賤小則國危,慢聽厚斂則民散。(《晏子春秋》)
>
> 上失其道,民散久矣。(《論語·子張》)

上揭句例中的"民散",皆是講因爲統治者失道,老百姓不堪忍受而逃避離散,其跟《芮良夫毖》"此德刑不齊,夫人用憂傷。民之倸矣,而誰適爲王"所表達的意思是近似的。

《孔叢子·連叢》裏的《諫格虎賦》有:

> 國政其必亂,民命其必散。國亂民散,君誰與處?

這句話與"此德刑不齊,夫民用憂傷。民之倸矣,而誰適爲王?"意思上的關聯更爲直接,兩者可對讀參看。

此外還不得不提的是,《芮良夫毖》簡17也有寫法相同的"倸"字,其所在辭例爲"自起倸虐,邦用不寧",其中"倸虐"整理者讀爲"殘虐",是通適的。蓋以此,不少學者以爲"民之倸矣"也當讀"民之殘矣"。但比對"心之憂矣"言"心憂","民之殘矣"則言"民殘","民殘"説人民殘破,這樣一來,其跟"而誰適爲王"就不能很好地建立聯繫。曹方向大概是注意到了

---

① 孫飛燕:《〈容成氏〉文本整理及研究》,清華大學博士學位論文(指導教師:廖名春),2010,107－109頁;孫飛燕:《〈容成氏〉字詞考釋二則》,《中國文字》(新三十六期),臺北:藝文印書館,2011,47－49頁。

② 鄧少平:《試説楚簡中讀爲"散"的"戔"字》,《中國文字研究》(第十七輯),上海人民出版社,2013,36－39頁;2014年6月1日下午,陳偉武先生在武漢大學簡帛研究中心做報告時,也有將"鹿戔"讀爲"離散"的意見,參見簡帛網"消息"欄的報導。

③ 駱珍伊:《〈上博九·卜書〉"散於百邦"小議》,簡帛網,2013年2月26日,其文又載季旭昇主編《孔壁遺文論集》,臺北:藝文印書館,2013;程少軒:《小議上博九〈卜書〉的"三族"和"三末"》,《中國文字》(新三十九期),臺北:藝文印書館,2014,116頁。

④ 《"錢器"小考》,筆者未刊稿。

此點,所以他在翻譯這句話時説"百姓殘滅凋敝散亡,誰能一個人稱王?",亦非得以"凋敝散亡"來解釋"殘",曹先生綴加"散亡"以足句意,但"散亡"實際上却不是"殘"字本所固有的義項了。這是我們不同意此處"俴"讀"殘"的原因之一。鑒於兩處辭例不同,統一理解則存有疑處,所以筆者以爲分開理解比較合適。

三　日月有此

清華簡《筮法》第二十九節"爻象"中有以下一段話(所引釋文采寬式):

> 凡爻,如大如小,作於上,外有吝;作於下,内有吝;上下皆作,邦有兵命,慶忌、風雨、日月有此。①

以上簡文中"慶忌"的釋讀從郭永秉先生,是指澤精。② 關於"日月有此",整理者説:

> 日月又此,疑即日月有食。"此"爲清母支部字,"食"在船母職部,音近。

後來研究者多不信此説,比如郭永秉先生引此句時作"日月又(有)此(食?)",即以問號表示懷疑。其他研究者相繼對"此"多有看法,所見有"异"或"疵"③、"戠"④等幾種讀法,但筆者覺得仍有探討的必要。

按,整理者認爲"日月有此"所述跟日食、月食有關,其立意甚好,但是把"此"直接通讀爲"食"則頗有困難,因爲無論是傳世文獻還是出土文獻中,均不見有兩字相通的例證,且"此"屬支部,"食"屬職部,實際上其古音也并不相近。

筆者以爲"日月有此"的"此"應讀爲"差"。《詩·小雅·賓之初筵》:"屢舞傞傞",《説文》"䇅"字條引作"䇅䇅"。《詩·鄘風·君子偕老》:"玼兮玼兮,其之翟也。"兩"玼"字,《周禮·内司服》鄭玄注皆引作"瑳"。《禮記·月令》:"掩骼埋胔。"《吕氏春秋·孟春紀》作"揜骼霾髊"。《禮記·月令》阮元《校勘記》:"按:胔、髊皆骴之或體。"⑤這是兩字在傳世文獻中相通之證。此外,最近黄傑先生論述到郭店簡《忠信之道》簡4"夫此之謂此"、簡5"忠誠之謂此",其中句末兩個"此"字用法特别,黄先生理解爲句末語助詞,并以之與《楚辭·招魂》的"些"聯繫起來,還以爲兩者跟《诗·小雅·节南山》"民言无嘉,憯莫懲嗟"的"嗟"用法也

① 李學勤主編:《清華大學藏戰國竹簡(肆)》,上海:中西書局,2013,120-21頁。

② 郭永秉:《説"鳫忍"》,復旦大學出土文獻與古文字研究中心網,2014年1月8日。

③ 網友"曰古氏"在上注郭永秉先生的文後評論引此文作"日月又(有)此(异?疵?)",并翻譯爲"日月有灾變(?)",并不肯定其説,王寧先生跟帖肯定其説;簡帛網簡帛論壇《初讀清華簡(四)筆記》網貼,網友"奈我何"在第14樓发言也有讀"疵(?)"的懷疑和看法。

④ 參見網友"有鬲散人"在《初讀清華簡(四)筆記》第9楼的發言。

⑤ 參見張儒、劉毓慶《漢字通用聲素研究》,太原:山西古籍出版社,2002,511頁。

一致,三者屬一詞的不同寫法。[①] 如其説可信,則屬"此"、"差"在出土文獻中的通假之證了。

"差"有"貳"、"不相值"、"過"、"失"等義,[②]"日月有差"即指日月的運行出現差忒。

《易·豫》:"天地以順動,故日月不過,四时不忒;圣王以順動,故刑罰清而民服。"孔穎達正義:"若天地以順而動,則日月不有過差,依其晷度,四時不有忒變,寒暑以時。"

《禮記·禮運》:"播五行於四時,和而後月生也。"孔穎達正義:"'和而後月生也'者,若四時不和,日月乖度,寒燠失所,則月不得依時而生。若五行四時調和,道度不失,而後月依時而生也。"鄭玄注"比氣和,乃後月生而上配日,若臣功成进爵位也。"孔穎達正義:"凡月體之生,稟於日光。若氣之不和,日月行度差错,失於次序,則月生不依其時。若其五行氣和,則月依其時而生,上配日也。猶若治理得所,臣之功成,進受爵位,上配君也。"

"日月有差"指日月之運行失其躔度,可以包含日食、月食等多種异象在内。在古人心目中,日月運行各有軌道,其周行之順逆、遲速有其節序,如亂失其常次,則能導致一些灾异的發生。如:

日月失其行,薄蝕无光;风雨非其時,毁折生灾;五星失其行,州國遭殃。(《淮南子·精神》)

間者水出地動,日月失度,星辰亂行,灾异仍重。(《漢書·李尋傳》)

其傳曰"時則有日月亂行",谓𦗩側匿,甚則薄蝕是也。(《漢書·孔光傳》)

時則有日月亂行,星辰逆行。(《洪範·五行傳》)傳注云:"亂,謂薄食、斗、并見;逆,謂贏縮、反明、經天、守舍之類。"

日月既亂,歲季乃□。時雨進退,亡有常極。(《楚帛書·乙篇》)

此外,上博二《仲弓》簡19:"山有崩,川有竭 ,日月星辰猶差,民無不有過。"其中"日月星辰猶差"與"山有崩,川有竭"并列。所以,清華簡《筮法》以"日月有差"與"兵命"、"慶忌"、"風雨"等灾异并列,以之作爲"上下皆作"爻象的筮占後果,也是很合適的。

① 黄傑:《〈忠信之道〉"此"与〈招魂〉"些"》,《光明日報》,2014年5月27日第16版。

② 參見宗邦福、陳世鐃、蕭海波主編《故訓匯纂》,北京:商務印書館,2003,657頁。

《老子》“家國天下”觀與先秦諸子之同异

湖南大學岳麓書院　吴勁雄

内容提要　《老子》也有“家國天下”觀,其五十四章就有“修之身、修之家、修之鄉、修之邦、修之天下”的表述,與《大學》等先秦文獻“修身、齊家、治國、平天下”的觀點十分接近。然而,《老子》的“家國天下”觀重在修身還是重在治天下,或者當作其他解釋,學界有不同説法;而又多以《莊子・讓王》的“完身養生”之説作爲論證根據,認爲《老子》或亦如此。如今借助郭店簡提供的綫索,我們發現《老子》的説法不僅與《大學》不同,而且《莊子・讓王》、《韓非子・解老》亦未得《老子》之意;《老子》體現的是一種以“道”爲本的“家國天下”觀。

關鍵詞　郭店《老子》　“家國天下”觀　以“道”爲本

《老子》的“家國天下”觀一般不被人重視,實際上《老子》五十四章已有明確的句子表達了對“身、家、國、天下”的獨特看法:“以身觀身,以家觀家,以鄉觀鄉,以邦觀邦,以天下觀天下”。而且這個表述又得到了馬王堆帛書本《老子・德篇》、湖北郭店楚墓竹簡《老子》(乙)與新公布的北大漢簡《老子・上經》重新印證。因此,學界對此有了更多的關注。然而,在這個問題上,前修時賢更多地關注“他證”,即從其他先秦文獻如《禮記・大學》、《莊子・讓王》、《韓非子・解老》的相關表述中尋求解釋,而甚少在“自證”上花工夫,即在《老子》自身的文本中尋求證據。這種做法多少受到了《禮記・大學》“修身、齊家、治國、平天下”的影響,同時也與學界對《老子》“家國天下”觀的關注不多有關。下文將借助郭店簡《老子》新文本提供的綫索,對此問題作新的闡釋與論證。

一 《大學》"家國天下"觀與道家後學之"家國天下"觀

(一)《禮記·大學》之論述

雖然先秦"家國天下"觀有多種説法,而且存在着各種不同的差异,然而《大學》的説法影響最大,幾乎可以代表我們對於"家國天下"觀的認知:

物有本末,事有終始;知所先後,則近道矣。

古之欲明明德於天下者,先治其國;欲治其國者,先齊其家;欲齊其家者,先脩其身;欲脩其身者,先正其心;欲正其心者,先誠其意;欲誠其意者,先致其知,致知在格物。物格而後知至,知至而後意誠,意誠而後心正,心正而後身脩,身脩而後家齊,家齊而後國治,國治而後天下平。

自天子以至於庶人,壹是皆以脩身爲本。其本亂而末治者否矣,其所厚者薄,而其所薄者厚,未之有也!此謂知本,此謂知之至也。[①]

按照《大學》的表述,"修身、齊家、治國、平天下"是有程序可依的:修身爲齊家之本,齊家爲治國之本,治國爲平天下之本。"知本"是《大學》"家國天下"觀的立足點,因爲"物有本末,事有終始;知所先後,則近道矣"。就是説:辦事是有本末之分、終始之别的,衹有立定了本根,按照先後順序進行,才能達到最佳的效果。《大學》體現的就是這種以修身爲本、以平天下爲念的逐層遞進"家國天下"觀。

(二)《莊子·讓王》之説法

一般認爲是莊子後學所作的雜篇《讓王》,有一段論述被學者用來解釋《老子》關於"家國天下"觀的看法:

道之真,以治身;其緒餘,以爲國家;其土苴,以治天下。由此觀之,帝王之功,聖人之餘事也,非所以完身養生也。今世俗之君子,多爲身弃生以殉物,豈不悲哉![②]

這段話是説:用來治身的是純真之道,用來爲國家的衹是緒餘,用來治天下的不過是土苴。土苴,司馬彪的注解是糞草,[③]糞草與純真之道及其緒餘都是無法比擬的。可見,《莊子》認爲帝王功業不過是養生的餘力所爲,并不是聖人最關心的事情。"不以身殉物"是這段話的核心,是《莊子》爲之慨歎的事:"今世俗之君子,多爲身弃生以殉物,豈不悲哉!"在《莊子》看來:物小傷害就小,物大傷害就大。國家之物比身大,天下之物又比國大,所以用緒餘來治

① [漢]鄭玄注,[唐]孔穎達疏:《禮記正義》卷六〇,《十三經注疏》本,北京:中華書局,1980,1673頁上欄。
② [清]王先謙:《莊子集解》卷八,諸子集成本,北京:中華書局,2006,189頁。
③ [清]王先謙:《莊子集解》卷八,諸子集成本,189頁。

國、用糞草來治天下,以減少外物對養生的影響。這也是一種有側重的"家國天下"觀,重在完身養生,而逐漸向爲國家、治天下遞減。

(三)《韓非子·解老》之理解

先秦諸子著作裏面,《韓非子·解老》是明確提出爲《老子》的某些章節作解釋的重要文獻,當中有一段話專門爲《老子》"家國天下"觀作解:

> 身以積精爲德,家以資財爲德,鄉、國、天下皆以民爲德。
> 今治身而外物不能亂其精神,故曰:"修之身,其德乃真。"真者,慎之固也。
> 治家者,無用之物不能動其計,則資有餘,故曰:"修之家,其德有餘。"
> 治鄉者行此節,則家之有餘者益衆,故曰:"修之鄉,其德乃長。"
> 治邦者行此節,則鄉之有德者益衆,故曰:"修之邦,其德乃豐。"
> 莅天下者行此節,則民之生莫不受其澤,故曰:"修之天下,其德乃普。"①

《韓非子》將《老子》的"家國天下"觀解釋爲三大部分:第一部分是精神基礎"身",治身講求的是"積精",精神不爲外物、玩好所亂,所以能守真;第二部分是物質基礎"家",治家講求的是"資財",家財不爲無用之物所動,所以能有餘;第三部分是逐步擴展的"鄉、邦、天下",治鄉、治邦、莅天下講求的是"益衆",在家財有餘的基礎上讓更多的民衆受益,所以能爲天下王。這也是一種有側重、有遞進的"家國天下"觀,立足在身,建基在家,擴展爲鄉、邦、天下。

可見,以上三種先秦文獻的"家國天下"觀有同有异:相同的是,三者的立足點都是"治身"。不同的是,《大學》是層層相因的單綫遞進,後一階段的發生都是以前一階段的成效作爲基礎;《韓非子》是各有側重的三階段遞進,治身講求積精,治家講求資財,治鄉、邦、天下則講求益衆;而《莊子》就很明顯地表現爲遞減,不願意以身殉物,衹用餘力、糞草爲國家、治天下。

二 《老子》"家國天下"觀之深層探討

《老子》"家國天下"觀出現在通行的王弼本第五十四章,而郭店簡《老子》(乙)第十六、十七、十八簡爲我們深入了解這種説法,提供了更多的文字信息:

> 善建者不拔,善抱者不脱,子孫以其祭祀不絶。修之身,其德乃貞;修之家,其德有餘;修之鄉,其德乃長;修之邦,其德乃奉;修之天[下],[其][德][乃][普]。[故以身觀身],[以]

① [清]王先慎:《韓非子集解》卷六,諸子集成本,114頁。

家 觀家,以鄉觀鄉,以邦觀邦,以天下觀天下。吾何以知天下 然 哉? 以 此。[1]

這段話與王弼本的文字差异,我們將在下文討論具體問題時進行分述。而今根據文本的内容,我們發現這段話其實是由三個相對獨立的信息段落組成,它們從不同的側面進行論述,而又互相對各自的上下語句起到承前啓後的作用。

(一)善建者不拔,

善抱者不脱,

子孫以其祭祀不絶。

第三句話的"其"字包括帛書本在内的諸本皆無,衹有北大漢簡本與此同。然而,不僅《韓非子·喻老》有"其"字,而且《韓非子·解老》與王弼注的内容,也加進了一個與"其"字相當的代詞"此道"。[2] 因此,郭店本"其"字的出現,彌補了這個缺陷,讓文意更加連貫,爲此句話的理解提供了更準確的表達。"此道",一般認爲就是上文的"建"與"抱"之道。[3] "建"與"抱"是子孫祭祀不絶的因由,也是下文"修之身"、"修之家"、"修之鄉"、"修之邦"、"修之天下"的根基。然而,是"建"與"抱"本身就有"不絶"與"修"的成效,還是"建"了什麽與"抱"了什麽才産生這種成效呢?

《老子》第四十一章有一個與此相關的表達:"建德若偷"。偷是鬆懈的意思。這裹是正詞反用,意思就像《老子》説"大智若愚"一樣:聖人建立的堅厚之德,却彷似很鬆散,一點都不牢固。鬆懈要表達的就是不鬆懈的效果,不鬆懈就是上文第一句話所講的"不拔"。因此,"善建者不拔"所"建"的是"德"。

《老子》第二十二章也説:"聖人抱一爲天下式。"這個"一"就是"道"。第十章又説:"載營魄抱一,能無離乎?"這裹"抱"的效果是"無離",與上文所講的"不脱"是一個近似的表達,不脱,就是一點離開都没有。綜合這兩章的説法,可知抱"道"就能達到"不脱"、"無離"的效果。因此,"善抱者不脱"所"抱"的是"道"。

據此,第三句話所講的"其",不僅僅是指"善建"與"善抱"本身,而是更深層地指向所建之"德"與所抱之"道";[4]下文用於"修身"、"修家"、"修鄉"、"修邦"、"修天下"的,也是這種

---

① 荆門市博物館編:《郭店楚墓竹簡》,北京:文物出版社,1998,118頁。"抱"據王弼本;"絶"據帛書甲本、北大漢簡本。同時參考了武漢大學簡帛研究中心、荆門市博物館編《楚地出土戰國簡册合集(一)郭店楚墓竹書》,北京:文物出版社,2011。對於《老子》引文,除特殊注明外,皆據[魏]王弼《老子注》,諸子集成本;由於引文較多,以免繁複,隨文標注章節,不一一標注頁碼。

② 《韓非子·解老》云:"爲人子孫者,體此道以守宗廟。"王弼《老子注》:"子孫傳此道以祭祀則不輟也。"見[清]王先慎《韓非子集解》卷六,諸子集成本,113-114頁;[魏]王弼《老子注》,諸子集成本,33頁。

③ "'其'乃代詞,自《韓非子》、王弼《注》、河上公注以還,俱以爲指代'善建'、'善抱'之'道'。"見丁四新《郭店楚竹書〈老子〉校注》,武漢大學出版社,2010,354頁。

④ 《老子》又稱《道德經》,應該與這種建德、抱道有關。

"德"與"道"。子孫"善建德"與"善抱道",就能不絶地祭祀祖先;不絶的狀態就是長久,第二十二章"聖人抱一爲天下式"後面也是這麽説的:"不自矜,故長。"不自矜就是不自以爲是,循"道"而行,所以長久。這種意義關聯,得到了二十二章的印證;而且,下文用"道"、"德"來"修之鄉"的結果"其德乃長",恰好是這句話在同一個段落的對應表達。

(二)修之身,其德乃貞;

修之家,其德有餘;

修之鄉,其德乃長;

修之邦,其德乃奉;

修之天下,其德乃普。

這是一組韻文,是兩句一韻,據段玉裁《古十七部諧聲表》,[①]身、貞一韻,家、餘一韻,鄉、長一韻,邦、奉一韻,下、普一韻,分成了身、家、鄉、邦、天下五個既有關聯而又相對獨立的部分。

王弼本這五句話的"之"字後面都多了一個"於"字,應爲衍文。[②] 這五句話都有一個共同的"修之"前提,即上文第三句話"其"所代表的意義:"德"與"道"。"修之身"就是以"道"、"德"修身,下面的家、鄉、邦、天下也是如此:以"道"、"德"修家,以"道"、"德"修鄉,以"道"、"德"修邦,以"道"、"德"修天下。

1.修之身,其德乃貞。

"貞"字王弼本作"真",這兩個字的意思并没有太大差别,一般學者也將"貞"釋讀爲"真";[③]然而,恰好是這種不同,爲我們探究句意提供了重要的綫索。第三十九章:

> 昔之得一者……萬物得一以生,侯王得一以爲天下貞。

這裏所講的"一"指的是"道",因爲衹有"道"才能讓萬物滋長,衹有"道"才能讓侯王平治天下。而且第三十七章也是這麽説的:

> 道常無爲而無不爲,侯王若能守之,萬物將自化。

這章不僅闡述了"道"的屬性"無爲而無不爲",而且明確指出了侯王所守的就是這種"道",如果他們做到了這一點,萬物都會得到各自所需的歸屬。因此,"貞"是侯王治天下的最佳狀態,是接近"道"的一種表現。這裏《老子》把治天下最佳的狀態"貞"用來形容修身的成效,不僅表示用"道"、"德"修身就能得到修身的正果,而且可知用"道"、"德"修身與用

---

① [漢]許慎撰,[清]段玉裁注:《説文解字注·古十七部諧聲表》,上海古籍出版社,1988年第2版,818頁。可參江有誥《音學十書·先秦韻讀·老子》,北京:中華書局,1993,166頁。

② 見朱謙之《老子校釋》,新編諸子集成本,北京:中華書局,1984,215-216頁。

③ 荆門市博物館編:《郭店楚墓竹簡》,118頁。

“道”、“德”治天下的成效是一樣的。

2.修之家,其德有餘。

“有餘”,北大簡本、帛書本、《韓非子·解老》引文與郭店本同,王弼本作“乃餘”。而《老子》第七十七章確有“有餘”的表達,比“乃餘”更爲直觀:

孰能有餘以奉天下?唯有道者。

“有餘”是得道者的一個特徵,因爲“有餘”才能源源不斷地爲天下做奉獻。因此,衹要用“道”、“德”修家,就能達到修家的理想效果。

3.修之鄉,其德乃長。

“長”也是一種近“道”的狀態,第七章:

天地所以能長且久者,以其不自生,故能長生。

“不自生”即是不與萬物争生,自然無爲。“不争”是近於“道”的德性:“聖人之道,爲而不争”(第八十一章);長生是有道者的追求:“是謂深根固柢,長生久視之道”(第五十九章)。所以,衹要用“道”、“德”修鄉,就能收到長治之效。而且,這裏所講的“長”,又與上文所講“子孫以其祭祀不絶”的效果相呼應,體現了這段話上下文之間的緊密關連。

4.修之邦,其德乃奉。

“奉”,王弼本作“豐”,而王弼本《老子》除此處之外,并無“豐”字出現;在七十七章則出現了“奉”:

孰能有餘以奉天下?唯有道者。

“奉”就是奉獻,就是付出,助萬物生長,爲百姓服務。因爲源源不斷地爲天下作奉獻,衹有得道者才能做得到。這可以用四十一章的話來理解:“夫唯道,善貸且成。”貸就是施與,就是付出。得道者是善於付出而走向成功的人。這裏又講到了“善”,善於從事某種事情,是“道”、“德”的一種體現;上文有善建、善抱,這裏有善貸、善奉。可見,衹要用“道”、“德”修邦,就有修邦的最好成效。[①]

5.修之天[下],[其][德][乃][普]。

帶方框的五個字,原闕,今據王弼本補齊。郭店本與王弼本《老子》除此處之外皆無“普”字出現,而四十一章有“廣德”:

上德若谷,大白若辱,廣德若不足,建德若偷,質真若渝。

---

① 學者應該關注到“其德乃奉”的“奉”與這裏“奉天下”的“奉”在詞性上的不同,從而考慮兩者作關聯解析的可能性。然而,同一個字的動、名詞互用,正是先秦漢語的重要特徵,《老子》也不例外。

這些句子全部都以"若"字爲界綫劃分前後,前者爲正,後者爲反;句式與意義,恰好如七十八章所說的"正言若反"那樣,"若"字後面的意思應該反讀。"建德若偷"已見上文,偷即是不偷,表示堅固、不拔;谷就是不谷,表示充實;辱就是不辱,表示榮耀;渝就是不渝,表示没有瑕疵;不足就是足,表示寬裕。不拔是"建"的最佳效果,可知足也是"廣"的一種最佳效果。廣德的狀態就是寬裕廣闊,無所不達,與"普"的意思十分接近。

然而,《老子》這裏爲何不用"普"而用"廣"呢?一方面是出於押韻的考慮,"下"與"普"押韻,與"廣"則不押韻;另一方面《老子》對於同一種概念往往會選擇多種不同的詞彙來表達,如上文論及的"抱"的反義詞,第五十四章用的是"不脱",第十章用的是"無離",意思表達并没受到影響。所以,内涵基本相同的"廣"與"普"可以互用,表示衹要用"道"、"德"修天下,就有圓滿的功效。

另外,這裏"質真"與"廣德"、"建德"并列,意義相關而又相近;"質真"就是"德真"的性質,就是上文所論述的"修之身,其德乃貞(真)"的意思。再次表明,在《老子》看來,上文善建之德與這裏修身、修天下之德存在着密切關聯,他們的效果是可以放在幾乎相等的位置之上的。

綜上,雖然身、家、鄉、邦、天下在範圍上是一種從小到大的擴展,但是,從《老子》"修之身"、"修之家"、"修之鄉"、"修之邦"、"修之天下"的表述來看,他們修爲的前提都是"道"、"德",是分别用"道"、"德"修之身,用"道"、"德"修之家,用"道"、"德"修之鄉,用"道"、"德"修之邦,用"道"、"德"修之天下;他們的結構是平衡的,地位是對等的,用"道"、"德"修身之後,下一環節的修爲并没有以"身"作爲擴展,用來修之"家";修"家"之後,也没有以"家"作爲擴展,用來修之"鄉",以至於用"邦"來修之"天下"。[①] 也就是説,後一個更大環節的修行,并没有以上一個小環節的結果作爲基礎。

事實上,人們分别用"道"、"德"修之身、家、鄉、邦、天下,都達到了各自的需求:身之德貞、家之德有餘、鄉之德長、邦之德奉、天下之德普。這五種"德性"不僅没有明顯的輕重、增减傾向,幾乎都是"道"、"德"的不同體現;而且,還錯綜地與上下文呼應,身之貞德、天下之普德與善建之德相近,鄉之長德與子孫祭祀不絶之德相同,家有餘之德與邦之奉德更是密切相關,出現在同一句話當中。這些錯綜複雜的關連表明,各種用"道"、"德"修爲所取得的效果并没有明顯的高低之分,幾乎同在一個平面之上。

也就是説,《老子》强調的是用"道"、"德"辦事的重要性,而不管從事的是什麽事情,衹

① 關於這一點,劉笑敢先生也有相類似的闡述:"用哲學的語言來説,老子所主張的可能就是以特定的範圍觀察、解决特定範圍内的問題,反對混淆問題的範圍而造成混亂。所以要'修之身……修之家……修之鄉……修之國……修之天下',而不能僅從'修之身'直接推廣到天下。"參見其著《老子古今》(修订版)上卷第五十四章,北京:中國社會科學出版社,2009,562頁。

要滿足“道”、“德”要求的,都能得到美滿的結果。用《老子》六十一章的話來説,就是“各得其所欲”。子孫用“道”就可以祭祀不絶,修身用“道”就可以修成正果,以至於修天下用“道”就可以福澤世人。所有事情都立足在“道”上,而不是我們所常見的“家國天下”觀以身爲本,遞增或遞減,《老子》“家國天下”觀是以“道”爲本,不增亦不減。

(三)[故以身觀身],

以家觀家,

以鄉觀鄉,

以邦觀邦,

以天下觀天下。

吾何以知天下然哉?以此。

方括號内的五個字原脱,帶方框的八個字原闕,今據王弼本補齊。

這是《老子》對文意的總結。上文已指出修之身、修之家、修之鄉、修之邦、修之天下的範疇具有獨立性,這裏則再次强化了這種概念,説是以身觀身,以家觀家,以至於以天下觀天下。這種意思,可以借助《周易·繫辭上》的一句話來理解:

一陰一陽之謂道,繼之者善也,成之者性也;
仁者見之謂之仁,知者見之謂之知。[①]

這裏的“知”字讀作“智”。體察“道”的人,《周易》中是仁者、智者,《老子》中是修身者、修家者、修鄉者、修邦者與修天下者,同爲一種并列關係;體察“道”的方法,《周易》中是“見”,《老子》中是“觀”,意思也很十分相近。《繫辭上》的意思是,對於同一個“道”,仁者以“仁”的立場體察,看到的是“仁之道”;智者以“智”的立場體察,看到的是“智之道”。所以,《老子》的話可以表達爲:

道心在修身,則身有道;
道心在修家,則家有道;
道心在修鄉,則鄉有道;
道心在修邦,則邦有道;
道心在修天下,則天下有道。

就是説:用“道”之人把辦事的視點放在哪裏,那裏就有收效:視點放在身上,則身修成正道;視點放在家上,則家修成正道;以此類推,視點放在鄉、邦、天下的任何一個環節上,他們都可各自修成正道。而且,五個環節都是一個相對獨立的範疇,後一個環節的發生無需以上

① [魏]王弼、[晋]韓康伯注,[唐]孔穎達疏:《周易正義》卷七,《十三經注疏》本,78頁上、中欄。

一個環節的完成作爲基礎，就像《繫辭上》所講的"仁者見仁，智者見智"，智者是不需要先見了仁才能見智的。

三 結論

通過以上分析，我們知道《老子》的"家國天下"觀并没有明顯的輕重傾向或者增減關係，一切皆以"道"爲本，衹要是遵循"道"、"德"要求來做的，不管是什麽立場，要完成什麽事情，都能"各得其所欲"。因此，與《大學》"家國天下"觀的環環遞進、《韓非子・解老》"家國天下"觀的三層遞進以及《莊子・讓王》"家國天下"觀的逐層遞減都不相同。

如果真要考究《老子》"家國天下"觀在身、家、鄉、邦、天下之間是否有所側重的話，竊以爲《老子》用意所在應該是"爲天下"，因爲《老子》文中頻頻出現"天下"或者與"天下"相關連的表達（侯王、王公），表現出明顯傾向的陳述也不少：

> 爲天下式、爲天下母、爲天下貞、爲天下王、爲天下貴（二十二章、二十五章、三十九章、七十八章、五十六章）
>
> 得志於天下（三十一章）
>
> 取天下（四十八章）
>
> 修之天下、知天下（五十四章）
>
> 以道蒞天下（六十章）

從這麽多關於"爲天下"的表述中，我們不難想象《老子》汲汲於爲天下萬事萬物謀福利的用心良苦。若以這種思想背景代入五十四章關於"家國天下"觀的表述裏，我們不妨説《老子》的"家國天下"觀確實"心懷天下"。然而，即使是"心懷天下"，立足的還是"道"，而不是身。

當然，先秦"家國天下"觀遠不止以上所提到的《大學》、《莊子》與《韓非子》，《論語》、《墨子》等衆多文獻都有記載；更爲最重要的是：《老子》"家國天下"觀比我們所熟知的先秦"家國天下"觀多了一個較爲少見的層次——"鄉"，却又甚少爲學者們注意。這些問題，都值得我們繼續深入思考與探討。

《里耶秦簡(壹)》所見秦代公田及其管理*

吉林大學古籍研究所　沈剛

内容提要　新公布的《里耶秦簡(壹)》資料顯示,在秦代存在着歸屬國家直接管理的公田,由"田官"負責,其長官稱"田某"。公田主要勞動力爲刑徒,此外還有卒等。其收穫物除了滿足公田勞動者的自身需要外,其餘部分上交國家。田官要接受定期考課。

關鍵詞　里耶秦簡　公田　田官

所謂公田,是指所有權歸屬國家并且由其直接經營的土地,它是中國古代國家重要財政來源之一。漢代以後,因爲材料比較豐富,關於政府直接經營管理土地問題都有比較清楚的記述。相比較而言,秦代因爲存續時間較短,留存的傳世文獻較少,故其經營公田的情況不太明晰。但後來出土資料逐漸增多,使得我們對秦代國有土地的認識因此而不斷深入。二十世紀五十年代在中國古代土地制度討論的熱潮中,一些馬克思主義史學家討論中國古代土地所有制問題時,已經認識到秦代存在着一部分歸國家直接控制的土地,如侯外廬先生認爲從秦漢到唐開元、天寶以前,存在着皇族土地所有制,這可以和本文討論的公田或官田相類比。① 李埏先生認爲秦漢少府所掌土地,其性質是"把國有土地置於國家的直接支配之

* 本文爲吉林大學社會科學基金項目成果,項目批准號:2012FRLX04。

① 侯外廬:《中國封建社會土地所有制形式的問題》,《歷史研究》編輯部編《中國歷代土地制度問題討論集》,北京:三聯書店,1957,12頁。

下”。[1] 當然,因爲這些文章主旨是對中國土地問題做宏觀的理論探討,并且因爲缺乏必要的資料,所以其重心并不在秦漢時期國有土地管理的細枝末節。當然也有學者對秦代是否存在公田并不確信,如賀昌群先生認爲:“漢武帝以前,漢天子直接掌握的土地很少,也没用公田、官田這些名稱。武帝時代没收了諸侯王、大小封君及功臣外戚的封地,又利用緡錢令没收了中家以上富商大賈、地主豪强的土地;此外,贓十萬以上官吏有罪所没收的土地,戰國以來氏族公社殘餘的强宗大族的土地,都陸續入於漢政權之手而稱爲‘公田’。漢政權掌握大量公田,是形成漢武帝時期專制封建主義中央集權和十三州部大一統的重要物質條件。”[2]賀先生認爲漢武帝以前,皇帝直接掌握的土地很少,言外之意,秦代情况可能也是如此。

在秦簡發現以前,因爲材料限制,無論是否承認秦代存在着公田,學者們并没有更直接的證據來證成其説,他們衹是通過理論闡釋或從歷史發展邏輯的角度進行論説;睡虎地秦簡出土之後,關於秦代土地制度的材料豐富起來,以此爲基點,又重新討論秦代土地所有制問題。睡虎地秦簡中有很多關於土地管理的法律條文,通過解讀這些條文,多數學者認爲秦代存在着國家直接經營的公田,如張金光先生認爲秦在普遍土地國有制下,秦土地有兩種基本的占有形態和經營方式,一部分是由政府機構直接經營管理,一部分則是通過國家授田(包括庶民份地授田和軍功份地益田等方式)而轉歸私人占有和經營使用。[3] 他對於國營農耕地的分析是通過睡虎地秦簡《倉律》中關於程禾、計禾,遺種,以及經營管理的諸多條文得出的。唐贊功先生、[4]熊鐵基與王瑞明先生、[5]楊師群先生等在秦代存在着土地國有這一方面的認識和張金光先生觀點基本相同。[6] 此外日本學者重近啓樹分析了《秦律十八種·倉律》簡 118 的對“隸臣田者”糧食支付的規定,并與簡 105、106 播種量的規定等記載相聯繫,判明了存在大規模的縣管公田。[7] 高敏先生也認爲存在國家直接控制的土地,但其所指爲苑囿園池等,對於《倉律》中的材料認爲還是針對民衆的授田制度。[8] 不過,對於秦代存在公田問題也有相反意見,如施偉青先生對張先生認爲有國家直接經營管理的土地提出質疑。[9]

---

① 李埏:《論我國的“封建的土地國有制”》,《歷史研究》編輯部編《中國歷代土地制度問題討論集》,北京:三聯書店,1957,26 頁。

② 賀昌群:《賀昌群文集》(第二卷),北京:商務印書館,2003,549 頁。

③ 張金光:《秦制研究》第一章《土地制度》,上海古籍出版社,2004,2 頁。

④ 唐贊功:《雲夢秦簡所涉及土地所有制形式問題初探》,中華書局編輯部《雲夢秦簡研究》,北京:中華書局,1981,54 頁。

⑤ 熊鐵基、王瑞明:《秦代的封建土地所有制》,中華書局編輯部《雲夢秦簡研究》,74 頁。

⑥ 楊師群:《從雲夢秦簡看秦的國有制經濟》,《史學月刊》1995 年第 4 期。

⑦ 谷口建速:《日本秦簡研究現狀·田制、農業》,武漢大學簡帛研究中心編《簡帛》(第六輯),上海古籍出版社,2011,166 頁。

⑧ 高敏:《從雲夢秦簡看秦的土地制度》,收入其著《雲夢秦簡初探》,鄭州:河南人民出版社,1981,147 頁。

⑨ 施偉青:《也論秦自商鞅變法後的土地制度——兼與張金光同志商榷》,《中國社會經濟史研究》1984 年第 4 期。

對秦代是否存在國家公田問題之所以未取得一致意見,是因爲睡虎地秦簡并没有明確説明存在着國家直接管理的土地。因此,儘管對該問題的認識深入了一步,却也需要通過一定的推論,因而就不乏質疑者。近年隨着秦代簡牘材料發現和公布的不斷增多,這一問題也變得明晰起來。蕭燦先生從《岳麓書院藏秦簡·數》中相關算題提供的信息,確認了秦代存在着政府直接經營的公田,[①]後來王文龍先生在此基礎上又進一步從縣府徵税角度證實了秦代確有國家經營的公田。[②] 新公布的《里耶秦簡(壹)》作爲秦代地方檔案,有很多關於"田官"以及土地管理方面的記録,這些材料多和秦代國家土地所有制問題密切相關,我們以這些材料爲核心,從秦代公田存在形態、縣級機構對公田的管理等角度重新檢討這一論題。

一　秦代公田存在形態

如上所述,在《里耶秦簡(壹)》之前的文獻中,對待秦代國家直接管理公田問題尚無确證,新近公布的《里耶秦簡(壹)》中則有資料可以説明秦代確乎存在着國家直接經營的土地,如下簡:

> 廿六年三月壬午朔癸卯,左公田丁敢言之:佐州里煩故爲公田吏,徙屬。事荅不備,分負各十五石少半斗,直錢三百一十四。煩冗佐署遷陵。今上責校券二,謁告遷陵令官計者定,以錢三百一十四受旬陽左公田錢計,問可(何)計付,署計年爲報。敢言之。三月辛亥,旬陽丞滂敢告遷陵丞主:寫移,移券,可爲報。敢告主。/兼手。廿七年十月庚子,遷陵守丞敬告司空主:以律令從事言。/應手。即走申行司空(正)
>
> 十月辛卯旦,朐忍索士五(伍)狀以來。/慶半　兵手　8-63[③](背)

對於"左公田"一詞,《校釋》:"左公田,管理公田的官吏。《秦漢南北朝官印徵存》13 爲'右公田印',從下文可知,這裏'左公田'在旬陽。"由注釋可知,在以前的材料中曾出現過右公田,但是作爲璽印,很難從中解讀出更多信息來證明其爲國家機構中管理直屬土地的官員。也有學者認爲,"左"爲動詞,即"佐"。[④] 不過,本文後面還有相對的"右田",所以理解成爲動詞,不好解釋。我們還是從《校釋》之説。這支簡則提供了更爲豐富的内容:首先,左公田領有公田吏這類屬吏,能看出對公田管理存在一個特定的機構;"事荅不備",按照《校釋》的意見,它和睡虎地秦簡《效律》中的一條資料相類:

---

① 蕭燦:《從〈數〉的"輿(與)田"、"税田"算題看秦田地租税制度》,《湖南大學學報》2010 年第 4 期。

② 王文龍:《出土秦及漢初算數書所見田租問題探討》,《咸陽師範學院學報》2013 年第 1 期。

③ 陳偉主編:《里耶秦簡牘校釋》(第一卷),武漢大學出版社,2012。本書所引《里耶秦簡》簡文,皆來源於此,不再出注,行文中簡稱《校釋》。

④ 周曉陸、路東之:《秦封泥集》,西安:三秦出版社,2000,41 頁。

實官佐、史被免徙,官嗇夫必與去者效代者。節(即)官嗇夫免而效不備,代者與居吏坐之。故吏弗效,新吏居之未盈歲,去者與居吏坐之,新吏弗坐;其盈歲,雖弗效,新吏與居吏坐之,去者弗坐。它如律。

也就是説相關官吏工作失誤所造成的損失,也由其來賠償。如果這是分授給農民的私田,則不必由這樣一個專門機構來管理生産,若糧食出現損失還要賠償的情況。

由此可知"某公田"的確是政府裏直接負責管理土地的官員,這在秦代封泥官印裏還可以找到相應的資料,除了《校釋》所引《徵存》的例子外,尚有"左田之印"。[①]"左田"可能就是"左公田"的省稱或别稱。"趙郡左田",聯繫到簡 8-63 的旬陽設置左公田,可以認爲這類"左田"是地方郡縣管理公田的職官,與此相對的還有"右公田印",注釋云"雲夢秦簡田律……右公田當是管理公田之官"。[②]

地方公田是隨着郡縣制在全國的推行而同時設置的:

卅四年六月甲午朔乙卯,洞庭守禮謂遷陵丞:丞言徒隸不田,奏曰:司空厭等當坐,皆有它罪。耐爲司寇。有書,書壬手。令曰:吏僕、養、走、工、組織、守府門、削匠及它急事不可令田,六人予田徒四人。徒少及毋徒,薄(簿)移治虜御史,御史以均予。今遷陵廿五年爲縣,廿九年田廿六年盡廿八年當田,司空厭等失弗令田,弗令田即有徒而弗令田且徒少不傳於奏。及蒼梧爲郡九歲乃往歲田。厭失,當坐論,即如前書律令/七月甲子朔癸酉,洞庭段(假)守繹追遷陵。/歇手。·以沅陵印行事。 8-755-759

歇手 8-755(背)

"今遷陵廿五年爲縣,廿九年田廿六年盡廿八年當田",從字面看,是説遷陵縣二十五年設縣,本應第二年就耕田,却延宕到二十九年,司空厭因此而失職獲罪。所耕之田,當爲公田,百姓耕田不存在"弗令田"的問題,這段話裏"田"是和"田徒"聯繫一起,所以我們認爲就是指國家直營的公田。

其實,秦代國家直接經營的土地,除了這種設置田官管理而獲得收益外,還有一些歸其他政府機構管理的特殊公田。《秦漢魏晋南北朝官印徵存》收録了這樣兩方官印:"廄田倉印",注云"此是掌廄馬專田所産糧儲之倉";"泰寖(寢)上左田",注云"泰,戰國屬楚,此當是寢園掌田之官"。[③] 這種專門機構所掌公田,在其後不久的張家山漢簡中能够找到相應的佐證,《二年律令·行書律》:"一郵十二室。長安廣郵廿四室,敬(警)事郵十八室。有物故、去,輒代者有其田宅。有息,户勿減。"這些田宅所有權歸國家,目的是用其來支付負責郵傳

① 孫慰祖:《古封泥集成》,上海書店出版社,1994,346 頁。

② 羅福頤:《秦漢南北朝官印徵存》,北京:文物出版社,1987,3 頁。

③ 羅福頤:《秦漢南北朝官印徵存》,3 頁。

任務民户的酬勞。與此類比,秦代"廄田"、"寢田"也是爲供應"廄"、"寢"開支的田地。

對於權屬國家的公田,政府除了直接派員管理,將其收穫物用於維持各機構的運轉外,有時也將這些土地轉給私人耕作,《岳麓書院藏秦簡(叁)》所記案例一四《學爲僞書案》,講述學冒充馮毋擇之子,以馮毋擇的口吻僞造書信騙取胡陽縣錢、糧,這件僞書開頭説:

●視癸私書,曰:五大夫馮毋擇敢多問胡陽丞主。聞南陽地利田,令爲公産。臣老,癸與人出田,不齎錢、糧(種)。顥(願)丞叚(假)錢二萬貣(貸)、食支卒歲。稼孰(熟)倍賞(償)。勿環(還)![①]

雖然是僞造的書信,但爲了取得胡陽縣官員的信任,信中所講制度自然會與實際相符。公産,注釋曰:公共産業,即一種公田。在書信中,馮毋擇爲其子向胡陽縣借貸錢、糧,作爲維持其耕種南陽郡公田的耗費。這段話可以看出,秦代國家公田是選擇肥美土地,即所謂"利田";土地除了由政府直接經營以外,還可以讓馮毋擇這樣的權貴經營,從"稼熟倍償"看,這種經營是以盈利爲目的。并且,我們推想,盈利的一部分應該上交政府,作爲政府公田的收益。但限於材料,具體情形不得而知了。

二　縣級公田的管理

我們以"某公田"這一管理國有耕地的職官爲綫索,確認了秦代由國家直接經營的耕地及其形態。從《里耶秦簡(壹)》的内容看,管理縣級公田的職官除了"左公田"之外,還記録了數量更多的被稱爲"田官"的機構。

對於"田官",《校釋》在簡 8-16:"廿九年盡歲田官徒薄"下對其解釋爲:"田官,里耶秦簡多見。9-981 有'田官守',張春龍、龍京沙先生認爲是'鄉嗇夫的佐吏'。睡虎地秦簡《田律》有'田嗇夫',整理小組注釋認爲是'地方管理農事的小官'。裘錫圭先生認爲是縣所屬各種官嗇夫之一,'總領全縣田地等事'。據已見里耶秦簡,'田官'應即'田嗇夫'所治之官,爲縣級機構。"不過我們的意見與之相左,認爲它是直接管理土地的政府機構,通過下面這份徒作簿,即關於刑徒勞作的名簿即可看出:

……圂、段、却。七人市工用。八人與吏上計。一人爲舄:劇。九人上省。二人病:復卯。一人當□徙酉陽。□□□人。□□十三人。隸妾墼(繫)舂八人。隸妾居貲十一人。受倉隸妾七人。·凡八十七人。其二人付畜官。四人付貳春。廿四人付田官。二人除道沅陵。四人徒養:桒、痤、帶、復。二人取芒:阮、道。一人守船:遏。三人司寇:莀、

① 朱漢民、陳松長主編:《岳麓書院藏秦簡(叁)》,上海辭書出版社,2013,224-225 頁。

狠、款。二人付都鄉。三人付尉。一人付□。二人付少内。七人取□:綰、林、娆、粲、鮮、夜、喪。六人捕羽:刻、婢、□、□、娃、變。二人付啓陵。三人付倉。二人付庫。二人傳徙酉陽。一人爲笥:齊。一人爲席:姱。三人治枲:梜、兹、緣。五人墼:婢、般、橐、南、儋。二人上眚(省)。一人作廟。一人作務:青。一人作園:夕。·小城旦九人:其一付少内。六人付田官。一人捕羽:强。一人與吏上計。·小舂五人:其三人付田官。一人徒養:姊。一人病:□。(正)

☐□囷敢言之,寫上,敢言之。/痤手。8-145(背)

這是縣廷主管刑徒機構的司空將刑徒分配到其他機構從事勞作的記録。和本文主題有關,至少有兩點值得注意:首先,分配到田官的是隸臣妾、城旦舂等刑徒。如果田官負責管理縣中所有田地,似不需要分配給這些從事苦役的刑徒。并且從記載完整部分的數量看,刑徒總數爲 101 人,分配到田官有 33 人,在所有部門中,所占比例最高。使用數量如此衆多的刑徒,顯然要他們從事農作,并且耕種的也不會是已經授予民衆的土地。這也非孤證,在《里耶秦簡(壹)》中的其他徒作簿,如簡 8-162、8-239、8-444、8-663、8-2101 均呈現出這一趨勢。其次,分配到刑徒的部門有貳春、啓陵等鄉和倉、庫、少内、畜官等機構,它們均爲政府的經濟部門,田官與其并列,説明是同一性質,而且從名稱看,它和畜官一樣,都是爲政府提供收益的機構。除此以外,刑徒所從事的其他工作,如傳徙、作廟等也和縣廷密切相關,這也是旁證之一。

在農業社會中,耕種土地爲時人基本技能,故耕種公田的刑徒亦爲無它長技者。上引簡“8-755-759”有“令曰:吏僕、養、走、工、組織、守府門、削匠及它急事不可令田,六人予田徒四人。徒少及毋徒,薄(簿)移治虜御史,御史以均予”,即衹有從事其他工作以及擁有特殊技藝之外的刑徒才能作爲田徒耕治公田,并且二者之間可能還有一定的比例要求。若刑徒數量不足,可以向中央申請。這也説明秦代國家十分重視公田。

公田上的勞作者除了大量刑徒外,還有其他部門所提供的勞動力,如下簡:

【尉】課志:卒死亡課,司寇田課,卒田課。·凡三課。8-482

比照里耶秦簡中有關考課記録的辭例,簡文中的尉是縣廷職官,因而衹能是縣尉,負責縣的軍事。對縣尉的考課内容有“司寇田”和“卒田”,這是因爲從尉的職能角度看,卒爲其所領屬,司寇是輕刑,比較特殊,按秦簡的記載,政府不把他們歸屬在司空和倉這些掌管刑徒的機構中,所以也歸縣尉管轄。這就是説縣尉統領的卒和司寇也要從事田作,是公田上的勞動者,他們的勞動情况也是考課縣尉工作業績的指標之一。不過,縣尉屬下的卒和司寇耕作公田與田官使用刑徒所耕種公田的關係,目前没有直接材料説明,尚不清楚。

主管田官的官員在秦簡中徑直稱爲“田某”,如:

三月丙寅,田鼂敢言之☐(正)

受倉隸妾二人☐　8-179(背)

和田相關并接受倉隸妾的縣級機構中,衹有田官。這是田官負責人接受刑徒後回復的文書。"鼂",《校釋》解釋爲人名,所以鼂就是田官的長官,官稱和名字相連,成爲其正式的稱呼。另外,還有稱爲"田官守某"的使用方式,在里耶簡中,出現最多的是"田官守敬",如:

卅年二月己丑朔壬寅,田官守敬敢言【之】☐官田自食薄(簿),謁言泰守府□之 。☐(正)

壬寅旦,史逐以來。/尚半。　☐8-672(背)

這也是在正式官文書中出現的稱呼。其中的關鍵字是"守"字。在秦代資料中,縣級官吏多用"守"字,對於這一現象,學者們的解釋多有分歧,陳治國先生和孫聞博先生均認爲縣級機構的"守"是"臨時代理"之意,[①]由此,田官守,就是田官守嗇夫,比照此例,"田鼂"爲田官嗇夫鼂。按照秦代基層機構設官分職的原則,官嗇夫下通常設有佐官,田官嗇夫下自然會有田官佐。簡 8-149+8-489 大約是和貲刑相關的記録,其中有一條"田官佐賀二甲"。在這條簡文中,田官佐和司空守、司空佐、庫佐、校長、髳長、倉佐、田佐等職官并列,説明其身份相同。特别是同時出現了田官佐和田佐,歸屬於不同的官嗇夫,可以説明田官嗇夫這套管理公田的系統,與縣中一般農政的管理并無關涉。縣級農政是由縣中另一套農官機構來負責,即田部系統,由縣中的都田嗇夫和鄉里中的田嗇夫、田佐、田典等組成。[②]

田官所掌國家直接經營的農田,其收穫物自然是上交到國家,里耶簡中亦有此迹象:

遷陵卅五年貇(墾)田輿五十二頃九十五畝,税田四頃□□户百五十二,租六百七十七石。衠(率)之畝一石五;户嬰四石四斗五升;奇不衠(率)六斗。(正)

啓田九頃十畝,租九十七石六斗。都田十七頃五十一畝,租二百卌一石。貳田廿六頃卅四畝,租三百卅九石三。凡田七十頃卌二畝。·租凡九百一十。六百七十七石 8-1519(背)

這段文字中的難點是"輿田"和"税田"的概念,有很多不同的意見。《校釋》認爲"輿"是全部的意思,"税田"是應税之田的簡稱。不過王文龍先生認爲啓陵鄉、都鄉、貳鄉三鄉總畝數和開頭的輿田總數正好吻合,"税田四頃□□"不在此列,説明"輿田"和"税田"是相對的概念,"税田"未提到租税,應該是和"授田"相對的國家直接管理的公田,并且從秦簡算題裏

① 陳治國:《里耶秦簡之"守"和"守丞"釋義及其他》,《中國歷史文物》2006 年第 3 期;孫聞博:《里耶秦簡"守"、"守丞"新考——兼談秦漢的守官制度》,卜憲群、楊振紅主編《簡帛研究二〇一〇》,桂林:廣西師範大學出版社,2011。

② 王彦輝:《田嗇夫、田典考釋——對秦及漢初設置兩套基層管理機構的一點思考》,《東北師範大學學報》2010 年第 2 期。

不同租率的角度加以驗證。[1] 我們認爲這種説法更爲可靠。如果税田不在統計之列,那麼説明它的收穫物在理論上全部歸國家所有。但在具體的分配方式上,首先要滿足公田勞動者的自身需要:

卅年六月丁亥朔甲辰,田官守敬敢言之:疏書日食牘北(背)上。敢言之。(正)

城旦、鬼薪十八人。小城旦十人。舂廿二人。小舂三人。隸妾居貲三人。戊申,水下五刻,佐壬以來。/尚半。逐手。8-1566(背)

所謂"日食"就是每日口糧標準,睡虎地秦簡《秦律十八種·倉律》中對刑徒口糧有嚴格的規定:

城旦之垣及它事而勞與垣等者,旦半夕參;其守署及爲它事者,參食之。其病者,稱議食之,令吏主。城旦舂、舂司寇、白粲操土攻(功),參食之;不操土攻(功),以律食之。

這段話是説根據刑徒的種類、勞動强度等因素確定刑徒的口糧標準。依照這條律文所提供信息,簡 8-1566 是田官守嗇夫敬將本署所掌刑徒的刑名、性别、年紀等和口糧定量標準相關的要素上報到上級機構,以供發放糧食需要。上級機構不是縣廷,很可能是郡府,因爲上引簡 8-672 有"官田自食薄謁言泰守府"字樣。不過,這種申請廩食文書,可能衹在帳面上進行,而在實際操作中還是從自己的收穫物中支取發放。在秦簡中還有數量很大的倉支出記録,其中田官守敬常參與"徑廥"糧食的支出,如:

徑廥粟一石九斗少半斗。卅一年正月甲寅朔丙辰,田官守敬、佐壬、稟人顯出稟貲貣士五(伍)巫中陵免將。令史扁視平。　壬手。　8-764

此外還有簡 8-1328、8-1574+8-1787、8-2246 等。儘管無法確定"徑廥"這種倉儲設施和公田是否存在着必然聯繫,甚至也無法知道"徑廥"的確切含義,但這種倉的確有其特殊性:一是田官守敬常參與"徑廥"糧食的支出,而很少參與其他類型倉的支出;二是田官守敬參與支出的對象爲"居貲士五"、"屯戍簪褭"、"敦長"、"罰戍公卒"等這些爲國家服役的人群。既然田官嗇夫可以爲其他政府的服役者廩給糧食,那麼他也完全可能按照法律規定的標準,爲本部門勞動力從"徑廥"這一特定的糧倉中支取糧食。

田官作爲政府機構之一,同樣也要接受考績,其形式爲:

田官課志。田□□課。·凡一課。8-479

這是一個標題或目録,目前没有發現考課内容方面的材料。不過,睡虎地秦簡《秦律雜抄》中有牛羊課:

---

① 王文龍:《出土秦及漢初算數書所見田租問題探討》,《咸陽師範學院學報》2013 年第 1 期。

牛大牝十，其六毋(無)子，貲嗇夫、佐各一盾。·羊牝十，其四毋(無)子，貲嗇夫、佐各一盾。·牛羊課

畜官課下面一個子目，爲牛羊產子課，牛羊課内容是考課牛羊等牲畜產子增殖情況，二者應該就是一回事兒。與此相對照，田官課也應是考察田官機構在農業生產收穫的情況。

我們在《里耶秦簡(壹)》中梳理出秦代國家所屬公田及其在縣級機構中的經營方式。到了漢代，國家直接經營的公田在來源、經營和使用等方面就比較明晰了。[①] 它在國家統治中的意義也彰顯出來，一方面可以爲國家提供經濟收入，另一方面，通過"賦民公田"、"假民公田"等方式假借土地給瀕臨破產的農民，重新將他們和土地結合，使公田成爲穩定統治的調節器。與漢代相比，秦代情況因爲材料限制，不多的資料衹能顯示公田在經濟方面的意義，而在國家統治方面發揮的作用則比較隱晦。

① 張榮芳:《論漢代的公田》，收入其著《秦漢史論集》，廣州:中山大學出版社，1995。

里耶秦簡“令史行廟”文書再探*

武漢大學歷史學院簡帛研究中心　魯家亮

内容提要　里耶秦簡 8-138+8-174+8-522+8-523 號是一件涉及“令史行廟”的文書,在文本復原的基礎上,本文對該文書所涉及的月日干支的年代、令史行廟的間隔及規律進行了探索。除特殊情况外,令史行廟的間隔約爲 10 日,各令史行廟的排定大體遵循“先道旁曹始,以坐次相屬”的原則。

關鍵詞　里耶秦簡　“令史”行廟文書　曹署

《里耶秦簡(壹)》中有一件與“令史行廟”有關的文書,由 8-138、8-174、8-522 和 8-523 四片簡牘拼綴而成。[①] 拼綴後的簡牘,大體完整,簡文内容基本可以通讀,《里耶秦簡牘校釋(第一卷)》對其進行了注釋,[②]爲我們進一步研究打下了較好的基礎。但是,由于四片簡牘綴合處,破損情况較嚴重(尤以 8-138 與 8-525 兩片之間爲甚),給我們進一步理解、利用這份文書帶來了不小的困難。本文擬對該文書的一些問題重新進行分析,進一步挖掘這份文書的價值。不當之處,請各位同好批評指正。

爲討論方便,我們先將該文書的釋文引述如下:

---

* 本文寫作得到教育部哲學社會科學研究重大課題攻關項目“秦簡牘的綜合整理與研究”(項目批准號:08JZD0036)和國家社科基金青年項目“漢初律令體系研究”(項目編號:12CZS014)的資助。

① 湖南省文物考古研究所編著:《里耶秦簡(壹)》,北京:文物出版社,2012,111 頁。

② 陳偉主編,何有祖、魯家亮、凡國棟撰著:《里耶秦簡牘校釋(第一卷)》,武漢大學出版社,2012,78-80 頁。下文所引里耶秦簡釋文,如無特别説明,均出自該書,不再一一注明。

廿六年六月壬子,遷陵□、【丞】敦狐爲令史更行廟詔①:令史行☑Ⅰ

失期。行廟者必謹視中□各自署廟所質日。行先道旁曹始,以坐次相屬。Ⅱ 8-138+8-174+8-522+8-523

十一月己未(12)②,令史慶行廟。AⅠ

十一月己巳(22),令史㢘行廟。AⅡ

十二月戊辰(2或4?)③,令史陽行廟。AⅢ

十二月己丑(13),令史夫行廟。AⅣ

□□□□□④,令史韋行。BⅠ

端月丁未(1),令史㢘行廟。BⅡ

□□□□⑤,令史慶行廟。BⅢ

端月癸酉(27)⑥,令史犯行廟。BⅣ

二月壬午(7),令史行行廟。CⅠ

二月壬辰(17),令史莫邪行廟。CⅡ

二月壬寅(27),令史釦行廟。CⅢ

四月丙申(22),史戎夫行廟。CⅣ

五月丙午(2),史釦行廟。DⅠ

五月丙辰(12),令史上行廟。DⅡ

五月乙丑(21),令史□□□DⅢ

六月癸巳(20),令史除行廟。⑦ DⅣ8-138背+8-174背+8-522背+8-523背

簡文正面的主要内容是遷陵守丞敦狐發布的令史行廟詔告,背面則記録了每位令史行廟開始的日期及其姓名。背面所記日期,衹有月、日,没有年份。高一致先生指出:"簡文廿六年,應指秦始皇二十六年。'更行廟詔'爲遷陵守丞向下屬通告政務安排的文書,所記録諸月令

① 《里耶秦簡牘校釋(第一卷)》釋文在"丞"與其上一字之間用頓號點斷,高一致先生指出:"【丞】前頓號當爲衍文,可删"。詳見高一致《〈里耶秦簡(壹)〉校釋四則》,《簡帛》第八輯,上海古籍出版社,2013,241頁。

② 括號内所注數字,爲干支日對應的日期。如"十一月己未(12)",表示"十一月己未"是"11月12日"。

③ 據岳麓秦簡《廿七年質日》所記,"戊辰"不容於廿七年十二月朔日干支,疑爲"戊寅"或"庚辰"之誤,則對應的日期爲"12月2日"或"12月4日"。

④ 此處簡文殘斷,《里耶秦簡牘校釋(第一卷)》認爲"令史"之上有四字。但據岳麓書院藏秦簡《廿七年質日》所記,位於其下一行的"端月丁未"爲當月首日,則本行令史"韋"的行廟日期,當介於"十二月己丑"與"端月丁未"之間,衹能是十二月中的某一天。綜合以上分析,"令史"之上當有五字,疑可補作"【十二月】□□"。

⑤ 據上下文,可補作"【端月】□□"。

⑥ "端"字由高一致先生補釋,見《〈里耶秦簡(壹)〉校釋四則》,242頁。

⑦ 本行文字在原簡和原釋文中均位于第一、二欄之間,《里耶秦簡牘校釋(第一卷)》據文意移至第五欄最後一行。我們贊同,但需要注意的是,該行文字在原簡中是分兩行書寫的。

史行廟應是二十六年後之事。限於政務通告的時效性,這一時間或在二十七年。"[①]我們認爲高先生的看法是正確的,這不僅可以通過岳麓書院藏秦簡《廿七年質日》的記載得到印證,也可以從目前已經公布的里耶秦簡的相關資料中,進一步反證。由於這份文書時間明確標記爲"廿六年六月壬子",所以背面所記令史行廟的月、日,也有可能指二十六年所發生的。在已經公布的里耶秦簡資料中,關於二十六年各月的朔日干支,我們明確知道的有如下幾個月份:

廿六年十二月癸丑朔	8-67+8-652、8-1516
廿六年三月壬午朔	8-63
廿六年五月辛巳朔	16-9[②]
廿六年八月庚戌朔	8-135、8-163

但與本牘可以對應的,則祇有"二十六年十二月"和"二十六年五月"這兩個月份。假如簡背所記令史行廟發生時間的年份爲二十六年,則令史"陽"的行廟日期爲12月26或28日,[③]但同月行廟的令史"夫",其行廟日期"十二月己丑"則與8-67+8-652、8-1516等簡所見"廿六年十二月癸丑朔"有衝突。與之相似,16-9所記"廿六年五月辛巳朔"與本牘五月行廟的三位令史的行廟日期也有衝突。可見,從里耶秦簡内部記載的朔日干支來看,牘背所記令史行廟的日期均應發生在秦始皇二十七年,而不可能發生在秦始皇二十六年。

下面想討論一下令史行廟日期之間的間隔問題,爲方便考察,我們製表如下:

表一

令史姓名	行廟月日	當月朔日	對應日期
慶	十一月己未	戊申[④]	11月12日
應	十一月己巳	戊申	11月22日
陽	十二月戊辰[⑤]	丁丑	12月2日或12月4日

① 《〈里耶秦簡(壹)〉校釋四則》,241-242頁。

② 相關資料見張春龍、龍京沙《湘西里耶秦代簡牘選釋》,《中國歷史文物》2003年第1期;湖南省文物考古研究所編著:《里耶發掘報告》,長沙:岳麓書社,2007,194頁。

③ 前文已經指出,"十二月戊辰"或是"十二月戊寅"或"十二月庚辰"之誤。

④ 本欄所列朔日干支主要來源於岳麓書院藏秦簡《廿七年質日》中的記載,關於該篇的整理與研究主要可以參看朱漢民、陳松長主編《岳麓書院藏秦簡(壹)》,上海辭書出版社,2010;陳偉:《岳麓秦簡曆表的兩處訂正》,簡帛網,2011年4月17日;孫沛陽:《簡册背劃綫初探》,《出土文獻與古文字研究》第四輯,上海古籍出版社,2011;陳偉:《岳麓書院秦簡"質日"初步研究》,簡帛網,2012年11月17日;李忠林:《岳麓書院藏秦簡〈質日〉曆朔檢討——兼論竹簡日志類記事簿册與曆譜之區别》,《歷史研究》2012年第1期;曲安京、蕭燦:《岳麓書院藏秦簡〈質日〉曆譜考訂》,復旦大學出土文獻與古文字研究中心網站,2012年2月25日。

⑤ 據岳麓秦簡《廿七年質日》所記,"戊辰"不容於二十七年十二月朔日干支,疑爲"戊寅"或"庚辰"之誤,則對應的日期爲"12月2日"或"12月4日"。

續表

夫	十二月己丑	丁丑	12 月 13 日
韋	十二月	丁丑	不詳
應	端月丁未	丁未	1 月 1 日
慶	端月	丁未	不詳
犯	端月癸酉	丁未	1 月 27 日
行	二月壬午	丙子①	2 月 7 日
莫邪	二月壬辰	丙子	2 月 17 日
釦	二月壬寅	丙子	2 月 27 日
戎夫②	四月丙申	乙亥	4 月 22 日
釦	五月丙午	乙巳	5 月 2 日
上	五月丙辰	乙巳	5 月 12 日
不詳	五月乙丑	乙巳	5 月 21 日
除	六月癸巳	甲戌	6 月 20 日

如上表所示,令史"慶""應"先後兩次被安排行廟,一次發生在秦始皇二十七年的 11 月,另一次發生在該年的 1 月。在 11 月的那次行廟中,兩者行廟日期之間的間隔爲 10 天。而在 1 月的行廟之中,兩者的行廟次序發生了顛倒,由于令史"慶"此次行廟日期的無法確定,我們尚難判斷兩者行廟日期之間的間隔是否也爲 10 天。

但令史"應"在 11 月 22 日行廟之後,緊接其後的令史"陽"的行廟日期可能是 12 月 2 日或 12 月 4 日,其與令史"應"行廟日期的間隔爲 9 或 11 天。③ 而在"陽"之後的令史"夫",則與"陽"相差 11 或 9 天。再其後的令史"韋""應""慶"三位,也由於其行廟日期無法全部確定,其之間的間隔,我們無從得知。

下面再來看"犯""行""莫邪""釦"等令史行廟日期的間隔,"犯"與"行"之間間隔 9 天,而"行"與"莫邪"、"莫邪"與"釦"之間間隔則均爲 10 天。"釦"與令史"戎夫"之間間隔 54 天。"戎夫"與"釦"、"釦"與"上"之間間隔 10 天,"上"與姓名不詳令史之間間隔 9 天,姓名不詳令史與令史"除"之間間隔 28 天。綜上,各令史行廟間隔情況,如下表所示:

① 廿七年二月朔日干支,又見於里耶秦簡 16-5 號簡,相關資料見《湘西里耶秦代簡牘選釋》;《里耶發掘報告》,192 頁。

② 在文書中,戎夫的身份是"史",但是結合文書的上下文,以及 8-1551 中的有關記載,簡文此處或許脱抄一"令"字。再退一步來講,據 8-269 所見,"史"似乎還可看作"令史""鄉史""田部史"等統稱。所以,此處的"史"很可能就是指"令史"。類似的情況,我們在令史"釦"的身上也能看到,衹是我們不能完全排除兩次出現的"釦"不是同一個人的可能性。

③ 前文已經指出,"十二月戊辰"或是"十二月戊寅"或"十二月庚辰"之誤。其實也有可能是"十二月己卯"之誤,即 12 月 3 日,則令史陽與前後兩位令史的行廟日期也均是相隔 10 天。

表二

令史姓名	慶	㕓	陽	夫	韋	㕓	慶	犯	行	莫邪	釦	戎夫	釦	上	不詳	除
行廟時限	10	9 或 11	11 或 9					9	10	10	54	10	10	9	28	

由上表,我們似乎可以推測:秦當時規定令史行廟的時間可能在10天左右。當然,在表中我們也可以看到令史“釦”和另外一位姓名不詳的令史分别行廟54天和28天,尤其是令史釦在行廟54天後,間隔10天,再次行廟10天,其行廟的時間累積長達兩個月之多,與其他令史相比,似乎顯得有些與衆不同。類似的情況,我們也可以在那位不知名的令史身上看到。當然,我們也可以把這些特例理解爲由於某種特殊原因而造成的,并非一種常見現象。换一個角度講,有没有另外一種可能,即本牘所記載的并非包括全部令史行廟的記録。這個問題恐怕衹能期待資料的進一步公布,纔有可能解答。

關於“令史行廟”文書,另外一個有趣的問題是這些令史行廟的次序是否有規律可循?换言之,這些令史行廟日期、次序的排定是否依據了一定的原則?從遷陵守丞敦狐所下達的詔告來看,對於令史行廟是有一定要求的。但是由於簡文的殘損,我們無法通讀有關内容。不過,從現有的記載來看,至少要遵循“先道旁曹始,以坐次相屬”這一原則。道,可以理解爲由、從等義。關於“旁曹”,《里耶秦簡牘校釋(第一卷)》指出:“似指位置鄰近的令史”,這個解釋比較模糊。旁,有鄰近的含義,里耶秦簡有“行旁”、[1]“旁郡縣”等。[2] 此外,張家山漢簡《二年律令》中有“旁郡”、“旁縣道”、“旁近郡”的記載。[3] 曹,指古代分科辦事的官署或部門。[4] 因此,旁曹應指相鄰的官署或部門。令史作爲縣令治下掌管文書的屬吏,也可能存在對應不同部門的情況,這樣設置顯然對行政效率有較大影響,其好處是不言而喻的。如以上推測不誤,那麽“令史行廟”文書中所見的這些令史,在當時也可能存在分别對應不同部門(曹)的情況,因此遷陵守丞敦狐纔昭告“先道旁曹始,以坐次相屬”。進一步而言,這些令史

① 8-75+8-166+8-485 云:“□佐氣行旁”,8-158 云:“守府快行旁”;8-1516 云:“啓陵乘城卒秭歸□里士五(伍)順行旁”。馬怡先生認爲這裏的“旁”指旁縣,詳見馬怡《里耶秦簡選校》,《中國社會科學院歷史研究所學刊》第4集,北京:商務印書館,2007,161頁。

② 8-224+8-412+8-1415 云:“其旁郡縣與椄(接)界者毋下二縣”。

③ 見於《二年律令》117、218等簡,參張家山二四七號漢墓竹簡整理小組《張家山漢墓竹簡[二四七號墓]》,北京:文物出版社,2001,149、162頁。

④ 參見《里耶秦簡牘校釋(第一卷)》5-6號簡注釋9。

可能不僅有對應的曹署,還可能有一定的先後次序。[①]

在"令史行廟"文書中,有三位令史先後兩次進行行廟,分别是"慶""廛"和"釦"。其中比較有意思的是"慶""廛"二位,兩者兩次出現,都是前後相次,衹是第一次與第二次出現的次序不同。這似乎顯示,兩位令史的曹署、坐次似乎非常緊密。在已經公布的里耶秦簡中還有兩位同時出現在一份文書上的情况,如 8-63 所示:

廿六年三月壬午朔癸卯,左公田丁敢言之:佐州里煩故爲公田吏,徙屬。事荅不備,分Ⅰ負各十五石少半斗,直錢三百一十四。煩冗佐署遷陵。今上責校券二,謁告遷陵Ⅱ令官計者定,以錢三百一十四受旬陽左公田錢計,問可(何)計付,署計年爲報。敢言之。Ⅲ

三月辛亥,旬陽丞滂敢告遷陵丞主:寫移,移券,可爲報。敢告主。/兼手。Ⅳ

廿七年十月庚子,遷陵守丞敬告司空主,以律令從事言。/廛手。即走申行司空。Ⅴ8-63

十月辛卯旦,朐忍索秦士五(伍)狀以來。/慶半。　兵手。8-63 背

從 8-63 的記載來看,由旬陽丞滂發往遷陵的文書,於秦始皇二十七年十月辛卯抵達,由令史"慶"半,[②]同月庚子,遷陵守丞敬將相關文書轉告司空主,要求其以律令從事,而恰好又是由令史"廛"手。[③] 似乎令史"慶""廛"兩人的職掌十分接近,其處理的事務可能均與司空有關。在另外一份文書中,我們也發現"廛"可以與司空聯繫起來,這份文書是:

廿六年八月庚戌朔丙子,司空守樛敢言:前日言競陵漢陰狼假遷陵公船一,袤三丈三尺,名曰□,Ⅰ以求故荆積瓦。未歸船。狼屬司馬昌官。謁告昌官,令狼歸船。報曰:狼有逮在覆獄己卒史Ⅱ衰、義所。今寫校券一牒上,謁言己卒史衰、義所,問狼船存所。其亡之,爲責券移遷陵,弗□□屬。Ⅲ謁報。敢言之。/【九】月庚辰,遷陵守丞敦狐却之:司空自以二月叚(假)狼船,何故弗蚤辟□,今而Ⅳ誧(甫)曰謁問覆獄卒史衰、義。

---

① 目前可以直接證明令史排序存在先後的資料比較有限,里耶秦簡 8-1490+8-1518 是一件涉及多個令史共用"走"的文書,其中令史"彼死"被發現等次不足以配備"走"供其使用;而另外一位令史"畸"達到了相關等次要求,但又未配備"走"的情況。最後,通過倉守"武"上報文書,重新定籍,解决上述問題。其文云:"廿八年六月己巳朔甲午,倉武敢言之:令史敞、彼死共走興。今彼死次不當得走,令史畸當得未有走。今令畸襲彼死處,與敞共走。倉已定籍。敢言之。"通過文書的記載,我們發現雖同爲令史,但"敞"、"彼死"、"畸"三人的等次并不相同,這種不同必然會導致某種先後排序的出現,或可從側面説明令史内部有可能存在次序先後的情况。

② 半,原釋文多作"手",陳劍先生指出應改釋作"半",并認爲"半"應該是一個表示打開文書、跟"發"義近之詞。詳見陳劍《讀秦漢簡札記三篇》,復旦大學出土文獻與古文字研究中心網站,2011 年 6 月 4 日;又《出土文獻與古文字研究》第 4 輯,上海古籍出版社,2011,370-376 頁。

③ "手"字含義,學界尚有争議,可參看《里耶秦簡牘校釋(第一卷)》5-1 號簡注釋 12;邢義田:《"手、半"、"曰啎曰荆"與"遷陵公"——里耶秦簡初讀之一》,簡帛網,2012 年 5 月 7 日;邢義田:《漢至三國公文書中的簽署》,《文史》2012 年第 3 輯。

衰、義事已,不智(知)所居,其聽書從事。/廱手。即令走□行司空。Ⅴ8-135
　□月戊寅走己巳以來。/廱半。　□手。8-135 背

這份文書所涉及的時間爲二十六年八月和九月,與8-63所見文書的時間十分接近。因此,兩份文書中出現的"廱"極有可能爲同一個人。[①] 從文書的内容看,也涉及到司空。恐怕這不能單純看作一種巧合,我們懷疑"廱"所負責的文書事務極有可能與司空有關。基於以上分析,我們將"令史行廟"文書中所見令史,在其他里耶秦簡資料中出現的情況製成如下表格:

表三

令史姓名	辭例	簡號	日期	相關曹屬
慶	慶半	8-63	廿七年十月	司空
廱	令史廱讎律令沅陵	6-4		
	廱手	8-63	廿七年十月	司空
	廱手、廱半	8-135	廿六年八月	司空
陽				
夫				
章				
犯				
行	行手	8-22		
	行半	8-133	廿七年八月	司空
	令史行監	8-2210		
莫邪				
釦	資中令史陽里釦伐閱	8-269		司空
	釦半	8-1510	廿七年三月	司空
戎夫	令史戎夫監	8-1551	廿七年十二月	倉
上	一人與令史上上計□□	8-1472		少内
	令史上見其詈趙。	8-1562	廿八年七月	少内(?)
不詳				
除	☑□□令史除、佐朝雜隄(題)遷陵丞歐前	8-210		

由於資料缺失,并非所有令史都可以找到相應的材料,但是從現有統計來看。除之前提及的

① 但從8-63、8-135兩份文書中"廱"字的字形和書體來看,兩者明顯有別,當不是同一人書寫。則似乎又説明兩份文書中出現的"廱"可能不是同一個人。

令史"慶""廕"之外,"行""釦"兩位令史的職掌可能也與司空有關。尤其是令史"釦",與之相關的8-269號所記載的内容是"釦"的閥閲記録,即關於其履歷的記載,其内容如下:

資中令史陽里釦伐閲:AⅠ
十一年九月隃爲史。AⅡ
爲鄉史九歲一日。AⅢ
爲田部史四歲三月十一日。AⅣ
爲令史二月。AⅤ
□計。BⅠ
年卅六。BⅡ
户計。CⅠ
可直司空曹。DⅠ8-269

在這份閥閲記録中,令史"釦"在秦始皇十一年9月被進升爲史,此後任職鄉史9年又1天,田部史4年3個月又11天,令史2個月,由此推斷釦大概在秦始皇24年12月的時候出任令史之職,并被評定爲"可直司空曹",這證明了令史在當時確有具體負責的曹署。[①] 此外,睡虎地秦簡《編年紀》也有關於"喜"隃爲史,又出任御史、令史的記載,[②]與8-269所見閥閲記録可以相互參看,但十分可惜的是没有"喜"在任職令史期間具體所負責事務的信息。

除"慶""廕""行""釦"的職掌與司空有關外,令史"戎夫"可能與倉有關,令史"上"則可能與少内有關。可惜的是,目前的資料尚無法對行廟文書中所出現的全部令史的職掌進行推斷。僅就目前有限的資料來看,令史雖均負責文書工作,但每位令史所負責的工作的内容似有一定範圍,或與某些曹署有關聯。在"令史行廟"文書中,依據曹署的不同給令史排定了行廟的日期,具有一定的規律性,即簡文所云:"先道旁曹始,以坐次相屬"。先依據不同曹的先後來劃分,同曹之内則可能還要依據坐次來確定先後。

綜上,我們對"令史行廟"文書所揭示的令史行廟日期之間的間隔以及令史行廟次序排定的規律這兩個問題進行了探討。但是由於材料有限,論文所涉及的這兩個問題均需要進一步論證、補充。是否如文中推測的那樣,還有待進步的證實。行文至此,深感里耶秦簡所

① 在漢代簡牘資料中,我們也可以找到令史有專門曹署的證據,如湖南益陽兔子山遺址J3⑤:1和J3⑤:2兩件木牘記載了西漢平帝元始二年,益陽守令史張勛監守自盗的司法案件,其中J3⑤:1云:"鞫:勛,不更,坐爲守令史,署金曹",明確説明了直至西漢對於令史的曹署也是有明確規定的。參看《二十年風雲激蕩　兩千年沉寂後顯真容——益陽兔子山遺址簡牘再現益陽古代歷史》,《中國文物報》2013年12月6日,第6版。

② 據《編年紀》記載,喜在秦始皇三年八月被隃爲史,時年其19歲。秦始皇四年11月,則被除爲安陸御史,之後又在秦始皇六年四月和七年正月,分别出任安陸令史和鄢令史。詳見睡虎地秦墓竹簡整理小組《睡虎地秦墓竹簡》,北京:文物出版社,1990,6頁。

蘊含的各種信息，還有待於我們進一步挖掘，目前這方面的工作還遠遠不够。

附記：本文得匿名審稿專家提出寶貴意見，特致謝忱。

8-138+8-174+8-522+8-523

里耶秦簡牘綴合札記(四則)*

武漢大學歷史學院簡帛研究中心　何有祖

内容提要　《里耶秦簡(壹)》内容豐富,史料價值高,但殘片頗多,影響對該資料的利用。本文在已有研究的基礎上提出新的綴合四則,分别是8-1786+8-1336+8-225+8-302、8-877+8-966、8-1245+8-1374、8-1276+8-1697。在綴合簡牘的同時,考釋文字,解讀文句,爲里耶秦簡進一步的研究提供便利。

關鍵詞　里耶秦簡　簡牘綴合　釋文

一

里耶簡8-225號簡釋文作[①]:

⍁書牒□⍁

此簡"書"字殘。里耶8-1339號簡釋文作:

---

* 本文寫作得到國家社科基金青年項目"戰國秦漢簡帛所見《國語》類文獻整理與研究(12CZS008)"、教育部哲學社科研究重大課題攻關項目"秦簡牘的綜合整理與研究"(08JZD0036)、2010年國家社科基金重大招標項目"湖北出土未刊布楚簡(五種)集成研究"(10&ZD089)以及國家社科基金青年項目"漢初律令體系研究"(12CZS014)的資助。

① 陳偉主編,何有祖、魯家亮、凡國棟撰著:《里耶秦簡牘校釋(第一卷)》(以下簡稱《校釋》),武漢大學出版社,2012。本文所列里耶秦簡牘釋文皆引自此書,圖版則參看湖南省文物考古研究所《里耶秦簡(壹)》,北京:文物出版社,2012。不另注。

⊠後□⊠

“後”下字殘筆可與 8-225 號簡“書”拼合,其圖作:

正可復原一完整的“書”字。二殘片紋路、茬口吻合,當可綴合。8-1339+8-225 釋文作:

⊠後書牒□⊠

綴合後簡上、下仍殘,上部明顯可辨有竪筆存在。8-1786 號簡釋文作:

天雨血,賜有病身疾⊠

“疾”字所從“疒”以及“疾”字所從的“矢”有少許筆劃缺失,可與 8-1339+8-225 上部殘筆拼合,其圖作:

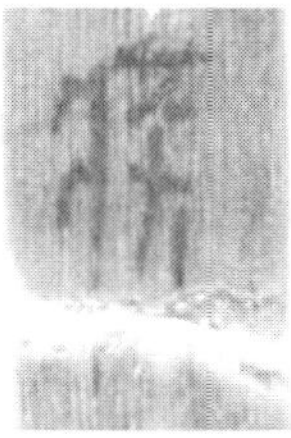

正可復原“疾”字。再加上簡面顏色、紋路以及筆迹都能吻合,當可綴合。8-1786+8-1339+8-225 釋文作:

天雨血,賜有病身疾,後書牒□⊠

牒下茬口處有殘留筆劃,其下部仍殘。

里耶秦簡 8-302 號簡釋文作:

⊠牘五上謁令

此殘片,上端茬口處靠左邊略缺,“牘”字左部“片”部分筆劃缺失,右部“賣”上缺一短竪、一横。其缺失的筆劃正在 8-1786+8-1339+8-225 末端茬口處,二者拼合處的圖片作:

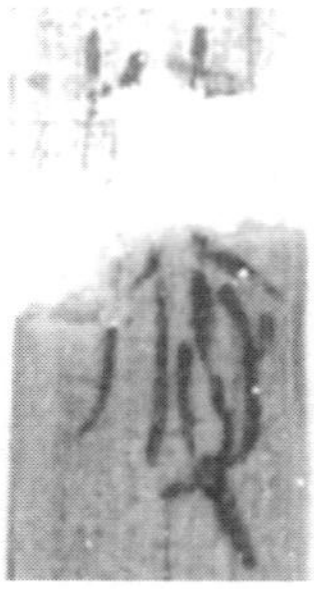

正可復原"牘"字。當可綴合。8-1786+8-1336+8-225+8-302 釋文作:

天雨血,賜有病身疾,後書牒牘五上,謁令

天雨血,《校釋》已經指出見於《漢書·五行志》:"惠帝二年,天雨血於宜陽,一頃所,劉向以爲赤眚也。"

賜,人名。里耶簡賜用作人名的還有 8-2203"上里士五(伍)賜"、8-1222"高里小男子賜"。里耶秦簡牘同名者頗多,本簡"賜"究竟是哪里人,還待更多材料證明。

"病身疾",戰國時期楚地出土文獻有"病心疾"(包山 221 號簡)、"病腹疾"(包山 207 號簡)等説法。《左傳》成公十三年:"諸侯備聞此言,斯是用痛心疾首。"杜注:"疾,猶痛也。"賜獲病似與天雨血有關係,也可能是將身體疾病和外在天象關聯而加以解釋。具體情況如何,尚待考。

後,可指"先後"之後。虽然"後"也可用作人名,如 8-1510 號簡"廿七年三月丙午朔己酉,庫後敢言之",秦始皇二十七年三月的"後",官職是"庫",與本簡所見"後"是否爲一人,尚待考。這裏仍傾向指賜身體有病之後。

牒、牘各自與"上"連言,多見於里耶簡,如 8-135 號簡"今寫校券一牒上謁言之",8-183+8-290+8-530"上卅三年黔首息秏八牒"。牒、上連言次序似并不固定。8-487+8-2004 號簡有"户曹令史雜疏書廿八年以盡卅三年見户數牘北(背)、移獄具集上"。這是"牘"與"上"同見的例子。牒、牘二字連言,據《漢語大詞典》,僅有一例,爲王充《論衡·超奇》:"夫鴻儒希有,而文人比然;將相長吏,安可不貴?豈徒用其才力,游文於牒牘哉?"《論衡·超奇》所見"牒牘"指公文。本簡上下文没有交代年月日,也没有交代人的官職,所記載的是賜生病事宜,"牒牘"雖連言,但恐用作書信的可能性居多。不過簡牘下文有"謁令"一詞,似也不排除用作公文的可能。不管怎樣,《漢語大詞典》"牒牘"條下僅收有《論衡·超奇》一例,而本簡的綴合,又可爲其增添一更早的用例。

牘五上,原釋文未斷句。8-1525 號簡有"爲付券一上。謁令倉守。"可知此處"牘五上"當屬上讀。"謁令"之後當接(某官)某人名,可知 8-1786+8-1336+8-225+8-302 雖然已是完整的簡,但内容并不完整,應該有其他簡牘同在一編。

二

里耶秦簡 8-877 釋文作:

六月乙丑,獄佐瞫訊戌:戌私留苑中

簡面整體偏暗,自"獄佐"右開始有自右斜貫左下、并續而向下的折痕,折痕處泛白,似是因不在一平面而形成的光暗的差别。簡面整體質感明顯,一見難忘。

里耶秦簡 8-966 釋文作:

吏益僕□☑

原釋文顯示上端完整,但細審簡面,上端端口處略顯虚白,當是其上部斷裂時從表層揭去,殘留部分薄,拍照時顯得發虚發白。此殘片,簡面偏暗,左部有一明顯折痕,折痕處泛白。與前所提及 8-877 簡面所見的情形相同。8-877、8-966 茬口結合處圖作:

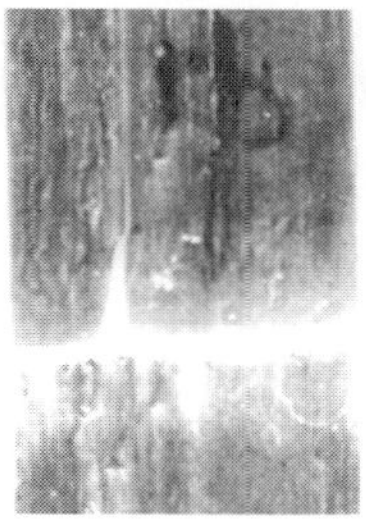

上殘片茬口可覆蓋下殘片近茬口發虚之處,當可綴合。8-877+8-966 釋文作:

六月乙丑,獄佐瞫訊戌:戌私留苑中,吏益僕□☑

瞫、戌,人名。"戌"作爲人名,也見於 8-533"戌有罪爲鬼薪"。是否爲同一人,待考。本簡"戌"被獄佐訊問,很可能有罪在身,當是與其"私留苑中,吏益僕"有關。益僕,增加僕。里耶簡 6-7"前日言當爲徒隸買衣及予吏益僕。"提及把徒隸配給吏以爲僕。而睡虎地秦簡《金布律》73-74 號簡:"都官佐、史不盈十五人者、七人以上鼠(予)車牛、僕"。記載了給官吏配給僕的標準,顯示官方在配給僕這一點上有統一的安排。至于《奏讞書》54、55 號簡提及"蜀守讞:佐啓主徒。令史冰私使城旦環爲家作,告啓,啓詐簿曰治官府,疑罪。·廷報:啓爲僞書也。"其中"令史冰私使城旦環爲家作",即令史私自派城旦環作自己家的私事,令史冰顯然也知道自己的行爲不妥,所以"詐簿曰治官府"。可見在秦代無論何種原因挪用官府包括人力在内的各種資源以爲己用,是違反秦律的行爲。"戌私留苑中,吏益僕",指戌私自留在苑中,繼續占用原來的待遇,包括吏給他增加的僕。戌受到審訊也就可以理解了。

三

里耶秦簡8-1245號簡釋文作：

庸粟禾一日☐

簡下部殘，"日"下方、近茬口處有兩處殘存墨迹。8-1374號簡釋文作：

☐取粟一斗，米粟。它如前☐

"取"字殘去上部少許筆劃，當即8-1245號簡下端茬口處殘劃，二者拼合部位圖作：

二殘片茬口能吻合，復原"取"字，當可綴合。8-1245+8-1374釋文作：

庸粟禾一日，取粟一斗米粟。它如前☐

庸，後多作"傭"。受雇。《墨子·尚賢中》："傅說被褐帶索，庸築乎傅巖。"庸粟禾，當指受雇傭於與粟禾相關的勞作。里耶秦簡裏有不少涉及庸的記録，如：

人庸作志 8-949
☐事渠黎□爲庸，何解？ 8-43
☐誠嘗取寄爲庸☐ 8-1849+8-1322[①]
☐尉敬養興爲庸，約日三斗米，乙酉初作□☐ 8-2205+8-2212[②]

其中8-2205+8-2212約定庸錢爲日三斗米，與本簡記録相類。

取粟，參看《居延漢簡釋文合校》89.16"收曰汝無故復取粟☐"，指獲取糧食。

米粟，米和粟。泛指糧食。《墨子·魯問》："殺其人民，取其牛馬狗豕、布帛米粟貨財，則何若？"《孟子·公孫丑下》："兵革非不堅利也，米粟非不多也。"簡文似在幫傭粟禾之後獲取一斗糧食以爲工錢。此外，里耶秦簡糧食出入記録多見"粟="合文，現有釋文處理皆寫作

① 何有祖：《里耶秦簡牘綴合（四）》，簡帛網，2012年5月21日。
② 何有祖：《里耶秦簡牘綴合（三）》，簡帛網，2012年5月17日。

“粟米”。由本簡“米粟”不省的情形來看,“粟=”合文似當皆寫作米粟。不過從張家山漢簡《二年律令·盜律》77號簡“其錢金、布帛、粟米、馬牛毆,與盜同法”提及的爲“粟米”來看,似“粟=”在漢代漸漸得到固定,且粟在米前面。

取粟一斗米粟,“取”後的“粟”疑强調糧食具體的類別。孔家坡漢簡有如下記載:

麥龍子,稷龍寅,黍龍丑,稻龍戌,叔(菽)龍卯,麻龍辰。455

以秋禾孰(熟)時,取禾種數物各一斗粟,盛新瓦蹇(瓮)中 456

其中孔家坡456號簡提及“取禾種數物各一斗粟”,“禾種數物”指的是孔家坡455號簡所提及的麥、稷、黍、稻、叔(菽)、麻,其語法地位和“取粟一斗米粟”的第一個粟相當(如下表所示),都表示所取糧食(或種子)的種類。

取禾種數物各一斗粟	孔家坡漢簡456
取粟一斗米粟	里耶秦簡8-2205+8-2212

由此可見“取粟一斗米粟”,當指獲得一斗粟米作爲工錢。

四

里耶秦簡8-1276號簡釋文作:

☑□二人,人四升六分升一。☑

此簡上下皆殘。

8-1697簡釋文作:

☑佗手。

此簡上部殘缺,下部完整。我們注意到8-1276、8-1697茬口結合部位圖片作:

二片紋路、色澤、茬口皆吻合,當可綴合。8-1276+8-1697釋文作:

☑□二人,人四升六分升一。　　佗手。

8-1335+8-1115號簡釋文作:

粟米八升少半升。　　令史逐視平。▨Ⅰ

丗一年四月辛卯,貳春鄉守氏夫、佐吾出食春、白粲□等二人,人四升六分升一。▨Ⅱ

其中“等二人,人四升六分升一”與8-1276+8-1697表述同,可以參看。8-1276+8-1697“二人”前一字作:

疑是“等”字殘筆。由“□二人,人四升六分升一”可知本簡要動用的糧食可能爲八升三分升一,也即八升少半升。

附記:本文寫作蒙陳偉老師、魯家亮兄、凡國棟兄提供寶貴意見,謹致謝忱!

2013年11月8日定稿

《里耶秦簡牘校釋(第一卷)》人名統計表

中國社會科學院研究生院　單印飛

凡例

一、本表以《里耶秦簡牘校釋(第一卷)》[①]爲基礎,并結合圖版及相關研究成果統計製作,以筆劃爲序,[②]後附朔閏表[③]。

二、表中人物姓名的確定基本依據《里耶秦簡牘校釋(第一卷)》,有疑問者將在備注或注釋中指出。

三、表中"身份/職務"含義較爲廣泛,用語儘量依據原文。

四、本表年代采用"年月日"的方式録入簡文中的時間,該時間可作爲此人活動時間。簡文中同時出現多個時間時,根據文書格式采用與之最接近的一個。

五、本表"出處"主要爲《里耶秦簡牘校釋(第一卷)》中對應的簡號,同時也吸納了最新的綴合成果。

六、根據内容推測的部份均使用"(　)"標注,"【　】"、"□"爲《里耶秦簡牘校釋(第一卷)》文中原有符號。[④]

① 陳偉主編:《里耶秦簡牘校釋(第一卷)》,武漢大學出版社,2012。表中簡稱爲《校釋》。

② 筆畫即人名第一個字的筆畫。

③ 引自湖南省文物考古研究所《里耶發掘報告》,長沙:岳麓書社,2007,747頁。

④ "【　】"表示根據殘畫擬釋的字,"□"表示不能辨識的字。

表一:人名統計表

筆畫	姓名	身份/職務	年代	出處	備注
一	乙	(徒)		8-1472	據文意推測簡文是"作徒簿",故推測其身份爲"徒"。下同。
	乙		卅五年	8-765	
	乙			8-236	
二	丁	左公田	廿六年三月癸卯	8-63	
	刀	大夫	卅五年五月	8-834+8-1609	
	又	守丞		8-647	
三	上	令史	廿六年六月壬子①	8-138+8-174+8-522+8-523	
	上	令史		8-1472	
	(上)	令史	廿八年七月乙巳	8-1562	根據文意與上述兩簡,"上"疑似爲人名。
	小	稟人	卅一年正月壬午	8-925+8-2195	
	小	稟人	卅一年七月己卯	8-1550	
	小	稟人		8-1839	
	小女	隸妾		8-1584	
	夕	(徒)		8-145	
	己巳	走	廿六年(八)月戊寅②	8-135	
	于	隸臣		8-992	
	女巳			8-984	
四	王柏	獄史		8-1232	
	夫	令史	廿六年六月壬子	8-138+8-174+8-522+8-523	
	夫③	鄉嗇夫	卅二年正月甲午	8-157	
	夫	鄉嗇夫		8-1238	參見 8-157 注。

① 簡文中"六月癸巳"衹是行廟時間安排,"六月壬子"更能説明令史"除"的在職時間。

② 胡平生先生認爲應爲"八月"。參見胡平生《讀里耶秦簡札記》,《中國文物報》2003 年 9 月 12、19 日,後刊《簡牘學研究(第四輯)》,蘭州:甘肅人民出版社,2004。

③ 《校釋》比照秦漢簡牘職官名加人名省稱之例,認爲"鄉夫"是啟陵鄉嗇夫的名字,不確。筆者認同王煥林先生"夫"爲人名的説法。王煥林:《里耶秦簡校詁》,北京:中國文聯出版社,2007,52 頁。

續表

四	夫	鄉守	卅二年	8-1445	"職官+守"存有争議,暫且使用之,下同。
	夫		卅五年	8-765	
	(夫)	鄉嗇夫		8-1710	
	(夫)			8-867	
	元	半①		8-60+8-656+8-665+8-748	暫且使用"半"一詞表示秦始皇三十一年之前收文記録的書寫者,下同。
	元			8-738	
	【五】	更戍		8-149+8-489	
	不耆	(徒)		8-1531	
	不疑	書手		8-61+8-293+8-2012	"書手"一詞僅表示"某手"的存在,未區分其在文書書寫傳遞中的位置。下同。
	友	司空佐		8-1352	
	巨	書手		8-2035	
	(屯)②		廿六年九月庚辰	8-135	
	少	隸妾		8-647	
	中	稟人	卅五年正月朔日	8-839+8-901+8-926	
	午	司空佐	卅三年三月己丑	8-1135	
	午	佐		8-175	
	午	尉史		8-671+8-721+8-2163	
	毛季	令史		8-1529	
	毛季			8-272	
	毛季			8-835	
	毛季			8-1694	
	壬	少内嗇夫	卅五年正月甲寅	8-1457+8-1458	

① "半"與"發"含義、用法相同,書寫在收文記録之後。"半"出現在秦始皇三十年及其以前,"發"使用在秦始皇三十一年及以後。(參見陳劍《讀秦漢簡札記三篇》,復旦大學出土文獻與古文字研究中心網站,2011年6月4日;邢義田:《"手、半"、"曰啎曰荆"與"遷陵公"——里耶秦簡初讀之一》,簡帛網,2012年5月7日。)《校釋》釋爲"手",不確。

② 《校釋》將"走"後一字釋爲人名"屯",劉樂賢先生釋爲"午"。參見《校釋》第76頁注釋。

續表

四	壬	田官嗇夫	卅五年八月庚申	8-900	
	壬	田官佐	卅年六月戊申	8-1566	
	壬	田官佐/書手	卅一年正月丙辰	8-764	
	壬	田官佐/書手	卅一年七月朔日	8-2246	
	壬	田官佐/書手	卅一年七月癸酉	8-1574+8-1787	
	壬	田官佐		8-1328	
	壬	鄉佐/田官佐		8-580	先後任兩職。
	壬	鄉佐	卅一年三月癸酉	8-1576	
	壬	鄉守	卅三年七月甲戌	8-1537	
	壬	書手	廿六年十二月庚申	8-1516	
	壬	書手	卅二年正月甲午	8-157	
	壬	書手	卅四年十月辛丑	8-183+8-290+8-530	
	壬	書手/發	卅四年七月乙亥	8-1525	暫使用“發”表示秦始皇三十一年及以後收文記録的書寫者。下同。
	壬	書手		8-1324	
	壬	書手		8-1421	
	壬		卅四年六月乙卯	8-755+8-756+8-757+8-758+8-759	
	公			8-773	
	公	少内守	廿八年十二月癸未	8-75+8-166+8-485	
	公			8-167+8-194+8-472+8-1011	
	公			8-1430	
	公			8-2196	
	(公)	少内嗇夫		8-313	
	丹			8-1070	

續表

四	丹			8-2098	
	卬		卅四年七月乙亥	8-1525	
	文	卒史		8-247	
	文	司空守	卅年四月辛丑	8-44	
	文	尉史	廿八年七月乙巳	8-1562	
	文	(徒)		8-2101	
	文	牢人		8-893	
	斗	佐	卅年九月甲戌	8-1783+8-1852	
	予言	校長		8-149+8-489	
	予言	校長		8-823+8-1997	
	毋害	男子	廿七年【八月丙戌】	8-209	
五	邛	鄉史/書手	廿九年九月辛亥	8-645	
	邛	書手	卅年十月乙未	8-1515	
	邛	書手		8-1628	
	邛	上【造】		8-2121+8-2149①	
	去死	卒戍/士伍		8-1094	
	去疾	御史丞	卅二年二月(辛)亥②	8-159	
	甘多	大奴	卅二年六月壬申	8-1443+8-1455	
	可思	大女子		8-1444	
	丙	畜官守	卅年十二月乙卯	8-199+8-688	
	平	倉佐		8-149+8-489	
	平	令佐		8-967	
	平	令佐/書手	(卅五年)十月己卯③	8-1449+8-1484	
	平	獄佐	元年七月丁未	5-1	元年即秦二世元年。下同。
	平	鄉守/書手	卅四年八月丙申	8-1527	

① 何有祖:《里耶秦簡牘綴合(七則)》,簡帛網,2012年5月1日。同一綴合簡在下文出現時不再另行出注。

② 《校釋》認爲"亥"前一字似爲"辛"字。

③ 秦以十月爲歲首,簡文中卅四年後九月辛酉爲一年中最後一天,根據文意和文書格式,此處"十月己卯"應爲始皇三十五年。同一推測時間在下文出現時不再另行出注。

續表

五	平	書手		8-2077	
	(平)	令佐		8-1745	
	且	(徒)		8-2008	
	目	書手		8-112	
	目	書手		8-1998	
	目	(徒)		8-2008	
	申	隸臣	廿八年九月己亥	8-1155	
	申	走	廿七年十月庚子	8-63	
	申	走		8-1009	
	申	走		5-6	
	申	士伍		8-1807	
	申			8-2210	
	田	司空佐	卅年十月乙未	8-1515	
	田	書手		8-1991	
	田	(徒)		8-2089	
	(田京)①		卅四年	8-585+8-238	
	央芻	春	卅一年三月癸酉	8-1576	
	央芻	(徒)		8-780	
	央芻	(徒)		8-1259	
	(央臧)	(徒)		8-1641	《校釋》認爲"央臧"疑似爲人名。
	冉	隸妾	卅二年正月丁酉	8-157	
	囚	(徒)		8-663	
	囚	(徒)		8-2101	
	囚吾	發弩嗇夫	卅年九月甲戌	8-1783+8-1852	
	囚吾	田佐		8-1610	
	囚吾	校長		8-167+8-194+8-472+8-1011	
	囚吾			8-681	

① 何有祖先生認爲"田京"爲人名。參見何有祖《里耶秦簡牘綴合(五)》,簡帛網,2012年5月26日。

續表

五	失	屯卒/公卒		8-445	
	印	大夫		8-1765	
	印	公士		8-341	
	印	公士		8-1410	
	印	走		8-657	
	氐夫	鄉守	卅一年三月癸丑	8-816	
	氐夫	鄉守	卅一年三月癸丑	8-1595	
	氐夫	鄉守	卅一年三月癸酉	8-1576	
	氐夫	鄉守	卅一年四月戊子	8-1557	
	氐夫	鄉守	卅一年四月辛卯	8-1335+8-1115①	
	卯	書手	(卅四年)八月癸卯②	8-1523	
	卯	(徒)		8-145	
	犯	令史	廿六年六月壬子	8-138+8-174+8-522+8-523	
	匄	士伍	卅二年正月甲午	8-157	
	它	(徒)	卅年十月辛亥	8-801	
	它	(徒)		8-1641	
	它人	(徒)		8-1531	
	弘	里典	卅五年七月己酉	8-1554	
	(加)			8-1131	《校釋》認爲"加"疑似爲人名。
六	式			8-477	
	戎夫	令史	廿六年六月壬子	8-138+8-174+8-522+8-523	簡文中同時出現"史戎夫",或爲"令史"之省稱。
	戎夫	令史	廿七年十二月丁酉	8-1551	
	吉	徒	卅一年後九月壬寅	8-2034	

① 何有祖:《里耶秦簡牘綴合(四)》,簡帛網,2012年5月21日。

② 《校釋》認爲該簡的年代爲秦始皇三十四年。

續表

	芇	鄉守		8-1454+8-1629	
	芒季	令史		8-1817	
	芒季			8-659+8-2088	
	芒季			8-857	
	臣	佐		8-139	
	臣	隸臣		8-1871+8-1542[1]	
	臣	(徒)		8-663	
	(臣)[2]	牢臣		8-738	
	戍[3]	县令		8-201	
	戍	鬼薪		8-533	
	戍			8-877	
	有	縣丞	廿九年十一月	8-78	
六	有	丞	(卅三)【年】六月朔日[4]	8-1267	
	有	守丞	卅三年六月丁未	8-768	
	有	守丞		8-1439	
	(有殿)			8-2186	《校釋》認爲"有殿"疑似人名。
	夸			8-1004	
	死	半	卅年十月辛丑	8-1515	
	成	牢人		8-2383	
	成	士伍	卅二年正月甲午	8-157	
	成	士伍		8-1813	
	成	(徒)	廿九年九月戊午	8-1146	
	成	(徒)	卅一年七月	8-2111	
	成	(徒)		8-780	
	成		卅三年七月甲申	8-1800	

① 何有祖:《里耶秦簡牘綴合(四)》,簡帛網,2012年5月21日。

② 《校釋》注釋認爲簡文"牢臣二以來"的"二"爲重文號。此説可從,"臣"應爲人名。

③ 《校釋》釋爲"戍",未解釋。楊先云先生認爲應釋爲"戍",爲充縣長官。參見楊先云《讀〈里耶秦簡(壹)〉札記二則》,簡帛網,2013年10月26日。

④ 根據簡8-274+8-2138中"卅三年六月庚子朔"以及"囨"出現的時間,推知簡文中"六月庚子朔"或爲始皇三十三年。

續表

六	成			8-822	
	成吏		廿六年八月丙子	8-1743+8-2015	
	夷吾	小史		8-136+8-144	
	同	牢人	卅三年十月壬申	8-1971	
	同	佐		8-60+8-656+8-665+8-748	
	同		【廿】八年五月已未①	8-742	
	吕柏			8-771	
	缶	徒	廿九年八月乙酉	8-686+8-973	
	行	令史	廿六年六月壬子	8-138+8-174+8-522+8-523	
	行	令史		8-2210	
	行	半	廿七年八月癸巳	8-133	
	多	大婢	卅五年七月己酉	8-1554	
	色	守丞	(卅二年)四月癸丑②	8-155	
	色	守丞	卅二年四月甲寅	8-158	
	色	守丞	(卅二年)五月甲午③	8-904+8-1343	
	色	司空嗇夫	廿九年十二月己卯	8-1524	
	色	司空嗇夫	卅二年正月丙戌	8-478	
	色	司空嗇夫	卅三年三月己丑	8-1135	
	色	司空嗇夫		8-47	
	色	司空嗇夫		8-1726	
	色	司空嗇夫		8-2294	
	冰	書手		8-60+8-656+8-665+8-748	
	冰	(徒)	卅一年四月甲午	8-736	

① 《校釋》作“已未”,應是“己未”的誤寫。

② 根據簡文中“四月丙午朔”以及“色”出現的時間可以推知該年或爲始皇三十二年。

③ 根據簡 8-1069+8-1434+8-1520 中“卅二年五月丙子朔”以及“色”出現的時間推知簡文中“五月丙子朔”應爲始皇三十二年。

續表

六	亦	(徒)		8-2035	
	交	徒	卅二年五月庚子	8-1069+8-1434+8-1520	
	交		卅三年三月丙戌	8-1477+8-1141①	
	亥	不更	廿五年三月丁未	6-10	
	亥	徒	卅二年五月庚子	8-1069+8-1434+8-1520	
	亥	(徒)		8-663	
	亥	(徒)		8-2101	
	并	大隸妾	卅一年正月壬午	8-925+8-2195	
	并	大隸妾	卅一年三月癸丑	8-763	
	州	(徒)	卅一年四月甲午	8-736	
	安	發弩守	廿六年五月戊戌	8-717	
	阮	(徒)		8-145	
	阮			8-510	
	丞	令史		8-2542	
	(丞)	假守		8-61+8-293+8-2012	《校釋》認爲"丞"似爲巴假守之名。
	如	尉史		8-1128	
	如意	書手	卅五年八月	8-1565	
	如意	書手		8-2084	
	如意	書手		8-2190	
	【如意】			8-2113	
	妃	倉守	卅一年十月乙酉	8-56	
	妃	倉守	卅一年十月乙酉	8-1545	
	妃	倉守	卅一年十月乙酉	8-1739	
	妃	倉守	卅一年十月甲寅	8-821	
	妃	倉守	卅一年十一月丙辰	8-766	
	妃	(倉)守		8-915	《校釋》根據8-56等簡認爲"守"前一字應爲"倉"。
	妃	倉嗇夫	卅一年十二月甲申	8-1081	

① 何有祖:《里耶秦簡牘綴合(八則)》,簡帛網,2013年5月17日。

續表

六	妃	倉嗇夫	卅一年十二月甲申	8-1239+8-1334	
	妃	倉嗇夫	卅一年十二月戊戌	8-762	
	妃			8-1266	
	羽	郵人		8-704+8-706	
	犴	令史	卅一年十二月甲申	8-1239+8-1334	
	(犴)	令史	卅一年正月丁巳	8-212+8-426+8-1632	《校釋》根據 8-474 認爲令史後一字爲“犴”。
	犴	令史	卅一年正月己巳	8-474+8-2075	
	犴	令史	卅一年二月己丑	8-2249	
	犴	令史	卅一年二月辛卯	8-800	
	犴	令史	卅一年三月癸丑	8-763	
	犴	令史		8-448+8-1360	
	犴	(令)史		8-575	根據文意其爲令史。
	犴	令史		8-1286	
	犴	令史		8-1580	
	犴	史	卅年九月庚申	8-890+8-1583	
	犴	佐		8-565	
	犴		卅四年	8-765	
七	扶如	守丞		8-201	
	赤	隸臣		8-18	
	杕	稟人	卅二年八月壬戌	8-2247	
	李季			8-206	
	吾	鄉守	卅三年正(五)月己丑①	8-1207+8-1255+8-1323	
	吾	鄉守		8-1742+8-1956	
	吾	鄉守		8-1340	
	吾	鄉佐	卅一年四月戊子	8-1557	
	吾	鄉佐	卅一年四月辛卯	8-1335+8-1115	

① 《校釋》釋爲“卅三年正月庚午朔己丑”,但 8-1152 中爲“卅三年五月庚午朔”,結合朔日曆法表與圖版知,“正月”爲“五月”的誤釋。

續表

七	吾	書手		8-1980	
	辰	倉佐	廿七年十二月丁酉	8-1551	
	辰	郵人	卅二年九月朔日	8-664+8-1053+8-2167	
	辰			8-139	
	豕	【士】伍		8-4	
	(步)			8-2161	《校釋》認爲"步"似爲人名。
	吴騷	大男子		8-894	
	貝	書手	廿八年七月乙巳	8-1562	
	貝	書手	廿八年七月辛酉	8-767	
	見	鄉佐	廿八年	8-39	
	【見】	鄉佐	廿八年	8-938+8-1144	
	足			8-137	
	利	佐		6-14	
	利	走	廿六年十二月辛巳	8-67+8-652	
	利			8-327	
	禿	縣丞	(卅一年)九月丁卯①	8-140	
	(禿)	倉守		6-17	根據文意,疑似爲人名。
	私	里典	卅二年六月壬申	8-1443+8-1455	
	(私)			8-1430	
	兵	書手	廿六年三月癸卯	8-63	
	何	徒	卅二年五月庚子	8-1069+8-1434+8-1520	
	何	(徒)		8-780	
	何	(徒)		8-1707	
	何	(徒)		8-2089	
	何柏			8-1193	
	何柏			8-2049	
	佗	令史		8-2319	

① 根據簡文中"九月庚戌朔"和朔閏表以及遷陵丞"昌"多次出現的年代推出該年爲秦始皇三十一年。

續表

七	佗	縣尉		8-201	
	佗	書手		8-1697	
	佁	牢人	廿八年二月甲午	8-273+8-520	
	佁	走		8-959+8-1291	
	佁	走		8-1119	
	佁	走		8-1829	
	佁			8-2210	
	免將	士伍	卅一年正月丙辰	8-764	
	角	史		8-414	
	言	令史	卅一年後九月辛巳	8-1560	
	言	倉守	卅五年七月乙巳	8-1268	
	言	倉守		8-898+8-972	
	言	書手		8-921	
	言	大婢	卅二年六月壬申	8-1443+8-1455	
	言			8-2099	
	言①		廿六年八月壬戌	8-163	
	忘季	令史		8-1065	
	沈	少內嗇夫	卅五年六月丙子	8-888+8-936+8-2202	
	沈	少內嗇夫	卅五年八月癸亥	8-811+8-1572	
	沈	少內嗇夫	卅五年八月甲子	8-914+8-1113	
	沈	少內嗇夫	卅五年八月戊寅	8-1214	
	沈	少內嗇夫	卅五年【九】月庚寅	8-2193	
	沈	少內嗇夫		8-1233+8-1512	
	沈	少內嗇夫		8-1352	
	沈	少內嗇夫		8-1398	
	沈	司空佐		8-149+8-489	
	沈	鄉守/書手	卅五年七月己酉	8-1554	
	沈	鄉守		8-1824	
	沈	書手	卅六年	8-2234	

① 《校釋》認爲“言”爲人名。根據文意,筆者認爲“言”應爲“上報”之意,而非人名。

續表

七	沈	書手		8-886	
	沈	書手		8-1346	
	沈	書手		8-1399	
	快	(徒)		8-663	
	快	(徒)		8-2101	
	快		卅一年二月丙戌	8-71	
	快		(卅一年)九月戊辰	8-140	
	快		卅一年後九月辛巳	8-1560	
	快		卅二年正月戊戌	8-157	
	快		(卅二年)四月癸丑	8-155	
	快		卅二年四月丙辰	8-158	
	快			8-60+8-656+8-665+8-748	
	完	大奴	卅五年七月己酉	8-1554	
	良	大奴	卅五年七月己酉	8-1554	
	良朱	隸臣	卅年十月辛丑	8-1515	
	初	鄉佐	卅一年五月丁巳	8-196+8-1521	
	初	鄉佐	卅一年五月壬戌	8-2011	
	初	鄉佐/書手	卅二年六月壬申	8-1443+8-1455	
	初	鄉佐		8-142	
	即		卅三年六月乙巳	8-768	
	忌	髳長		8-149+8-489	
	忌	司空佐		8-854	
	姊	(徒)		8-145	
	忍	隸妾		8-1584	
	犯	書手	廿八年十二月癸未	8-75+8-166+8-485	
八	武	倉嗇夫	廿七年十二月丁酉	8-1551	
	武	倉嗇夫	廿八年六月甲午	8-1490+8-1518	
	武	倉嗇夫	卅一年三月丙寅	8-760	
	武	倉守	卅一年二月己丑	8-2249	

續表

八	武	倉守	卅一年二月辛卯	8-800	
	武	倉守	卅一年三月癸丑	8-606	
	武	倉守	卅一年三月癸丑	8-763	
	武	倉守		8-448+8-1360	
	武	倉守		8-1580	
	武	庫嗇夫	卅一年六月庚戌	8-173	
	武	庫嗇夫	卅二年五月庚子	8-1069+8-1434+8-1520	
	武	庫嗇夫	卅二年□月壬辰	8-26+8-752	
	武	庫嗇夫		8-149+8-489	
	武	少內嗇夫	(廿九年)後九月丁亥①	8-164+8-1475	
	武	田守	卅三年六月壬子	8-274+8-2138	
	武	鄉守	卅二年六月壬申	8-1443+8-1455	
	武	士伍	卅三年七月甲戌	8-1537	
	武	公卒	卅一年七月朔日	8-2246	
	武		卅年五月辛巳	8-666+8-2006	
	青	(徒)		8-145	
	青黑②	大女子		8-1070	
	長	司空嗇夫	廿八年六月丙戌	8-985	
	(長)			8-2019	《校釋》認爲“長”疑似人名。
	拔	縣令	□(廿)六年六月丙辰③	8-918	“縣+人名”、“道+人名”的身份暫且使用“縣令”一詞。下同。
	拔	縣令	廿六年六月癸亥	8-406	
	拔	縣令	廿六年八月丙子	8-1743+8-2015	
	拔	縣令	廿八年六月丙戌	8-985	

① 根據簡文“後九月辛酉朔”可以推知該年爲秦始皇二十九年。

② 《校釋》認爲“青黑”疑似爲人名。8-145中有“青”,8-871中有“黑”,“青黑”是否爲兩人存疑。

③ 遷陵縣在秦始皇二十五年置縣,“遷陵拔”多出現在始皇二十六年至始皇二十八年,故推此簡中“六”前應爲“廿”字,即秦始皇二十六年。

續表

八	拔	(縣令)①		8-1138	
	【拔】	縣令	廿七年【八月丙戌】	8-209	
	幸	大奴	卅二年六月壬申	8-1443+8-1455	
	苗	小女子	卅五年	8-1546	
	苗	小女子	卅五年	8-863+8-1504	該簡内容與上簡完全相同。
	茆	大夫		8-1623	
	林	(徒)		8-145	
	枚	(徒)		8-663	
	臤忑			5-5	
	尚	令史	卅一年三月丙寅	8-760	
	尚	令史	卅一年五月乙卯	8-1345+8-2245	
	尚	令史	卅一年五月壬戌	8-45	
	尚	令史	卅一年五月癸酉	8-1540	
	尚	令史	卅一年七月壬子	8-1336	
	尚	令史	卅一年九月辛亥	8-7	
	尚	令史	卅一年九月庚申	8-211	
	尚	令史		8-1584	
	尚	令史		8-2239+8-1830+8-1815②	
	尚	令史		8-216+8-351	
	尚	(令)史		8-1046	根據文意"尚"爲令史。
	尚	(令史)		8-1177	同上。
	尚	令佐	卅二年三月	8-1793	
	尚	鄉守	卅一年正月壬午	8-925+8-2195	
	尚	鄉守	卅一年正月壬午	8-1241	
	尚	倉佐/書手	廿八年六月甲午/乙未	8-1490+8-1518	
	尚	史		8-480	

① 《校釋》認爲此"拔"即8-209、8-406所見"遷陵拔",爲遷陵縣長官。

② 何有祖:《里耶秦簡牘綴合(六)》,簡帛網,2012年6月4日。

續表

八	尚	史		8-481	
	尚	書手	廿八年十二月癸未	8-75+8-166+8-485	
	尚	書手	卅一年後九月甲申	8-130+8-190+8-193	
	尚	書手	卅二年三月朔日	8-62	
	尚	書手		8-136+8-144	
	尚	書手		8-722	
	尚	發	卅一年後九月壬寅	8-2034	
	尚	發		8-2096	
	尚	半	卅年二月壬寅	8-672	
	尚	半	卅年六月戊申	8-1566	
	尚			8-1066	
	昌	縣丞	廿九年正月甲辰	8-1246	
	昌	縣丞	廿九年七月戊午	8-2191	
	昌	縣丞	廿九年九月辛亥	8-1511	
	昌	縣丞	卅年□月丙申	8-754+8-1007	
	昌	縣丞	卅一年二月丙戌	8-71	
	昌	縣丞	卅一年五月乙卯	8-1345+8-2245	
	昌	縣丞	(卅一年)九月丁卯	8-140	
	昌	縣丞	卅一年後九月辛巳	8-1560	
	昌	縣丞	卅二年正月丁酉	8-157	
	昌	縣丞	卅二年三月朔日	8-62	
	昌	縣丞		8-60+8-656+8-665+8-748	
	昌	縣丞		8-198+8-213+8-2013	
	昌	縣丞		8-505	
	昌	縣丞		8-1925+8-1663①	
	昌	司空嗇夫	廿七年十一月乙卯	8-1665	
	昌			8-1569	

① 何有祖:《里耶秦簡牘綴合(五)》,簡帛網,2012 年 5 月 26 日。

續表

八	(昌)	(縣)丞		8-256	或與上述簡中的“昌”爲同一人,任遷陵縣丞。
	昌官①	司馬	廿六年八月丙子	8-135	
	固	守丞	元年七月癸亥	5-1	
	固	守丞	元年八月朔日	8-653	
	忠	(書手)	(卅四年)二月乙丑②	8-1538	根據文意知其爲書手。
	忠	書手		8-72	
	忠	稟人		8-980	
	忠	稟人		8-1024	
	忠	稟人		8-2233	
	忠	(稟人)		8-850	根據文意爲其爲“稟人”。
	忠	(稟人)		8-1000	同上。
	和	書手		8-61+8-293+8-2012	
	季			8-782+8-810	
	委	徒		8-142	
	欣	少内佐/書手	(廿九年)後九月丁亥	8-164+8-1475	
	欣	少内佐/書手	卅年九月庚申	8-890+8-1583	
	欣	書手	(卅二年)四月癸丑	8-155	
	欣	書手	卅二年四月甲寅	8-158	
	欣	發	卅一年五月丁巳	8-196+8-1521	
	欣	發	卅二年正月丁酉	8-157	
	欣	發	卅二年四月甲寅	8-152	
	欣	發	卅二年六月壬申	8-1443+8-1455	
	欣	發		8-61+8-293+8-2012	
	欣③	士伍	卅一年二月丙戌	8-71	

① “昌”或“昌官”是否爲人名,存在争議。

② 根據簡文“二月丙申朔”可以推知該年或爲始皇三十四年。

③ 《校釋》認爲“欣”或“欣補”爲人名。楊振紅先生認爲“補”是官吏有缺位,選員補任的意思,“欣”爲人名,甚確。參見楊振紅《秦漢時期的“尉”、“尉律”與“置吏”、“除吏”——兼論“吏”的屬性》,《簡帛》第8輯,上海古籍出版社,2013。

續表

八	彼死	令史	廿八年六月甲午	8-1490+8-1518	
	彼死	書手		8-647	
	舍	校長		8-565	
	受	(徒)		8-1531	
	周	縣守	廿六年十二月庚申	8-1516	暫使用“縣守”一詞表示“某縣+守”。下同。
	周	校長	廿五年九月己丑	8-439+8-519+8-537	
	免	士伍	卅五年八月丙戌	8-660	
	狐	少內守	卅四年九月甲子	8-1170+8-1179+8-2078	
	狐	【少】內守	卅四年【九月庚辰】	8-806	
	狐	少內守		8-1508	
	狐	尉守		8-132+8-334	
	狐	鄉守	卅五年八月己未	8-769	
	狐	鄉守		8-1029	
	狐	佐	卅年九月甲戌	8-1783+8-1852	
	狗	書手		8-1094	
	狗	戍卒/士伍		8-247	
	咎	隸妾	卅三年正月庚辰	8-651	
	京	大隸妾	卅一年正月壬午	8-925+8-2195	
	夜	(徒)		8-145	
	刻	(徒)		8-145	
	劾	(徒)		8-1531	
	定	縣守	(卅)五年十二月庚午①	8-746+8-1588	
	定	書手	(卅二年)八月己未②	8-66+8-208	
	定		卅年十一月丙子	8-141+8-668	
	宜	司寇		8-1027	

① 簡文中“▨五年十二月【辛】酉朔”,可根據朔閏表推知其時間爲秦始皇三十五年。

② 根據簡 8-2247 中“卅二年八月乙巳朔”推測簡文中“八月乙巳朔”或爲始皇三十二年。

續表

八	宜	徒		8-142	
	宜	(徒)		8-1531	
	宜			8-1286	
	宛	徒	卅一年後九月壬寅	8-2034	
	宛	(徒)		8-1017	
	建	守丞		8-1282	
	建	尉守		8-671+8-721+8-2163	
	建	庫嗇夫		8-562+8-1820	
	建	庫嗇夫	卅五年六月己巳	8-845	
	建	庫嗇夫	卅五年六月己巳	8-907+8-923+8-1422	
	建	庫嗇夫	卅五年六月己巳	8-993	
	建	庫嗇夫	卅五年六月己巳	8-1002+8-1091	
	建	庫嗇夫	卅五年六月己巳	8-1055+8-1579	
	建	庫嗇夫	卅五年六月己巳	8-1289	
	建	庫嗇夫		8-405	
	建	庫嗇夫		8-783	
	(建)			8-50+8-422	根據文意,“建”疑似爲人名。
	居	倉佐/書手	卅一年五月辛巳	8-1559	
	居	佐		8-207	
	居	佐		8-681	
	居	士伍	(卅)五年十二月庚午	8-746+8-1588	
	屈	走	【廿六】年(正月甲申)①	8-1452	
	狀	士伍	廿七年十月辛卯	8-63	
	始	大隸妾	卅一年十一月丙辰	8-766	
	糾		六月己酉②	8-746+8-1588	
	甾			8-1832+8-1418+8-1133+8-1132+8-314+8-1107③	

① 根據文書格式“□申”應爲廿六年十二月己卯日後數日,根據曆法表推測或爲“正月甲申”。

② 上文注釋中推測“☐五年”或爲秦始皇三十五年,而文中“六月己酉”根據文書格式可能爲秦始皇三十四年。

③ 何有祖:《里耶秦簡牘綴合(八則)》,簡帛網,2013年5月17日。

續表

九	春			8-997+8-883[①]	
	城	(徒)		8-2008	
	革	(徒)		8-2101	
	茞	(徒)		8-2101	
	業	(徒)		8-145	
	故		卅五年三月丁酉	8-1459	
	故			8-182	
	故			8-249+8-2065	
	故			8-1688+8-1764[②]	
	胡	守丞	廿八年九月甲辰	8-1463	
	胡	大女子	卅五年七月己酉	8-1554	
	胡傷	小女子	卅四年八月丙申	8-1549	
	南	(徒)		8-145	
	玆	守丞	卅四年後九月辛酉	8-1449+8-1484	
	玆	守丞		8-1456	
	玆	倉嗇夫	卅五年八月丙戌	8-824+8-1974	
	玆	倉嗇夫	卅五年九月丙申	8-2248	
	玆	倉嗇夫		8-452	
	玆	倉嗇夫		8-1059	
	玆	假倉嗇夫	卅一年五月辛巳	8-1559	
	玆	【少】内守		8-2359	
	玆	司空守	卅年六月辛亥	8-1647	
	玆	司空守	卅一年十月庚寅	8-271+8-29[③]	
	玆	司空守	卅四年八月乙巳	8-1635	
	玆	司空守		8-216+8-351	
	玆	司空守		8-951	
	玆	(司)空守		8-2239+8-1830+8-1815	

① 何有祖先生認爲"賣"應釋爲"春",人名。參見何有祖《里耶秦簡牘綴合(八則)》。

② 何有祖:《里耶秦簡牘綴合(七)》,簡帛網,2012年6月25日。

③ 何有祖:《里耶秦簡牘綴合(五)》,簡帛網,2012年5月26日。

續表

	兹	鄉嗇夫	【卅五年七月】癸巳	8-962+8-1087	
	兹	鄉嗇夫	卅五年八月	8-1565	
	兹	鄉嗇夫		8-661	
	兹	鄉嗇夫		8-2121+8-2149	
	兹	鄉嗇夫		8-1293	
	兹	(徒)		8-145	
	兹			8-236	
	枯	士伍		8-466	
	相			8-161+8-307	
	柏			8-598+8-624+8-227①	
	柏			8-659+8-2088	
	柏			8-823+8-1997	
	要	隸妾		8-1584	
	要			8-2160	
九	皆	(徒)		8-1531	
	是	倉嗇夫	卅一年五月乙卯	8-1345+8-2245	
	是	倉嗇夫	卅一年五月壬戌	8-45	
	是	倉嗇夫	卅一年五月癸酉	8-1540	
	是	倉嗇夫	卅一年七月壬子	8-1336	
	是	倉嗇夫	卅一年七月乙丑	8-1794	
	是	倉嗇夫	卅一年八月辛丑	8-1153+8-1342	
	是	倉嗇夫	卅一年八月壬寅	8-217	
	是	倉嗇夫	卅一年九月庚申	8-211	
	是	倉嗇夫	卅三年二月庚戌	8-561	
	是	倉嗇夫	卅三年九月乙酉	8-1660+8-1827	
	是	倉嗇夫		8-663	
	是	倉嗇夫		8-1031	
	是	倉嗇夫		8-1063	
	是	倉嗇夫		8-1134	

① 何有祖:《里耶秦簡牘綴合(七)》,簡帛網,2012 年 6 月 25 日。

續表

九	是	少内守	卅二年正月丙戌	8-478	
	是	少内守	卅二年四月甲寅	8-152	
	是	少内守		8-1341	
	是	鄉守	卅一年五月壬戌	8-2011	
	【是】	【倉】嗇夫	卅一年四月甲午	8-736	
	昭		廿七年三月辛亥	8-1510	
	昭			8-2028	
	骨	(徒)	廿九年九月戊午	8-1146	
	骨	(徒)	卅年十月辛亥	8-801	
	骨	(徒)		8-780	
	骨	(徒)		8-822	
	段	少内嗇夫		8-785	
	俉	書手	(卅一年)九月丁卯	8-140	
	信	令佐	卅四年二月庚戌	8-197	
	信成	厩守	(廿)【八】年三月丙寅①	8-677	
	皇楗	男子	廿六年六月癸亥	8-406	
	(追)	令佐		8-497	《校釋》認爲“令佐”下一字似爲人名“追”。
	律	守丞	卅五年五月庚子	8-770	
	後	庫嗇夫	廿七年三月己酉	8-1510	
	却	令史		8-1024	
	却	令佐		8-1317	
	却	【少】内守		8-790	
	却			8-783	
	却	少内佐		8-785	
	却	倉佐	卅四年八月丙申	8-1549	
	却	佐		8-867	
	却	書手		8-843	
	却	書手		8-1238	

① 根據“【八】年三月庚子朔”可推該年爲秦始皇二十八年。

續表

九	却	書手		8-1947	
	却	士伍	卅年	8-930	
	却	小城旦		8-216+8-351	
	却	(小)城旦		8-1894	該簡與上簡部分内容相同,推測"却"應爲小城旦。
	却		卅四年、卅五年	8-765	
	却			8-145	
	(却)			8-650+8-1462	《校釋》認爲"却"疑似爲人名。
	胠	罰戍/公卒	卅一年七月朔日	8-2246	《校釋》認爲"胠"或"都胠"爲人名。
	負中	(徒)		8-2101	
	負解	隸臣	廿九年八月乙酉	8-686+8-973	
	負劇	隸臣	廿九年八月乙酉	8-686+8-973	
	觔	守丞	卅五年三月庚子	8-462+8-685	
	哀	徒	卅一年後九月壬寅	8-2034	
	哀	(徒)		8-2144+8-2146[①]	
	亭	冗佐/公士		8-60+8-656+8-665+8-748	
	庇	大隸妾		8-1177	
	弈	公卒		8-430	
	庭	(徒)		8-2089	
	美			8-771	
	恒	郡守		8-228	
	恬	令佐		6-21	
	恬	鄉守	卅五年五月庚子	8-770	
	恬	鄉守		8-58	
	恬	鄉守		8-1797	
	恬	鄉守/書手		8-2022+8-2243[②]	

① 何有祖:《里耶秦簡牘綴合(六)》,簡帛網,2012年6月4日。
② 何有祖:《里耶秦簡牘綴合(六則)》,簡帛網,2012年12月24日。

續表

九	恬	(鄉)守		8-2170	根據以上數簡推測其職位爲鄉守。
	恬	書手	卅四年七月癸酉	8-1525	
	恬	(徒)		8-663	
	宣	鄉佐	廿八年五月甲寅	8-170	
	客	書手		6-6	
	扁	少内守	卅年九月甲戌	8-1783+8-1852	
	扁	令史	卅一年十月乙酉	8-1545	
	扁	令史	卅一年十一月丙辰	8-766	
	扁	令史	卅一年十二月甲申	8-1081	
	扁	令史	卅一年正月丙辰	8-764	
	扁	令史	卅一年三月癸酉	8-1576	
	扁	令史		8-262	
	扁	令史		8-1266	
	叚	(徒)		8-145	
	章	令史	廿六年六月壬子	8-138+8-174+8-522+8-523	
	胥			8-60+8-656+8-665+8-748	
	胥	書手	(卅一年)六月甲午之前。	8-140	
	胥亡			8-60+8-656+8-665+8-748	
	陘	守丞	廿七年八月癸巳	8-133	
	除	令史	廿六年六月壬子	8-138+8-174+8-522+8-523	
	除	令史		8-210	
	娃	徒	廿九年八月乙酉	8-686+8-973	
	娃	徒	卅二年五月庚子	8-1069+8-1434+8-1520	
	娃	(徒)		8-145	
	姱	徒	廿九年八月乙酉	8-686+8-973	
	姱	(徒)		8-145	

續表

九	姘			8-2150	
	蚩華			8-1470	
	甾			8-1027	
	狗	小隸臣		8-1656	
十	髟	卒長	卅一年後九月甲□	8-130+8-190+8-193	
	起	走	廿八年九月辛巳	8-373	
	(起)			8-1198	《校釋》認爲“起”疑似爲人名。
	起賚		廿六年八月丙子	8-1743+8-2015	
	都	守丞	卅二年九月朔日	8-664+8-1053+8-2167	
	都	守丞	卅三年二月朔日	8-154	
	都	守丞		8-85	
	華	少内嗇夫		8-1833	
	華	少内守		8-58	
	華	令史	廿八年九月庚子	8-1463	
	華	令史	卅五年八月癸亥	8-811+8-1572	
	華	令史		8-984	
	華	令史		8-992	
	華	令史		8-2143	
	華	令佐/尉史/書手	卅五年六月戊寅①	8-1008+8-1461+8-1532	
	華	令佐	卅五年三月甲辰	8-433	
	華	令佐		8-460	
	華	令佐		8-1030	
	華	令佐		8-2179	
	華	佐		8-1688+8-1764	
	華	書手		8-820	
	華	書手		8-1454+8-1629	
	華			6-14	

① 根據文意,“華”曾爲尉史,故擔任尉史時間與簡文時間没有直接對應關係。

續表

十	華			8-650+8-1462	
	華			8-1298+8-1354①	
	莀	大隸妾	卅一年正月壬午	8-925+8-2195	
	莫邪	令史	廿六年六月壬子	8-138+8-174+8-522+8-523	
	莫邪	令佐		8-647	
	荼	走	廿七年五月戊辰	8-1533	
	配	守丞	卅四年正月辛未/二月庚戌	8-197	
	配	守丞	(卅四年)二月乙丑	8-1538	
	配	守丞	卅四年七月乙亥	8-1525	
	配	【守】丞		8-730	
	配	守丞		8-896	
	配	守丞		8-912	
	配	少內嗇夫		8-60+8-656+8-665+8-748	
	配	司空守		8-149+8-489	
	配	書手	卅四年八月丙申	8-1549	
	莊	佐		8-37	
	莊			8-236	
	莊			8-1612	
	根	鄉守	廿九年九月辛亥	8-645	
	連	半②	卅年十一月丙子	8-141+8-668	
	逐	令史	卅一年四月戊子	8-1557	
	逐	令史	卅一年四月辛卯	8-1335+8-1115	
	逐	令史	卅一年六月丁亥	8-781+8-1102	
	逐	令史	卅一年七月朔日	8-2246	
	逐	令史	卅一年七月癸酉	8-1574+8-1787	
	逐	(令)史		8-1328	根據文意,其應爲"令史"。

① 何有祖:《里耶秦簡牘綴合(七)》,簡帛網,2012年6月25日。

② 《校釋》釋爲"手",如前文注所述,不確,應爲"半。"

續表

十	逐	令史		8-1406	
	逐	令史		8-1839	
	逐	田官史	卅年二月壬寅	8-672	
	逐	鄉守	卅一年四月癸卯	8-1278+8-1757	
	逐	書手	廿八年七月癸卯	8-1563	
	逐	書手	廿九年八月乙酉	8-686+8-973	
	逐	書手	卅年六月甲辰	8-1566	
	逐	書手		8-701	
	逌	令佐		8-149+8-489	
	圂	士伍	廿九年十一月辛酉	8-78	
	圂	庫佐	廿九年四月壬午	8-1514	
	圂	令史	卅三年三月己丑	8-1135	
	圂	令史		8-880	
	圂	令佐	(卅三)【年】六月朔日	8-1267	
	圂	令佐		8-149+8-489	
	圂	發	卅二年五月庚子	8-1069+8-1434+8-1520	
	圂	發		8-221	
	圂	書手	卅三年二月朔日	8-154	
	圂	書手	(卅二年)五月甲午	8-904+8-1343	
	圂		卅五年三月	8-1494	
	圂	(徒)		8-145	
	圂			8-1470	
	圂		卅四年	8-1692	
	缺	書手		8-1014	
	氣	令史	卅一年正月壬午	8-925+8-2195	
	氣	令史	卅一年正月壬午	8-1241	
	氣	令史	卅一年七月己卯	8-1550	
	氣	佐/書手	廿八年	8-75+8-166+8-485	
	氣	發	卅一年五月壬戌	8-2011	

續表

十	氣	發	卅一年五月辛巳	8-1559	
	氣	書手	(卅一年)九月丁卯	8-140	
	氣	書手	卅二年正月丁酉	8-157	
	乘	縣尉	廿六年三月甲午	8-133	
	脩	城旦		8-119	
	俱	令佐	卅五年九月朔日	8-1751+8-2207	
	俱	令佐	卅五年九月(朔日)	8-891+8-933+8-2204	該簡與上簡内容相同,推測時間也應一致。
	俱	(令)佐		8-1802	據文意、形制及上簡的内容知其身份或爲令佐。
	俱	司空嗇夫		8-898+8-972	
	俱	司空守	卅五年八月辛酉	8-1544	
	俱	司空守	卅五年八月乙酉	8-2093+8-2180	
	俱	司空守	卅五年八月丙戌	8-824+8-1974	
	【俱】		卅五年八月甲申	8-378+8-514+8-131①	
	倗	更戍/士伍		8-980	
	徒	大隸妾		8-1839	
	(虒)			8-1350	《校釋》認爲“虒”疑似爲人名。
	徐	校長		8-167+8-194+8-472+8-1011	
	徐	公卒	廿八年七月癸卯	8-1563	
	徐	隸臣	卅五年六月己巳	8-1002+8-1091	
	徐	隸臣		8-1709	
	徐	徒	卅二年五月庚子	8-1069+8-1434+8-1520	
	徐爲	守丞	(卅一年)【五】月戊午②	8-2115	
	殷	少内嗇夫		8-2063	

① 何有祖:《里耶秦簡牘綴合(八則)》,簡帛網,2013年5月17日。
② 根據簡文“【五】月壬子朔”可以推知該年爲始皇三十一年。

續表

十	段	隸臣	卅年五月辛巳	8-666+8-2006	
	般	庫佐/書手	卅五年六月己巳	8-1002+8-1091	
	般	庫佐/書手	卅五年六月己巳	8-1055+8-1579	
	般	庫佐	卅五年六月己巳	8-845	
	般	庫佐	卅五年六月己巳	8-907+8-923+8-1422	
	般	庫佐	卅五年六月己巳	8-993	
	般	庫佐		8-847	
	般	(庫佐)		8-1162	根據文意"般"應與上述數簡中的"般"爲同一人。
	般	書手/(庫佐)		8-827	同上。
	般	書手		8-1211	
	般	書手		8-1706	
	般	書手		8-2053	
	般	車(庫)曹佐		8-405	"車曹佐"或爲"庫曹佐"的誤寫。
	般	(徒)		8-145	
	般	尉史		8-1364	《校釋》認爲"般"或者"郄般"爲人名。
	般芻		廿六年八月丙子	8-1743+8-2015	
	胯	(徒)	卅年十月【癸】卯	8-1327+8-787[①]	
	狼	(徒)		8-1531	
	狼		廿六年八月丙子	8-135	
	逢	士伍		8-538	
	逢	司空史		8-2239+8-1830+8-1815	
	衰	己卒史	廿六年八月丙子	8-135	"己卒史"的釋讀仍存在爭議,暫且用之。下同。
	衷	内史守		8-228	
	高	鄉守	卅年十月辛亥	8-801	
	唐	假少内嗇夫	卅五年六月丙子	8-888+8-936+8-2202	

① 何有祖:《里耶秦簡牘綴合(二)》,簡帛網,2012年5月14日。

續表

十	唐	假少内嗇夫		8-1771	
	唐	令佐/(假)畜官		8-919	
	唐	司空嗇夫		8-886	
	唐			8-1848	
	(竘令)	小男子		8-1256	《校釋》認爲“竘”或“竘令”爲人名。
	旁			8-262	
	旁			8-1688+8-1764	
	欬娀	隸妾		8-1584	
	欬	城旦		8-533	
	畜	隸妾	廿九年十二月己卯	8-1524	
	畜	(徒)		8-239	
	益	小隸臣	廿七年十二月丁酉	8-1551	
	益	隸妾	(卅二年)五月甲午	8-904+8-1343	
	益		卅二年六月壬申	8-1443+8-1455	
	益來			8-521	
	兼	書手	廿六年三月辛亥	8-63	
	兼	令史	卅二年八月壬戌	8-2247	
	兼	令史	卅三年十月壬戌	8-761	
	涓	發弩守	卅年十一月丙子	8-141+8-668	
	浮			8-550	
	悍	假卒史	廿九年十一月辛酉	8-78	
	悍	庫守	廿九年四月辛巳	8-1514	
	悍	庫守	廿九年八月乙酉	8-686+8-973	
	悍	司空守		8-575	
	悍	簪裊	卅一年六月丁亥	8-781+8-1102	
	悍	敦長/簪裊	卅一年七月癸酉	8-1574+8-1787	
	悍	令史	卅一年八月壬寅	8-217	
	悍	令史		8-1031	
	悍	令史		8-1037	

續表

十	悍	令史		8-1063	
	(悍)		廿九年正月甲辰	8-1246	根據文意,"悍"疑似爲人名。
	宵	(徒)		8-2101	
	容	鄉佐		8-2189	
	容			8-547	
	冣	令佐		8-149+8-489	
	冣	令佐		8-988	
	冣	鄉佐	卅一年正月壬午	8-925+8-2195	
	冣	鄉佐	卅一年正月壬午	8-1241	
	冣	鄉佐/(書手)①	卅一年七月己卯	8-1550	
	冣	徒	卅二年五月庚子	8-1069+8-1434+8-1520	
	冣	(徒)		8-2089	
	祛②	書手	(廿)【八】年三月丙寅	8-677	
	陵	稟人	廿七年十二月丁酉	8-1551	
	斐	士伍		8-1328	
	孫	隸妾	(卅四年)二月乙丑	8-1538	
	孫	隸妾	卅五年六月甲子	8-475+8-610	
	婭	稟人	卅一年六月丁亥	8-781+8-1102	
	婭	稟人	卅一年七月朔日	8-2246	
	婭	稟人		8-1328	
	務	(徒)		8-2089	
	忄隹	隸臣	廿九年十一月辛酉	8-78	
	盄	佐	卅年九月庚申	8-890+8-1583	
	盄	鄉佐/書手		8-1839	
	奭	小吏③		6-1	

① 雖然簡尾"冣"後没有"手"字,但是根據文書格式應爲"冣手",所以仍視爲"書手"身份。

② 《校釋》中誤釋爲"袪",根據圖版知應爲"祛"。

③ 楊先云先生認爲應釋爲"小史"。參見楊先云《里耶秦簡識字三則》,簡帛網,2014年2月27日。

續表

十	旂	田官嗇夫		8-1194+8-1608①	
	郤	縣令		8-60+8-656+8-665+8-748	
	郤	司空佐	廿八年六月丙戌	8-985	
	郤	田官佐	卅一年六月丁亥	8-781+8-1102	
	郤	(田)官佐		8-1406	
	郤	令史		8-802	
	郤	書手	廿九年十二月己卯	8-1524	
	郤			8-1138	
	郤			8-2210	
	(酉季)			8-1481	《校釋》認爲其疑似爲人名。
十一	規	隸妾		8-69	
	赾	庫佐	廿七年三月己酉	8-1510	
	執	更戍/士伍	卅五年三月辛亥	8-1517	
	萃	書手	卅年十一月丙子	8-141+8-668	
	萃	書手		8-198+8-213+8-2013	
	梜	(徒)		8-145	
	梈	(徒)		8-569	
	帶	鄉守	卅一年七月己卯	8-1550	
	帶	佐		8-1677	
	帶	書手		8-1259	
	帶	書手		8-1281	
	帶	(徒)		8-145	
	奢	鬼薪		8-683	
	爽	罰戍/士伍		8-429	
	處	庫佐/書手	卅一年六月庚戌	8-173	
	處	庫佐		8-1063	
	處	令佐		6-5	
	處	少內佐/書手	卅二年四月甲寅	8-152	

① 何有祖:《里耶秦簡牘綴合(四)》,簡帛網,2012年5月21日。

續表

十一	處	少内佐		8-2490	
	堂	更戍		8-149+8-489	
	堂	稟人	卅一年二月己丑	8-2249	
	堂	稟人	卅一年二月辛卯	8-800	
	堂	稟人	卅一年五月癸酉	8-1540	
	堂	稟人	卅一年八月辛丑	8-1153+8-1342	
	堂	稟人	卅一年八月壬寅	8-217	
	堂	【稟人】	卅一年九月庚申	8-211	
	堂	稟人		8-448+8-1360	
	堂	稟人		8-1031	
	堂	稟人		8-1037	
	堂	稟人		8-1063	
	販	士伍		8-393	
	販		卅三年七月甲申	8-1800	
	問	少内嗇夫	卅五年六月戊寅	8-1008+8-1461+8-1532	
	婁	(徒)		8-1531	
	曼	郵人	(卅四年)九月乙丑	8-1523	
	异	士伍		8-1888	
	唯		卅一年四月甲午	8-736	
	過	士伍		8-2233	
	過	書手		8-2046	
	過	書手		8-2487	
	過	書手		8-2548	
	過	尉史/書手	卅三年十月壬戌	8-761	
	符容	大女子		8-2152	
	(笞得)	鄉佐		8-1943	《校釋》認爲"笞得"疑似人名。
	乾人	小城旦	卅年十乙未	8-1515	
	乾人	(徒)		8-780	
	乾人			8-822	
	偃			8-1953	

續表

	偏	司空守	(卅)一年四月己丑[1]	8-2151+8-2169[2]	
	得	司空嗇夫	廿六年三月甲午	8-133	
	得	司空守		8-854	
	得	司空佐	卅一年正月丁巳	8-212+8-426+8-1632	
	得	司空佐	卅一年正月己巳	8-474+8-2075	
	得	司空佐/書手		8-216+8-351	
	得	司空佐		8-575	
	得	(司空佐)[3]		8-337	
	得	書手		8-125	
	得	書手		8-1894	
	得	書手		8-2092	
	得	(書手)		8-50+8-422	根據文書格式,知其身份應爲書手。
十一	得	士伍	卅五年八月癸亥	8-811+8-1572	
	得	更戍		8-149+8-489	
	得	戍卒		8-1871+8-1542	
	得	郵人	卅三年二月朔日	8-154	
	船	徒	卅二年五月庚子	8-1069+8-1434+8-1520	
	釦	令史	廿六年六月壬子	8-138+8-174+8-522+8-523	本簡同時出現"史釦""令史釦",前者或爲後者的省稱。
	釦	半	廿七年三月己酉	8-1510	
	釦			8-269	
	象	史		8-1556	
	疵	士伍		8-657	
	疵	(徒)		8-2008	
	疵			8-2319	

① 《校釋》認爲"一"前所缺之字爲"卅"。

② 何有祖:《里耶秦簡牘綴合(六)》,簡帛網,2012年6月4日。

③ 其內容與簡8-216+8-351部份相同,故可推測其身份亦爲"司空佐"。

續表

十一	章	郡守		8-1234	
	章	縣丞	廿五年九月丁亥	8-109+8-386	
	章	守丞		8-192	
	章	史	卅年九月甲戌	8-1783+8-1852	
	章	書手	卅一年七月甲子	8-648	
	章	(徒)		8-663	
	章	(徒)		8-1641	
	産	書手		8-1020	
	産	小男子	卅二年六月壬申	8-1443+8-1455	
	産尸	士伍	卅一年四月甲申	8-793+8-1547	
	旌	令史		8-1031	
	旌	令史		8-1066	
	敝臣	屯戍/士伍	卅一年十月乙酉	8-1545	
	渠	鄉嗇夫	卅年□月丙申	8-754+8-1007	
	渠良	司空嗇夫	卅一年四月甲申	8-793+8-1547	
	渠良			8-1123	
	(淺)			8-1825	《校釋》認爲“淺”疑似爲人名。
	惜	佐		8-61	
	寄	司寇		8-1873+8-1946①	
	寄			8-1293	
	寄			8-1734	
	啟	獄史	廿七年八月壬辰	8-133	
	啟		卅一年後九月辛巳	8-1560	
	啟封	士伍	卅三年正月朔日	8-651	
	晝	更戍		8-149+8-489	
	敢	鄉佐/書手	卅二年八月壬戌	8-2247	
	陽	倉守	元年七月丁未	5-1	
	陽	令史	廿六年六月壬子	8-138+8-174+8-522+8-523	

① 何有祖:《里耶秦簡牘綴合(八則)》,簡帛網,2013年5月17日。

續表

十一	陽	(徒)		8-1641	
	陽			8-2136	
	婢	(徒)		8-145	
	勢	(徒)		8-2089	
	荓	公士		8-1206	
	蓉	稟人	卅一年七月癸酉	8-1574+8-1787	
	菽	(徒)		8-145	
十二	貳	司空佐	廿六年八月壬戌	8-163	
	貳	畜官佐	卅年十二月乙卯	8-199+8-688	
	款	(徒)		8-145	
	款	(徒)		8-1531	
	堪	獄史/書手	卅年□月丙申	8-754+8-1007	
	堪	書手		8-76	
	堪	書手		8-2030	
	喜	倉佐		8-968	
	喜		卅三年七月甲申	8-1800	
	揄		卅一年五月癸酉	8-1540	
	援	上造		8-1555	
	援	書手		8-1657	
	援	校長		8-671+8-721+8-2163	
	援	稟人	卅一年十月乙酉	8-56	
	援	稟人	卅一年十月乙酉	8-1545	
	援	稟人	卅一年十一月丙辰	8-766	
	援	稟人/大隸妾	卅一年十二月戊戌	8-762	簡文中兩“援”爲一人或兩人,無法確定。
	援	稟人	卅一年三月癸丑	8-763	
	援	稟人	卅一年三月丙寅	8-760	
	援	稟人	卅一年五月乙卯	8-1345+8-2245	
	援	隸妾	卅一年二月己丑	8-2249	
	援	稟人		8-915	

續表

十二	援	稟人		8-1134	
	援	稟人		8-1177	
	援	稟人		8-1580	
	援	稟人		8-1584	
	援			8-2030	
	壹孫	(徒)		8-663	
	壹孫	(徒)		8-2101	
	恶	戍卒	卅五年八月癸亥	8-811+8-1572	
	恶夫			8-1871+8-1542	
	(恶租)①	士伍	廿八年六月丙戌	8-985	
	葆	書手		8-657	
	敬	守丞	廿七年十月庚子	8-63	
	敬	守丞		8-1219	
	敬	守丞/大夫		6-16	
	敬	尉		8-167+8-194+8-472+8-1011	
	敬	尉		8-2212	
	敬	令佐	卅四年八月丙申	8-1549	
	敬	冗佐/上造		8-1089	
	敬	倉守	【廿六】年十二月己卯	8-1452	
	敬	倉守		8-136+8-144	
	敬	倉佐	卅一年三月丙寅	8-760	
	敬	少内守	廿八年八月乙酉	8-409	
	敬	田官守	卅年二月壬寅	8-672	
	敬	田官守	卅年六月甲辰	8-1566	
	敬	田官守	卅一年正月丙辰	8-764	
	敬	田官守	卅一年六月丁亥	8-781+8-1102	
	敬	田官守	卅一年七月朔日	8-2246	

① 《校釋》認爲“恶”爲人名,魯家亮先生認爲“恶租”爲姓名。参見魯家亮《小議里耶秦簡8-985中的兩個人名》,中國文化遺産研究院編《出土文獻研究》第11輯,上海:中西書局,2012。

續表

十二	敬	田官守	卅一年七月癸酉	8-1574+8-1787	
	敬	田官守		8-1328	
	敬	(田)官守		8-1406	根據文意及人員組合,知其爲田官守。
	敬	鄉守	廿八年五月甲寅	8-170	
	敬	【司】空佐		8-149+8-489	
	敬	佐		8-221	
	敬	書手	卅五年五月庚子	8-770	
	敬	書手		8-76	
	敬	書手		8-880	
	敬	半	廿八年七月己未	8-1562	
	敬	半	廿八年七月丙寅	8-767	
	敬			8-246	
	敬			8-441	
	敬			8-644	
	敬			8-1832+8-1418+8-1133+8-1132+8-314+8-1107	
	敬			8-2099	
	敬			8-2196	
	敬			8-2501	
	朝	令史	卅一年十二月戊戌	8-762	
	朝	令史	卅一年後九月辛巳	8-1560	
	朝	令佐	卅年九月庚申	8-890+8-1583	
	朝	佐		8-210	
	朝	半	廿八年六月乙未	8-1490+8-1518	
	朝	半		8-136+8-144	
	朝	半		8-647	
	朝	書手	廿八年九月庚子	8-1463	
	【朝】	(徒)		8-2008	
	喪	(徒)		8-145	

續表

十二	華	佐		6-6	
	復	(徒)		8-145	
	棓			8-623	
	軫	鬼薪	卅年十月乙未	8-1515	
	軫	(徒)		8-780	
	軫			8-822	
	敞	司空守	卅年五月辛巳	8-666+8-2006	
	敞	少内守	卅一年後九月壬寅	8-2034	
	敞	令史	廿八年六月甲午	8-1490+8-1518	
	敞	半	廿八年七月癸卯	8-1563	
	敞	(半)①	廿八年十二月癸未	8-75+8-166+8-485	
	敞	郵人	廿八年七月丙寅	8-767	
	最	令史		8-1013	
	閒		廿六年八月丙子	8-1743+8-2015	
	過	(徒)		8-145	
	買②			8-395	
	買	敦長	廿五年九月己丑	8-439+8-519+8-537	
	黑	屯戍/簪裊	卅一年七月癸酉	8-1574+8-1787	
	黑			8-871	
	無蒙	小妾		8-126	
	備			8-1873+8-1946	
	順	乘城卒/士伍	廿六年十二月丙寅	8-1516	
	觚			8-1101	
	觚	鄉守		8-205	
	詘	書手		8-1122	
	詘	書手		8-1148	
	詘	書手		8-1466	
	詘	書手		8-1483	

① 根據文書格式,“敞”後一字應爲“半”或“發”。簡中出現“廿八年”,如上注釋所述,可確定爲“半”字。
② 《校釋》認爲“買”爲人名。筆者傾向爲動詞。

續表

	詘	書手		8-1492	
	就	令史	卅五年正月朔日	8-839+8-901+8-926	
	就	少內守		8-802	
	就	鄉佐		8-300	
	就	佐	卅一年七月己卯	8-1550	
	就	書手		8-137	
	就	書手		8-1453	
	就	小隸臣		8-448+8-1360	
	敦狐	(守)【丞】	廿六年六月壬子	8-138+8-174+8-522+8-523	根據文意及以下數簡可知其爲遷陵縣守丞。
	敦狐	守丞	廿六年六月癸亥	8-406	
	敦狐	守丞	廿六年八月丙子	8-1743+8-2015	
	敦狐	守丞	廿六年【九】月庚辰	8-135	
	敦狐	守丞	廿七年三月辛亥	8-1510	
	敦狐	守丞		6-4	
十二	瘞	【令】史		8-2275	
	瘞	書手	卅二年正月丙戌	8-478	
	瘞	書手		8-145	
	瘞	更戍/士伍	卅五年三月辛亥	8-1517	
	瘞			8-902	
	瘞			8-1032	
	道	(徒)		8-145	
	(道下)			8-650+8-1462	《校釋》認爲“道下”疑似爲人名。
	遂	庫守		8-849	
	渭	(徒)	卅一年正月丁巳	8-212+8-426+8-1632	
	渭	(徒)		8-239	
	滑	隸臣		8-48	
	滑	(徒)		8-1259	
	富	倉佐/書手	卅一年十月乙酉	8-1545	
	富	倉佐	卅一年十月乙酉	8-1739	

續表

十二	富	倉佐	卅一年十月乙酉	8-56	
	富	(倉)佐		8-915	根據文意及其以上數簡可推知其爲"倉佐"。
	富	(倉)佐		8-81	同上。
	富	書手		8-262	
	富	書手		8-1266	
	富	書手		8-1300	
	富	書手		8-1621	
	富	(徒)		8-2091	
	富	(徒)	卅一年七月	8-2111	
	窗	隸妾		8-1584	
	禄	縣守	廿六年十二月庚申	8-1516	
	禄	走	廿八年九月庚子	8-453	
	禄	士伍	卅三年十月壬戌	8-761	
	孱			8-807	
	强	書手		8-1824	
	强	(徒)		8-145	
	强	(徒)		8-1259	
	(强)	大夫	卅四年	8-585+8-238	
	【强】	隸妾		8-1671	
	賀	士吏	元年七月丁未	5-1	
	賀	田官佐		8-149+8-489	
	賀	(徒)	廿九年九月戊午	8-1146	
	賀	(徒)		8-780	
	賀	(徒)		8-822	
	賀	(徒)		8-1259	
	賀	(徒)		8-1707	
	登	更戍		8-149+8-489	
	登	徒	廿九年八月乙酉	8-686+8-973	

續表

十三	蔞	更戍		8-149+8-489	
	蒲	倉佐		8-1134	
	蒲	佐	卅一年七月己卯	8-1550	
	槐	半	廿九年四月壬午	8-1514	
	槐			8-1925+8-1663	
	槐庫		卅一年八月壬寅	8-217	
	貫	獄史		8-683	
	感	半	廿九年九月辛亥	8-645	
	感	令史	廿九年九月辛亥	8-1511	
	感	倉史	廿九年三月丁酉	8-1690	
	感	倉史/書手	卅一年十一月丙辰	8-766	
	感	倉史/書手	卅一年十二月甲申	8-1239+8-1334	
	感	倉史	卅一年十二月戊戌	8-762	
	感	倉史/書手	卅一年二月己丑	8-2249	
	感	倉史	卅一年二月辛卯	8-800	
	感	倉史	卅一年三月癸丑	8-606	
	感	倉史/書手	卅一年三月癸丑	8-763	
	感	倉史/書手	卅一年五月乙卯	8-1345+8-2245	
	感	倉史	卅一年五月壬戌	8-45	
	感	倉史/書手	卅一年五月癸酉	8-1540	
	感	倉史	卅一年七月乙丑	8-1794	
	感	倉史/書手	卅一年八月辛丑	8-1153+8-1342	
	感	倉史/書手	卅一年八月壬寅	8-217	
	感	倉史	卅一年九月庚申	8-211	
	感	倉史		8-448+8-1360	
	感	倉史		8-1031	
	感	倉史		8-1063	
	感	倉史/書手		8-1580	

續表

十三	感	(倉)史		8-1037	根據文意以及以上數簡内容推知其爲“倉史”。
	感	(倉)史/書手		8-1177	同上。
	感	(倉)【史】/書手		8-1584	同上。
	感	書手		8-4	
	感	書手		8-48	
	感	書手		8-184	
	感	書手		8-261	
	感	書手		8-270	
	感	書手		8-326	
	感	書手		8-521	
	感	書手		8-1066	
	感	書手		8-1128	
	感	書手		8-1192	
	感	書手		8-1247	
	感	書手		8-1286	
	感	書手		8-1375	
	感	書手		8-1642	
	感	書手		8-1652	
	感	書手		8-1938	
	感			8-951	
	猳	(徒)		8-145	
	槊	(徒)		8-145	
	歇	書手	卅四年六月乙卯/七月癸酉	8-755+8-756+8-757+8-758+8-759	
	歇	書手	(卅四年)七月庚寅	8-1523	
	畸	史	廿六年六月癸亥	8-406	
	畸	令史	廿八年六月甲午	8-1490+8-1518	
	畸	鄉守	廿八年九月丙寅	8-1280	

續表

十三	畸	書手		8-118	
	畸	書手		8-864	
	路	士伍	卅一年四月丙戌	8-1083	
	路	士伍		8-1014	
	蜀	尉守	廿六年十二月辛巳	8-67+8-652	
	蜀	鄉守	卅五年九月丁亥	8-660	
	锜		廿八年七月癸卯	8-1563	
	徧	尉守	(卅一年)九月丁卯	8-140	
	徧	(徒)		8-2101	
	愛	(徒)		8-567	
	廉	隸妾	卅一年四月戊子	8-1557	
	廉	稟人		8-1238	
	廉	(徒)		8-1259	
	意	鄉守	卅四年七月癸酉	8-1525	
	義	已卒史	廿六年八月丙子	8-135	
	義	令佐	卅年九月庚申	8-890+8-1583	
	義	史	卅年□月丙申	8-754+8-1007	
	義	書手		8-198+8-213+8-2013	
	義	書手		8-1447	
	義	書手		8-2036	
	煩	公田吏	廿六年三月癸卯	8-63	
	温	令佐	(卅五年)三月辛亥①	8-110+8-669	
	温	令佐	卅五年三月辛亥	8-1517	
	温			8-1558	
	滂	縣丞	廿六年三月辛亥	8-63	
	福	尉史	廿六年五月戊戌	8-717	
	福	鄉守	卅二年	8-2014	
	福	鄉守	卅二年八月壬戌	8-2247	

① 簡文内容與 8-1517 相同,故該年應爲秦始皇三十五年。

續表

十三	辟	士伍		8-69	
	蓋		卅一年後九月	8-130+8-190+8-193	
	魋	徒	卅二年五月庚子	8-1069+8-1434+8-1520	
十四	瑣	城旦	(卅二年)三月乙酉	8-904+8-1343	
	瑣	(徒)		8-2089	
	趙	屯戍/士伍	(卅一年九月丁卯)	8-140	
	趙	倉嗇夫	廿九年三月丁酉	8-1690	
	趙	鄉嗇夫	廿八年七月乙巳	8-1562	
	趙	鄉嗇夫	廿八年七月辛酉	8-767	
	(趙柏)			8-1478	推測"趙柏"爲姓名。
	嘉			6-38	
	嘉	什長	廿五年九月己丑	8-439+8-519+8-537	
	嘉	書手/發	元年七月癸亥	5-1	
	嘉		廿六年八月丙子	8-1743+8-2015	
	翥	發	(卅四年)九月乙丑	8-1523	
	翥			8-2036	
	壽	小隸臣		8-1580	
	聚	徒	卅二年五月庚子	8-1069+8-1434+8-1520	
	樺	鄉守	卅六年十一月丙戌	8-1041+8-1043	
	遬	史		8-1642	
	遬	小臣		8-1765	
	厭	司空嗇夫	卅四年六月乙卯	8-755+8-756+8-757+8-758+8-759	
	臧	(徒)	廿九年九月戊午	8-1146	
	臧			8-822	
	銜			8-28	
	銜	守丞	卅五年六月戊寅	8-1008+8-1461+8-1532	

續表

十四	銜	守丞		8-359+8-343[1]	
	銜	守丞		8-1060+8-1405[2]	
	銜	守丞		8-2001	
	銜	守丞		8-2130	
	銜	倉嗇夫	卅五年三月辛亥	8-1517	
	銜	倉嗇夫	卅五年四月庚申	8-1167+8-1392	
	銜	倉嗇夫		8-1298+8-1354	
	銜	倉嗇夫		8-1755	
	銜			8-2030	
	銜			8-2106	
	銜			8-2135	
	(銜)	士伍		8-1109	《校釋》認爲簡中人名可能是“銜”。
	誤	牢人		8-728+8-1474	
	説	守【丞】	廿四年十月辛丑	8-183+8-290+9-530	
	説	小男子		8-1972	
	説	小男子/求盜		8-2027	
	(説)			8-1090	《校釋》認爲“説”疑似爲人名。
	廣	士伍	卅五年七月己酉	8-1554	
	廣	(縣)尉[3]	卅三年三月丙戌	8-1477+8-1141	
	廣	尉		8-565	
	廣	尉		8-1736	
	廖	書手		8-1961	
	竭	公士		8-1275	
	端	發	卅一年七月壬子	8-173	
	適	佐		8-1223	
	適	畜官		8-50+8-422	

① 何有祖:《里耶秦簡牘綴合(六)》,簡帛網,2012 年 6 月 4 日。
② 何有祖:《里耶秦簡牘綴合(七則)》,簡帛網,2012 年 5 月 1 日。
③ 根據文書内容與文書格式,知其身份應爲“縣尉”。

續表

十四	適	小史	廿八年七月乙巳	8-1562	
	適			8-885	
	適			8-2136	
	適			8-2210	
	齊	大奴		8-1604	
	齊	(徒)		8-145	
	(鄭)	隸臣		8-1005	《校釋》認爲"隸臣"後一字或爲人名"鄭"。
	鄭得	士伍		8-850	
	寬	校長		8-167+8-194+8-472+8-1011	
	寬	獄史/不更		8-987	
	嫭	稟人		8-1710	
	嫭	(徒)		8-663	
	嫭	(徒)		8-2101	
	(晵)	(徒)		8-1641	根據文意,"晵"應爲徒隸的人名。
	綽	鄉守	卅年十月乙未	8-1515	
	綽	鄉守	卅年十月癸卯	8-1327+8-787	
	綽	半	廿九年十二月己卯	8-1524	
	綽	(半)①		8-2159+8-740②	
	綽			8-2099	
	綰	里典	卅三年七月甲戌	8-1537	
	綰	御史大夫	卅五年七月戊戌	8-528+8-532+8-674	
	緑	(徒)		8-145	
	駔	書手		8-76	
	駠	(徒)	廿九年九月戊午	8-1146	
	駠	(徒)		8-780	
	駋	冗佐/上造	廿五年二月辛巳	8-1450	

① 《校釋》將"綽"後"半"字釋爲"手",根據文書格式其應爲"半"或"發",根據字形可確定爲"半"。

② 何有祖:《里耶秦簡牘綴合(五)》,簡帛網,2012年5月26日。

續表

十五	頡	徒	卅二年五月庚子	8－1069＋8－1434＋8－1520	
	增	士伍	卅一年七月癸酉	8－1574+8－1787	
	增	少内守	卅年九月庚申	8－890+8－1583	
	增	司空守	卅一年正月丁巳	8－212+8－426+8－1632	
	增	司空守	卅一年正月己巳	8－474+8－2075	
	增	鄉守		8－1839	
	樛	司空守	廿六年八月丙子	8－135	
	樛			8－1943	
	歐		廿七年【八月丙戌】	8－209	
	歐	縣丞	(廿)【八】年三月丙寅	8－677	
	歐	縣丞		8－210	
	歐	(徒)		8－1531	
	歐	隸妾		8－1584	
	賢	走	廿七年八月癸巳	8－133	
	賢		卅四年【九月庚辰】	8－806	
	賢			8－2210	
	遷	縣丞	卅五年八月甲申	8－378+8－514+8－131	
	遷	縣丞		8－137	
	遷	丞/大夫		8－232	
	(遷)	丞		8－50+8－422	根據文意及以上數簡,推測“遷”或爲人名。
	齒	更戍		8－149+8－489	
	劇	(徒)		8－145	
	劇	(徒)		8－2089	
	暴	更戍		8－149+8－489	
	賜	士伍		8－2203	
	賜	小男子		8－1222	

續表

十五	稱	司空佐	卅五年八月乙酉	8-2093+8-2180	
	稱			8-2210	
	儋	（徒）		8-145	
	樂官	大隸妾	卅一年正月壬午	8-925+8-2195	
	德	令史		8-1066	
	德			8-1569	
	滕	司寇		8-533	
	談			8-2215	
	（談）	（徒）		8-145	《校釋》認爲該人名疑似爲“談”。
	慶	令史	廿六年六月壬子	8-138+8-174+8-522+8-523	
	慶	倉守	卅四年七月癸酉	8-1525	
	慶	廄守	廿六年八月壬戌	8-163	
	慶	半	廿七年十月辛卯	8-63	
	慶	士伍	廿九年十一月辛酉	8-78	
	慶	郵人		8-2159+8-740	
	慶			8-2136	
	慶忌	適（謫）戍/士伍		8-899	
	慶忌	徒	卅二年五月庚子	8-1069+8-1434+8-1520	《校釋》認爲“慶忌”或斷讀爲二人名。
	窯	大隸妾	卅一年正月壬午	8-925+8-2195	
	窯	稟人	卅一年十二月甲申	8-1239+8-1334	
	窯			8-2030	
	履	少内守	卅三年二月庚戌	8-561	
	履	少内守		8-1856	
	履	鄉守		8-300	
	履	倉守		8-843	
	履	發	卅三年正月庚辰	8-651	
	履	發	卅三年三月丙戌	8-1477+8-1141	

續表

十五	履	發		8-1797	
	履	書手	卅三年六月乙巳	8-768	
	履	書手	卅五年十一月朔日	8-143	
	履	書手	(卅四年)後九月甲午	8-1561	《校釋》認爲“後九月壬辰朔”可能爲始皇三十四年。
	履	書手		8-2001	
	獎	徒	卅二年五月庚子	8-1069+8-1434+8-1520	
	嬈	(徒)		8-145	
	駕	庫佐		8-149+8-489	
	豫	(徒)		8-444	
	緩	鄉佐	廿八年、廿九年	8-39	
	緩	鄉佐	廿九年	8-938+8-1144	
	緩	書手		8-611	
	緩	(徒)		8-1641	
	慶	令史	廿六年六月壬子	8-138+8-174+8-522+8-523	
	慶	令史		6-4	
	慶	書手	廿七年十月庚子	8-63	
	慶	半	廿六年(八月)戊寅	8-135	
	嬗			8-550	
十六	靜	士伍		8-1356	
	據	尉史		8-356	
	據			8-86	
	操	冗佐/上造		8-1306	
	操	書手	【廿六】年(正月甲申)	8-1452	
	憙	(書手)	廿六年十二月辛巳	8-67+8-652	根據文書格式,推測其身份爲“書手”。
	擇	倉守		8-562+8-1820	

續表

十六	擇	倉守	卅五年正月朔日	8-839+8-901+8-926	
	擇	倉(守)	卅五年二月戊寅	8-169+8-233+8-407+8-416+8-1185	《校釋》認爲"倉"後一字是"守"。
	擇	倉守	卅五年八月辛酉	8-1544	
	擇	倉守		8-405	
	擇	倉守		8-854	
	擇	倉守		8-1078	
	擇			8-777	
	擇			8-1833	
	燕	(徒)		8-1017	
	横	庫佐	卅二年五月庚子	8-1069+8-1434+8-1520	
	横	庫佐	卅二年□月壬辰	8-26+8-752	
	横	書手		8-1226	
	槖	(徒)		8-145	
	戰	半		5-29	
	頯			8-683	
	興		廿八年六月甲午	8-1490+8-1518	
	興			8-2212	
	獲	鄉史	卅年□月丙申	8-754+8-1007	
	獲			8-2161	
	獲			8-2275	
	獲			8-1558	
	諯	令史		8-1046	
	瘳	少内佐		8-1398	
	瘳	書手	卅五年六月丙子	8-888+8-936+8-2202	
	瘳	書手	卅五年八月癸亥	8-811+8-1572	
	瘳	書手		8-783	
	瘳	書手		8-785	

續表

十六	瘳	書手		8-984	
	瘳	書手		8-1361	
	瘳	書手		8-1933	
	瘳	書手		8-2186	
	瘳	書手		8-2200	
	瘳	(發)[①]	卅五年九月丁亥	8-660	
	瘳	縣守	廿六年十二月庚申	8-1516	
	瘳	徒	卅一年後九月壬寅	8-2034	
	瘳	城旦		8-533	
	瘳	隸臣		8-1247	
	瘳			8-539	
	瘳			8-1876	
	辨	鄉守	卅五年九月乙卯	8-1539	
	辨	獄佐	元年七月丁未	5-1	
	澤	(徒)		8-2089	
	儈	司寇		8-533	
	嬗	徒	卅一年後九月壬寅	8-2034	
	繪	(徒)		8-145	
	肻	倉佐	卅五年正月朔日	8-839+8-901+8-926	
	肻	佐		8-690	
	肻	書手	卅五年三月辛亥	8-1517	
	肻	書手		8-348	
	肻	書手		8-405	
	肻	書手		8-865	
	肻	書手		8-898+8-972	
	肻	書手		8-902	
	肻	書手		8-1771	

① 根據文書格式,“瘳”後應爲“半”或“發”,而簡的時間爲秦始皇三十五年、如前文注釋所述,“發”用於秦始皇三十一年以後,故知其身份應爲“發”。

續表

十六	胥	書手		8-1809	
	胥	書手		8-1973	
	胥	書手		8-2269	
一七	環	(徒)		8-2101	
	謷	【司】空守		8-149+8-489	
	藍	稟人	卅一年四月戊子	8-1557	
	藍	稟人	卅三年九月乙酉	8-1660+8-1827	
	韓歐毋	大隸妾	卅一年正月壬午	8-925+8-2195	
	瞫	獄佐		8-877	
	嬰	大女子	卅五年	8-1546	
	嬰	更戍		8-149+8-489	
	嬰	(徒)		8-2101	
	嬰			8-1256	
	嶹	小奴	卅五年七月己酉	8-1554	
	闌	大婢	卅五年七月己酉	8-1554	
	歜	倉嗇夫		8-369+8-726	
	歜	倉嗇夫		8-1156	
	歜	鄉守	廿八年、廿九年	8-938+8-1144	
	歜	鄉嗇夫	廿八年、廿九年	8-39	
	歜	鄉嗇夫		8-2003	
	歜	鄉嗇夫	卅年九月甲戌	8-1783+8-1852	
	魋			8-2036	
	鍇	公士		8-1191	
	戲	大女	卅一年十二月甲申	8-1239+8-1334	
	膻	縣丞		8-60+8-656+8-665+8-748	
	膻之	守丞	廿八年十二月癸未/七月壬子	8-75+8-166+8-485	
	膻之	守丞	廿八年七月癸卯	8-1563	
	膻之	守丞		8-657	

續表

十七	鼂	田嗇夫	(卅一年)【甲】子①	8-725+8-1528②	
	鼂	田嗇夫		8-179	
	鼂	佐	卅年九月甲戌	8-1783+8-1852	
	鼂	田嗇夫		8-2136	
	鮮	(徒)		8-145	
	謝	獄佐/士伍		8-988	
	謝	少內守/士伍		8-1469	
	謝	發	(卅三年)十月丁卯③	8-66+8-208	
	【謝】	書手		8-1073	
	襄	倉佐	卅三年九月乙酉	8-1660+8-1827	
	襄	倉佐		8-184	
	襄	鄉佐		8-809	
	襄	牢監		8-270	
	禮	郡守	卅四年六月乙卯	8-755+8-756+8-757+8-758+8-759	
	禮	郡守		8-61+8-293+8-2012	
	禮	郡守		8-657	
	禮	郡守		8-2159+8-740	
	臂	士伍	元年七月癸亥	5-1	
	繆			8-786	
	鞞	令史	卅四年八月癸卯	8-487+8-2004	
	饋④	隸(妾)	卅五年二月戊寅	8-169+8-233+8-407+8-416+8-1185	《校釋》認爲“隸”後一字或爲“妾”字。
	饋		卅五年	8-1467	
	饋	(徒)		8-663	
	饋	(徒)		8-2101	

① 根據簡文中“三月癸丑朔”可推知該年可能爲秦始皇三十一年

② 何有祖:《里耶秦簡牘校釋(八)》,簡帛網,2014 年 2 月 12 日。

③ 簡首右側“八月乙巳朔”,可推爲始皇三十二年,因此簡文中“十月”應爲始皇三十三年十月。

④ 《校釋》簡文中誤釋爲“饋”。

續表

十八	擾	(徒)		8-663	
	擾	(徒)		8-2101	
	穫	史	卅五年十一月辛卯	8-143	
	簪			8-1863+8-1866	
	簡	更戍/士伍		8-1000	
	獵			8-969	
	竄	徒	卅二年五月庚子	8-1069+8-1434+8-1520	
	繞	少内守	卅五年九月朔日	8-1751+8-2207	
	繞	(少)内守	卅五年九月(朔日)	8-891+8-933+8-2204	此簡與上簡内容相同。
	繞	鄉守	卅三年正月朔日	8-651	
	繞	(令史)		8-1066	
	繚可	士伍	廿五年九月己丑	8-439+8-519+8-537	
十九	難	士伍		8-1585	
	蘇	令史		8-1194+8-1608	
	攀①	發弩守	廿八年六月丙戌	8-985	
	願	大婢	卅五年七月己酉	8-1554	
	羅	隸臣	卅年九月丙子	8-1886	
	羅	徒	卅二年五月庚子	8-1069+8-1434+8-1520	
	羅	(徒)		8-569	
	【羅】	(徒)		8-567	
	類譊	隸妾		8-1584	
	繹	假郡守	卅四年七月癸酉	8-755+8-756+8-757+8-758+8-759	
	繹	郡守	(卅四年)八月癸卯	8-1523	
	繹	發弩嗇夫	卅三年十月壬戌	8-761	
	繹	發弩嗇夫		8-1101	
	繹	□丞		8-69	
	騶奇		廿七年【八月丙戌】	8-209	

① 《校釋》認爲"攀探"爲人名。而魯家亮先生認爲"攀"爲人名,參見魯家亮《小議里耶秦簡8-985中的兩個人名》。

續表

	犇	縣令	元年七月戊申	5-1	
十九	癄			8-650+8-1462	
	癄			8-2099	
	甗	士伍	卅一年七月朔日	8-2246	
	巍（魏）并	大女子		8-1070	
	巍（魏）嬰㛪	大女子		8-2098	
	饒	書手		8-739	
二十	饒	書手		8-1436	
	饒	小奴	卅五年七月己酉	8-1554	
	饒			8-42+8-55	
	【饒】			8-602+8-1717+8-1892+8-1922	
	羸	城旦		8-533	
	齮	令史	卅五年六月己巳	8-907+8-923+8-1422	
	齮	令史	卅五年六月己巳	8-1055+8-1579	
	齮	令史		8-814	
	齮	令史		8-847	
	齮	令史		8-902	
二一	齮			8-2127	
	齮	令佐		8-917	
	齮	佐		8-1298+8-1354	
	齮	【佐】		8-1688+8-1764	
	齮	書手		8-673+8-2002	
	齮	(書手)		8-1060+8-1405	
	驕	書手		8-657	
	臞季			8-477	
二二	竊	尉守	廿八年七月癸卯	8-1563	
	纑	士伍	(卅三年)十月丁卯	8-66+8-208	

續表

二三	齰	城旦		8-533	
	齰	隸臣		8-827	
	齰			8-1938	
	齰			8-2137	
二三	齮	守丞		8-704+8-706	
	齮	書手	廿八年七月癸卯	8-1563	
	齮	書手	元年七月戊申	5-1	
	齮			5-6	
	齮			8-705	
	顯	稟人	卅一年正月丙辰	8-764	
	變	(徒)		8-145	
二四	贛	佐	卅四年七月癸酉	8-1525	
	贛	佐/書手		8-1050	
	贛	書手	元年九月己酉	8-653	
	贛			8-2371	
	贛			8-659+8-2088	
	贛			8-459	

表二:朔閏表(秦始皇二十五年至秦二世三年)

月份 / 年代	十月	十一月	十二月	一月	二月	三月	四月	五月	六月	七月	八月	九月	後九月
廿五年	庚申	庚寅	己未	己丑	戊午	戊子	丁巳	丁亥	丙辰	丙戌	乙卯	乙酉	
廿六年	甲寅	甲申	癸丑	癸未	癸丑	壬午	壬子	辛巳	辛亥	庚辰	庚戌	己卯	己酉
廿七年	戊寅	戊申	丁丑	丁未	丙子	丙午	乙亥	乙巳	乙亥	甲辰	甲戌	癸卯	
廿八年	癸酉	壬寅	壬申	辛丑	辛未	庚子	庚午	己亥	己巳	戊戌	戊辰	戊戌	
廿九年	丁卯	丁酉	丙寅	丙申	乙丑	乙未	甲子	甲午	癸亥	癸巳	壬戌	壬辰	辛酉
卅年	辛卯	庚申	庚寅	庚申	己丑	己未	戊子	戊午	丁亥	丁巳	丙戌	丙辰	
卅一年	乙酉	乙卯	甲申	甲寅	癸未	癸丑	癸未	壬子	壬午	辛亥	辛巳	庚戌	庚辰
卅二年	己酉	己卯	戊申	戊寅	丁未	丁丑	丙午	丙子	乙巳	乙亥	乙巳	甲戌	
卅三年	甲辰	癸酉	癸卯	壬申	壬寅	辛未	辛丑	庚午	庚子	己巳	己亥	戊辰	

續表

卅四年	戊戌	丁卯	丁酉	丁卯	丙申	丙寅	乙未	乙丑	甲午	甲子	癸巳	癸亥	壬辰
卅五年	壬戌	辛卯	辛酉	庚寅	庚申	庚寅	己未	己丑	戊午	戊子	丁巳	丁亥	
卅六年	丙辰	丙戌	乙卯	乙酉	甲寅	甲申	癸丑	癸未	壬子	壬午	壬子	辛巳	
卅七年	辛亥	庚辰	庚戌	己卯	己酉	戊寅	戊申	丁丑	丁未	丙子	丙午	乙亥	乙巳
元年	乙亥	甲辰	甲戌	癸卯	癸酉	壬寅	壬申	辛丑	辛未	庚子	庚午	己亥	
二年	己巳	戊戌	戊辰	丁酉	丁卯	丁酉	丙寅	丙申	乙丑	乙未	甲子	甲午	癸亥
三年	癸巳	壬戌	壬辰	辛酉	辛卯	庚申	庚寅	己未	己丑	己未	戊子	戊午	

放馬灘秦簡《志怪故事》考釋

中國社會科學院哲學研究所　姜守誠

内容提要　放馬灘秦簡《志怪故事》是20世紀80年代出土的一份重要的簡牘資料，其内容講述主人公丹死而復生的過程及地下世界中死人(鬼)的好惡與畏忌。本文對放簡《志怪故事》二十多年的研究歷程予以介紹和回顧，并對釋文的考訂、簡序的編綴、篇名的擬定、文本性質等内容進行詳細探討，文末附歷年來相關研究論著。

關鍵詞　放馬灘秦簡《志怪故事》　北大秦牘《泰原有死者》　死而復生

1986年6-9月，甘肅省文物考古研究所在天水放馬灘發掘了十四座秦漢墓葬(秦墓十三座、西漢墓一座)，出土了一批珍貴的竹簡和器物，引起了學術界的廣泛關注。其中，編號M1秦墓屬戰國晚期，出土秦簡共計461枚(一説460枚)，[①]包括《日書》(甲、乙種)和《志怪故事》。《志怪故事》分寫在數枚竹簡上，約計三百餘字。兹將《天水放馬灘秦簡》(中華書局2009年版)公布的釋文按其相應位置抄録如下(簡文序號以括號内數字標注)：

(1)八年八月己巳邽丞赤敢謁御史大梁人王里樊埜曰丹葬爲十年丹矢傷人垣雍里

① M1秦墓出土的竹簡數量凡計有兩種説法：其一，460枚，見甘肅省文物考古研究所、天水市北道區文化館《甘肅天水放馬灘戰國秦漢墓群的發掘》，《文物》1989年第2期，4頁；何雙全《天水放馬灘秦簡綜述》，《文物》1989年第2期，23頁；何雙全《簡牘》，“三、天水秦簡”，(遥研望星宿：甘肅考古文化叢書)，蘭州：敦煌文藝出版社，2004，35頁；其二，461枚，見《天水放馬灘墓葬發掘報告》，甘肅省文物考古研究所編《天水放馬灘秦簡》，北京：中華書局，2009，121頁。而且該書發表的竹簡共計有461個編號。對此，竹簡整理者在《天水放馬灘秦簡・後記》中給予解釋説明：“二〇〇八年六月，在察看竹簡保存情況時，將一枚原未編號、肉眼看不見字迹的竹簡利用紅外綫儀試看時，發現有字，并能識讀，故以補録，編號《日書》乙種第一七二號，惜衹有文字，無照片。此以注之。”(甘肅省文物考古研究所編：《天水放馬灘秦簡・後記》，163頁。)

中因自刺殹弃之於市三日

(2)葬之垣雍南門外三年丹而復生丹所以得復生者吾犀武舍人犀武論其舍人尚命者以丹

(3)未當死因告司命史公孫强因令白狗穴屈出丹立墓上三日因與司命史公孫强北出趙氏之北

(4)地相丘之上盈四年乃聞犬吠雞鳴而人食其狀類益少麋墨四支不用丹言曰死者不欲多衣

(5)死人以白茅爲富其鬼勝於它而富丹言祠墓者毋敢殼=鬼去敬走已收腏而釐之如此鬼終身不食殹

(6)丹曰者□殹辰者地殹星者游變殹□□者□受武者富得游變者其爲事成└三游變會□

(7)・丹言祠者必謹騷除毋以淘海祠所毋以羹沃腏上鬼弗食殹[①]

一　釋文考訂:研究歷程與學術回顧

自1989年首次公布以來,這篇文字就引起了學界的廣泛關注和討論,諸多先賢提出過很好的意見,糾正了許多誤釋,極大推進了簡文的識讀和釐清。下面,我們逐句地予以梳理和介紹。行文中,我們試圖通過介紹諸家對釋文的看法及修訂過程,來揭示放馬灘秦簡《志怪故事》二十餘年的研究歷程,并藉此進行學術回顧。

(一)八年。第一枚竹簡開篇的六字簡文"八年八月己巳",是M1墓中461枚竹簡以及十四座秦漢墓葬器物中所見到的唯一紀年文字。它對於判定《志怪故事》及竹簡文字的書寫年代,M1號墓的下葬時代,乃至十四座秦漢墓葬群的大致時間跨度,[②]都有着舉足輕重的意義。文中"八年",據1989年公布的舊版發掘簡報(何雙全執筆)稱"當爲秦始皇八年"(即前239),并進而推定M1號墓的下葬時間爲"秦始皇八年冬或九年春"。[③]這一論點亦爲何氏撰

① 甘肅省文物考古研究所編:《天水放馬灘秦簡》,圖版59頁,釋文107頁。

② 據1989年公布的發掘簡報稱:"綜觀14座墓,有共性,也有差异。其共性是結構上的相同,差异表現在陶器類型的不同。此墓地時代上限在戰國晚期,秦始皇統一以前;下限爲西漢初文景時期。早期墓爲秦墓,晚期墓爲漢墓。秦墓的斷代主要依據有二:一是M1出土的紀年竹簡《墓主記》和《日書》,二是陶器和銅器的特徵。"(甘肅省文物考古研究所、天水市北道區文化館:《甘肅天水放馬灘戰國秦漢墓群的發掘》,《文物》1989年第2期,10頁。)

③ 甘肅省文物考古研究所、天水市北道區文化館:《甘肅天水放馬灘戰國秦漢墓群的發掘》,《文物》1989年第2期,11頁。新版發掘報告亦沿襲此論點:"第一簡'八年'之紀年即可肯定,也是斷定一號墓以及全墓地相對年代的主要依據……秦始皇八年八月己巳是該故事的最後寫成時間,它早於一號墓下葬時代,但相去不會太遠。"(《天水放馬灘墓葬發掘報告》,甘肅省文物考古研究所編《天水放馬灘秦簡》,130頁。)

文反復徵引。①

1990年,李學勤依據簡報中所附不甚清楚的圖版而識讀爲"卅八年",即秦昭王三十八年(前269)。李氏還列舉了幾則簡文内證以資佐證:(1)"簡文有'今七年',與此三十八年屬於同王。丹在七年刺傷人,被弃世後掩埋,三年後復活,又過四年而有聞能食,這加在一起,已到十四年,所以簡文開頭曆朔不可能是八年。同時,秦昭王八年即公元前299年,秦王政八年即公元前239年,八月均無己巳日,其間孝文、莊襄兩王又没有八年,八年自可排除。"②(2)根據史書勾勒出了魏將犀武的活動年代,指出"犀武之死應在昭王十四年,這與放馬灘簡文昭王七年時丹爲犀武舍人,十年犀武論其舍人等情節,都能適合。"③(3)北地郡、氐道的設置年代均在秦昭王八年之後、三十八年之前,如云:"還有北地,即秦北地郡,設於秦昭王三十六年,即公元前271年。郡治義渠,在今甘肅寧縣西北。這個地名的出現,確切地證明上述三十八年之説是對的",④"邸即氐道,屬隴西郡,設於秦昭王二十八年,即公元前279年。還有官名御史……是當時秦確有此官。御史職司記事,故邸丞赤以异事報告給他,與後來的御史職責不同。這兩點,在年代上也都與放馬灘簡文吻合。"⑤李學勤提出的上述看法一度爲多數學者所接受,包括何雙全也一度從其説而改釋作"卅八年"。⑥

2008年,有關人員采用先進的紅外綫儀對簡文重新進行了勘察和拍照,從而確定李氏所

① 何雙全:《天水放馬灘秦墓出土地圖初探》,《文物》1989年第2期,12頁;何雙全:《天水放馬灘秦簡綜述》,29頁;何雙全:《天水放馬灘秦簡甲種〈日書〉考述》,收入甘肅省文物考古研究所編《秦漢簡牘論文集》,蘭州:甘肅人民出版社,1989,18-19頁。不過,雍際春則認爲不能將"八年"視爲墓主丹的最後死期或墓葬時間,"從簡文可知,'八年'乃是邽縣之丞赤向中央御史呈報丹的奇异經歷的確切時間,除此之外,簡文絲毫没有丹於這一年去世或下葬的綫索。所以,以這一年作爲丹的死期或下葬年代,完全出於想當然和便於確定地圖繪製年代的考慮,難免草率大膽而欠科學妥當。因此,簡文開頭的'八年'我們衹能理解爲是邽丞呈文上報丹經歷的確切時間。那麽丹又死於何年或者説該墓葬於什麽時間呢?我們的回答是肯定在'八年'之後,但距'八年'不遠,最遲當在秦武王在位期間(共四年)。如果依張修桂的推算,丹在秦惠文君七年(前331)因矢傷人時年齡爲30歲,則至後元八年(前317年)邽丞呈文中央御史時,丹的年齡爲44歲,從秦惠文王後元八年至秦武王在位的最後一年共爲10年時間,則丹的終年時間約爲54歲左右。"(雍際春:《天水放馬灘木板地圖研究》,蘭州:甘肅人民出版社,2002,41頁)其實,前引雍氏論點與新舊兩版發掘報告及何雙全氏的看法大同小异,他們均是將《墓主記》(或稱《志怪故事》)中主人公丹視爲墓主(或與墓主有密切關係的真實人物),進而又將簡文"八年"視爲判斷《日書》、《志怪故事》、木板地圖及墓葬時代的主要證據。差别僅在於,發掘簡報及何雙全等人將"八年"定爲丹的卒年及墓葬的絶對年代,而雍際春則認爲"八年"僅是呈文時間,此時丹并未死亡,直到十年後才去世下葬。我們認爲,丹并非墓主人,而是虚構或訛傳塑造出來的故事主人公形象(但不排除故事構成要素中包含真實的社會背景)。《志怪故事》的成書年代明顯早於墓葬年代。

② 李學勤:《放馬灘簡中的志怪故事》,《文物》1990年第4期,45頁。

③ 李學勤:《放馬灘簡中的志怪故事》,46頁。

④ 李學勤:《放馬灘簡中的志怪故事》,45頁。

⑤ 李學勤:《放馬灘簡中的志怪故事》,46頁。

⑥ 何雙全:《簡牘》,"三、天水秦簡",41頁。

釋“卅”字實爲標識篇首的墨塊“■”[①](一説是“污點”[②]),并非人爲書寫的字迹,從而證實“八年”釋文無誤。有鑒於此,《天水放馬灘秦簡》中附録的新版發掘報告談到放馬灘M1號秦墓的下葬年代時説:“關於紀年,我們在一九八九年第二期《文物》上發表的簡報中初步定爲‘秦始皇八年’(前二三九)。一九九〇年李學勤先生發表了研究論文,提出八年不妥,當爲‘卅八年’。由此斷爲是‘秦昭王三十八年’……二〇〇八年六月得以有機會使用紅外綫儀再次察看原簡,確證‘卅’爲污點,非文字,所以‘八年八月己巳’是正確的。從[出]土器物的排比看,有早也有晚,但都在戰國中期至晚期這一段之内,與上述紀年的時代是基本相符的……因此,放馬灘秦墓的時代早至戰國中期,晚至秦始皇統一前。其中一號墓的下葬時代約在公元前二三九年以後。”[③]事實上,簡文“八年”的確認,并不意味着争論的結束。“八年”是指哪位君王在位?其可供選擇的範圍遠比“卅八年”大很多,可以説從戰國中晚期到秦及西漢初這一歷史跨度均是適用範圍。值得注意的是,1991年7月29日-8月2日,甘肅蘭州召開首届“中國簡牘學國際學術研討會”,“有些考古學者在觀察了該墓出土的器物後曾認爲,這座墓應當是漢墓而不是秦墓。”[④]這些意見雖係私下議論、并未公開發表,但也應引發我們的警惕和思考。本文對“八年”的時間判定暫時存疑,寄希望於將來能有新綫索。當然也應當注意的是:抄寫年代并不能直接等同於成書年代,抄寫晚并不意味着成書就晚,或許是抄寫一個母本(詳見下文論述)。[⑤] 不過,據諸多迹象表明,我們認爲《志怪故事》成書於戰國晚期或秦代還是可信的。下面,我們將持“八年”看法的諸家意見歸納如下,以資後考:

1.秦始皇(秦王政)八年(前239)。這派觀點以何雙全爲代表(詳見前述),雖然也曾因從李學勤“卅八年”説而動搖,但經紅外綫觀察確認“八年”釋文無誤後又重新恢復了立場。何氏以其特殊身份(考古工作的重要參與者及發掘報告的執筆人)將此觀點寫入舊版(1989年)、新版(2009年)兩份發掘報告中,從而推動了此説在學界的流傳。他研判簡文“八年”爲秦始皇八年的主要依據有二:其一、簡文出現的地名及職官(如邽、趙氏及邽丞、邽守、邽相)

---

① 孫占宇:《放馬灘秦簡〈丹〉篇校注》,收入《首届中國歷史學博士後論壇(2012)論文集》,舉辦單位:中國社會科學院、全國博士後管理委員會、中國史學會,地點:北京,日期:2012年10月19-20日,36、38頁。

② 《天水放馬灘墓葬發掘報告》,甘肅省文物考古研究所編《天水放馬灘秦簡》,128頁。

③ 《天水放馬灘墓葬發掘報告》,甘肅省文物考古研究所編《天水放馬灘秦簡》,128頁。

④ 胡平生、李天虹:《長江流域出土簡牘與研究》,第三章“長江流域出土的秦簡”,第二節“甘肅天水放馬灘秦墓出土簡牘”,武漢:湖北教育出版社,2004,222頁。

⑤ 胡文輝認爲從文本源流的角度看,“放馬灘《日書》甲種的内容要比睡虎地《日書》晚出(但前者的抄寫年代則未必晚於後者)”。(胡文輝:《放馬灘〈日書〉小考》,《文博》1999年第6期,26頁。收入其著《中國早期方術與文獻叢考》,廣州:中山大學出版社,2000,135頁)而放馬灘秦簡《日書》乙種與《志怪故事》筆迹相同,似出自一人之手,并且乙種《日書》比甲種晚出。若胡氏觀點成立的話,那麽《志怪故事》的抄寫年代就比睡簡《日書》要晚。不過,劉樂賢不同意胡氏的看法,認爲應該持謹慎態度。(劉樂賢:《放馬灘秦簡〈日書〉甲種初探》,收入其著《簡帛數術文獻探論》,第二章“出土五行類文獻研究(上)——秦簡〈日書〉叢考”,武漢:湖北教育出版社,2003,53-69頁)

均屬秦統一前的稱謂(詳見下文);其二、出土器物(陶器、錢幣、銅器、毛筆等)及墓葬形制帶有早期的特徵,與陝西、湖北等地"戰國秦墓的同類器物非常相象","因此可以斷定放馬灘墓地的秦墓,主要是秦統一前的墓葬,即戰國晚期的秦人墓。"①嗣後,李學勤重釋簡文,指出原簡報中"邽丞"乃係"邸丞"之誤釋,"邽守"係"□今"之誤釋,"趙氏"應指趙國。② 後兩條意見爲2009年出版的《天水放馬灘秦簡》所采納。近年,程少軒對前引發掘報告中所依憑的幾條斷代證據(《志怪故事》的紀年材料、隨葬器物排比、墓葬形制)均提出了質疑,并從隨葬器物及簡文用語中找出了幾則反證,最後認爲:"從文化層面來説,放馬灘一號墓出土竹簡中存在與秦文化相關的内容,其所在的墓葬也具有一些秦文化特徵,這批竹簡當然很可能是'秦簡'。而從時間層面來説,墓葬的實際年代却很難斷定——整理者斷爲戰國晚期的證據并不充分,而依據已公布的考古資料,我們難以斷定墓葬屬於戰國晚期還是秦統一後,甚至難以排除墓葬屬於西漢早期的可能——從這一角度看,儘管這批竹簡屬於'秦簡'的可能性非常大,但也不能完全排除晚至漢初屬於'漢簡'的可能性。"③我們贊賞程氏的謹慎態度。就現有證據而言,尚不足以確鑿地判定簡文"八年"就是指秦始皇八年。④

2.秦昭襄王(昭王)八年(前299)。章珊最先提出簡文"八年"是指惠文王之後、秦始皇之前的秦昭襄王八年,他在一篇數百字的小短文中提出這一看法,可惜未展開充分論證。⑤這一觀點被張修桂承襲,并給予深化和細化。章、張二人均延續了發掘簡報及何雙全的思路,將"丹"視爲墓主人,再將簡文"三年……北出趙氏"定義爲歷史上真實存在的秦兵攻伐趙國的重大事件,⑥不同之處在於後者將簡文中"三年"詮釋爲某位帝王的在位紀年,而前者則認爲"是指墓主丹於某帝王七年傷人自刺後的第三年'復生'所爲,即當指戰國中後期秦國某帝王七年之後的第三年,或即直接指某帝王十年所發生的伐趙事件,而墓主丹於這一年'復活'後即參與此次伐趙之役……據《史記·秦本紀》,終戰國一代,惟有惠文王後元十年,

① 甘肅省文物考古研究所、天水市北道區文化館:《甘肅天水放馬灘戰國秦漢墓群的發掘》,《文物》1989年第2期,11頁。

② 李學勤:《放馬灘簡中的志怪故事》,43-47頁。

③ 程少軒:《放馬灘簡式占古佚書研究》(提交稿),復旦大學博士學位論文,院系:中文系,專業名稱:中國古典文獻學,指導教師及職稱:裘錫圭教授,答辯日期:2011年11月,8頁。

④ 近来,日本學者海老根量介根據放簡中"罪"和"辠"、"黔首"、"殹"和"也"等字詞的使用情況,判定"放馬灘秦簡確實是'秦簡',但不是戰國秦的抄本,而是秦代的抄本","其抄寫年代不太可能晚到漢代"([日]海老根量介:《放馬灘秦簡抄寫年代蠡測》,武漢大學簡帛研究中心編《簡帛》第七輯,上海古籍出版社,2012,169頁。)

⑤ 章珊認爲:"《墓主記》的'三年'北出趙地,是指丹於七年死後的第三年復生所爲,即當指戰國秦某某王十年伐趙之事,而不是實指某王的三年……墓主人丹在惠文王十年復活後即參與此次征伐,凱旋後駐守在今放馬灘地區。'八年八月',才是丹的真正死期。但這個'八年',衹能是他從征16年後的秦昭襄王八年(前299),絶不可能是76年後的秦始皇八年。"(章珊:《放馬灘出土地圖的年代問題》,中國地理學會歷史地理專業委員會《歷史地理》編輯委員會編《歷史地理》第八輯,上海人民出版社,1990,58頁。)

⑥ 何雙全:"'北出趙氏'一事,始皇以前屢有舉動,但在'三年'前後出兵的,僅有始皇之父莊襄王。"

有‘伐敗趙將泥,伐取義渠二十五城’的記載。在此前三年,即惠文王後元七年,曾有韓、趙、魏等五國合縱伐秦之戰,義渠曾乘秦與三晋交戰之機,興兵襲敗秦軍於李帛。所以,在惠文王後元十年,秦在再次北伐趙國的同時,便大舉進攻義渠,從而兼并了義渠的大片土地,奠定了秦國在西北地方的勢力範圍。由此可以得出結論,墓主丹是在惠文王後元七年的戰亂期間,因矢傷人受刑,而於三年後的惠文王後元十年,帶罪北出趙地,參與伐趙取義渠的戰争。這便是我對《墓主記》中有關‘七年’和‘三年’所作的解釋。”[①]在此基礎上,張修桂推論説:“(八年)肯定是實指某帝王的八年。但據以上分析,這個‘八年’,顯然已經不是惠文王後元的八年;但它也不可能是墓主丹從征 76 年之後的秦始皇八年,因爲這爲時已太遠,墓主丹似不可能逾越百歲尚活於人間。而在惠文王之後、秦始皇之前,有‘八年’紀年的帝王,則衹有秦昭襄王一人。所以,墓主丹終年的這個‘八年’,無疑衹能是他從征趙國 16 年之後的秦昭襄王八年。”[②]此外,張修桂還反駁了李學勤提出的竹簡“八年”上頭尚有一“卅”字壓在簡首組痕之下的説法,認爲“據《文物》月刊發表的竹簡分析,很難判定‘八年’上頭確有‘卅’一字。”[③]宋華强雖未采納李學勤“卅八年”釋文的看法,但却承襲了李氏的主要觀點及推論過程,得出與張修桂相同的結論,“簡文‘八年’當是在犀武死前的某秦王八年,結合墓葬的時代特徵,此八年當是指秦昭王八年。”[④]

3.秦惠文王後元八年(前 317)。雍際春從竹簡書寫格式及體例判定李學勤提出的篇首“八”字上頭還有一“卅”字的看法不成立,他爲此提出了三條反駁證據:“首先,‘卅’字高於其他各簡首字,且壓於組痕之下,這顯然不合竹簡格式。其次,再看原簡,李先生認定的這個‘卅’字,衹有其他簡文的一半大小,且偏於該簡右側,這明顯與竹簡正文的字體、大小、位置均不同。第三,何雙全在介紹竹簡情况時已明確指出……原簡既有天地頭,又有布片粘托裝幀之,故在天頭位置自然不會有‘卅’字書寫。因而,原簡照片上所謂‘卅’字,可能是原簡裂痕或斑痕,絶非一字。”[⑤]事實證明,雍氏的上述判斷是正確、合理的。雍氏分析了何雙全、李學勤、張修桂等人看法中存在的一些不合理處,提出“八年”乃係指“秦惠文王後元八年”,并羅列了幾條證據:“首先,簡文作爲邽縣之丞上呈中央御史的文書,係當朝人述當朝事,所記

---

① 張修桂:《天水〈放馬灘地圖〉的繪製年代》,《復旦學報》(社會科學版)1991 年第 1 期,45-46 頁。(又見張修桂《當前考古所見最早的地圖——天水〈放馬灘地圖〉研究》,中國地理學會歷史地理專業委員會《歷史地理》編輯委員會編《歷史地理》第十輯,上海人民出版社,1992,146 頁。個别文句略有增補)

② 張修桂:《天水〈放馬灘地圖〉的繪製年代》,46 頁。(又見張修桂《當前考古所見最早的地圖——天水〈放馬灘地圖〉研究》,146 頁)

③ 張修桂:《天水〈放馬灘地圖〉的繪製年代》,46 頁。(又見張修桂《當前考古所見最早的地圖——天水〈放馬灘地圖〉研究》,146 頁。個别字略有删改。)

④ 宋華强:《放馬灘秦簡〈邸丞謁御史書〉釋讀札記》,中國文化遺産研究院編《出土文獻研究》第十輯,北京:中華書局,2011,139 頁。

⑤ 雍際春:《天水放馬灘木板地圖研究》,27 頁。

年份雖無帝號或帝王名，但所述之事即爲當朝秦王在位期間所發生，故年份關係相互明白，無須説明。若所記年份分屬兩王，如果年份前不加帝號或帝王名作爲限定，必然會發生年份的混亂。而簡文四個年份均無前置限定，説明所謂‘八年’必與前三個年份同屬一王……其次，丹爲犀首舍人，兩人無疑生活在同一時代。犀首的主要政治、軍事活動在秦惠文君五年至秦武王在位的近30年間，則丹的主要經歷及活動亦當在此時。秦惠文王在位27年，秦武王在位衹有4年，故‘八年’衹能是秦惠文王後元八年。再次，秦惠文王在位期間正好采用了兩個紀年時段……在整個秦國歷史上也是惟一的一次，因此，簡文所記的四個年份，在更元前後各有兩個，即‘七年’和‘三年’分别就是更元前的秦惠文君七年和十年，‘四年’和‘八年’則分别爲秦惠文王後元元年和八年。所以，簡文所記‘八年’無疑就是秦惠文王後元八年。”[①]我們認爲，前述三條證據并非無懈可擊：第一，據紅外圖片顯示“七年”前的兩字模糊、故以缺字符（□□）代替，并非之前所釋“邽守”（舊版發掘簡報）或“葬爲”（新版發掘報告），我們猜測“七年”前的這兩字極有可能是帝王年號，由此證明“八年”與“七年”或不屬於同一王，“八年”係公文抄録時的當朝秦王的紀年，而“七年”則是回溯式的某王紀年（甚至未必就是秦王，尚無法排除魏王、韓王紀年之可能）；第二，雍氏主張丹是“犀首”舍人，查驗紅外圖版，應以李學勤“犀武”釋文爲是，故以“犀首”的活動年代來推論丹及竹簡書寫年代的説法就不能成立；第三，秦惠文王改元、采用過兩個紀年時段，不足以判定“七年”、“三年”是指更元前的秦惠文君七年和十年，“四年”、“八年”是指秦惠文王後元元年和八年。

4.歷時跨度説。現有證據無法確指“八年”到底是哪位君王的紀年，而考古類型學和器物標型學（出土器物及墓葬形制的排比）僅能證實放馬灘墓葬群的下葬年代大致在戰國中晚期-西漢初期的歷史跨度内。所以，部分學者主張暫將多種可能性并存而不能倉促判定其絶對年代，如任步雲認爲隸屬於《日書》乙種的“占卜驗證詞”（即志怪故事）成書於秦王政八年（前239）至漢高帝八年（前199）或文帝八年（前156）之間，如其所言：“考八年八月己巳，不記建元年號，這是武帝建元以前的紀年制……而漢高祖訖文帝之際，據《二十史朔閏表》推定，高祖八年八月壬寅朔，二十八日己巳，高后八年八月辛巳朔，不得有己巳日，文帝八年八月乙丑朔，五日己巳日。景帝七年以後的紀年稱中元年，武帝時始有建元年號，據此，日書不記建元紀年，僅記八年八月己巳……則日書的下限不晚於高帝八年，或文帝八年，假使這一推論可據，下訖文帝，上溯到秦王政八年……日書的下限時期不晚於西漢初年，亦即文帝以前。”[②]不難看出，任氏判定竹簡紀年時更强調秦王政八年之後的漢初這段歷史時期内（高帝、文帝），但却忽略了秦王政之前的昭襄王、惠文王等其實也在合理範圍内。此外，前引程少軒

① 雍際春：《天水放馬灘木板地圖研究》，39-40頁。

② 任步雲：《放馬灘出土竹簡日書芻議》，《西北史地》1989年第3期，87-88頁。

博士論文中也主張 M1 墓竹簡(包括《志怪故事》)的抄寫年代不能決然斷定爲"秦始皇八年",不能排除漢初的可能性,他甚至出於穩妥起見,不徑稱"放馬灘秦簡"而改稱"放馬灘簡",這一思路與任氏如出一轍。

5.趙惠文王八年(前 291)。最近,晏昌貴撰文提出一種不同於前人的看法,他認爲:這起死而復生事件的最後落腳點是在趙國,"邸丞"爲趙國邸縣之丞,故簡文采用趙國紀年,"應爲趙惠文王八年(前 291),查張培瑜《中國先秦史曆表》,趙惠文王八年八月實曆丙寅朔,其他各曆或丙寅朔或乙丑朔,則己巳爲第 4 日或第 5 日。"①不過,這種看法最終能否成立,尚有待於尋找更有力的證據加以檢驗。

最後,還有一個問題引起學界的争議,那就是:篇首"八年"是否與丹的最終死亡日期(乃至 M1 墓的下葬時代)有關?對此問題的解答,可大抵分爲兩派决然不同的觀點:

其一、主張"八年"就是墓主丹的死亡日期、可據此判定 M1 的下葬年代。舊版發掘簡報及何雙全認爲篇首"八年"是墓主丹初次葬後歷經復生,直至再次死亡的最終時間,故而判定"M1 的下葬年分即在秦始皇八年冬或九年初。"②章珊亦認爲"'八年八月',才是丹的真正死期。"③張修桂認同簡報的前述觀點,并推測説:"出土的這份《墓主記》應該是一份抄件,并非呈文原件。由於丹是一位頗有名望的人物,呈文所記述的又是他的生平功過是非,所以在謁文呈報中央的同時,抄録一份隨丹入葬,也算是官府同僚對丹的一生的總結和悼念。"④

其二、"八年"僅是奏報公文書的時間,丹的最終死亡與此并無直接關聯,乃係此後的若干年。李零認爲"(八年八月己巳)是下述文件的發出時間。下述文件衹是簡文開頭的引述語,用來講墓主下葬的時間和死亡的原因。引號後面的簡文是講八年以後的二次葬,以及墓主死而復生,對祠墓者的戒告語,不能視爲文件中語。"⑤概言之,李零認爲墓主丹是在秦王政七年初次葬,過了"三年"(秦王政十年)死而復生,"盈四年"(秦王政十一年)才得"人食"。

---

① 晏昌貴:《放馬灘簡〈邸丞謁御史書〉中的時間與地點》,李學勤主編《出土文獻》第四輯,上海:中西書局,2013,302 頁。

② 甘肅省文物考古研究所、天水市北道區文化館:《甘肅天水放馬灘戰國秦漢墓群的發掘》,《文物》1989 年第 2 期,第 11 頁。何雙全亦認爲:"……這份謁書中的'八年',當爲秦始皇八年(前 239)。從八月寫成文書看,此墓的下葬時間或許已是九年了。從墓葬情況看,絶不是一縣之丞的墓,衹能是名爲丹的人的墓。"(何雙全:《天水放馬灘秦簡綜述》,《文物》1989 年第 2 期,29 頁。)後又深入分析説:"這些内容是'八年八月己巳邽丞'給御史的上書中追述墓主過去的事時説的話。後推之這個'八年'當是秦始皇八年(即公元前 239 年),當然這份謁書是墓主死後葬入墳墓的,它的寫成時間是秦始皇八年,但入葬時間當在九年以後。根據墓中同出毛筆和甲、乙種《日書》的字體看,墓主未抄寫完乙種《日書》就死去了,所以下葬的絶對年代當在八年九月至九年初。"(何雙全:《天水放馬灘秦簡甲種〈日書〉考述》,甘肅省文物考古研究所編《秦漢簡牘論文集》,19 頁。)

③ 章珊:《放馬灘出土地圖的年代問題》,中國地理學會歷史地理專業委員會《歷史地理》編輯委員會編《歷史地理》第八輯,58 頁。

④ 張修桂:《天水〈放馬灘地圖〉的繪製年代》,《復旦學報》(社會科學版)1991 年第 1 期,45 頁。

⑤ 李零:《秦簡的定名與分類・附録:放馬灘秦簡〈志怪故事〉(今移簡 6 於簡 7 後)》,武漢大學簡帛研究中心編《簡帛》第六輯,上海古籍出版社,2011,8 頁。

换言之,丹的最後死亡時間(二次葬)至少是在篇首紀年"八年"的三年以後。

(二)八月己巳。舊版發掘簡報及何雙全首次公布釋文以來,"八月己巳"已爲學界所接受,2009年出版《天水放馬灘秦簡》亦沿用此説。期間,有個别學者提出异議,張修桂認爲應該釋爲"八月己丑",如其所言:"據《文物》月刊發表的竹簡分析……倒是被釋爲'己巳'的'巳'字,應重新解釋爲'丑'字更爲合理。"[①]雍際春不同意上述觀點,認爲"從原簡判斷,'巳'字比較清楚,不會有誤。而且在同墓出土的竹簡《日書》簡文中,所有'丑'字的寫法、字形均與《墓主記》中'巳'字完全不同,可證張先生判'巳'爲'丑'之不確。"[②]進而,雍氏又提出一種新看法:"倒是'己巳'二字的前一字'己',在簡文中既似'乙'又似'己'。參照原簡和《日書》中'己巳'二字的書寫,都是'乙'字收尾一筆平直,而'己'與'巳'收尾一筆則向上彎起。《墓主記》中'己巳'之前一字收尾明顯平直於後一字,故'己'當爲'乙'字。據此,《墓主記》開頭一句當爲'八年八月乙巳'。"[③]最近,紅外綫照片證實張、雍二人的看法均不成立,原釋文"八月己巳"無誤。[④]

其實,引起最大争論的主要不是釋文,而是"八年八月"是否有"己巳"日?李學勤最早注意到這個問題,"秦昭王八年即公元前299年,秦王政八年即公元前239年,八月均無己巳日,其間孝文、莊襄兩王又没有八年,八年自可排除。"[⑤]故而他將竹簡頂端墨塊誤釋爲"卅八年",并判定爲秦昭王三十八年(前269),"顓頊曆八月丁巳朔,己巳爲十三日。"[⑥]張修桂研判簡文"八年"乃係指秦昭王八年,而該年八月無"己巳",故認爲"己巳"應釋爲"己丑","昭襄王八年爲公元前299年,顓頊曆八月壬午朔,'八月己丑'即爲八月初八。這便是我爲1號墓葬所斷的具體年代。"[⑦]雍際春研判簡文"八年"係指秦惠文王後元八年,因八月亦無"己巳"日,故改釋"乙巳",遂下結論説:"秦惠文王後元八年即公元前317年,這年的'八月乙巳'日按顓頊曆爲八月丁酉朔,乙巳日爲八月初九日。"[⑧]上述三人均係通過改釋簡文(李改釋年份,張、雍則改釋日支)來尋求達到年、月、日支相符的合理解釋。此外,還有一種思路,即認爲釋文"己巳"無誤,八年八月無"己巳"日,是因爲古人抄録時誤書所致。這以宋華强爲代表,據其所言:"古代簡牘曆日書寫錯誤的情况并不罕見,如新蔡葛陵楚簡甲三204'王徙於鄩郢之

① 張修桂:《天水〈放馬灘地圖〉的繪製年代》,46頁。(又見張修桂《當前考古所見最早的地圖——天水〈放馬灘地圖〉研究》,146頁。個别字略有删改。)

② 雍際春:《天水放馬灘木板地圖研究》,27-28頁。

③ 雍際春:《天水放馬灘木板地圖研究》,28頁。

④ 孫占宇:《放馬灘秦簡〈丹〉篇校注》,38頁。

⑤ 李學勤:《放馬灘簡中的志怪故事》,45頁。

⑥ 李學勤:《放馬灘簡中的志怪故事》,45頁。

⑦ 張修桂:《天水〈放馬灘地圖〉的繪製年代》,46頁。(又見張修桂《當前考古所見最早的地圖——天水〈放馬灘地圖〉研究》,146頁。個别字略有删改。)

⑧ 雍際春:《天水放馬灘木板地圖研究》,40頁。

歲癸嬛（亥）之日'，' 癸嬛（亥）'就有訛誤。所以'己巳'確實有可能是誤書。"[①]孫占宇亦贊同此種看法，認爲"西北漢簡中日期錯誤時有見之"，并增補一例（肩水金關漢簡 73EJT4：98A）以資佐證。[②]

（三）邽丞赤敢謁御史。這段釋文自 1989 年公布以來，引發學界争論的主要集中在"邽丞"二字上。新舊兩版發掘報告及何雙全均釋此處簡文爲"邽"，而且力主"邽"就是指邽縣[③]（今天水市北道區、秦城區、泰安縣、清水縣），并視爲竹簡及 M1 墓斷代的主要證據之一，如簡報所言："秦統一後改稱上邽縣。從此可見，簡文所説邽顯然是指統一前的邽縣。邽丞，邽縣令丞……邽守，即邽縣之守。縣設守，史籍少見。秦始皇統一六國後，分天下三十六郡，置郡守，即太守，顯然是秦始皇統一前的行政建置，與統一後縣的級别根本不同。秦統一前縣的級别相當於統一後的郡……從這些記載推知邽縣是大縣之一，置守。"[④]又據何雙全説："從簡文看，邽縣的長官是邽守，次爲邽丞。簡文證明邽縣在秦始皇統一後置郡守以前，早已設守一職，這與《左傳》、《戰國策》所述周制相符。邽丞可直接給朝廷御史呈文，也顯示出了邽縣的級别。"[⑤]雍際春支持何氏對《墓主記》中"邽"字釋文的看法，認爲："根據地圖出土地點、所繪水系及其地域分析，釋爲'邽'字更爲妥當。"[⑥]近來，李零也認同"邽丞"釋文，如云："'邽'，左邊有墨痕，李學勤先生釋邸，從字形看，似乎有一定道理，但放馬灘秦墓屬今天水市，在秦邽縣（上邽）的轄境内，而邸縣則未聞，且下文所説二次葬，地點在'邽柏丘之上'，從情理上講，還是以釋邽爲勝。"[⑦]

曹婉如、李學勤則認爲應釋爲"邸丞"。[⑧] 如李學勤所言："'邸'，地名。此字上没有冠以地名，故不能作朝舍解。'丞'，官名。'赤'，邸丞人名。"[⑨]胡平生、李天虹、宋華强等人不僅接受了曹、李改釋"邽"爲"邸"的看法，而且據此改擬篇名爲《邸丞謁御史書》（詳見下文）。

---

① 宋華强：《放馬灘秦簡〈日書〉識小録》，武漢大學簡帛研究中心編《簡帛》第六輯，139 頁。

② 孫占宇：《放馬灘秦簡〈丹〉篇校注》，38 頁。

③ 有關邽縣（上邽縣）的歷史沿革，詳見徐日輝《上邽何處尋》，《蘭州學刊》1985 年第 2 期，89–93 頁；岳維宗《古上邽考辨》，《蘭州學刊》1986 年第 2 期，91–94 頁；徐日輝《上邽考》，收入其著《秦州史地》，西安：陝西人民美術出版社，1994；雍際春、李根才《段谷與上邽地望考》，《天水師範學院學報》2002 年第 4 期，24–29 頁。

④ 甘肅省文物考古研究所、天水市北道區文化館：《甘肅天水放馬灘戰國秦漢墓群的發掘》，11 頁。

⑤ 何雙全：《天水放馬灘秦墓出土地圖初探》，20 頁。

⑥ 雍際春：《天水放馬灘木板地圖研究》，28 頁。此外，張修桂沿襲了何氏對《墓主記》"邽丞"及木板地圖"邽丘"釋文的看法。（張修桂：《天水〈放馬灘地圖〉的繪製年代》，44–48 頁。）

⑦ 李零：《秦簡的定名與分類・附録：放馬灘秦簡〈志怪故事〉（今移簡 6 於簡 7 後）》，武漢大學簡帛研究中心編《簡帛》第六輯，8 頁。不過，前引論點似有可商榷處：第一，無證據表明"丞赤"必定任職於秦境内，而且李零僅言未聞"邸縣"却未回應和排除李學勤提出的"邸"指稱"氐道"之可能；第二、李零所言二次葬地點"邽柏丘之上"中的"邽"字釋文有誤，不能成爲"邽丞"釋文之證據。

⑧ 曹婉如：《有關天水放馬灘秦墓出土地圖的幾個問題》，《文物》1989 年第 12 期，80 頁；李學勤：《放馬灘簡中的志怪故事》，43 頁。

⑨ 李學勤：《放馬灘簡中的志怪故事》，43 頁。

同墓(M1)出土的七幅木板地圖中,編號 M1・7、8、11A 所繪地圖上標示了十處地名,其中有"邽丘"、[①]"邸"等名稱。[②] 其中"邸"字,何雙全原誤釋作"郾",[③]經曹婉如慧眼釋出,[④]被《天水放馬灘秦簡》采納。曹氏進而將地圖中的地名"邸"與竹簡《墓主記》開頭年月下面的"邸丞"聯繫起來,認爲"根據地圖出土於天水放馬灘秦墓,以及圖中標示的[邸]……和簡中記有'邸丞'等字,'[邸]'很可能是西漢隴西郡的氐道縣。"[⑤]她援引王先謙《漢書補注》、酈道元《水經注》、常璩《華陽國志》等傳世文獻中有關記載考證氐道縣的位置,認爲"氐道的位置當在今永寧河上遊。從圖一[邸]的位置來看,約在今花廟河與高橋河會合的谷地。"[⑥]日本學者藤田勝久采納曹、李二氏對於"邸丞"、"邸"釋文的看法,但對"邸道"的位置則持不同看法,他認爲:"氐道是在嶓塚山北側的,與西縣相接的西漢水上遊。"[⑦]祝中熹則贊同曹氏觀點,

① "邽丘"釋文,韓仲民在簡報發表前就提出了質疑,"最初聽説圖中有'封丘'地名,今釋'邽丘',但細審字形右邊不象'邑'旁。"(韓仲民:《談木板地圖》,《文物天地》1988年第6期,8頁。)待圖版公布後,曹婉如、李學勤認爲應釋作"封丘"。(曹婉如:《有關天水放馬灘秦墓出土地圖的幾個問題》,78頁。)徐日輝則深入論證了這一觀點,他仔細辨析"封"與"邽"二字的差別,指出何氏釋讀"邽丘"有誤,應釋作"封丘",其字明顯不同於《墓主記》中的"邽丞"、"邽守",并得出結論説:"天水放馬灘地圖中的'封丘'不是《墓主記》中的'邽'縣,而是邽縣的一個叫作'封丘'的軍事據點。"(徐日輝:《"邽丘"辨——談天水〈放馬灘秦墓出土簡圖〉札記》,中國地理學會歷史地理專業委員會《歷史地理》編輯委員會編《歷史地理》第十四輯,上海人民出版社,1998,323頁。)其後,改釋"封丘"的意見爲藤田勝久、祝中熹、胡平生、李天虹等人接受,但未被2009年出版《天水放馬灘秦簡》采納。(詳見[日]藤田勝久著,李淑萍譯《戰國時秦的領域形成和交通路綫》,秦始皇兵馬俑博物館《論叢》編委會編《秦文化論叢》第六輯,西安:西北大學出版社,1998,368-369頁;祝中熹《對天水放馬灘木板地圖的幾點新認識》,《隴右文博》2001年第2期,17頁;胡平生、李天虹《長江流域出土簡牘與研究》,233-238頁。)岳維宗雖對"邽丘"釋文無异議,但不認同何雙全"邽丘是秦邽縣駐地"的看法,提出"'邽丘'衹能解釋是邽縣的一塊小土山(或高地),并不含縣的意思","'邽丘'是一塊低凹的地方,居住着許多居民,是秦時邽縣的一處聚落,相當於後來的一個大鄉鎮,并不是邽縣的駐地。"(岳維宗:《論天水放馬灘秦墓地圖中的"邽丘"非指邽縣》,《中國歷史地理論叢》1997年第1期,14頁。)雍際春支持何雙全"邽丘"釋文的看法,并且認爲"邽丘"、"邽縣"、"上邽縣"具有歷史淵源關係,"邽丘"是"邽縣"的代稱,也是縣治駐地,"'丘'即城……'邽丘'即邽城,亦即邽縣之城;放馬灘地圖中的'邽丘',也就是春秋時期秦武公所設邽縣的治地所在。"(雍際春:《天水放馬灘木板地圖研究》,113頁。)又云:"邽縣之設是秦人勢力擴張、控制天水一帶的産物,但邽縣治地稱'邽丘'却與秦人早期歷史及其西遷活動密切關聯……是秦人西遷而帶入的外來地名,或者説秦人入居天水後,對城、邑之名,仍保留了其在東方以'丘'相稱的習慣,所以,當秦武公伐邽戎設邽縣時,很自然地將邽縣城治以'邽丘'相稱,邽丘也就是邽城。所以,邽縣治地以'邽丘'相稱,并非出自偶然,亦非邽縣治所建在小土山上,'邽丘'一名的真正來源與秦人早期歷史的發展密切相關,隱含着秦人部族經歷、部族活動的種種信息;是秦人西遷後,在地名命名上仍保留東方語言習慣的反映,也是其西遷歷史的一種曲折體現,是商周時期東方人以'丘'命名城邑居地的孑遺。"(雍際春:《天水放馬灘木板地圖研究》,113-115頁。)

② 甘肅省文物考古研究所編:《天水放馬灘秦簡》,彩版三,3頁,黑白圖版五九,73頁,釋文108頁。

③ 何雙全:《天水放馬灘秦墓出土地圖初探》,《文物》1989年第2期,12頁。其實在發掘簡報公布之前,何雙全、韓仲民分别撰文對木板地圖進行了簡要介紹,并釋出"邽丘"、"郾"等地名。(何雙全:《天水放馬灘秦墓出土的地圖》,《文物天地》1988年第6期,8頁;韓仲民:《談木板地圖》,8-11頁。)

④ 曹婉如:《有關天水放馬灘秦墓出土地圖的幾個問題》,78-85頁。

⑤ 曹婉如:《有關天水放馬灘秦墓出土地圖的幾個問題》,80頁。李學勤亦持此觀點:"邸是縣、道一級地名,故設有丞。這個地名亦見於同墓所出版圖M1:7+8+11,我們認爲即氐道,在今天水西南","邸即氐道,屬隴西郡,設於秦昭王二十八年,即公元前279年"。(李學勤:《放馬灘簡中的志怪故事》,45、46頁。)

⑥ 曹婉如:《有關天水放馬灘秦墓出土地圖的幾個問題》,82頁。

⑦ [日]藤田勝久著,李淑萍譯:《戰國時秦的領域形成和交通路綫》,371頁。

并略有補充:"圖一中部二水合流處,用方框標注地名'邸',同墓所出竹簡文字中又言及'邸丞'。'氐'本爲先秦西北邊疆少數民族的一種稱謂,氐字旁加邑旁,表示與氐有關的地名。秦制,地方行政長官的副手稱'丞',邸有丞,表明這裏是一級行政建置的治所。"[①]方勇完全贊同李學勤的意見,認爲其字當釋爲"邸",係指縣一級的地名,即氐道,在今天水西南。[②] 王輝分析了西安北郊相家巷村新出秦封泥"郡左邸印"、"郡右邸印"及湖北荊門包山出土楚簡"邸陽君"等印文、簡文中"邸"字的寫法和字形,認爲與放馬灘簡《志怪故事》中此字的字形相同,故也贊成李學勤的觀點釋作"邸"。[③] 上述學者的意見,未被《天水放馬灘秦簡》采納。近年,孫占宇利用紅外綫照片辨析釋文"邸丞"是正確的。[④] 不過,他不贊成李學勤訓"邸"爲"氐道"的説法,而認爲是"邸"乃係"邸舍"之義(李學勤則認爲簡文"邸"字上没有冠以地名,故不能作朝舍解),"邸丞"就是指邸舍之丞,"邸"當在魏國境内。[⑤] 孫氏將"邸丞"解釋爲"邸舍之丞",又沿用舊説認定"御史"就是指中央"三公"之一的御史大夫,就勢必造成了另一難題:現無證據表明官階甚低的"邸舍之丞"可以越級向中央御史呈報公文。若從"邸丞"爲"邸舍之丞"這一思路出發,我們可以對"御史"做出一種新解釋:本簡文中"御史"或不是指中央御史,而是縣級御史。據史料證實,戰國時魏、韓等國的縣令亦設有御史之職,如《韓非子·内儲説上》"卜皮爲縣令"條[⑥]、《戰國策·韓策三》"安邑之御史死章"[⑦]等均談及御史乃係縣令屬吏。這樣一來,該文書的原底本就是戰國時魏國境内的某縣邸舍之丞"赤"稟報本縣御史的官文書。但是,這種解釋也導致了更多疑問的出現,出於穩妥起見,本文暫不采納,僅略陳於此、以備後考。

此外,晏昌貴認爲"邸丞"之邸係爲趙地,"趙國北境今河北元氏、臨城、隆堯間確有'邸'地,它源自西周軝國,戰國中晚期趙國設爲邸縣,柏丘則位於邸縣境内。當丹死而復活并從魏國大梁北上至趙國北地之柏丘時,邸縣之丞得聞其事,於是上報御史。簡牘所載,正是邸丞謁報御史的官府文書,或者是模仿此類官府文書的'陰府冥書'。"[⑧]上述觀點推測成分較大,或可備一説。

---

① 祝中熹:《對天水放馬灘木板地圖的幾點新認識》,18頁。

② 方勇:《讀放馬灘秦簡〈志怪故事〉札記(一)》,復旦大學出土文獻與古文字研究中心網,2009年11月6日。

③ 王輝:《〈天水放馬灘秦簡〉校讀記》,武漢大學簡帛研究中心編《簡帛》第六輯,61頁。

④ 孫占宇查看紅外綫照片後指出:此字"左部從氐,右部從邑,當釋爲'邸'。"(孫占宇:《放馬灘秦簡〈丹〉篇校注》,38頁。)

⑤ 孫占宇:《放馬灘秦簡〈丹〉篇校注》,38頁。陳侃理也同意這一説法。(詳見陳侃理《放馬灘秦簡〈丹〉篇札記》,簡帛網,2012年9月25日。)

⑥ 《韓非子·内儲説上》:"卜皮爲縣令。其御史汙穢,而有愛妾。卜皮乃使少庶子佯愛之,以知御史陰情。"([清]王先慎撰,鍾哲點校:《韓非子集解》卷九,北京:中華書局,1998,237頁。)

⑦ 《戰國策·韓策三》云:"安邑之御史死,其次恐不得也。輸人爲之謂安令曰:'公孫綦爲人請御史於王,王曰:'彼固有次乎?吾難敗其法。'因遽置之。"(何建章:《戰國策注釋》卷二八,北京:中華書局,1990,1075頁。)

⑧ 晏昌貴:《放馬灘簡〈邸丞謁御史書〉中的時間與地點》,299頁。

“邦丞赤敢謁御史”是戰國、秦漢以來的官府公文用語,屬於上行文書格式。同時,這段句子中所涉官制名稱及公文呈報等信息也是判斷《志怪故事》成書年代的佐證材料之一,“竹簡官方文書的行文程序也反映出了縣與國君的關係。如‘邽丞赤敢謁御史’,就是説縣府的令丞可以直接給中央三公之位的御史大夫呈文,説明戰國時縣的級别是很高的。所以簡文從行政建置上明確地表示了它是秦統一前的文書。”[①]

(四)大梁人王里樊墅曰丹。舊版發掘簡報及何雙全均釋讀作“九㝔人王里、樊野曰丹”。[②] 任步雲釋爲“六□人五里樊墅日丹”。[③] 李學勤則釋作“大梁人王里□□曰丹”,并對文意予以解釋:“是一人原籍大梁,居於王里,名丹……所缺二字可能爲丹的身分。”[④]查驗圖版,不難看出原釋文“九㝔”實爲“大梁”之誤釋,李氏説法爲各家所從(并被《天水放馬灘秦簡》采納)。最近,孫占宇又提出新説(釋作“大粱”),[⑤]似不可取。“大梁人”三字是指稱丹的原籍地,此爲學界所公認。不過,這裏其實存在兩種可能性:一是特指大梁人,二是委婉或隱晦地泛指魏國人(丹的原籍恐怕未必就是魏國都城大梁)。

原釋文“樊野(墅)”二字,李學勤也不認同,但因字迹模糊、一時難以釋出,故以缺字符(□□)代替。不過,他精闢地指出所缺的這兩字應是丹的身份,并援引齊陶文中的工匠里籍證明之。[⑥] 李氏眼光獨到、有先見之明,這一思路啟發了後來學人。宋華强根據最初公布的圖版,認爲所缺的第二字(即原釋文“野”)疑是“巫”字,進而推論説:“丹的身份大概就是王里之巫。古書多見‘里巫’,指鄉里之巫……丹死而復生,難免被人視爲神异,大概從此就做了巫。”[⑦]宋氏此説臆測成分較大,不可從。最近,孫占宇利用紅外綫照片推測或許是“髡徒”兩字。[⑧] 不過,筆者查驗圖版認爲宋、孫二説恐怕均難以成立,故我們贊成暫不釐定,僅以

① 甘肅省文物考古研究所、天水市北道區文化館:《甘肅天水放馬灘戰國秦漢墓群的發掘》,11 頁。有關秦時縣丞的日常職責及執掌範圍,詳見高恒《秦漢簡牘中法制文書輯考》“一、秦簡牘中的職官及其有關問題”,北京:社會科學出版社,2008,14-15 頁。

② 甘肅省文物考古研究所、天水市北道區文化館:《甘肅天水放馬灘戰國秦漢墓群的發掘》,《文物》1989 年第 2 期,10 頁;何雙全:《天水放馬灘秦墓出土地圖初探》,20 頁;何雙全:《天水放馬灘秦簡綜述》,28 頁。何雙全後來重新訂正釋文爲:“大梁人王里、樊野曰:‘丹葬,今七年……’”云云。這裏,他將“王里、樊野”誤解爲人名(一個人的姓名及字,或兩個人的姓名),甚謬。

③ 任步雲:《放馬灘出土竹簡日書芻議》,87 頁。

④ 李學勤:《放馬灘簡中的志怪故事》,44 頁。

⑤ 孫占宇:《放馬灘秦簡〈丹〉篇校注》,39 頁。

⑥ 雍際春采納何雙全“樊野”釋文,并認爲:“墓主丹本名樊野,丹當爲别名或爲字號”。(雍際春:《天水放馬灘木板地圖研究》,32 頁。)

⑦ 宋華强:《放馬灘秦簡〈邸丞謁御史書〉釋讀札記》,138 頁。

⑧ 孫占宇指出此二字“模糊不清,輪廓似爲‘髡徒’。”(孫占宇:《放馬灘秦簡〈丹〉篇校注》,39 頁。)

“□□”代替。不過,無論是“(里)巫”、“髡徒”[①]抑或其他,均是用以標注丹的身份,這一點則是毋庸置疑的。[②]

學界對“王里”釋文雖無异議,但對其歸屬之地則有不同看法。前引李學勤所言“(丹)原籍大梁,居於王里”表明他主張“王里”是丹的現居住地——“王里是氐道的里名,丹居住在這裏”。[③] 李零則認爲“王里”是丹的原籍所在地——“王里,是大梁下面的里名”,[④]其現居住地則是“垣雍里”。[⑤] 并且,他又遵循李學勤的提示而補充説明:“齊陶文的工匠里籍主要分三種,一種是‘某里人某’,一種是‘某里曰某’,一種是‘某里人曰某’。”[⑥]此外,孫占宇贊同李零的説法,并補充了一則旁證——“居延漢簡述説吏卒里籍多用‘郡縣名+里名+爵位名+人名’格式”。[⑦] 不過,李、孫二人列舉的齊陶文、居延漢簡中所見的鄉里名籍之書寫順序,却與本文情况不符。不難看出,前述格式中“人”字起到了重要的提示作用,如“某里人某”、“某里人曰某”,“人”字之前屬於祖籍故里的内容,“人”字之後則書寫爵位及姓名。换言之,“人”字意味着祖籍内容的結束。而且查驗傳世文獻,“大梁人”或“××人”後絶無再續寫里名之案例。事實上,像“丹”之類亡命或浪迹天涯的异鄉人,他人已無從知道其確切的鄉里籍貫(其本人或許也不願透露具體的鄉里名籍),衹含糊地談及是大梁人(或魏國人)。此類情况,在《史記》、《漢書》等書《刺客列傳》、《遊俠列傳》、《日者列傳》諸篇中十分普遍,甚至可説是不勝枚舉。[⑧] 有鑒於此,我們傾向於認爲丹的祖籍地是大梁(魏國),“王里”是丹以某種

---

① “髡”是秦漢法律中的刑罰名,《説文·髟部》訓曰:“髡,鬄髮也。”([東漢]許慎撰,[清]段玉裁注:《説文解字注》九篇上,杭州:浙江古籍出版社,1998,428頁。)髡髮作爲一種刑罰,至遲在春秋戰國時期就已出現了。有關“髡刑”之研究,詳見王森《秦漢法律中髡、耐、完刑辨析》,《法學研究》1986年第1期,85-89頁;楊廣偉《“完刑”即“髡刑”術》,《復旦學報》1986年第2期,111-112頁;林沄《髡髮種種》,《中國典籍與文化》1993年第3期,98-102頁;曹旅寧《釋秦律“拔其鬚眉”及“斬人髮結”兼論秦漢的髡刑》,《中國史研究》2001年第1期,166-170頁;張全民《髡、耐、完刑關係考辨》,《湘潭大學社會科學學報》2001年第5期,130-134頁;劉洋《秦漢律中“髡刑”溯源——以法人類學爲視角》,《西部法學評論》2008年第4期,67-71頁;陳玲、張紅岩《漢代髡鉗城旦刑考略》,《青海民族大學學報》2010年第3期,85-88頁;連宏《秦漢髡、耐、完刑考》,《古代文明》2012年第2期,67-73頁。

② 方勇認同“樊壄”釋文,并懷疑二字可能表地名。(方勇:《讀放馬灘秦簡〈志怪故事〉札記(一)》。)

③ 李學勤:《放馬灘簡中的志怪故事》,45頁。

④ 李零:《秦簡的定名與分類·附録:放馬灘秦簡〈志怪故事〉(今移簡6於簡7後)》,8頁。晏昌貴也贊同王里屬大梁的意見。(晏昌貴:《放馬灘簡〈邸丞謁御史書〉中的時間與地點》,298頁。)

⑤ 李零談道:“這裏,大梁衹是他的原籍,不是他的居住地。丹的居住地,從下文看,當在垣雍里附近,與大梁無關。”(李零:《秦簡的定名與分類·附録:放馬灘秦簡〈志怪故事〉(今移簡6於簡7後)》,9頁。)

⑥ 李零:《秦簡的定名與分類·附録:放馬灘秦簡〈志怪故事〉(今移簡6於簡7後)》,9頁。

⑦ 孫占宇:《放馬灘秦簡〈丹〉篇校注》,39頁。

⑧ 《史記·張耳陳餘列傳》云:“張耳者,大梁人也。其少時,及魏公子毋忌爲客。張耳嘗亡命,游外黄……陳餘者,亦大梁人也,好儒術,數游趙苦陘。”(《史記》卷八九,北京:中華書局,1959,2571頁。)又《刺客列傳》云:“曹沫者,魯人也,以勇力事魯莊公”(《史記》卷八六,2515頁),“豫讓者,晋人也”(《史記》卷八六,2519頁),“荆軻者,衛人也”(2526頁);又《日者列傳》云:“司馬季主者,楚人也。卜於長安東市。”(《史記》卷一二七,3215頁)。

特殊身份（髡徒?）勞役、暫住之地，[①]“王里”是秦境“氐道”（邽縣?）下面的里名，“垣雍里”不過是丹矢傷人的事發地及自刺死後的埋葬地，并無證據表明也是丹的現居住地。[②]

這句簡文的内容乃係屬於“名事爵里”範疇，介紹了當事人丹的姓名、籍貫、住址等情况，也是秦漢公文書及法律文書中必有的重要内容和固定格式。

（五）葬爲十年。“葬爲”二字，舊版發掘簡報及何雙全原釋作“邽守”，并斷句爲“九窔人王里、樊壄曰丹［於］邽守：七年”云云。[③] 李學勤釋爲“□今”，破讀爲“大梁人王里□□曰丹□：今七年”云云。[④] 雍際春參考了前述二種意見（仍認同原釋“邽守”），判定釋文爲“大梁人王里樊野曰丹［於］邽守：七年”云云。[⑤] 2004年，何雙全又部分采納了李學勤的意見（將原釋“邽守”改爲“葬今”），一度改訂釋文爲：“大梁人王里、樊野曰：‘丹葬，今七年……’”云云。[⑥] 2009年出版的《天水放馬灘秦簡》修訂釋文爲“葬爲十年”。方勇認爲“葬”疑为“報”字，乃报告義，“爲”字應改以“今”爲是，其釋文作“大梁人王里樊野曰丹報（?）：今七年”云云。[⑦] 查驗原圖版及紅外綫照片，此二字確已殘泐不清，我們贊成缺釋、以□□代替。至於“十年”二字或係排版之誤，自簡文公布以來，諸家均作“七年”、并無异議，而且若釋作“十年”則於文理不通（不過，秦漢簡牘書法中“七”與“十”很容易混淆[⑧]）。

簡文“七年”，多數學者認爲是指稱某帝王的紀年，但對於“七年”到底是哪年及其與篇首“八年”是否屬於同一帝王紀年的問題上則存在分歧。舊版發掘簡報及何雙全將篇首“八年”判定爲秦王政八年，又將簡文“北出趙氏”之前的“三年”判爲秦始皇之父莊襄王的三年，這樣一來勢必就陷入了一個困局——誠如張修桂所言：丹矢傷人自刺的“七年”要么是在秦昭襄王七年（此時丹已是年届80餘歲的老人根本不可能參與伐趙之戰），要么是在秦王政七年（導致時間順序上的顛倒，丹未死而先有復生之事）。[⑨] 事實上，這兩種情况都是不可能發

---

① 若孫占宇釋文“髡徒”成立的話，丹或以“髡徒”身份在王里内罰作勞役。譬如，《周禮·秋官·掌戮》中有“墨者使守門，劓者使守關，宫者使守内，刖者使守囿，髡者使守積”的説法。（《十三經注疏》整理委員會整理、李學勤主編：《周禮注疏》卷三六，北京大學出版社，1999，962頁）《漢書·刑法志》亦云：“凡殺人者踣諸市，墨者使守門，劓者使守關，宫者使守内，刖者使守囿，完者使守積。”（《漢書》卷二三，北京：中華書局，1962，1091頁。）

② 有關秦漢時期地方基層組織“里”的機構設置及職責情况，詳見高恒《秦漢簡牘中法制文書輯考》，“一、秦簡牘中的職官及其有關問題”，24-28頁。

③ 甘肅省文物考古研究所、天水市北道區文化館：《甘肅天水放馬灘戰國秦漢墓群的發掘》，10頁；何雙全：《天水放馬灘秦簡綜述》，28頁。

④ 李學勤：《放馬灘簡中的志怪故事》，43頁。

⑤ 雍際春：《天水放馬灘木板地圖研究》，29頁。

⑥ 何雙全：《簡牘》，“三、天水秦簡”，41頁。

⑦ 方勇：《讀放馬灘秦簡〈志怪故事〉札記（一）》。

⑧ 秦漢簡帛文字書法中“七”與“十”二字的异同及其辨析，詳見黄文傑《秦至漢初簡帛文字研究》，第五章《秦至漢初簡帛形近字辨析·“七”“十”辨》，北京：商務印書館，2008，135-136頁。

⑨ 張修桂：《天水〈放馬灘地圖〉的繪製年代》，45頁。

生的。

對於前述困局的解答,主要分爲兩派觀點:其一、主張同王紀年,主要有李學勤、雍際春、李零等;其二、主張异王紀年,有張修桂等。下面,我們予以介紹和分析。

1.同王紀年

李學勤指出:“丹在七年刺傷人,被弃世後掩埋,三年後復活,又過四年而有聞能食,這加在一起,已到十四年,所以簡文開頭曆朔不可能是八年。”[①]有鑒於此,他將簡文開篇“八年”釋爲“卅八年”,從而解决了與“七年”後復生的一系列兼容問題,進而又改訂釋文爲“大梁人王里□□曰丹□:今七年”,并詮釋説:“今”就是指今王、今上,“今七年”即今王七年。[②] 换言之,這裏所言“七年”乃與簡文開篇“卅八年”屬於同王(即秦昭王)。不過,由於李氏“卅八年”釋文已被證僞,此觀點不攻自破。

雍際春雖然贊同李學勤提出的“七年”與篇首“(卅)八年”係屬同一秦王的觀點,但并不認可李氏“卅八年”釋文(前文已述)及秦昭王紀年的推定,而認爲“七年”和“八年”均屬秦惠文君/王的紀年,“七年”是秦惠文君七年(前331),“八年”是秦惠文王後元八年(前317)。雍氏敏鋭地利用了秦惠文君(王)更元的史實,將“七年”定義爲更元前的秦惠文君紀年,再將“八年”設定爲更元後的秦惠文王紀年,這樣就憑空地將“七年”與“八年”之間隔延伸出了十四年的時長,藉此容納丹復活後的活動及經歷。

近來,李零别出心裁,將整篇簡文劃分爲兩大部分:第一部分是從“八年八月己巳”始,至“葬之垣雍南門外”訖,乃係丹死後的次年地方官員以公文書形式向中央御史匯報了這起因矢傷人而自殺事件,僅涉及丹的初次葬,文體屬於追述性質;餘下内容則屬第二部分,并不屬於首段官文書中語,係丹的二次葬,按照時間順序平鋪直述。這樣一來,整篇簡文就是層層推進而展開,并非通常所理解的開篇“八年八月己巳,邸丞赤敢謁御史”引領出其後全部的追溯内容,而將追述文字僅限定於丹的初次葬(“大梁人王里□□曰丹……葬之垣雍南門外”),其後“三年”、“盈四年”均是接續前段内容之後發生的遷葬復生事件,即秦王政七年初次葬之後的第三年(即秦王政十年,前237),“盈四年”是指秦王政十年遷葬後的第二年(即秦王政十一年,前236)。如此一來,“七年”便指丹初次下葬的時間——秦王政七年,開篇“八年”則是翌年縣丞呈文匯報的時間——秦王政八年。[③] 這一見解雖然新穎,但細心品味下,却不難發現其中的可疑之處:首先,整篇簡文被劃分爲兩部分,導致文體割裂、邏輯混亂、行文不暢,尤其造成了兩部分内容之間的銜接困難;其次,第一部分公文書的行文與格式不符合規制,内容太過單薄,結尾頗顯突兀,且就文件主題及重要性而言,若是一起單純的傷人

① 李學勤:《放馬灘簡中的志怪故事》,45頁。

② 李學勤:《放馬灘簡中的志怪故事》,44頁。

③ 李零:《秦簡的定名與分類·附録:放馬灘秦簡〈志怪故事〉(今移簡6於簡7後)》,9頁。

自殺事件則并不屬於中央御史的管轄範圍，也實無向位居“三公”之一的御史大夫呈文匯報之必要。[①]

此外，宋華强在采納李學勤“□今七年”釋文的基礎上，將其詮釋爲“去今七年”之義，認爲“七年”不是確指的某王紀年，而是回溯性的距今七年以前——“指丹刺人之事發生在距今七年之前，‘今’是指邸丞赤向御史報告之時。”[②]宋氏此説乃將篇首“八年”聯繫在一起，“去今七年”的那個年份仍與“八年”同王，亦即元年。不過，這却爲接續下來的復生故事營造出了七年的時段。

概言之，上述主張同王紀年的學者均以各自的詮釋方式來解決“八年”與“七年”之間隔時段不足以涵蓋其後引出的復生事件及其活動週期的難題，衹不過差别在於：有人將篇首簡文釋爲“卅八年”；有人將“七年”、“八年”分置於更元改曆的前與後；有人則將簡文的叙研述文體割裂（前段内容是追述，後半部分是陳述），進而將“八年”、“七年”與其後的復生（遷葬）事件分離出來；有人則將“七年”理解爲距離某王“八年”這一呈文時間點的七年之前。

2.异王紀年

有學者提出“七年”與篇首“八年”分别屬於不同的帝王紀年。譬如，張修桂認爲“七年”是指秦惠文王後元七年，“八年”則是秦昭襄王八年，從而將兩個紀年間隔出了十九年的時段。如其所言：“墓主丹是在惠文王後元七年的戰亂期間，因矢傷人受刑……這個‘八年’，顯然已經不是惠文王後元的八年；但它也不可能是墓主丹從征76年之後的秦始皇八年，因爲這爲時已太遠，墓主丹似不可能逾越百歲尚活於人間。而在惠文王之後、秦始皇之前，有‘八年’紀年的帝王，則衹有秦昭襄王一人。所以，墓主丹終年的這個‘八年’，無疑衹能是他從征趙國16年之後的秦昭襄王八年。”[③]

其實，無論主張同王紀年抑或异王紀年，其最終目的都是要爲復生故事的展開，找到一個合理的時間段（而這個時長最少需四年或七年以上）。

（六）丹矢傷人垣雍里中。“矢傷”二字，李學勤改釋爲“刺傷”，[④]方勇釋爲“朿”，[⑤]此二説未獲學界認可。查驗圖版，我們認爲睡虎地秦簡《日書》（甲種）（矢）字形與放簡此字極

① 史書所見“御史”官職，其義有二：一、戰國時秦、趙、齊、魏等國皆設有御史，乃係國君的侍從史官，其職責是接受别國使臣進獻國書，執掌宫廷文書檔案及記録君主言行；二、秦以降指稱監察之官，擔任督察百官及執法之責。（臧雲浦、朱崇業、王雲度：《歷代官制、兵制、科舉制表釋》，南京：江蘇古籍出版社，1987，282頁；邱樹森主編：《中國歷代職官辭典》，南昌：江西教育出版社，1991，639頁；徐連達主編：《中國歷代官制詞典》，合肥：安徽教育出版社，1991，979頁。）

② 宋華强：《放馬灘秦簡〈邸丞謁御史書〉釋讀札記》，139頁。

③ 張修桂：《天水〈放馬灘地圖〉的繪製年代》，46頁。

④ 李學勤：《放馬灘簡中的志怪故事》，43頁。

⑤ 方勇：《讀〈天水放馬灘秦簡〉小札（一）》，簡帛網，2009年10月17日；方勇：《讀放馬灘秦簡〈志怪故事〉札記（一）》。

爲相似,[①]故以“矢傷”爲是。“人”字,任步雲釋爲“卜”,顯誤。[②] 這段釋文中引發較多争論的是“垣雍”二字,舊版發掘簡報及何雙全、任步雲均釋爲“垣離”,[③]李學勤改訂爲“恒雍”,[④]遂爲諸家所接受(《天水放馬灘秦簡》亦從之)。[⑤] 不過,最近孫占宇根據紅外綫照片重新釋定爲“恒離”。[⑥] 我們認真查驗了原版圖片及紅外綫相片,認爲孫氏所釋未必確切,從其列舉的睡虎地秦簡、馬王堆帛書“離”、“雍”二字的寫法及字形上比對,并不能判明放簡此字就是“離”而非“雍”。我們又翻檢《秦文字類編》、《秦漢魏晋篆隸字形表》找出秦代竹簡書法“離”、“雍”、“雝”等字的字形:(離),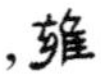(雍),(雝)。[⑦] 經比對,放簡此字與睡虎地秦簡(雝)字形甚爲契合。故我們主張釋爲“雝”字,即“垣雝(雍)”,而不贊成“垣離”説。

對於“垣雍”地名,李學勤指出:“戰國時屬韓國,在今河南原陽以西原武西北五里,與魏地卷密邇……恒雍距魏地卷極近,他很可能是從卷到恒雍去的。”[⑧]秦昭襄王四十八年(前259),韓國被迫獻出垣雍城,從此該城納入到秦版圖。[⑨] 不過,有學者將“垣雍”理解爲里名。譬如,李零認爲:“垣雍里”是丹的現居住地附近,與大梁無關,應屬秦境邽縣内。[⑩] 其實,最初簡報公布釋文時即破讀爲“丹矢傷人垣離里,中面”,最近孫占宇亦釋作“丹矢傷人垣離里中”,均是將“垣離”視爲里名。孫占宇進而判定“恒離里”是大梁下面的里名——“(恒離里)當與王里一樣,同屬大梁。”[⑪]

仔細推敲文意,我們認爲文中“垣雍”恐非指里名,而應是城名。結合下文所言“葬之垣雍(離)南門外”,丹的初次葬地應是“城”門外人煙稀少的荒郊野地,而非“里”門外的通衢及城内(詳見下文論述)。故而,簡文“丹矢傷人垣雍里中”應譯爲丹在垣雝(雍)城的某里中以矢傷人,并不是特指“恒雍里”、“恒離里”。至於故事發生時,垣雝(雍)歸屬於秦境抑或是韓

---

① 袁仲一、劉鈺:《秦文字類編》,西安:陝西人民教育出版社,1993,366頁。

② 任步雲:《放馬灘出土竹簡日書芻議》,87頁。

③ 甘肅省文物考古研究所、天水市北道區文化館:《甘肅天水放馬灘戰國秦漢墓群的發掘》,10頁;何雙全:《天水放馬灘秦簡綜述》,28頁;任步雲:《放馬灘出土竹簡日書芻議》,87頁。後來,何雙全又改從李學勤釋爲“垣雍”(何雙全:《簡牘》“三、天水秦簡”,41頁),《天水放馬灘秦簡》亦從之。

④ 李學勤:《放馬灘簡中的志怪故事》,43、44頁。

⑤ 雍際春認爲:“‘垣離’與‘垣雍’,原簡第二字爲左右結構,古‘雍’字即爲左右結構,‘離’字不是左右結構,當以‘雍’字爲正。垣雍,戰國時韓國地,在今河南原陽之西原武西北5里。”(雍際春:《天水放馬灘木板地圖研究》,28頁。)

⑥ 孫占宇:《放馬灘秦簡〈丹〉篇校注》,39頁。

⑦ 袁仲一、劉鈺:《秦文字類編》,250、251頁;漢語大字典字形組編:《秦漢魏晋篆隸字形表》,成都:四川辭書出版社,1985,239、240頁。

⑧ 李學勤:《放馬灘簡中的志怪故事》,44-45頁。

⑨ 《史記·秦本紀》:“(秦昭襄王)四十八年十月,韓獻垣雍。”(《史記》卷五,213頁。)又《白起王翦列傳》:“王聽之,割韓垣雍、趙六城以和。”(《史記》卷七三,2336頁。)

⑩ 李零:《秦簡的定名與分類·附録:放馬灘秦簡〈志怪故事〉(今移簡6於簡7後)》,8-9頁。

⑪ 孫占宇:《放馬灘秦簡〈丹〉篇校注》,39頁。晏昌貴對此觀點表示贊同(晏昌貴:《放馬灘簡〈邸丞謁御史書〉中的時間與地點》,298頁)。

境？這需根據簡文"□□七年"中所缺失的某王紀年來決定，若是公元前 259 年以前的韓王紀年則屬韓國，若是秦昭襄王四十八年之後的秦王紀年則屬於秦國。

（七）因自刺殹。舊版發掘簡報及何雙全原釋爲"丹矢傷人垣離里，中面，自刺矣"。[①]任步雲曾將"刺"字釋爲"刑"。[②] 李學勤改釋"面"爲"因"、"矣"爲"殹"，并將釋文破讀爲"丹刺傷人垣雍里中，因自刺殹"。[③] 李氏看法爲學界廣泛接受（《天水放馬灘秦簡》從之）。簡文"因"字，孫占宇認爲是副詞，猶如"於是"、"就"等含義。[④] 另外，孫占宇還據紅外綫照片提出應將"自刺"改釋爲"自刎"。[⑤] 查驗圖版，我們認爲孫説不確切，紅外照片中此字模糊，但與"刎"字形差异懸殊。先秦及秦漢傳世文獻中"自刺"與"自刎"語義相類，均爲自殺之義，但"自刎"强調以刃斷頸，"自刺"則係"直傷"[⑥]——以鋭利之物戳入或穿透體内（包含頸部或其他人體部位）。漢代人盛行隨身佩戴刀劍之風俗，[⑦]而戰國及秦時則對佩劍者的身份等級有嚴格規定，[⑧]尤其秦始皇兼并六國前後對兵器的管控更爲嚴格，普通百姓出行恐不得佩戴刀劍。[⑨] 本簡文中丹的身份當係戰國晚期下層民衆（甚至有人提出丹是刑徒——"髡徒"），在當時的社會環境下顯然是不被允許攜刀、佩劍的。故以刀刃自刎的可能性不大，而更似以鋭利之物（如矢之類）自刺而死。

（八）弃之於市三日。舊版發掘簡報及何雙全原釋爲"弃之於市，三日"。[⑩] 此説爲李學勤及各家所接受（亦爲《天水放馬灘秦簡》承襲）。對於簡文"弃"字，任步雲以缺字符代之——"□之於市三日"。[⑪] 近來，孫占宇也認爲此字殘泐、"字形與'弃'字不類"，亦缺釋。[⑫]

---

① 甘肅省文物考古研究所、天水市北道區文化館：《甘肅天水放馬灘戰國秦漢墓群的發掘》，10 頁；何雙全：《天水放馬灘秦簡綜述》，28 頁。

② 任步雲：《放馬灘出土竹簡日書芻議》，87 頁。

③ 李學勤：《放馬灘簡中的志怪故事》，43 頁。

④ 孫占宇：《放馬灘秦簡〈丹〉篇校注》，39 頁。

⑤ 孫占宇：《放馬灘秦簡〈丹〉篇校注》，36、39 頁。

⑥ 《説文・刀部》："刺，直傷也。"（［東漢］許慎撰，［清］段玉裁注：《説文解字注》四篇下，182 頁。）

⑦ 南朝梁人劉昭注《後漢書・輿服志下》"刀條"曰："（漢代）自天子至於庶人，咸皆帶劒。"（《後漢書》卷一二〇，北京：中華書局，1965，3671 頁。）《晋書・輿服志》："漢制，自天子至於百官，無不佩劍，其後惟朝帶劍。"（《晋書》卷二五，北京：中華書局，1974，771 頁。）

⑧ 西漢賈誼撰《新書》記載："古者，天子二十而冠，帶劍；諸侯三十而冠，帶劍；大夫四十而冠，帶劍。隸人不得冠，庶人有事得帶劍，無事不得帶劍。"（［漢］賈誼撰，閻振益、鍾夏校注：《新書校注》，附録一《新書未收文賦及佚文・佚文》，北京：中華書局，2000，452 頁。）

⑨ 《史記・秦始皇本紀》："（秦統一後）收天下兵，聚之咸陽，銷以爲鍾鐻，金人十二，重各千石，置廷宮中。"（《史記》卷六，239 頁。）有關秦漢時人佩劍風俗之情況，承蒙學友孫兆華博士告知。有關此議題之研究，詳見孫兆華《两汉人带剑风习》，北京師範大學歷史學院碩士學位論文，指導教師：王子今、張榮强教授，答辯日期：2012 年 5 月。

⑩ 甘肅省文物考古研究所、天水市北道區文化館：《甘肅天水放馬灘戰國秦漢墓群的發掘》，10 頁；何雙全：《天水放馬灘秦簡綜述》，28 頁。

⑪ 任步雲：《放馬灘出土竹簡日書芻議》，87 頁。

⑫ 孫占宇：《放馬灘秦簡〈丹〉篇校注》，39-40 頁。

查驗圖版,該簡文的筆法及輪廓大抵可依稀辨認出,將其與秦漢簡帛文字中“弃”字形比對——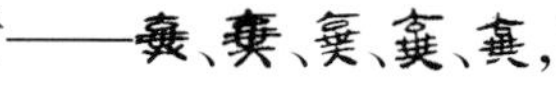,[①]還是頗有幾分相似,故我們主張釋之“弃”。不過,這段簡文中争論的焦點還不是字形的釋讀,而是對“弃之於市”含義的理解。李學勤將此句的上下文譯爲:“今王七年,丹在垣雍城閭里中將人刺傷,隨即自刺,被弃市。三日後,被埋葬在垣雍南門以外。”[②]顯然,他是將“弃之於市”理解爲“弃市”。更有學者依據這則簡文來論證秦代的死刑“弃市”是絞刑而非斬刑。[③] 對於“弃市”的行刑方式,通常認爲是在熱鬧的集市上持刀刃實施斬首之刑罰。不過,最近學界也提出不同看法。[④] 目前,秦漢時期“弃市”是斬首抑或絞殺,尚有待進一步澄清。但將放馬灘秦簡《志怪故事》視爲秦代弃市爲絞刑説的佐證則恐不能成立。睡虎地秦簡《法律答問》、張家山漢簡《二年律令》及《奏讞書》、肩水金關漢簡、敦煌漢簡秦漢出土文獻中屢有言及“弃世”刑罰,但均無“弃之於市”的説法。[⑤] 查檢前四史(《史記》、《漢書》、《後漢書》、《三國志》)并没有見到將“弃市”等同“弃之於市”的文例,至到《魏書·盧玄傳》才有“弃之於市”(弃市)的説法,且用法極爲少見。[⑥]

我們認爲,將放簡“弃之於市”解釋爲“弃市”刑法恐不確切。這裏“弃”字應指拋弃、捐弃之含義,《釋名·釋喪制》訓曰:“不得埋之曰‘弃’,謂弃之於野也。”[⑦]具體落實到本簡文就是説:陳屍於市以示戮、警誡衆人,誠如《禮記·王制》所言:“刑人於市,與衆弃之。”[⑧]值得一提的是,《左傳》中就記載了多起在犯人死後(含自殺、被殺及執行死刑者)仍被陳屍於市以示衆的案例。[⑨] 丹以矢傷人後誤以爲其人已死,自知難逃死罪懲罰遂自刺而亡。按照秦時法

① 漢語大字典字形組編:《秦漢魏晋篆隸字形表》,253頁。

② 李學勤:《放馬灘簡中的志怪故事》,44頁。

③ 曹旅寧:《從天水放馬灘秦簡看秦代的棄市》,《廣東社會科學》2000年第5期,134-139頁。

④ 《釋名·釋喪制》訓曰:“市死曰‘弃市’。市,衆所聚,言與市人共弃之也。”(繼昉纂:《釋名匯校》卷八,濟南:齊魯書社,2006,467頁。)有關“弃市”刑法之研究,詳見張建國《秦漢弃市非斬刑辨》,《北京大學學報》1996年第5期,116-118頁;胡興東《中國古代死刑行刑種類考》,《雲南大學學報》2009年第1期,8-14頁;連宏《兩漢魏晋弃市刑考辨》,《蘭州學刊》2012年第9期,70-75頁。

⑤ 兹舉睡虎地秦簡《法律答問》中二例以證之:第71號簡文云:“士五(伍)甲毋(無)子,其弟子以爲後,與同居,而擅殺之,當弃市。”第172號簡文云:“同母异父相與奸,可(何)論?弃市。”(睡虎地秦墓竹簡整理小組編:《睡虎地秦墓竹簡》,北京:文物出版社,1990,圖版54、63頁,釋文110、134頁。)

⑥ 《魏書》卷四七,北京:中華書局,1974,1057頁。另有一例見《元史·武宗紀一》。(《元史》卷二二,北京:中華書局,1976,495頁。)

⑦ 任繼昉纂:《釋名匯校》卷八,483頁。

⑧ 《十三經注疏》整理委員會整理,李學勤主編:《禮記正義》卷一一,北京大學出版社,1999,359頁。

⑨ 《左傳·昭公二年》談到鄭國公孫黑作亂未遂,自縊身亡後“屍諸周氏之衢”(《十三經注疏》整理委員會整理、李學勤主編:《春秋左傳正義》卷四二,北京大學出版社,1999,1177頁);《左傳·昭公十四年》記載:晋邢侯與雍子争訟,叔魚偏袒雍子,邢侯怒殺叔魚與雍子於朝,宣子采納叔向的建議“乃施邢侯,而屍雍子與叔魚於市。”(《十三經注疏》整理委員會整理,李學勤主編:《春秋左傳正義》卷四七,1338頁。)《左傳·定公十四年》記載“(董安于)乃縊而死。趙孟屍諸市,而告之於知氏”云云(《十三經注疏》整理委員會整理,李學勤主编:《春秋左傳正義》卷五六,1602頁)。

令,傷人致死者必須弃市。丹雖自殺身亡,依律仍陳屍鬧市、曝曬三日。[①] 據我估計,當時被害人可能受傷嚴重、生命垂危、恐難成活,故官府將丹以傷人致死罪論處,没成想傷者最終轉危爲安、撿回條命,因此就有了下文所論"以丹未當死"云云,且若致人死亡的話前述公文書中也不會僅言"丹矢傷人垣雝(雍)里中"。

(九)葬之垣雍南門外。舊版發掘簡報無釋,何雙全原釋爲"葬之垣離南門外",[②]後又從李學勤改釋"葬之垣雍南門外"。[③] 關於"垣雍"與"垣離"的争論,前文已有過介紹,兹不贅述。這段簡文由於圖版較清晰,釋文幾無争議(除了"垣雍"、"垣離"分歧外)。對此句的含義,李學勤譯文:"(丹弃市)三日後,被埋葬在垣雍南門以外。"[④]李零解説:"'垣雍南門外',是垣雍里的南門外。這是丹之初葬地,離案發現場和丹的居住地不遠。"[⑤]應該説,這段簡文的字面意思是清楚明了的:丹自刺弃市死後,被安葬於垣雍南門外。然而,這句話背後所隱藏的葬地信息則少有人注意。古人對葬地的選擇是十分講究和有嚴格規定的。墓穴之地、葬埋之所,絶不會在城中、與生人雜處,必然是在城外的特定地點。[⑥] 這也是我們判定簡文中兩次出現的"垣雍(離)"乃係城名而非里名的依據之一。

據前文所述的死亡方式而言,主人公丹是兵死、强死,屬於兇喪之類。按照先秦及後世的葬埋原則,是不可入葬祖塋地的。《周禮·春官·冢人》云:"凡死於兵者,不入兆域。"[⑦]《禮記·檀弓上》:"死而不弔者三:畏,厭,溺。"[⑧]這裏談到不必前往弔唁的三種横死情況:"畏"、"厭"、"溺"。《春秋公羊傳·定公十五年》"奔喪,非禮也"條漢代何休注曰:"禮有不弔者三:兵死,壓死,溺死。"[⑨]由此可見,"畏"即爲"兵死",其範圍不限於死於戰事,也包括一

---

① 本簡文所言"弃之於市"共計持續了"三日",恐亦非偶然。後世律令中多見"陳屍三日"的説法,清代汪士鐸撰《南北朝刑法志》云:北齊河青三年(564)規定,死刑中"重者轘,次梟首,并陳屍三日;無市者,列於鄉亭顯處"(《歷代刑法志》附録,北京:群衆出版社,1988,277頁)。後周保定三年(563)規定:"凡惡逆,肆之三日"(《歷代刑法志》附録,280頁)。

② 何雙全:《天水放馬灘秦簡綜述》,28頁。

③ 李學勤:《放馬灘簡中的志怪故事》,43頁;何雙全:《簡牘》,"三、天水秦簡",41頁。

④ 李學勤:《放馬灘簡中的志怪故事》,44頁。

⑤ 李零:《秦簡的定名與分類·附録:放馬灘秦簡〈志怪故事〉(今移簡6於簡7後)》,9頁。

⑥ 据《後漢書·虞延傳》记载:東漢建武初年,虞延任汝南郡細陽令,"每至歲時伏臘,輒休遣徒繫,各使歸家,并感其恩德,應期而還。有囚於家被病,自載詣獄,既至而死,延率掾史,殯於門外,百姓感悦之"(《後漢書》卷三三,1151頁)。文中所言"殯於門外"想必也應是縣城門外的郊野。

⑦ [清]阮元校刻:《十三經注疏·周禮注疏》卷二二,北京:中華書局,1960,786頁;《十三經注疏》整理委員會整理,李學勤主編:《周禮注疏》卷二二,668頁。

⑧ [清]阮元校刻:《十三經注疏·禮記正義》卷六,1279頁;《十三經注疏》整理委員會整理,李學勤主編:《禮記正義》卷六,192頁。

⑨ [清]阮元校刻:《十三經注疏·春秋公羊傳注疏》卷二六,2343頁;《十三經注疏》整理委員會整理,李學勤主編:《春秋公羊傳注疏》卷二六,北京大學出版社,1999,676頁。

切死於兵刃利器者。[①] 按照戰國時禮制，兵死者不能葬入家族墓地和公共墓地。《春秋左傳·襄公二十九年》："二月，癸卯，齊人葬莊公於北郭。"晋人杜預注曰："兵死不入兆域，故葬北郭。"唐代孔穎達《正義》曰："凡死於兵者，不入兆域。"[②]有學者提出丹自刺死亡後葬於垣雍南門外的趙氏族墓。[③] 我們認爲這是毫無根據的憑空想像，有悖禮制和葬俗。簡文中丹的葬地（無論是初次葬，抑或二次葬）絶不可能是其家族墓地或公共墓地。"兵死"者——丹被孤零零地安葬在公共（家族）墓地之外的荒郊，死後也無法回歸到家族中、與同族"家先"[④]相處，這就意味着無人祭祀、得不到"飲食"、香火，境況凄涼。《左傳·昭公七年》記鄭子産云："鬼有所歸，乃不爲厲"。[⑤] 簡文中丹既然是死無所歸，有一番不尋常"舉動"也在情理之中了，這就爲引出下面的故事情節做好了鋪墊。

有鑒於此，我們認爲："垣雍"是城名，而非里名；"南門"指的是城門，而非里門；"南門以外"其實就是指城外南郊的荒野之地。結合上文，我們可以還原出一幕場景：丹在垣雍城内某里中以矢傷人，他誤認爲傷者已死，自覺難逃嚴懲而自刺身亡，當地官員依律將其在垣雍鬧市中陳屍示衆三日，之後被安葬於垣雍城南門外的荒郊野地。

可以説，放簡《志怪故事》行文至此，均屬於邏輯合理的客觀描述，或本於真實原型的公文叙研述。而接下來的復生内容則充斥荒誕、虚構及想像，籠罩着十分濃郁的神秘主義和志怪色彩。

（十）三年，丹而復生。舊版發掘簡報僅釋出"三年"二字，其後大段内容缺釋。[⑥] 何雙全釋爲"三年，丹而復生。"[⑦]查驗圖版，字迹清晰可辨，釋文無誤。不過，有關學者對上述簡文的

---

① 《釋名·釋喪制》："戰死曰'兵'，言死爲兵所傷也。"（任繼昉纂：《釋名匯校》卷八，466 頁。）這裏所言"兵"死，還僅限於戰死者。其後，"兵死"泛指起因於一切金屬器物的意外傷害。如東晋干寶撰《搜神記》"陳仲舉"條所言宿命"兵死"的少年黄奴就是爲梁上鑿擊腦而死，如謂："陳仲舉微時，常宿黄申家。申婦方産，有扣申門者，家人咸不知。久久，方聞屋裏有言：'賓堂下有人，不可進。'扣門者相告曰：'今當從後門往。'其一人便往。有頃，還。留者問之：'是何等？名爲何？當與幾歲？'往者曰：'男也，名爲奴，當與十五歲。''後應以何死？'答曰：'應以兵死。'仲舉告其家曰：'吾能相。此兒當以兵死。'父母驚之，寸刃不使得執也。至年十五，有置鑿于梁上者，其末出，奴以爲木也，自下鈎之，鑿從梁落，陷腦而死。"（［晋］干寶撰，汪紹楹校注：《搜神記》卷一九，北京：中華書局，1979，235–236 頁。）

② ［清］阮元校刻：《十三經注疏·春秋左傳正義》卷三九，2005 頁；《十三經注疏》整理委員會整理，李學勤主編：《春秋左傳正義》卷三九，1252 頁。如《左傳·襄公二十五年》記齊莊公被崔杼弑殺，"葬諸士孫之里"。（楊伯峻編著：《春秋左傳注》，北京：中華書局，1990，1100 頁。）《左傳·昭公元年》記楚公子圍弑父楚王麇，"葬王於郟，謂之'郟敖'。"（楊伯峻編著：《春秋左傳注》，1223 頁。）《左傳·昭公十三年》記楚王子干被殺，葬於訾，稱"訾敖"。（楊伯峻編著：《春秋左傳注》，1348 頁。）

③ 李零提出："'趙氏'，蓋趙氏之族墓，疑丹出趙氏，丹之初葬地，上'垣雍南門外'的葬地，即在其範圍内。"（李零：《秦簡的定名與分類·附録：放馬灘秦簡〈志怪故事〉（今移簡 6 於簡 7 後）》，9 頁。）

④ 有關中國古人的"家先"觀念，詳見姜守誠《中國古代的"家先"觀念》，《學術界》2011 年第 4 期，138–145 頁。

⑤ 《十三經注疏》整理委員會整理，李學勤主編：《春秋左傳正義》卷四四，1247 頁；楊伯峻編著：《春秋左傳注》，1292 頁。

⑥ 甘肅省文物考古研究所、天水市北道區文化館：《甘肅天水放馬灘戰國秦漢墓群的發掘》，10 頁。

⑦ 何雙全：《天水放馬灘秦簡綜述》，28 頁。

字義理解上則出現了分歧。

首先,簡文"三年"的含義。舊版發掘簡報及何雙全認爲"三年"是帝王紀年,即指秦始皇之父莊襄王的三年。[①] 李學勤譯文爲"過三年,丹得到復活",[②]顯然是將簡文"三年"理解爲丹自刺死亡後、又過了三年,即秦昭王十年。章珊也對何雙全提出質疑,并提出了較爲籠統的看法:"莊襄王三年,確有北出趙地之舉。但《墓主記》的'三年'北出趙地,是指丹於七年死後的第三年復生所爲,即當指戰國秦某某王十年伐趙之事,而不是實指某王的三年。"[③]張修桂沿着李、章二氏的思路又進行了深入論述,分析指出了若將"三年"定爲秦莊襄王紀年必將導致前文"七年"無法落實的困窘——"《墓主記》'三年,丹而復生……北出趙氏',并非實指某帝王的三年,更不是指莊襄王三年的伐趙事件。因爲如果定此'三年'爲莊襄王的三年,那麽《墓主記》中丹矢傷人後自刺的'七年'又是哪一帝王的紀年呢?我們可以肯定它必然無所指。因爲在莊襄王之前,有'七年'紀年的帝王,在時間距離上最近的也衹有 53 年前的秦昭襄王有七年紀年,但這個紀年在時間順序上是很難能够成立的。可以這樣假定,如果墓主丹傷人自刺發生的時間是在昭襄王七年,年齡約在 30 歲左右,而至莊襄王三年伐趙,墓主丹已是 80 餘歲的耄耋之年,他怎能再參與伐趙之戰!至於昭襄王以前有七年紀年的帝王,距莊襄王三年也就更遠,當然更是不可能的了。而如果把'七年'所發生的傷人事件,斷在秦始皇的七年,勢必在時間順序上産生不應有的顛倒,變成是墓主丹未死而先有復生之事。"[④]雍際春則將篇首"八年"判定爲秦惠文王後元八年,而"三年"則是相對於前一個年份("七年")而言,换言之,就是某秦王七年之後的第三年,亦即更元前的秦惠文君十年。[⑤] 近來,李零在何氏舊説基礎上,略作修正,提出:"三年"是指墓主丹於秦王政七年(前 240)傷人自刺初葬後的第三年(前 237)。[⑥]

其次,簡文"而"字的含義。李學勤將"而"訓爲"得",譯文爲"丹得到復活"。[⑦] 宋華强不贊同此説,認爲:"(簡文)下句就有'得復生',上句'而復生'之'而'恐不當訓'得'。古漢語'而'可以加在主語和謂語之間……這種'而'的用法似與'乃'相當。"[⑧]孫占宇則認爲:"此處

---

① 甘肅省文物考古研究所、天水市北道區文化館:《甘肅天水放馬灘戰國秦漢墓群的發掘》,11 頁;何雙全:《天水放馬灘秦簡綜述》,29 頁。

② 李學勤:《放馬灘簡中的志怪故事》,44 頁。

③ 章珊:《放馬灘出土地圖的年代問題》,中國地理學會歷史地理專業委員會《歷史地理》編輯委員會編《歷史地理》第八輯,58 頁。

④ 張修桂:《天水〈放馬灘地圖〉的繪製年代》,45 頁。

⑤ 雍際春:《天水放馬灘木板地圖研究》,39-40 頁。

⑥ 李零:《秦簡的定名與分類·附録:放馬灘秦簡〈志怪故事〉(今移簡 6 於簡 7 後)》,9 頁。

⑦ 李學勤:《放馬灘簡中的志怪故事》,44 頁。

⑧ 宋華强:《放馬灘秦簡〈邸丞謁御史書〉釋讀札記》,139 頁。

用作連詞。在主、謂之間以强調主語,含有‘竟然’之意。”[①]其實,前述三人將“而”字分别訓爲“得”、“乃”、“竟然”并無本質差别、也無涉整句文意的理解,我們不妨可采納李零保留“而”字不譯的做法,徑直説“丹死而復生”。[②]

(十一)丹所以得復生者。何雙全釋爲“丹所以得復生者”。[③] 查驗圖版,字迹清晰可辨,釋文無争議,其含義也比較明確,誠如李學勤翻譯的那樣:“丹所以能復活”。[④] 這句話在整篇簡文中的關鍵之處在於引出下文,即李零所言此句之後“下面的話是解釋丹復生的過程”。[⑤]

(十二)吾犀武舍人。何雙全原釋爲“吾屋圭舍,卜”,[⑥]後經李學勤改訂爲“吾犀武舍人”[⑦]爲學界廣泛接受(《天水放馬灘秦簡》亦從之)。李學勤進而指出“犀武”是歷史上的真實人物,“‘犀武’,人名,魏將,見《戰國策・西周策》和《魏策》”,[⑧]“犀武是魏將,四見於《西周策》,一見於《魏策》,所記都是伊闕之戰這件事……此戰始於秦昭王十三年,至次年告終。犀武之死應在昭王十四年,這與放馬灘簡文昭王七年時丹爲犀武舍人,十年犀武論其舍人等情節,都能適合。”[⑨]李學勤又推論説:丹是犀武的舍人[⑩],“丹本爲魏國大梁人,是魏將犀武的舍人”。[⑪] 上述説法,得到了不少學者的認可。譬如,孫占宇援引虎溪山漢簡、水泉子漢簡中所見的真實歷史事件爲例,指出“日書中多見以歷史人物的事迹自神其説的情形”。[⑫] 秦漢簡牘《日書》中雖有真實的歷史人物及事件,但却與本文《志怪故事》分屬不同的體裁和性質,故孫氏所據不足爲憑。

雍際春也將此人名鎖定爲真實的歷史人物,但不采納李氏“犀武”説而改訂爲“犀首”(公孫衍),“何、李二先生對第二字判讀均有誤,該字非‘圭’亦非‘武’,而是‘首’字。犀首乃戰國後期著名策謀之士,又名公孫衍,魏國陰晋人,曾來往於秦、魏二國。”[⑬]雍氏詳細介紹了犀首的生平事迹,并同樣認爲“丹”是“犀首”的舍人,進而分析二人共同演繹了這件死而

---

① 孫占宇:《放馬灘秦簡〈丹〉篇校注》,40頁。

② 李零:《秦簡的定名與分類・附録:放馬灘秦簡〈志怪故事〉(今移簡6於簡7後)》,9頁。

③ 何雙全:《天水放馬灘秦簡綜述》,29頁。

④ 李學勤:《放馬灘簡中的志怪故事》,44頁。雍際春亦譯爲:“丹之所以能够復活”(雍際春:《天水放馬灘木板地圖研究》,31頁。)

⑤ 李零:《秦簡的定名與分類・附録:放馬灘秦簡〈志怪故事〉(今移簡6於簡7後)》,9頁。

⑥ 何雙全:《天水放馬灘秦簡綜述》,28頁。何雙全後來改從李學勤説法(何雙全:《簡牘》“三、天水秦簡”,41頁)。

⑦ 李學勤:《放馬灘簡中的志怪故事》,43頁。

⑧ 李學勤:《放馬灘簡中的志怪故事》,44頁。

⑨ 李學勤:《放馬灘簡中的志怪故事》,45-46頁。

⑩ 對於“舍人”稱謂,李學勤援引《漢書・高帝紀》注曰:“親近左右之通稱也,後遂以爲私屬官號。”(李學勤:《放馬灘簡中的志怪故事》,44頁。)

⑪ 李學勤:《放馬灘簡中的志怪故事》,45頁。

⑫ 孫占宇:《放馬灘秦簡〈丹〉篇校注》,40頁。

⑬ 雍際春:《天水放馬灘木板地圖研究》,28-29頁。

復生離奇故事。[1] 不過遺憾的是,前述論斷大多基於虛構假設和憑空想像,其論證過程中文學色彩過濃,以至於降低了學術研究的嚴謹性。

李零雖然也認同"犀武"是人名,"舍人"是官職名,但却不認爲本簡中的"犀武"就是那個死於秦昭王十四年的魏將犀武,而僅是呈文者"邽丞"屬下的一名舍人(與魏將犀武純屬重名而已)——"指邽丞屬下一個叫犀武的舍人。'犀武'是人名,'舍人'是縣吏的泛稱。"[2]顯然,他是將簡文"吾"字理解爲第一人稱代詞(即呈報公文者"邽丞"的自稱),這就導致了自相矛盾。前述李零的觀點是將全篇簡文劃分爲兩個獨立的部分:第一部分初次葬,從"八年八月己巳"至"葬之垣雍南門外"訖,係爲公文書的呈報内容;餘下的第二部分係爲遷葬内容,不屬於公文書範疇。若按此邏輯,第二部分中的人名"犀武"就不應該與公文呈報者"邽丞"有任何關聯,更不應以"吾"字引出下文。對於"吾"字,李學勤視之爲丹的自稱,[3]宋華强則懷疑"'吾'當讀爲'語',簡文是説丹所以得復生者,是因爲其鬼魂告訴了犀武的舍人,所以才有下文犀武呼其舍人告司命史,并令民掘出丹之事。"[4]結合上下文意,宋氏將"吾"訓爲"語"是可取的,且古漢語中"吾"與"語"二字可通假互借,如長沙馬王堆漢墓帛書《五十二病方》"頹"條(第204行):"神女倚序聽神吾。"[5]其中,"吾"就是"語"字的省借。[6]

(十三)犀武論其舍人尚命者。何雙全原釋爲"屋吉。論其舍,卜,尚命者",[7]李學勤訂正爲"犀武論其舍人□命者",[8]雍際春釋爲"犀吉,論其舍人尚命者",[9]何雙全後來改從李氏説法又補釋爲"犀武論其舍人尚命者"[10]并爲《天水放馬灘秦簡》承襲。這段簡文中引起學人爭論的主要是兩個字:"論"、"尚"。

簡文"論"字,李學勤援引《説文·言部》"論,議也"的説法,認爲"在此爲議其功罪之

---

① 雍際春:《天水放馬灘木板地圖研究》,32-37頁。

② 李零:《秦簡的定名與分類·附録:放馬灘秦簡〈志怪故事〉(今移簡6於簡7後)》,9頁。

③ 宋華强指出李學勤、雍際春二人對"吾"字詮釋上的偏差,"李學勤先生對'吾'字未加破讀,但是既然他把簡文理解爲是丹自述,大概是把'吾'字看作是丹的自稱。按,若是丹自述,不好解釋何以簡文多處稱'丹',而僅此一處稱'吾'……雍際春先生以李先生的解釋爲據,却把上述簡文譯爲'丹之所以能够復活,是因爲他曾是犀首的舍人',譯文中的'他'字和把簡文看做是丹自述實際是矛盾的"(宋華强:《放馬灘秦簡〈邸丞謁御史書〉釋讀札記》,中國文化遺産研究院編:《出土文獻研究》第十輯,139頁)。

④ 宋華强:《放馬灘秦簡〈邸丞謁御史書〉釋讀札記》,139頁。

⑤ 馬王堆漢墓帛書整理小組:《馬王堆漢墓帛書[肆]》,北京:文物出版社,1985,圖版24頁,釋文50頁。

⑥ 馮其庸、鄧安生纂著:《通假字彙釋》,北京大學出版社,2006,209頁。

⑦ 何雙全:《天水放馬灘秦簡綜述》,28頁。

⑧ 李學勤:《放馬灘簡中的志怪故事》,43頁。

⑨ 雍際春:《天水放馬灘木板地圖研究》,29頁。雍際春認爲"吉"是"古代祭祀鬼神的禮儀,爲'五禮'(吉、凶、賓、軍、嘉)之一。"并將此句譯爲:"犀首曾經向鬼神行吉禮,認爲他的舍人丹罪不當死"云云(雍際春:《天水放馬灘木板地圖研究》,30頁、31頁)。細審圖版,"吉"顯係"武"字之誤釋。而且,雍氏關於犀首行吉禮的一番解釋也是毫無根據的牽强附會。

⑩ 何雙全:《簡牘》,"三、天水秦簡",41頁。

意。”[①]李零也認爲是“論罪”之義。[②] 宋華强則提出不同看法,“懷疑‘論’字是誤釋或簡文誤書,可能本是‘侖’或‘篇’字,讀作‘籲’,即呼令之意。”[③]宋氏此説有過度發揮之嫌。我們認爲“論”即爲本字,其意當如《説文》所訓,落實到本簡就是衡量斟酌、論罪處罰之含義。孫占宇認爲“論”字下或脱一“與”字。[④] 此言不確,“論”字後若增補一“與”字或它字,反倒造成文意不暢。

簡文“尚”字,李學勤缺釋,查驗圖版確殘泐不清。何雙全始終釋爲“尚”字、并爲《天水放馬灘秦簡》所沿襲。陳侃理認爲據圖版可辨此字上半部爲“⺮”頭,故釋爲“管”字(意爲主也、典也),[⑤]似不可取。我們暫采何説,但以“尚”來表示。對於“尚”字含義,方勇認爲龍崗木牘“令自尚”中的“尚”、張家山漢簡《奏讞書》“令自常”中的“常”,與放簡此句“尚”字的語義相同,均可訓爲“主”。[⑥] 這種説法恐不確切,“令自尚”是秦漢時人的法律用語,屢見於秦漢出土文獻中,如張家山漢簡《二年律令》“具律”條:“……女子庶人,毋筭(算)事其身,令自尚。”[⑦]整理小組注釋曰:“尚,《廣雅·釋詁三》:‘主也’。參看雲夢龍崗木牘”。[⑧] 此説顯係方勇所本。但據研究表明,張家山漢簡“令自尚”乃係指自奉、自養,“尚”當取“奉”、“奉事”、“奉養”之義,是封建國家對錯判、誤判等受害人的補充措施,[⑨]與放簡“論其舍人尚命者”中的“尚”字并非同一語境,語義也不同。李零詮釋説“‘尚命’,讀掌命”,[⑩]即將“尚”訓爲“掌”。宋華强也認爲:“‘尚’疑當讀爲‘掌’,‘掌’從‘尚’聲,音近可通。戰國齊官璽‘尚路’當讀爲‘掌路’,三晋官璽‘左庫尚歲’當讀爲‘左庫掌歲’,是其例。”[⑪]孫占宇推崇宋説,進而將釋文直接釐定爲“論其舍人尚(掌)命者”。[⑫] 我們認爲,本簡“尚”字就含義而言雖可通“掌”(具有主持、掌管之含義),但此字古樸、是戰國及秦代官職的習用語(秦置六尚:尚衣、尚冠、尚食、尚沐、尚席、尚書),[⑬]故釋文應保留本字而不可徑代以“掌”。

---

① 李學勤:《放馬灘簡中的志怪故事》,44頁。

② 李零:《秦簡的定名與分類·附録:放馬灘秦簡〈志怪故事〉(今移簡6於簡7後)》,9頁。

③ 宋華强:《放馬灘秦簡〈邸丞謁御史書〉釋讀札記》,140頁。

④ 孫占宇:《放馬灘秦簡〈丹〉篇校注》,40頁。

⑤ 陳侃理:《放馬灘秦簡〈丹〉篇札記》,簡帛網,2012年9月25日。

⑥ 方勇:《讀放馬灘秦簡〈志怪故事〉札記(一)》,復旦大學出土文獻與古文字研究中心網,2009年11月6日。

⑦ 張家山二四七號漢墓竹簡整理小組編著:《張家山漢墓竹簡[二四七號墓]:釋文修訂本》,北京:文物出版社,2006,25頁。

⑧ 張家山二四七號漢墓竹簡整理小組編著:《張家山漢墓竹簡[二四七號墓]:釋文修訂本》,26頁。

⑨ 戴世君:《張家山漢簡〈二年律令〉研讀六則》,《杭州師範大學學報》2010年第2期,98-99頁。

⑩ 李零:《秦簡的定名與分類·附録:放馬灘秦簡〈志怪故事〉(今移簡6於簡7後)》,9頁。

⑪ 宋華强:《放馬灘秦簡〈邸丞謁御史書〉釋讀札記》,140-141頁。

⑫ 孫占宇:《放馬灘秦簡〈丹〉篇校注》,36頁、40頁。

⑬ 《韓非子·内儲説下》:“宰人頓首服死罪,曰:‘竊欲去尚宰人也。’”([清]王先慎撰,鍾哲點校:《韓非子集解》卷一〇,253頁。)

簡文"命"字,前人多理解爲壽命、生命,如前引宋華强談道:"'舍人掌命者'大概是犀武手下負責卜算人命的舍人,由於丹告訴犀武某舍人自己將復生,於是舍人掌命者算知丹命不當亡,犀武才會命此舍人掌命者告司命史公孫强。這樣理解的話,丹得以復活的理由可能就不是'罪不應死'了。古代傳説中復生的理由常常是陽壽未終……丹得以復生的原因可能也是陽壽未盡。"[①]孫占宇承襲宋説,亦認爲"舍人掌命者,當爲犀武門下一個精通卜算人命并可與司命史溝通的術士。"[②]宋氏關於丹復生原因的解釋太過牽强,完全基於個人的憑空想像。後世志怪小説中雖有陽壽未盡而獲復生之例,但就放簡《志怪故事》而言,通篇并未出現"陽壽未盡"之類語辭及背景鋪墊,若强行植入此觀念、藉此注解丹的復生,不僅甚顯突兀,而且會造成上下文意的割裂。

對"命"字之所指,我們認爲或許是罪行、罪名。張家山漢簡《二年律令》"具律"條:"有罪當完城旦舂、鬼薪白粲以上而亡,以其罪命之;耐隸臣妾罪以下,論令出會之。其以亡爲罪,當完城旦舂、鬼薪白粲以上不得者,亦以其罪論命之。"[③]整理小組注釋曰:"命,確認罪名。《漢書·刑法志》'已論命復有笞罪者,皆弃市'注引晋灼曰:'命者名也,成其罪也。'"[④]放簡此句"犀武論其舍人尚命者"可省成"論……命"句型,與前引"論命"頗爲相似,故本簡"命"字或指斟酌案情而後確定刑罰之義,似乎有些終審裁决的味道。

據傳世文獻及出土資料證實,秦漢時期已建立起了一套較爲完善的刑事司法體系及定罪量刑程序,其中包括縣(縣令、縣尉)、郡(郡守)、中央(廷尉、皇帝)的三級復審("覆獄")及對罪名已定的疑難或重大案件實施"集議"等制度。[⑤] 從放簡"吾(語)犀武舍人,犀武論其舍人尚命者"來看,充分體現了復審、集議的司法程序。前句"吾(語)犀武舍人"意思是説:有人將此案情報告了犀武舍人,後句"犀武論其舍人尚命者"就是説:犀武召來執掌刑律者,共同對這起命案重作審議和量刑。前句簡文是司法"復審"程序,而報告案情的人應該是丹的親友或是案發地的執法官吏,他們或從私人情感出發請求公正裁决(即"乞鞫",通常限判决後三個月内),或地方基層組織依據審判程序將刑獄疑案移送上級部門呈請評議、决斷(即

① 宋華强:《放馬灘秦簡〈邸丞謁御史書〉釋讀札記》,141頁。

② 孫占宇:《放馬灘秦簡〈丹〉篇校注》,40頁。

③ 張家山二四七號漢墓竹簡整理小組編著:《張家山漢墓竹簡[二四七號墓]:釋文修訂本》,25頁。

④ 張家山二四七號漢墓竹簡整理小組編著:《張家山漢墓竹簡[二四七號墓]:釋文修訂本》,25-26頁。

⑤ 關於戰國及秦代的司法審判程序,文獻記載十分少見。漢因秦制,漢代的行政、司法體系大抵是承襲秦代,依據西漢初期的傳世文獻及出土資料或許可以窺見秦代的情况。相關研究,詳見陳光中、沈國峰《中國古代司法制度》,北京:群衆出版社,1984,146-193頁;高恒《秦漢簡牘中法制文書輯考》,408-468頁;張建國《漢簡〈奏讞書〉和秦漢刑事訴訟程序初探》,《中外法學》1997年第2期,48-57頁;劉太祥《秦漢政治文明建設》,《南都學壇》2005年第5期,1-8頁;湛玉書《張家山漢簡〈奏讞書〉中的司法程序詞語研究》,《河南社會科學》2006年第6期,51-53頁轉119頁;歐揚《論張家山漢簡〈奏讞書〉定罪量刑程序》,《法制博覽》2012年第1期,1-2頁轉5頁。

“奏讞”、“獄疑讞”），[①]或上級行政長官發現錯判案件而提出重審（“覆獄”）。後句簡文則是司法“集議”量刑程序，這起刑事案件中，丹由當地縣級官吏初步核定了罪名，上級行政長官或中央司法機關主管（犀武）召集諸多屬吏共議其罪，就已知的案情討論如何定罪量刑（罪行的性質、輕重），對當地縣級部門的初審結果作出了批駁（撤銷原裁決），并給予新的定論（“以丹未當死”）。

（十四）以丹未當死。這句釋文自何雙全釐定以來，[②]素無争議，其含義也是明確的，誠如李學勤所譯“認爲丹罪不應死”。[③] 簡文“未當”二字的含義，孫占宇援引《史記・秦始皇本紀》、《漢書・天文志》中所見的該語辭材料，詮釋爲“不應當”。[④] 可從。

對於丹罪不當死的原因及犀武重審後的處理意見上，有些學者明顯犯了過度解釋和任意發揮的錯誤。譬如，李零認爲：“丹之傷人屬誤傷，罪不當死，但自殺後，却遭弃市，判罰過重，有點冤枉。冤死鬼，古人叫殤。古人害怕這種鬼會從墳墓裏爬出來作祟，所以有各種解除方法。下文所述遷墓，就是解除之一術。”[⑤]這段解説辭中存在兩個問題：其一、原簡文中并無涉及“誤傷”的任何文字，李氏此説顯係過度解釋、虛構了情節；其二、關於“殤”鬼作祟及遷墓解除之説，有些扯遠了，與本簡所述復生故事恐無關聯。不過，李氏對於丹罪不當死、判罰過重的認定，還是符合情理的。又如，方勇認爲：“簡文是説犀武重新審判丹的案件時，覺得應該給予丹自由。但是丹已經死亡，犀武認爲丹不該死，於是就有了掘丹出墓之事。”[⑥]這裏談到“應該給予丹自由”亦係憑空現象，據文意來看，説丹罪不及死是正確的，但并非無罪（“給予自由”）。

有趣的是，美國學者夏德安（Donald Harper）則認爲“犀武論……丹未當死”的含義是説：“犀武準備了一件寫好的論丹不當死的文書，在丹下葬時將文書放到了墓中，這樣，丹帶着這件文書到了地府，提出了復生的申請和訴訟。三年後，丹得以復活”。[⑦] 這種説法完全建立在想像的基礎上，嚴重脱離了文本依據，未能忠實於原文，我們暫不采納，但也不否認這確是一種新穎的詮釋視角，對於理解漢代墓葬中頻見的告地策文書是有幫助的。然而，放簡《志怪

① 秦漢時郡守級官員擁有對一般案件的死刑執行權而無需奏請朝廷核准。

② 何雙全：《天水放馬灘秦簡綜述》，28頁。

③ 李學勤：《放馬灘簡中的志怪故事》，44頁。

④ 孫占宇：《放馬灘秦簡〈丹〉篇校注》，40頁。

⑤ 李零：《秦簡的定名與分類・附録：放馬灘秦簡〈志怪故事〉（今移簡6於簡7後）》，9頁。

⑥ 方勇：《讀放馬灘秦簡〈志怪故事〉札記（一）》，復旦大學出土文獻與古文字研究中心網，2009年11月6日。

⑦ ［美］夏德安著，陳松長、熊建國譯：《戰國民間宗教中的復活問題》，中國社會科學院簡帛研究中心編《簡帛研究譯叢》第一輯，長沙：湖南出版社，1996，32頁。

故事》不應屬於此類文書範疇。[1]

（十五）因告司命史公孫强。此句釋文，舊版發掘簡報及何雙全均缺釋。李學勤據圖版首次補釋出來。[2]簡文“告”字，前引李學勤譯文中訓作“禱告”，孫占宇援引《書・金縢》孔傳、《儀禮・鄉飲酒禮》鄭玄注也認爲是指禱告、請求。[3] 前引李零譯文則曰“告給”。結合我們對公孫强身份的推定，及其與犀武之關係，我們認爲將“告”字譯爲“告知”、“告訴”[4]較爲中性、合理，且符合秦漢簡牘文書中“告”字的用法。[5]

（十六）因令白狗穴屈出丹。此句釋文，舊版發掘簡報及何雙全均缺釋。李學勤據圖版補釋爲：“因令白狗（?）穴屈出丹”，[6]并解釋説：“‘白狗’，‘狗’字右旁不清，詞見《儀禮・既夕禮》”，進而譯爲：“公孫强就叫白狗把丹從地下掏掘出來”。[7] 這句釋文中引發争論的是“白狗”二字，此係李學勤最先釋出（“狗”字存疑），後爲諸家所從（亦爲《天水放馬灘秦簡》采納）。

方勇則改釋“白狐”，如言：“所謂‘狗’字，其形爲，李學勤和放馬灘簡整理者都認爲是‘狗’字，我們懷疑其爲‘狐’字，其字形右側的‘瓜’形和睡虎地秦簡《日書》乙六五簡的‘瓜’字的形近。如此，‘白狗’應即‘白狐’。”[8]孫占宇承襲此觀點，并補充了幾則新證據：“（該字圖版）左部從犬，右部與《六甲孤虚》篇中‘孤’（寫作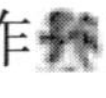）右部形似，似可釋爲‘狐’。再者，本批材料中表‘狗’義皆用‘犬’字，此處不大可能用‘狗’。”[9]

宋華强不同意“白狗”、“白狐”二説，據他分析説：“單就事理而言，無論‘白狗’還是‘白狐’，恐怕都不能作‘掘’的主語，因爲‘掘’是人的動作，不能由狗狐做出。”[10]他又比對了本篇第5號簡“白”字、第4號簡“柏”字的圖版，認爲本句中原釋爲“白”字的圖版與前述二簡“白”字的筆劃形態明顯不同，疑是“民”字之殘；原釋“狗”或“狐”字的圖版，與睡虎地秦簡“狗”字也不同，“疑是‘肙’字，即‘淵’字初文。”故而，他將二字釋爲“民肙（淵）”，并將“肙

① 夏德安認爲放簡《志怪故事》與漢代告地策有密切關係，李零也建議結合告地策對北大秦牘《泰原有死者》及放簡《志怪故事》進行深入探討。（詳見［美］夏德安著，陳松長、熊建國譯《戰國民間宗教中的復活問題》，29－32頁；李零《北大秦牘〈泰原有死者〉簡介》，《文物》2012年第6期，84頁。）而我們認爲，從文體與性質上看，放簡《志怪故事》及北大秦牘《泰原有死者》與漢代告地策是屬於不同類型。

② 李學勤：《放馬灘簡中的志怪故事》，43頁。

③ 孫占宇：《放馬灘秦簡〈丹〉篇校注》，40頁。

④ 《廣雅・釋詁一》：“告，語也。”（［清］王念孫：《廣雅疏證》卷一下，北京：中華書局，1983，32頁。）

⑤ “告”字，在秦漢簡牘文書中既可用於上級對下屬，也可用於平級、平輩之間。根據文意分析，我們認爲公孫强并非是犀武的屬吏或舍人，而或許僅爲後者所信奉或供養，故二人交流時用“告”字是合理的。

⑥ 李學勤：《放馬灘簡中的志怪故事》，43頁。

⑦ 李學勤：《放馬灘簡中的志怪故事》，44頁。

⑧ 方勇：《讀放馬灘秦簡〈志怪故事〉札記（一）》，復旦大學出土文獻與古文字研究中心網，2009年11月6日。

⑨ 孫占宇：《放馬灘秦簡〈丹〉篇校注》，41頁。

⑩ 宋華强：《放馬灘秦簡〈邸丞謁御史書〉釋讀札記》，141頁。

(淵)"字下讀,"'淵穴'疑當讀爲'穿穴',即挖開墓穴。"①陳侃理贊同宋氏"鼡"字釋文,但疑上字爲"日",即"日鼡",并譯文爲"公孫强令丹於晝間自行穿穴掘土而出"。②

查驗圖版,我們贊同方勇、孫占宇二氏"白狐"釋文(下文將談及白狐在古代志怪故事中的特殊角色)。李學勤釋文"白狗"中的"狗"字圖版與睡虎地秦簡字形不符,宋華强"民鼡"、陳侃理"日鼡"二種釋文意見也都有問題。此外,宋華强認爲掘應是人的動作,藉此反駁"白狐"、"白狗"釋文的可能性。我們認爲太過武斷,掘地雖爲人的動作,但這篇志怪故事中"白狐"(或"白狗")顯然擬人化了,被賦予了人的靈性而不能以簡單的某個動物(狐或狗)來看待,而是能够出入冥界地府、肩負特殊使命的靈獸。至於陳侃理對"日鼡"二字含義的引申和發揮,更是憑空杜撰,不足爲據。

簡文"屈"字,李學勤訓曰:"讀爲'掘'"。③孫占宇采納了這一看法,并破讀爲"穴屈(掘)出"(即將"丹"字下讀),并解説文意是"通過打洞的辦法(將丹的屍身從墓中)挖出來。"④我們認爲孫氏譯文比較符合原意,但不贊同他將"屈"徑直讀作"掘"。"屈"字應讀作"窟",通"掘",意爲"挖"。⑤ 簡文"穴屈"即爲"穴窟",亦即"窟穴",即挖洞,打通一條從壙室到地面的孔道。

(十七)立墓上三日。此句簡文由李學勤最先釋出,并語譯爲"在墓上停了三天"。⑥ 這一説法爲諸家所從,幾無争議。這句話强調了丹的屍體被白狐穿穴從壙室挖出來後,在墓地上又放置了三天。這也是丹得以復活的重要步驟之一。

(十八)因與司命史公孫强北出趙氏之北地相丘之上。這句簡文從釋文到句讀都頗有争議,現將諸家觀點陳述如下。何雙全最先將此句完整釋出(此前,任步雲、舊版發掘簡報僅釋出部分文字⑦),其釋文及句讀爲:"與司命史公孫强北出趙氏之北。邽相立之上盈四年"云云。⑧ 李學勤改訂釋文并重新句讀爲:"因與司命史公孫强北出趙氏,之北地柏丘之上。"⑨這一意見隨即爲諸家采納(如何雙全、雍際春等⑩)。不過,方勇指出原釋文"北出趙氏"中的

---

① 宋華强:《放馬灘秦簡〈邸丞謁御史書〉釋讀札記》,141 頁。

② 陳侃理:《放馬灘秦簡〈丹〉篇札記》,簡帛網,2012 年 9 月 25 日。

③ 李學勤:《放馬灘簡中的志怪故事》,44 頁。

④ 孫占宇:《放馬灘秦簡〈丹〉篇校注》,41 頁。

⑤ 馮其庸、鄧安生纂著:《通假字彙釋》,694 頁。

⑥ 李學勤:《放馬灘簡中的志怪故事》,44 頁。李零的譯文較李學勤更爲準確:"立丹屍於墓上,長達三天。"(李零:《秦簡的定名與分類·附録:放馬灘秦簡〈志怪故事〉(今移簡 6 於簡 7 後)》,9 頁。)

⑦ 任步雲:《放馬灘出土竹簡日書芻議》,87 頁;甘肅省文物考古研究所、天水市北道區文化館:《甘肅天水放馬灘戰國秦漢墓群的發掘》,10 頁。

⑧ 何雙全:《天水放馬灘秦簡綜述》,28 頁。

⑨ 李學勤:《放馬灘簡中的志怪故事》,43 頁。

⑩ 雍際春:《天水放馬灘木板地圖研究》,29 頁;何雙全:《簡牘》,"三、天水秦簡",41 頁。

“出”字明顯應是“之”字誤釋,[①]李零、孫占宇從之,[②]孫氏據此斷句爲:“因與司命史公孫强北,之趙氏之北地柏丘之上。”[③]我們贊同方勇提出的“北之趙氏”釋文觀點,原因有二:其一、“之”字,除了本句“北□趙氏”外,本篇《志怪故事》中還出現5次,查驗圖版,本句“趙氏”前字()與其他五次“之”字形完全相同;其二、“趙氏”前字圖版,與睡虎地秦簡“出”字形(、)明顯不同,而與秦簡“之”字形(、)契合。[④]

任步雲、何雙全原釋文“邽相立”,李學勤改訂爲“地柏丘”,《天水放馬灘秦簡》兼容了何、李二人的意見,公布釋文爲“地相丘”(即保留任、何二氏“相”字釋文,采納李氏“地”、“丘”二字釋文)。今查驗圖版及紅外綫圖片,當以李學勤所釋“地柏丘”三字爲是。[⑤]

除了前述釋文的辨析與釐定外,這段簡文中有幾個關鍵性語辭的含義必須予以澄清。

首先,“趙氏”。舊版發掘簡報及何雙全均認爲“趙氏”是指秦造父的封地趙城,進而將“北出趙氏”定義爲秦國攻伐趙國的戰役,藉此推定本篇簡文《墓主記》(《志怪故事》)的成書撰寫年代。譬如,舊版發掘簡報所言:“‘三年……北出趙氏之北’中的趙氏,指秦造父的封地趙城。《史記·秦本紀》曰:‘繆王以趙城封造父,造父族由此爲趙氏。’始皇三年没有‘出趙氏’的記載。查其父莊襄王三年初,‘攻趙榆次、新城、狼孟,取三十七城……’簡文所曰‘三年’很可能就指莊襄王三年。”[⑥]又如,何雙全談道:“‘北出趙氏’一事,始皇以前屢有舉動,但在‘三年’前後出兵的,僅有始皇之父莊襄王。”[⑦]不過,上述説法隨後被李學勤否定,他認爲“北出趙氏”其實是指丹復活後的活動,與秦攻打趙國的歷史事件無關,但他也贊成“趙氏”就是指趙國。[⑧]

李零則提出了一種新説法:“‘趙氏’,蓋趙氏之族墓,疑丹出趙氏,丹之初葬地,上‘垣雍南門外’的葬地,即在其範圍内。”[⑨]此説雖令人耳目一新,但太過牽强,臆測成分太濃,并無文獻依據。

前述學者對於“趙氏”界定與解説,其實均局限在現實世界中尋覓對應的國名、地名,此外另有一種詮釋的思路值得重視:“北出(之)趙氏”及“北地”、“柏丘”等語辭或許并非實指,而是隱指幽冥世界的异域空間。譬如,連劭名分析了簡文“柏丘”的象徵含義後,提出:“‘北

① 方勇:《讀放馬灘秦簡〈志怪故事〉札記(一)》,復旦大學出土文獻與古文字研究中心網,2009年11月6日。

② 李零:《秦簡的定名與分類·附録:放馬灘秦簡〈志怪故事〉(今移簡6於簡7後)》,8、9頁;孫占宇:《放馬灘秦簡〈丹〉篇校注》,37、41頁。

③ 孫占宇:《放馬灘秦簡〈丹〉篇校注》,37、41頁。

④ 袁仲一、劉鈺:《秦文字類編》,104、105頁;漢語大字典字形組編:《秦漢魏晋篆隸字形表》,402頁。

⑤ 孫占宇也采納了“地柏丘”釋文。(詳見孫占宇:《放馬灘秦簡〈丹〉篇校注》,37、41頁。)

⑥ 甘肅省文物考古研究所、天水市北道區文化館:《甘肅天水放馬灘戰國秦漢墓群的發掘》,11頁。

⑦ 何雙全:《天水放馬灘秦簡綜述》,29頁。

⑧ 李學勤:《放馬灘簡中的志怪故事》,45頁。

⑨ 李零:《秦簡的定名與分類·附録:放馬灘秦簡〈志怪故事〉(今移簡6於簡7後)》,9頁。

出趙氏'實暗指前往陰間……可見丹的壽數未盡,他的復生是轉化爲鬼。"[①]本篇簡文中主人公丹因壽數未盡而復生的説法爲宋華强所承襲,[②]而復生就是化鬼的説法則爲李零所發揮。[③]

其次,"北地"。李學勤認爲指秦國境内的北地郡,由於他預先將簡文時代判定爲秦昭王卅八年,故"北出趙氏"爲秦昭王十年(前297),此時"北地郡尚未設立,地屬戎族,簡文稱'北地'衹是追述。"[④]同時,他排除了"北地"係指魏國地名的可能性。[⑤] 孫占宇則反駁了李學勤觀點,認爲北地郡(秦穆公三十七年置)的治所位於大梁西向,丹復生後"與司命史公孫强北"不可能到達北地郡。又簡文"之趙氏之北地柏丘之上"明確説到了趙國的北地,故他認爲:"此'北地'或泛指趙國北方之地,或爲趙國一名爲'北地'之所。"[⑥]陳侃理則認爲簡文"北地"恐非實指某個地名或行政區劃,而是泛指北方幽冥世界,[⑦]而"柏丘"則是指稱死後世界。[⑧] 我們贊成陳氏看法,并略作補充論述。古人墓地通常擇址於城郭、郡邑、邦國之北,藉此代表通往幽冥之路。譬如《禮記·檀弓下》云:"葬於北方,北首,三代之達禮也,之幽之故也。"漢代鄭玄注曰:"北方,國北也。"唐代孔穎達《正義》曰:"言葬於國北及北首者,鬼神尚幽暗,往詣幽冥故也。"[⑨]又《左傳·哀公二十六年》:"(哀公)得夢啟北首而寢於盧門之外"。杜預注曰:"北首,死象。"[⑩]《文選》卷二九《詩己·雜詩上》收録五言古詩十九首,其中第十三首云:"驅車上東門,遥研望郭北墓。白楊何蕭蕭,松栢夾廣路。下有陳死人,杳杳即長暮。"唐代李善注引應劭《風俗通義》:"葬於郭北。北首,求諸幽之道也。"[⑪]概言之,北方、北地在古人眼中就是地府冥界的象徵,并由此形成了墳墓建於城邑之北、屍體入葬頭朝北方等喪俗

① 連劭名:《雲夢秦簡〈詰〉篇考述》,《考古學報》2002年第1期,24頁。

② 宋華强:《放馬灘秦簡〈邸丞謁御史書〉釋讀札記》,141頁。

③ 李零:《秦簡的定名與分類·附録:放馬灘秦簡〈志怪故事〉(今移簡6於簡7後)》,9頁。

④ 李學勤:《放馬灘簡中的志怪故事》,44、45頁。

⑤ 據《戰國策·魏策》記載,魏國也有"北地"。李學勤分析説《魏策》中的"北地"實際是"北宅"之誤書(《史記》、《竹書紀年》、長沙馬王堆帛書《戰國策》對此均已證實),"説明魏國本來没有'北地'。況且看放馬灘簡,丹先北出趙境,後到北地,這與所謂在大梁之北的'北地'方位也全然不符"(李學勤:《放馬灘簡中的志怪故事》,45頁)。

⑥ 孫占宇:《放馬灘秦簡〈丹〉篇校注》,41頁。晏昌貴亦認爲:"趙氏即趙國,北地爲趙國的北部地區,爲區域名,柏丘則爲北地之具體小地名。"他又根據戰國時有"柏人"、西漢時有"柏鄉侯國"等地名推測柏丘或位於今河北隆堯、柏鄉、臨城之間。(晏昌貴:《放馬灘簡〈邸丞謁御史書〉中的時間與地點》,298頁。)

⑦ 陳侃理談道:"死後的幽冥世界常與北方聯繫在一起,《丹》篇此句中的'北地'很可能與秦政區北地郡無關,而是指北方幽冥之地。"(陳侃理:《放馬灘秦簡〈丹〉篇札記》,簡帛網,2012年9月25日。)

⑧ 陳侃理:《放馬灘秦簡〈丹〉篇札記》,簡帛網,2012年9月25日。

⑨ 《十三經注疏》整理委員會整理,李學勤主編:《禮記正義》卷九,272頁。此外,《禮記·檀弓下》還談到人初死時行復禮招魂,"望反諸幽,求諸鬼神之道也。北面,求諸幽之義也"。孔穎達《正義》曰:"又解復魄之時,冀望魂神於幽處而來,所以望諸幽者,求諸鬼神之道也。言鬼神處在幽暗,故望幽以求之。又解望幽所在,北方是幽暗,復者北面,求鬼神之義。"(《十三經注疏》整理委員會整理,李學勤主編:《禮記正義》卷九,264-265頁。)

⑩ 《十三經注疏》整理委員會整理,李學勤主編:《春秋左傳正義》卷六〇,1713頁。

⑪ [南朝梁]蕭統編,[唐]李善注:《文選》卷二九,上海古籍出版社,1986,1348頁。今存《風俗通義》則云:"葬之郭北,北首,求諸幽之道也。"([漢]應劭撰,王利器校注:《風俗通義校注·佚文》,北京:中華書局,1981,574頁。)

禮制。

(十九)盈四年,乃聞犬吤雞鳴而人食。何雙全將"盈四年"三字上讀,即"邽相立之上盈四年,乃聞犬吠雞鳴,而卜會其狀",[①]任步雲則將"盈四年"破讀、分屬上下句,即"相立之上盈,四年乃聞犬吠、雞而卜食"云云[②]。李學勤始將"盈四年"三字下讀,即"盈四年,乃聞犬犻雞鳴而人食"[③]并譯文爲:"滿四年以後,才能聽見狗叫雞鳴,吃活人的飯食。"[④]這一看法多爲諸家所從。

簡文"盈四年",依據字面解釋就是滿四年(爲期四年以後)的含義。但由於各家對簡文書寫年代及開篇"八年"釋文的判定不同,從而在"盈四年"的時間定位上也就存有差异。前文已述舊版發掘簡報及何雙全均認爲簡文"三年"是指秦始皇之父莊襄王三年,那麽"盈四年"勢必就是莊襄王七年。李學勤將篇首"八年"釋讀爲"卅八年",進而研判爲秦昭王三十八年,丹於秦昭王十年復活,爾後又過了四年(即秦昭王十四年)才能"人食"。雍際春則將篇首"八年"判定爲秦惠文王後元八年,而"盈四年"就是秦惠文王後元元年。[⑤] 李零雖然也將篇首"八年"判定爲秦王政八年,但又認爲簡文"三年"是秦王政七年(前240)墓主丹自殺初葬後的第三年(前237),而"盈四年"就是接續此前"三年"遷葬後的第二年(即秦王政八年),并且認爲放馬灘1號墓的下葬當在此年之後。[⑥]

簡文"犬吤",任步雲、何雙全原釋爲"犬吠",[⑦]後改釋"犬吤",[⑧]并爲《天水放馬灘秦簡》采納,方勇反駁了此種看法,認爲此字從犬旁,不應釋爲"吤"而應是"吠"字。[⑨] 李學勤釋爲"犬犻",[⑩]并明言"犻"即"吠"字(即"犻"讀作"吠"),[⑪]李零、孫占宇承襲此說。[⑫] 今據圖版分析,此字右部偏旁與本篇"弃之於市"中"市"字形類似、當從"市",左部偏旁則不似"犬"字,其字形不僅與本簡"犬"字差异甚大,也與睡虎地秦簡、馬王堆漢墓帛書"犬"字形(、

① 何雙全:《天水放馬灘秦簡綜述》,28頁。

② 任步雲:《放馬灘出土竹簡日書芻議》,87頁。任氏漏釋"鳴"字。

③ 李學勤:《放馬灘簡中的志怪故事》,43頁。

④ 李學勤:《放馬灘簡中的志怪故事》,44頁。

⑤ 雍際春談道:"(簡文)四個年份中'七年'、'八年'屬秦王紀年,而'三年'和'四年'則爲相對於前一年份的時間,也就説'三年'是指某秦王七年之後的第三年。累計即某秦王十年;'四年'則是指'三年'或某秦王十年之後又過了四年,累計即某秦王十四年……簡文所記的四個年份,在更元前後各有兩個,即'七年'和'三年'分别就是更元前的秦惠文君七年和十年,'四年'和'八年'則分别爲秦惠文王後元元年和八年。"(雍際春:《天水放馬灘木板地圖研究》,39-40頁。)

⑥ 李零:《秦簡的定名與分類·附録:放馬灘秦簡〈志怪故事〉(今移簡6於簡7後)》,9頁。

⑦ 何雙全:《天水放馬灘秦簡綜述》,29頁;任步雲:《放馬灘出土竹簡日書芻議》,87頁。

⑧ 何雙全:《簡牘》,"三、天水秦簡",41頁。

⑨ 方勇:《讀放馬灘秦簡〈志怪故事〉札記(一)》,復旦大學出土文獻與古文字研究中心網站,2009年11月6日;

⑩ 李學勤:《放馬灘簡中的志怪故事》,43頁。

⑪ 李學勤:《放馬灘簡中的志怪故事》,44頁。

⑫ 李零:《秦簡的定名與分類·附録:放馬灘秦簡〈志怪故事〉(今移簡6於簡7後)》,8、9-10頁;孫占宇:《放馬灘秦簡〈丹〉篇校注》,37、41頁。

)及狗、猚、狡等秦漢簡帛文字中“犬”字旁不類[①]。故我們主張暫從舊説而釋爲“[口市]”,讀作“吠”。

簡文“人食”二字,何雙全原釋爲“卜會”,[②]任步雲釋爲“卜食”,[③]李學勤改訂爲“人食”,并詮釋其意爲“吃生人的飯食。”[④]李説爲學界廣泛接受。[⑤] 近來,李零從自己的理解出發(李零主要基於兩個觀點:丹自刺初次葬後又被改葬,復生是指化鬼),將此句簡文譯爲“指遷葬後,丹之鬼耳能聽、口能食。此即所謂‘復生’。”[⑥]據此可知,李零是將“人食”解讀爲丹魂化鬼後口能食。我們不贊同此説法,簡文“人食”恐怕并非簡單地用嘴吃飯,其含義應包含兩種:其一、能吃活人的飯食(即李學勤説);其二、像正常人那樣吃飯。就上下文意而言,我們更傾向於後者(當然也應兼及前一層含義)。此外,李零的上述觀點似有可商榷之處:據他的理解,簡文所言“復生”就是“指遷葬後,丹的游魂化生爲鬼”,而翌年“丹之鬼耳能聽、口能食”。這種説法并無文獻依據,翻檢傳世文獻及出土資料,我們并没有找到所謂“復生”乃係“游魂化鬼”的其他例證,而歷代文獻中所涉“復生”均是指復活——肉體重新又活了過來(通常是自身魂魄重新入駐肉體,偶有他人借屍還魂之説[⑦])。先秦以來對人死亡後的境遇大抵有兩種詮釋:一種是亡魂有所歸或魂飛魄散,這是正常人的死法;另一種是亡魂無所歸而化爲“厲”、作祟人間,此係“弜死”者的死法。但古人觀念中的“游魂化鬼”仍屬於死後世界的範疇,生與死、鬼與人,本來就有着涇渭分明的界限、二者絶不能混淆,故不可將“化鬼”等同於“復生”。在古人觀念中,庶人亡後即化爲鬼(《禮記·祭法》云“人死曰鬼”[⑧]),像丹之類的“强死”者亦不例外,恐非李零所言待遷葬後才“游魂化生爲鬼”,而其所言亡魂化鬼次年後才能耳聞、口食的説法更不知所據,而且鬼之所“食”亦非通常意義上的生人之“食”。

(二十)其狀類益少麋墨四支不用。何雙全原釋讀爲“……其狀。頭益少麋墨,四支不用。”[⑨]任步雲釋讀爲“……其狀,頭益少糜墨,四支不用”。[⑩] 李學勤改訂爲“其狀類益、少麋、

① 漢語大字典字形組編:《秦漢魏晋篆隸字形表》,694–695 頁。

② 何雙全:《天水放馬灘秦簡綜込》,29 頁。

③ 任步雲:《放馬灘出土竹簡日書芻議》,87 頁。

④ 李學勤:《放馬灘簡中的志怪故事》,44 頁。

⑤ 雍際春一度改釋“入食”。(雍際春:《天水放馬灘木板地圖研究》,29 頁。)今查驗圖版,本處簡文顯係“人”字而非“入”字。秦漢時期簡帛文字中“人”與“入”字形極易混淆,有關二字構形的辨析詳見黄文傑《秦至漢初簡帛文字研究》,第五章《秦至漢初簡帛形近字辨析·“人”“入”辨》,133–135 頁。

⑥ 李零:《秦簡的定名與分類·附録:放馬灘秦簡〈志怪故事〉(今移簡 6 於簡 7 後)》,9 頁。

⑦ 《太平廣記·再生》收録了一些借屍還魂的案例。([宋]李昉等編:《太平廣記》卷三七五–卷三八六,北京:中華書局,1961,2979–3084 頁。)

⑧ 《十三經注疏》整理委員會整理,李學勤主編:《禮記正義》卷四六,1298–1299 頁。

⑨ 何雙全:《天水放馬灘秦簡綜述》,29 頁。

⑩ 任步雲:《放馬灘出土竹簡日書芻議》,87 頁。

墨,四支不用。”[①]這一説法爲何雙全[②]、雍際春[③]及多數學者所接受(《天水放馬灘秦簡》亦從之)。

簡文“其狀”二字,何、任二氏最先釋出,遂爲學界所從、少有争議,其含義是指丹的形貌。宋華强則認爲本簡“狀”字圖版與睡虎地秦簡字形不同,疑爲“㴋”(淵)字、讀爲“肝”,係指丹面有黑氣。[④] 查驗圖版,字迹清晰可辨,當以“狀”爲是。何雙全2002年釋文及孫占宇均於“其狀”二字後以冒號斷開,即“其狀:類益、少麋、墨,四支不用。”[⑤]我們認爲不妥,據簡文可知,丹“狀”的内容是——“類益”、“少麋”、“墨”,均屬於對丹面部容貌特徵的描述,而“四支不用”則不屬於“狀”的範疇内,僅是對丹肢體動作的描述。有鑒於此,我們主張將“其狀”與下文連讀。

簡文“類益”二字,何雙全、任步雲原作“頭益”,驗對圖版可知係誤釋。李學勤訂正釋文後,又指出“類”讀爲“纇”(疵也)、“益”讀爲“嗌”,“類益”即“纇嗌”,其意是指丹的喉部有疤。[⑥] 而宋華强則將“類益”二字破讀,分屬上下句,即“其淵類,益少麋墨”,又認爲“類”或可讀爲“戾”、“淵”讀爲“肝”,“其淵類”即“其肝戾”,其意“是説丹面部的黑氣終於穩定下來,不再加深。”[⑦]這番訓讀太過牽强和突兀,有悖釋讀原則,也導致了簡文不暢。此外,李零認爲“益”讀“縊”,“其狀類益”就是指其面容類似縊死者。[⑧] 孫占宇對此批駁説:“簡文明言丹係自刎而死,其面容不當類似縊死者。”[⑨]李零説法不足取。

簡文“少麋”二字,任步雲釋爲“少𥝒”,[⑩]李零釋爲“少麋”。[⑪] 查驗圖版,當以何雙全釋文“少麋”爲是。李學勤援引《荀子・非相》“面無鬚麋”注文所言“麋與眉同”,指出“麋”讀作“眉”,“少麋”乃係指“眉毛稀落”。[⑫]

簡文“墨”字,何雙全、任步雲釋爲“墨”,李學勤訂正爲“墨”字,并援引《孟子・滕文公上》“面深墨”注文所言“墨,黑也”詮釋其意是指丹的膚色黑。[⑬] 李零詮釋此字含義是“指面

---

① 李學勤:《放馬灘簡中的志怪故事》,43頁。

② 何雙全:《簡牘》,“三、天水秦簡”,41頁;孫占宇:《放馬灘秦簡〈丹〉篇校注》,37頁。

③ 雍際春:《天水放馬灘木板地圖研究》,29頁。

④ 宋華强:《放馬灘秦簡〈邸丞謁御史書〉釋讀札記》,141-142頁。

⑤ 何雙全:《簡牘》“三、天水秦簡”,41頁。

⑥ 李學勤:《放馬灘簡中的志怪故事》,44頁。

⑦ 宋華强:《放馬灘秦簡〈邸丞謁御史書〉釋讀札記》,中國文化遺産研究院編《出土文獻研究》第十輯,142頁。

⑧ 李零:《秦簡的定名與分類・附録:放馬灘秦簡〈志怪故事〉(今移簡6於簡7後)》,10頁。

⑨ 孫占宇:《放馬灘秦簡〈丹〉篇校注》,42頁。

⑩ 任步雲:《放馬灘出土竹簡日書芻議》,87頁。

⑪ 李零:《秦簡的定名與分類・附録:放馬灘秦簡〈志怪故事〉(今移簡6於簡7後)》,8、9頁。李零訓讀“少麋”二字時説:“‘麋’讀眉,指眉毛少。”(李零:《秦簡的定名與分類・附録:放馬灘秦簡〈志怪故事〉(今移簡6於簡7後)》,10頁。)

⑫ 李學勤:《放馬灘簡中的志怪故事》,44頁。

⑬ 李學勤:《放馬灘簡中的志怪故事》,44頁。

色黧黑”。[①] 二氏譯文近似，但以李零爲勝。我們認爲，“墨”字應强調的是臉色而非膚色，進而又延伸爲氣色（氣血）黯淡。

前述宋華强將此句簡文斷讀爲“其淵類，益少麋墨”，他對“其淵類”三字的詮釋前文已做了介紹，他又將“麋墨”讀爲“黴黑”，藉此認爲“益少麋墨”是“指丹皮膚上的黑色越來越少了。”并且説，此句簡文“是承上文‘乃聞犬吠雞鳴而人食’而言，丹開始恢復正常人的知覺，吃生人飯食，所以氣色逐步好轉。”[②]宋氏解説雖然新穎，但疑點甚多，有悖訓詁原則。且就上下文意而言，這七字簡文恐非僅局限於談論丹的氣色（膚色）問題。

簡文“四支不用”字迹清晰可辨，公布釋文後素無争議。李學勤注解“不用”二字時説：“廢而不能動轉”，并將此四字簡文譯爲“四肢不能動轉”。[③] 李零的詮釋亦大抵相同：“‘支’讀肢。‘不用’，是説手腳不聽使喚，無法動。馬王堆帛書《十問》講大禹治水，操勞過度，造成‘四肢不用家大亂’。”[④]宋華强則疑“不用”當讀爲“不通”，并援引古醫書中“四肢不通”辭例以證其觀點：“大概由於丹的四肢久不使用，所以導致經絡或氣血不通。”[⑤]我們認爲這裏的“不用”不能讀作“不通”，“不用”就是指手腳僵硬、不聽使喚、廢而不能轉動，切不可引申爲後世中醫學所言氣血、經絡的不通暢。宋氏之説實屬過度解釋，不可取。

（二十一）丹言曰死者不欲多衣。何雙全釋讀爲：“丹言曰：死者不欲多衣。”[⑥]任步雲釋“曰”字爲“日”，并斷讀爲：“丹言：日死者不欲多衣。”[⑦]李學勤從何氏説，但也指出“衣”字圖版不清，暫持存疑態度——衣（？），[⑧]譯文爲：“丹説道：死去的人不願多穿衣服。”[⑨]雍際春在李氏譯文的基礎上略作改進：“丹説：死去的人不需要多餘的衣服。”[⑩]此譯法較爲合理。李零注解“丹言曰”三字時説：“這樣的話一共有三段，都是死者對生人的告戒，命其供給衣食，勿凍餒於下。”[⑪]

（二十二）死人以白茅爲富。此句以下，何雙全、任步雲皆缺釋，由李學勤最先釋出。本句首字“死”，李學勤釋爲“市”，進而將“市人”解讀爲人世間的生人。[⑫] 雍際春完全承襲了李

① 李零：《秦簡的定名與分類・附録：放馬灘秦簡〈志怪故事〉（今移簡 6 於簡 7 後）》，10 頁。
② 宋華强：《放馬灘秦簡〈邸丞謁御史書〉釋讀札記》，142 頁。
③ 李學勤：《放馬灘簡中的志怪故事》，44 頁。
④ 李零：《秦簡的定名與分類・附録：放馬灘秦簡〈志怪故事〉（今移簡 6 於簡 7 後）》，10 頁。
⑤ 宋華强：《放馬灘秦簡〈邸丞謁御史書〉釋讀札記》，142 頁。
⑥ 何雙全：《天水放馬灘秦簡綜述》，29 頁。
⑦ 任步雲：《放馬灘出土竹簡日書芻議》，87 頁。
⑧ 李學勤：《放馬灘簡中的志怪故事》，43、44 頁。
⑨ 李學勤：《放馬灘簡中的志怪故事》，44 頁。
⑩ 雍際春：《天水放馬灘木板地圖研究》，31 頁。
⑪ 李零：《秦簡的定名與分類・附録：放馬灘秦簡〈志怪故事〉（今移簡 6 於簡 7 後）》，10 頁。
⑫ 李學勤：《放馬灘簡中的志怪故事》，44 頁。

氏看法。[①] 何雙全2002年釋文借鑒了李學勤觀點，但將此句"市人"改訂爲"死人"，[②]亦爲《天水放馬灘秦簡》采納。查驗圖版，此字( )清晰可辨，乃與本篇出現的其他"死"字形相近(如"以丹未當死"、"死者不欲多衣")，而與"市"字(如"弃之於市三日")不類。而且，比對睡虎地秦簡 (死)、 (市)二字[③]不難看出，此字顯係"死"字。此外，孫占宇提出："本篇與北大秦牘《泰原有死者》皆以'死人'或'死者'與'鬼'對舉，則此字當爲'死'。"[④]這一説法勉强可算是旁證，不足爲直接證據，僅憑此條無法力證"死"字釋文。

本句尾字"富"，方勇認爲讀爲"福"，表示福氣義，意思是説"如死人受到用白茅包裹的祭品的祭祀，便會得到福氣的意思。"[⑤]孫占宇則認爲："此字與後文'賤'對舉，似當讀如本字，訓爲'貴'……前引北大秦牘中亦以白菅(白茅)爲貴，可參。"[⑥]儘管他將"富"訓爲"貴"，但其譯文却仍以"富"來詮釋："死人以白茅爲富，謂死人看重白茅包裹的祭品或隨葬品。"[⑦]我們認爲此字既不讀作"福"、也不訓曰"貴"，其訓、讀皆爲本字"富"，就是富有、富裕之義。

(二十三)其鬼勝於它而富。李學勤釋文曰："其鬼受(?)於它而富"，[⑧]并將句意譯爲："而鬼祇要有所得(?)於他人就是富。"[⑨]其中，"受"字圖版不清，李學勤暫持存疑態度，譯其義爲"所得"。何雙全2004年提出釋爲"勝"字，[⑩]《天水放馬灘秦簡》沿襲之。陳侃理釋爲"盈"字，但未説明理由。[⑪] 方勇認爲"勝"字應釋爲"賤"、讀爲"薦"，表祭義，又將"富"字亦讀爲"福"，即將簡文釋爲"其鬼賤(薦)於它而富(福)"，其含義"當是指鬼享祭了白茅包裹的祭品就會得到福氣"。[⑫] 孫占宇采納方勇"賤"字釋文，但不同意讀爲"薦"，而認爲"當讀如本字。義同'輕視'、'鄙視'。"[⑬]據此，他將釋文斷讀爲"其鬼賤，於它而富。"[⑭]進而懷疑原簡"賤"字後疑脱一"之"字，"其鬼賤，似謂鬼却并不看重白茅包裹的祭品或隨葬品。"[⑮]又將

---

① 雍際春：《天水放馬灘木板地圖研究》，29、31頁。

② 何雙全：《簡牘》，"三、天水秦簡"，41頁。

③ 漢語大字典字形組編：《秦漢魏晋篆隸字形表》，261、346頁。

④ 孫占宇：《放馬灘秦簡〈丹〉篇校注》，43頁。

⑤ 方勇：《讀放馬灘秦簡〈志怪故事〉札記(一)》，復旦大學出土文獻與古文字研究中心網，2009年11月6日。

⑥ 孫占宇：《放馬灘秦簡〈丹〉篇校注》，43頁。

⑦ 孫占宇：《放馬灘秦簡〈丹〉篇校注》，43頁。

⑧ 李學勤：《放馬灘簡中的志怪故事》，43頁。

⑨ 李學勤：《放馬灘簡中的志怪故事》，44頁。

⑩ 何雙全：《簡牘》，"三、天水秦簡"，41頁。

⑪ 陳侃理：《秦簡牘復生故事與喪葬習俗》，收入《中國簡帛學國際論壇2012：秦簡牘研究論文集》，舉辦單位：武漢大學簡帛研究中心、北京大學出土文獻研究所，地點：武漢大學珞珈山賓館，日期：2012年11月17-19日，45頁。

⑫ 方勇：《讀放馬灘秦簡〈志怪故事〉札記(一)》，復旦大學出土文獻與古文字研究中心網，2009年11月6日。

⑬ 孫占宇：《放馬灘秦簡〈丹〉篇校注》，43頁。

⑭ 孫占宇：《放馬灘秦簡〈丹〉篇校注》，37、43頁。

⑮ 孫占宇：《放馬灘秦簡〈丹〉篇校注》，43頁。

“於”字訓讀爲“以”，將“它”字詮釋爲它物，故簡文“於它而富”的含義就是説“鬼以它物爲貴”。[①] 孫占宇將上下文聯繫起來，分析説：“此句開始借丹之口講述鬼的種種習性：死者不喜歡有很多衣服；死人重視白茅包裹的祭品或隨葬品，但鬼却不以爲然，它們更看重其他祭品或隨葬品。丹曾經死亡爲鬼，後來復生，因此借丹之口説出鬼的習性若何，自然讓人深信不疑。”[②]孫氏的斷句、釋讀、譯文及論述均存在自相矛盾處。按照孫占宇的解釋：死人重視白茅包裹的祭品或隨葬品，而鬼則賤視之。這就將“死人”與“鬼”决然對立起來，這既不符合古人對死者與鬼之關係的理解和認識（在很多情况下古人是將亡魂與鬼等同起來，即使二者不能完全等同，也絶非對立的），也不符合上下文意的順暢，因爲本篇簡文的核心内容就是講述丹死亡後以鬼的身份在冥界中生活了一段時間，故而熟知鬼的好惡。由此可見，丹死後即化爲鬼，而不應將死人與鬼劃分爲涇渭分明的兩類。

我們將此字圖版（）與睡虎地秦簡“受”字（）[③]、“勝”字（）[④]、“盈”字（）[⑤]，“賤”字（）[⑥]比對，顯然與前三字形（受、勝、盈）不符，而與“賤”字頗合。故而，我們以“賤”字爲是，也贊同方勇將此字讀爲“薦”，但并不認爲此字是表祭義，也不贊同他將此句含義解釋爲“當是指鬼享祭了白茅包裹的祭品就會得到福氣”。我們認爲，本簡文“賤”字通“荐”、“薦”，[⑦]引申爲積聚之義。《左傳・襄公四年》“戎狄荐居，貴貨易土。”注曰：“荐，聚也。”又引《正義》曰：“《釋言》云：‘荐，再也。’孫炎曰：‘荐，草生之再也。’即荐是聚也。”[⑧]《史記・曆書》：“少皞氏之衰也，九黎亂德，民神雜擾，不可放物，禍菑薦至，莫盡其氣。”《索隱》注曰：“荐，集也。”[⑨]《漢書・終君傳》“北胡隨畜薦居”[⑩]中的“薦居”雖是指追逐水草而居，但亦含聚集、群聚之含義。有鑒於此，我們認爲“其鬼賤（荐）於它而富”與上句“死人以白茅爲富”是接續進行的，意思是説：冥界中死者以白茅的多寡來作爲財富的象徵，故人死化鬼後以蒐集、積聚白茅而致富。

（二十四）丹言：祠墓者毋敢㱿。李學勤首釋此句文字，爲諸家所從（亦爲《天水放馬灘秦簡》沿襲）。簡文“㱿”字，李學勤援引《説文》：“歐（嘔）貌。”《左傳》哀公二十五年注：“㱿，

① 孫占宇：《放馬灘秦簡〈丹〉篇校注》，43 頁。

② 孫占宇：《放馬灘秦簡〈丹〉篇校注》，43 頁。

③ 漢語大字典字形組編：《秦漢魏晋篆隸字形表》，257 頁。

④ 漢語大字典字形組編：《秦漢魏晋篆隸字形表》，989 頁。

⑤ 漢語大字典字形組編：《秦漢魏晋篆隸字形表》，324 頁。

⑥ 漢語大字典字形組編：《秦漢魏晋篆隸字形表》，421 頁。

⑦ 馮其庸、鄧安生纂著：《通假字彙釋》，775、802 頁。

⑧ 《十三經注疏》整理委員會整理、李學勤主編：《春秋左傳正義》卷二九，840 頁。

⑨ 《史記》卷二六，1257 頁。這段文字亦見載於《國語・楚語下》（徐元誥撰，王樹民、沈長雲點校：《國語集解》，北京：中華書局，2002，515 頁）。

⑩ 《漢書》卷六四，2815 頁。

嘔吐也。”[①]進而譯爲:“丹説:進行墓祭的人千萬不要嘔吐。”[②]李零則將上下文斷讀爲:“丹言:祠墓者毋敢嗀=,鬼去敬走。”并將“嗀=”讀爲“拘拘”,即拘泥之義,此句含義似指祠墓者吝於酒食。[③] 此説無據可憑,恐不可取。

胡平生、張德芳在敦煌懸泉漢簡(第二六八號)注釋中談到放馬灘秦簡《志怪故事》中“嗀”字應讀作“哭”,“上古音‘哭’是溪母屋部字,‘嗀’見母屋部字,音近可通。”[④]這一意見是非常正確的,也得到了北大秦牘《泰原有死者》、敦煌懸泉漢簡的印證。本簡文“祠墓者毋敢嗀(哭)”的含義是説:到墓地祭拜亡者時,切勿哭泣。

(二十五)=鬼去敬走。李學勤首釋此句文字,爲諸家所從(亦爲《天水放馬灘秦簡》沿襲)。簡文“敬”字,李學勤讀爲“驚”,意思是説:“一嘔吐,鬼就嚇跑了。”[⑤]李零則認爲“敬”字疑讀“徑”,意指鬼去則走。[⑥]

(二十六)已收腏而釐之。簡文“腏”字,李學勤詮釋爲“祭飯”,并援引長沙馬王堆帛書《五十二病方》“取内户旁黍腏”爲證。[⑦] 李零注解“腏”字時説:“同餟,《説文解字·食部》:‘餟,祭酹也。’字亦作醊,是供祭祀的酒食。”[⑧]孫占宇沿襲了二李説法,又援引《廣韻·祭韻》及《漢書·郊祀志上》顔師古注中有關“腏”字的訓釋,認爲“從後文來看,此處當指祭祀時所陳列的餟食。”[⑨]孫氏説法與前訓并無二致。

簡文“釐”字,李學勤最初釋爲“釐”,後又改釋“釁”字,[⑩]但均注解爲:“疑爲‘罄’字之誤。”[⑪]何雙全2004年重訂釋文時,將此字釋爲“嗀”。[⑫]《天水放馬灘秦簡》則釋爲“釐”。方勇認爲“其字形也可能爲‘蠢’字。‘蠢’讀爲‘賚’,表賜予義。”[⑬]李零沿襲《天水放馬灘秦

① 李學勤:《放馬灘簡中的志怪故事》,44頁。

② 李學勤:《放馬灘簡中的志怪故事》,44頁。

③ 李零談道:“‘嗀’字下有重文號,不是單字,這裏似指吝於酒食,若從文義看,或可讀爲拘拘,拘拘有拘泥之義。”(李零:《秦簡的定名與分類·附録:放馬灘秦簡〈志怪故事〉(今移簡6於簡7後)》,10頁。)

④ 胡平生、張德芳撰:《敦煌懸泉漢簡釋粹》,上海古籍出版社,2001,183頁。

⑤ 李學勤:《放馬灘簡中的志怪故事》,44頁。

⑥ 李零:《秦簡的定名與分類·附録:放馬灘秦簡〈志怪故事〉(今移簡6於簡7後)》,10頁。

⑦ 李學勤引文似有誤,馬王堆帛書《五十二病方》239–240行原文應是:“取内户旁祠空中黍腏”云云(馬王堆漢墓帛書整理小組:《馬王堆漢墓帛書[肆]》,釋文53頁)。

⑧ 李零:《秦簡的定名與分類·附録:放馬灘秦簡〈志怪故事〉(今移簡6於簡7後)》,10頁。

⑨ 孫占宇:《放馬灘秦簡〈丹〉篇校注》,44頁。

⑩ 李學勤:《簡帛佚籍與學術史》,南昌:江西教育出版社,2001,182頁。必須説明的是,該書收録《志怪故事》釋文與1990年《文物》刊文相比,僅見二字差异:一是將“釐”改爲“釁”,二是將“淦“改爲“洒”。此二字之改動,或不排除是筆誤或排印錯誤。無法判斷是有意抑或筆誤

⑪ 李學勤:《放馬灘簡中的志怪故事》,44頁;李學勤:《簡帛佚籍與學術史》,182頁。

⑫ 何雙全:《簡牘》,“三、天水秦簡”,41頁。

⑬ 方勇:《讀放馬灘秦簡〈志怪故事〉札記(一)》,復旦大學出土文獻與古文字研究中心網,2009年11月6日。

簡》"釁"字釋文,又吸納了李學勤的訓讀法,認爲:"疑讀罄,罄有竭盡之義。"[①]他又將"已"字解讀爲"指祠祭完畢",[②]從而將此句譯爲:"祠畢則撤去酒食"。[③] 此前,李學勤譯文爲:"祭飯撤下來後一下子吃掉",[④]雍際春則譯爲:"鬼接到祭飯後就要吃完"。[⑤] 雍氏將本句簡文的主語及動作發出者判定爲"鬼",是不合適的。二李譯文均有可取之處,但又重心不同:李學勤强調吃掉祭飯的動作,李零則强調撤去酒食的動作。我們認爲應將這兩種意見融合,即將撤去酒食與吃掉祭飯并存之。本句簡文中"收腏"即爲撤掉祭祀供品,"釁之"("釁之")則是食罄——吃掉撤下來的祭品,這兩個動作是有連貫性的。所以,更爲合理的譯法:祠祭剛結束,就立即撤去酒食祀品并一下子全部吃掉。

(二十七)如此鬼終身不食殹。李學勤最初僅釋出三字"如此"、"食",餘者缺釋。[⑥] 何雙全2004年補釋全文,[⑦]并爲《天水放馬灘秦簡》采納。李零翻譯上下句的文意時説道:"如果祠畢則撤去酒食,則丹鬼永遠不再食用祭品。"[⑧]這裏并非特指"丹"鬼,而是泛指所有的亡人之鬼。

簡文"終身"二字的含義,孫占宇援引《禮記・王制》、《漢書・司馬遷傳》中所見語例,認爲係指"一生;終竟此身"。[⑨] 此説可取。

(二十八)丹言祠者必謹騷除。李學勤最先釋出此句,并將"騷"字訓讀爲"掃",譯文爲:"丹説:祭祀時必須細心掃除"。[⑩]

簡文"謹"字,乃係鄭重、恭敬之含義。《説文》:"謹,慎也。"[⑪]《玉篇・言部》:"謹,敬也。"《韓非子・外儲説》:"宋人有酤酒者,升概甚平,遇客甚謹"云云。[⑫]《史記・扁鵲倉公列傳》:"舍客長桑君過,扁鵲獨奇之,常謹遇之。"[⑬]

簡文"騷"字,孫占宇援引《史記・李斯列傳》中語例認爲通"掃 "。這一説法可取。

---

① 李零:《秦簡的定名與分類・附録:放馬灘秦簡〈志怪故事〉(今移簡6於簡7後)》,10頁。

② 李零:《秦簡的定名與分類・附録:放馬灘秦簡〈志怪故事〉(今移簡6於簡7後)》,10頁。孫占宇贊同李零對"已"字的解讀,并提出:"疑'已'上或脱一'祠'字。"(孫占宇:《放馬灘秦簡〈丹〉篇校注》,44頁。)我們認爲"已"字解讀是可取的,但在"已"字前增補一"祠"字則實屬畫蛇添足。

③ 李零:《秦簡的定名與分類・附録:放馬灘秦簡〈志怪故事〉(今移簡6於簡7後)》,10頁。

④ 李學勤:《放馬灘簡中的志怪故事》,44頁。

⑤ 雍際春:《天水放馬灘木板地圖研究》,31頁。

⑥ 李學勤:《放馬灘簡中的志怪故事》,43頁。

⑦ 何雙全:《簡牘》"三、天水秦簡",41頁。

⑧ 李零:《秦簡的定名與分類・附録:放馬灘秦簡〈志怪故事〉(今移簡6於簡7後)》,10頁。

⑨ 孫占宇:《放馬灘秦簡〈丹〉篇校注》,44頁。

⑩ 李學勤:《放馬灘簡中的志怪故事》,44頁。

⑪ [東漢]許慎撰,[清]段玉裁注:《説文解字注》三篇上,92頁。

⑫ [清]王先慎撰,鍾哲點校:《韓非子集解》卷一三,322頁。

⑬ 《史記》卷一〇五,2785頁。

（二十九）毋以淘海祠所。簡文"淘"字，李學勤缺釋，僅言"係名詞，字從'水'，右邊不很清楚。"①何雙全 2004 年補釋爲"淘"，②并爲《天水放馬灘秦簡》采納。陳侃理則認爲或可釋爲"涂"，并推測"涂"祠所可能是祭祀中的一個步驟。③ 王輝釋爲"注"字，"引申爲傾瀉，如注射、大雨如注"。④ 方勇"疑其從水從芻，即㴚字"、讀爲"酏"，意爲黍酒或清粥。⑤ 孫占宇認爲此字左部從"氵"、右部從"匋"，故以釋文"淘"字爲是。⑥ 對於"淘"字的含義，李零認爲疑指淘米水，⑦孫占宇從李零説，并擴展了指涉範圍，認爲"可能是指淘洗過東西的髒水"。⑧ 查驗字書，"淘"字本意確有"澄汰"、"淅米"等含義。李零取此而詮釋，可謂言之有據。孫占宇從本意而延伸開去，不局限於特指淘米水，而是泛指淘洗東西後的髒水，亦言之成理。

簡文"海"字，李學勤釋爲"淪"，後又改釋"洒"字（或係排印之誤?），⑨均注解説："右下從'西'，疑仍讀爲'灑'，意爲洗滌。"⑩何雙全改釋爲"海"字，⑪并爲《天水放馬灘秦簡》采納。李零缺釋此字（僅言其從水旁）。⑫ 方勇、王輝、孫占宇等人不同意何氏"海"字釋文，均從李説（即釋爲"淪"、讀爲"灑"、意爲洗滌）。⑬

這句簡文的含義，李學勤譯爲："不要用……冲洗祭祀的地方。"⑭王輝在李説基礎上加以發揮："灑掃是將水均匀散布在地面上掃除。如傾瀉（注）大水，則會冲壞祠所，簡云'毋以'者，阻止之辭也。"⑮李零則譯爲："不要把淘米水灑在墓祠之所。"⑯孫占宇則云："不要用淘洗過東西的髒水灑地"。⑰ 斟酌諸家説法，似以李零、孫占宇的譯文較貼近原簡本意。

（三十）毋以羹沃腏上鬼弗食殹。李學勤最先釋出此句，并爲諸家所從（《天水放馬灘秦簡》沿襲之）。簡文"羹"字，李學勤雖無明確注解，但從譯文可知是指"羹湯"。⑱ 李零則認爲

---

① 李學勤：《放馬灘簡中的志怪故事》，44 頁。

② 何雙全：《簡牘》，"三、天水秦簡"，41 頁。

③ 陳侃理：《放馬灘秦簡〈丹〉篇札記》，簡帛網，2012 年 9 月 25 日。

④ 王輝：《〈天水放馬灘秦簡〉校讀記》，武漢大學簡帛研究中心編《簡帛》第六輯，62 頁。

⑤ 方勇：《讀放馬灘秦簡〈志怪故事〉札記（一）》，復旦大學出土文獻與古文字研究中心網，2009 年 11 月 6 日。

⑥ 孫占宇：《放馬灘秦簡〈丹〉篇校注》，44 頁。

⑦ 李零：《秦簡的定名與分類・附録：放馬灘秦簡〈志怪故事〉（今移簡 6 於簡 7 後）》，10 頁。

⑧ 孫占宇：《放馬灘秦簡〈丹〉篇校注》，44 頁。

⑨ 李學勤：《簡帛佚籍與學術史》，182 頁。

⑩ 李學勤：《放馬灘簡中的志怪故事》，44 頁。

⑪ 何雙全：《簡牘》，"三、天水秦簡"，41 頁。

⑫ 李零：《秦簡的定名與分類・附録：放馬灘秦簡〈志怪故事〉（今移簡 6 於簡 7 後）》，10 頁。

⑬ 方勇：《讀放馬灘秦簡〈志怪故事〉札記（一）》，復旦大學出土文獻與古文字研究中心網，2009 年 11 月 6 日；王輝：《〈天水放馬灘秦簡〉校讀記》，63 頁；孫占宇：《放馬灘秦簡〈丹〉篇校注》，44 頁。

⑭ 李學勤：《放馬灘簡中的志怪故事》，44 頁。

⑮ 王輝：《〈天水放馬灘秦簡〉校讀記》，63 頁。

⑯ 李零：《秦簡的定名與分類・附録：放馬灘秦簡〈志怪故事〉（今移簡 6 於簡 7 後）》，10 頁。

⑰ 孫占宇：《放馬灘秦簡〈丹〉篇校注》，44 頁。

⑱ 李學勤：《放馬灘簡中的志怪故事》，45 頁。

是指“湯汁”。[①] 孫占宇贊同李零説法,并援引《儀禮・士昏禮》陸氏釋文及《爾雅》舊注所言“肉有汁曰羹”等文例力證之。簡文“沃”字,李學勤詮釋爲“澆注”,[②]李零亦云:“澆灌”。[③]孫占宇沿襲二李説法,并補充了《左傳・僖公二十三年》孔穎達疏和《素问・痹论》王冰注等佐證材料。這句簡文的含義是比較明了的,誠如李學勤所譯:“不要把羹湯澆在祭飯上,鬼是不肯吃的。”[④]

二　簡文編綴及篇題與性質

有關放簡《志怪故事》的竹簡數量及編聯順序、篇題的擬定及内容性質等諸多問題,自簡文公布以來就存在争議,經過二十餘年的研究和討論,有些問題已逐步達成了共識,少數問題則仍處於熱議之中。

(一)簡數調整與組合編綴:争議及共識

關於天水放馬灘秦簡《志怪故事》(原名《墓主記》)出土時的原貌及保存狀況,據放馬灘秦墓考古發掘工作的重要參與者何雙全介紹説:“原編繩完全朽無,分類編册衹能遵循出土時的編卷狀態。該册是從右至左編卷,故先寫成者捲在最中間,後寫成者捲在最外層。《墓主記》在最外層,即該卷册的最後部分,共7枚,内容基本連貫,疑有缺失。所言事與《日書》無關,故單獨爲一册,定名爲《墓主記》。”[⑤]不過,抄録《志怪故事》(《墓主記》)的竹簡數目,學界共計有三種説法:

一説八枚。何雙全最初認爲《墓主記》是分寫在八枚竹簡上,并公布了這八枚竹簡的圖版及編號(墓1:14・墓1-8)。不過,他僅釐定出了四枚竹簡(第1-4號簡)的釋文内容,其餘則缺釋。[⑥] 但在同年刊發的論文中,何雙全却又談到《墓主記》共計7枚竹簡。[⑦] 但何氏2004年出版的《簡牘》一書中仍堅持《墓主記》八枚竹簡的説法(但該書中釋文及所附圖版則

① 李零:《秦簡的定名與分類・附録:放馬灘秦簡〈志怪故事〉(今移簡6於簡7後)》,10頁。
② 李學勤:《放馬灘簡中的志怪故事》,44頁。
③ 李零:《秦簡的定名與分類・附録:放馬灘秦簡〈志怪故事〉(今移簡6於簡7後)》,10頁。
④ 李學勤:《放馬灘簡中的志怪故事》,44-45頁。
⑤ 何雙全:《天水放馬灘秦簡甲種〈日書〉考述》,8頁。
⑥ 何雙全:《天水放馬灘秦簡綜述》,28-29頁。
⑦ 何雙全:《天水放馬灘秦簡甲種〈日書〉考述》,8頁。

爲七枚,獨缺第8號簡的圖版及釋文)。[①] 何氏八枚説,偶見學者引用。[②]

一説七枚。天水放馬灘秦簡的另一位重要發掘者任步雲則提出本篇簡文共計七枚竹簡(360—366號),但僅釋出兩簡文字。[③] 雍際春沿用任氏七枚説,[④]釋文則基本承襲李學勤所釋六枚竹簡的説法。2009年出版的《天水放馬灘秦簡》公布了《志怪故事》的圖版及釋文,共計七枚竹簡(編號志一-志七)——將原第8號簡移出、改編爲《日書》乙種第276號。此後,學界多沿用此説法。[⑤] 李零雖然采納《天水放馬灘秦簡》七枚竹簡的説法,但將原簡順序進行了調整——即將簡六移至簡七之後。[⑥] 陳侃理沿用了李零對釋文次序的調整。[⑦]

一説六枚。李學勤對何氏釋文(第1-4號簡)進行了重大修訂,又增補釋出兩枚簡文(即第5、7號簡),從而將本篇内容增至六枚竹簡(第1-5號+第7號),有意剔除了第6號簡。换言之,李學勤認爲第6號簡不屬於本篇《志怪故事》的内容,但他并未對此做出解釋和説明。

據圖版顯示,第8號竹簡上書有"見兵寇"、"卜見人不吉"等文字,可以判定其不屬於本篇《志怪故事》(《墓主記》)的範疇,而應納入《日書》乙種之一部分。所以,何雙全所堅持的《墓主記》抄録在八枚竹簡上的説法也就不攻自破了。餘下二説(七枚、六枚)的争論焦點則集中在第6號簡的歸屬與性質問題上。李學勤剔除第6號簡的觀點,并未得到何雙全的認同,何氏2004年修訂釋文(較多參考李學勤釋文)時首次將第6號簡文釋出:"丹曰者□矣。辰者,地矣。星者,游變矣。□□者□受。武者富,得游變者其爲事成。三游變會□。"[⑧]這一看法爲《天水放馬灘秦簡》所沿用(後者僅將"矣"字改釋爲"殹")。

---

① 何雙全:《簡牘》"三、天水秦簡",40-41頁。何雙全談道:"放馬灘1號墓隨葬的竹簡共460支,即古代的書。内容有《日書》甲乙兩種……用452支竹簡寫成。另外還有8支,寫的是一段怪异故事。因爲出土在天水,所以是秦人的文化遺物。"(何雙全:《簡牘》,"三、天水秦簡",35頁。)又云:"(《墓主記》)這段文字共250餘字,書寫在8枚長23.5厘米、寬0.8厘米、厚0.3厘米的竹簡上。有5個字已脱落不可識。字體爲古隸書,又帶小篆書韻。"(何雙全:《簡牘》,"三、天水秦簡",41頁。)

② 張修桂:《天水〈放馬灘地圖〉的繪製年代》,44頁;[日]藤田勝久著,李淑萍譯:《戰國時秦的領域形成和交通路綫》,360頁;張寧:《放馬灘〈墓主記〉的文學價值》,秦始皇兵馬俑博物館《論叢》編委會編《秦文化論叢》第七輯,西安:西北大學出版社,1999,452頁。

③ 任步雲:《放馬灘出土竹簡日書芻議》,87頁。

④ 雍際春談道:"這批竹簡可分兩部分,竹簡數量較多的一部分是甲、乙兩種《日書》;另一部分即是《墓主記》,雖僅發現7枚,但它却爲確定墓主及地圖繪製年代提供了不可多得的資料依據。"(雍際春:《天水放馬灘木板地圖研究》,26頁。)

⑤ 祝中熹:《對天水放馬灘木板地圖的幾點新認識》,《隴右文博》2001年第2期,21頁;孫占宇:《放馬灘秦簡日書整理與研究》,西北師範大學博士學位論文,指導教師:張德芳研究員,歷史系,專門史,簡牘學,答辯日期:2008年6月,132頁;孫占宇:《放馬灘秦簡乙360—366號"墓主記"説商榷》,《西北師大學報》2010年第5期,46頁;王輝:《〈天水放馬灘秦簡〉校讀記》,55頁。

⑥ 李零:《秦簡的定名與分類·附録:放馬灘秦簡〈志怪故事〉(今移簡6於簡7後)》,8頁;

⑦ 陳侃理:《秦簡牘復生故事與喪葬習俗》,收入《中國簡帛學國際論壇2012:秦簡牘研究論文集》,45頁。

⑧ 何雙全:《簡牘》,"三、天水秦簡",41頁。

曹方向贊同李學勤剔除第6號簡的做法,認爲《天水放馬灘秦簡》將第6號簡納入本篇《志怪故事》是錯誤的。曹氏提出的一個有力證據是:第6號簡起首二字并非"丹曰"。他從字形上判斷:第一字雖不能確釋,但恐非"丹"字;第二字可以肯定是"日"字。而且從文字内容看,第6號簡顯然不屬於《志怪故事》,進而推測其可能與《日書》乙種中第342—344號竹簡編聯(可能編聯在《日書》乙種簡344號之後)。[①] 何雙全及《天水放馬灘秦簡》將第6號簡納入《墓主記》(《志怪故事》)的主要依據是起首"丹曰"二字,至此被徹底瓦解了。隨後,王輝也指出:第6號簡"丹"字疑應釋爲"凡","曰"字疑應釋爲"日",即"丹曰"二字應改釋"凡日",進而認爲"從内容上,也看不出與丹的故事有關聯,我傾向於該簡也應移入《日書》乙的《音律貞卜》一章。"[②]李零也將第6號簡首二字釐定爲"凡日",不過他并不主張將此簡剔除出《志怪故事》,而是將第6號簡移至第7號簡後,視爲本篇内容之一部分。[③] 程少軒在其博士論文《放馬灘簡式占古佚書研究》中援引曹方向的觀點,將第6號簡從《志怪故事》中剔除,認爲其内容是講述鐘律的推算方法,應歸入式占古佚書《鐘律式占》範疇。[④]

總上所述,《志怪故事》第6號簡顯然是編綴之失誤,其内容與丹無涉,確應移出本篇。就抄録《志怪故事》的竹簡數目而言,應以李學勤首倡的六枚説爲是。

(二)篇題的擬名與文書的格式

這些竹簡出土時未見原署篇題,故擬定篇名就成爲必不可少的工作。訖今爲止,學界凡見有五種類型的篇名。

1.《墓主記》。舊版發掘簡報及何雙全均將本篇擬名爲《墓主記》,亦即將簡文中的主人公"丹"視爲放馬灘一號墓主人,認爲簡文講述的内容是墓主人丹的真實經歷,藉此推斷該墓的下葬年代及其他竹簡的書寫時代。[⑤]《墓主記》篇名及丹係墓主人的看法,爲不少學者接受——如張修桂[⑥]、李紀祥[⑦]、張寧[⑧]、雍際春[⑨]。雍際春認爲就内容而言,這篇簡文真假參半、

---

① 曹方向:《秦簡〈志怪故事〉6號簡芻議》,簡帛網,2009年11月7日。

② 王輝:《〈天水放馬灘秦簡〉校讀記》,62頁。

③ 李零:《秦簡的定名與分類·附録:放馬灘秦簡〈志怪故事〉(今移簡6於簡7後)》,8-11頁。

④ 程少軒:《放馬灘簡式占古佚書研究》(提交稿),3、153-154頁。

⑤ 何雙全談到放簡"内容有《日書》和紀年文書兩類……紀年文書係邽丞向御史呈奏的'謁書',敍述一名叫丹的人的故事。推測丹爲M1墓主,所以把這部分内容定名爲《墓主記》"(何雙全:《天水放馬灘秦簡綜述》,23頁)。

⑥ 張修桂:《天水〈放馬灘地圖〉的繪製年代》,44-48頁。

⑦ 李紀祥:《甘肅天水放馬灘〈墓主記〉秦簡所反映的民俗信仰初探》,收入漢學研究中心主編《民間信仰與中國文化國際研討會論文集》,臺北:漢學研究中心1994年4月,167-179頁。

⑧ 張寧:《放馬灘〈墓主記〉的文學價值》,452-457頁。

⑨ 雍際春:《天水放馬灘木板地圖研究》,32-37頁。

虛實混雜,是以墓主人的有關經歷而編成的一個故事。[①] 王輝雖不贊同《墓主記》篇名(主張改稱《丹》或《丹記》),但也認爲丹即墓主。[②] 對於墓主丹的身份及職業,有學者認爲"墓主生前是一個軍人,曾參加過戰役,是官府知曉的人物,後因殺人犯罪而受刑……很可能原來是邽縣的一個基層官吏"(舊版發掘簡報、何雙全),有學者認爲是"文化圈内的地理學者"(張修桂),也有學者認爲"是以精通地理、繪製地圖和占筮術數而見長的方士和術士"(雍際春)或是一位日者(王輝)。

2009年出版的《天水放馬灘秦簡》雖然采納李學勤意見而改稱《志怪故事》,但堅持這篇簡文"仍與一號墓主有内在聯繫,不能完全釋爲與其毫無關係的傳説神話",[③]"根據内容看,儘管是離奇的神怪傳説故事,但與一號墓主不無關係,很可能是依墓主的特殊經歷而編創的故事,所以有一定寫實的因素。"[④]

李零則認爲:"《志怪故事》,題名并不合適,簡文中的丹仍有可能是墓主。古人的精神世界和我們不一樣,他們是生活於人鬼共存的世界。他們相信,人的一生并非以死亡爲終點。簡文是按古人的心理來描寫丹之死、丹之葬和丹之祭,不能視爲文學虛構。"[⑤]李零主張簡文中"丹"就是放馬灘1號墓主人,故不認同李學勤及《天水放馬灘秦簡》所擬《志怪故事》篇名,但他未給出新定名。

概括而言,但凡學者主張《墓主記》篇名或丹係M1墓主人,必然在邏輯上認同簡文涉及的内容,全部或部分是真實的,進而視爲判定墓地下葬及竹簡書寫年代的唯一直接依據。若將這篇簡文視爲志怪故事,其内容純屬杜撰和虛構,那麼就失去了斷代的重要依據。[⑥] 我們認爲:丹并非墓主人,而是虛構或訛傳塑造出來的主人公形象(但不排除故事的構成要素中包含了某些真實的成分),其成書年代明顯早於墓葬年代。

2.《志怪故事》。李學勤首次定名爲"志怪故事",并指出"簡文所述丹死而復活的故事,顯然有志怪的性質。與後世衆多志怪小説一樣,這個故事可能出於虛構。也可能丹實有其人,逃亡至秦,捏造出這個故事,借以從事與巫鬼迷信有關的營生。"[⑦]這番論述指出了本篇簡文的荒誕性和神秘色彩,但也并未全然否認丹確有其人的可能性,而僅是强調了故事本身的

① 雍際春談道:"我們認爲這個故事既有真實内容,亦有虛構成分,簡文所述的丹及其傷人自刺應是真實可信的,衹是自刺未死而藏匿逃亡至秦。至於死而復生以及對陰間鬼神的描述,當爲丹編造的離奇經歷。丹之所以要杜撰出一段真假交織、虛實混雜的傳奇經歷,是與其身份、職業和社會形象的需要有關,借以神化自己和欺騙世人。"(雍際春:《天水放馬灘木板地圖研究》,31頁。)

② 王輝:《〈天水放馬灘秦簡〉校讀記》,66-68頁。

③ 《天水放馬灘墓葬發掘報告》,甘肅省文物考古研究所編《天水放馬灘秦簡》,127頁。

④ 《天水放馬灘墓葬發掘報告》,甘肅省文物考古研究所編《天水放馬灘秦簡》,130頁。

⑤ 李零:《秦简的定名與分类》,8-11頁。

⑥ 何雙全曾將學界關於這篇作品性質的討論,概括爲三種説法(詳見何雙全《簡牘》,"三、天水秦簡",42頁)。

⑦ 李學勤:《放馬灘簡中的志怪故事》,46頁。

虛構成分。對於丹是否就是 M1 墓主人,李學勤則并未給予正面的回答。日本學者藤田勝久承襲了李學勤的觀點及態度,他指出:“我認爲最重要的便是這樣一個事實:這座墓的墓主擁有有關死者復活和祭祀的文書,而并没有必要去限定墓主是告文中所説的人物……《墓主記》這一名稱也有重新探討的必要。所以,我基本上采用李學勤的解釋”。[①] 祝中熹則將李氏觀點又做了新的推進,認爲丹的復生故事“是一種虛構,是一種民間文學創作,而决非某人經歷的記實。”[②]祝氏完全排除了丹是 M1 墓主的可能性,認爲丹僅是怪异故事中虛構的人物形象、與現實中 M1 墓主無必然聯繫,“放馬灘秦墓 M1 的主人可能是個‘日者’,也就是後世所謂‘算命先生’;他大約還兼習‘堪輿’之術,也就是後世所謂‘陰陽風水’。”[③]

3.《邸丞謁御史書》。胡平生、李天虹合撰書中抄録了李學勤釋文,但將篇名改稱“邸丞謁御史書”,[④]其後宋華强、晏昌貴沿襲了此命名。[⑤] 這一篇名的出爐,想必是基於篇首公文書格式而擬定的。采用此篇名,就在邏輯上决定了必然承認公文呈報程序是真實的,而至於呈報内容(丹的復生事件)的真假與否則可兩説。最重要的是,公文書篇首部分的紀年、地名、官職等信息就是真實可信的,藉此可判定絶對年代。誠如 2009 年出版的《天水放馬灘秦簡》所言:“全文以謁書形式陳述,似上呈文書,有紀年、有職官,有事由。”[⑥]“此書以謁告文書形式寫出,文中所提到的邽丞、地名、職官都可找到依據,爲此可以確認此紀年及其曆朔當爲實録。”[⑦]

4.《日書》、式占類。任步雲將七枚志怪故事竹簡定義爲“一組占卜驗證詞”,歸屬於《日書》乙種。[⑧] 孫占宇沿襲此説,并認爲其後半部分與睡虎地秦簡《詰》篇在内容和性質上都很相似,應歸入《日書》類,[⑨]是《日書》乙種中的一篇。[⑩] 程少軒所撰博士論文則認爲:“《志怪故事》與乙種《日書》很可能編於同一册,其抄寫狀况與北大秦簡第四卷‘雜抄’頗爲類似,可據内容分爲幾個相對獨立的部分,《志怪故事》便是其中之一。”[⑪]我們認爲,就内容性質而言,

① [日]藤田勝久著,李淑萍譯:《戰國時秦的領域形成和交通路綫》,361-362 頁。

② 祝中熹:《對天水放馬灘木板地圖的幾點新認識》,22 頁。

③ 祝中熹:《對天水放馬灘木板地圖的幾點新認識》,22 頁。

④ 胡平生、李天虹:《長江流域出土簡牘與研究》,230 頁。

⑤ 晏昌貴:《放馬灘簡〈邸丞謁御史書〉中的時間與地點》,297-303 頁;宋華强:《放馬灘秦簡〈邸丞謁御史書〉釋讀札記》,137-143 頁。不過,宋氏論文在簡帛網刊發時,却又采用《志怪故事》爲題(宋華强:《放馬灘秦簡〈志怪故事〉札記》,簡帛網,2010 年 3 月 5 日),態度曖昧,令人費解。

⑥ 《天水放馬灘墓葬發掘報告》,甘肅省文物考古研究所編《天水放馬灘秦簡》,127 頁。

⑦ 《天水放馬灘墓葬發掘報告》,甘肅省文物考古研究所編《天水放馬灘秦簡》,130 頁。

⑧ 任步雲:《放馬灘出土竹簡日書芻議》,87 頁。

⑨ 孫占宇:《放馬灘秦簡日書整理與研究》,132-135、182-185 頁。

⑩ 孫占宇:《放馬灘秦簡日書整理與研究》,132 頁;孫占宇:《放馬灘秦簡乙 360—366 號“墓主記”説商榷》,《西北師大學報》2010 年第 5 期,49 頁。

⑪ 程少軒:《放馬灘簡式占古佚書研究》(提交稿),5 頁。

《志怪故事》可以劃歸入神仙方術類、驅鬼避邪類文獻,但不易貿然説就屬於《日書》中的一篇,更不能直接判定與《日書》是編聯在一起的,即使是編聯在一起也應是分屬不同性質的兩部分。

5.《丹》、《丹記》、《祠鬼》。王輝不同意李學勤及《天水放馬灘秦簡》所擬定的篇名《志怪故事》,認爲:"'志怪小説'或'志怪故事',衹是這類小説、故事的特點,是一個大的類别。至於志怪小説故事的每一則具體故事,仍可據事主或内容命名……若據事主命名,我以爲這則故事以《丹》或《丹記》作爲標題,才比較確切。"[①]孫占宇所撰多篇論文中徑稱《丹》,并分析説:"本篇的核心内容是鬼的種種習性,而不是丹的傳奇一生……而'丹'篇作爲一篇專門講述鬼怪'習性的'篇目,也屬於方術的範疇,也應當歸入日書,而不是'墓主記'。因此筆者傾向於將本篇改題爲'丹'。"[②]其後,孫占宇在前説基礎上,又撰文予以補充論證,進而認爲"本篇也是乙種《日書》中的一篇,而不是'墓主記',其篇題宜按内容擬爲'丹'或'祠鬼'爲宜。"[③]"而前引'墓主記'説及'官文書抄本'説在判定本篇性質的過程中都對本篇後半部分内容有所忽視,不能不説是一處重要疏漏。"[④]陳侃理也采納了《丹》篇的題名。[⑤]

其實,上述五種篇名的擬定均有失誤或不盡人意之處:(1)《墓主記》是將簡文中主人公丹視爲M1墓主,進而將丹的故事視作墓主人的生平經歷(或以墓主事迹改編而成的),就目前掌握的考古證據顯示,無法證明丹與墓主有必然聯繫。而且,北大秦牘《泰原有死者》及敦煌懸泉漢簡第二六八號也證實此類故事應是當時流行的某類文體/文獻,與墓主人的個人經歷無關,絶不可對號入座;(2)"志怪故事"是對某一類文體或體裁的統稱,以此爲篇名不足以彰顯個性,不僅背離了古人篇題定名之原則,也未必符合當時人對本篇簡文實際功用的定義和看法。李紀祥認爲李學勤將《墓主記》歸入志怪故事,是采用宋明以來的觀點,"忽略了其在魏晋被視爲真實歸入史的一面。"[⑥]李零亦言這類故事在當時人頭腦中恐怕并非是文學虚構的産物[⑦];(3)《邸丞謁御史書》篇名成立的先決條件就是必須是一份真實的官府行政文書,但事實上這份文書的真實性尚有待探討(詳見下文);(4)從内容格式、術語措辭及行文風格來看,本篇簡文與《日書》甲、乙種均存在很大差异,明顯不應歸入《日書》及式占範疇。有學者認爲本篇簡文與睡簡《詰》篇相似,但稍加比對就不難發現,二者的内容、性質及宗旨

① 王輝:《〈天水放馬灘秦簡〉校讀記》,67頁。

② 孫占宇:《放馬灘秦簡日書整理與研究》,184頁。

③ 孫占宇:《放馬灘秦簡乙360—366號"墓主記"説商榷》,49頁。

④ 孫占宇:《放馬灘秦簡乙360—366號"墓主記"説商榷》,48頁。

⑤ 陳侃理:《放馬灘秦簡〈丹〉篇札記》,簡帛網,2012年9月25日;陳侃理:《秦簡牘復生故事與喪葬習俗》,收入《中國簡帛學國際論壇2012:秦簡牘研究論文集》,44-56頁。

⑥ 李紀祥:《甘肅天水放馬灘〈墓主記〉秦簡所反映的民俗信仰初探》,收入漢學研究中心主編《民間信仰與中國文化國際研討會論文集》,171頁。

⑦ 李零:《北大秦牘〈泰原有死者〉簡介》,84頁。

截然不同,絶不可混同。而且睡簡《詰》篇是否屬於《日書》也存有争議——如連劭名就主張《詰》篇與《日書》雖是抄寫在同一簡册上,但係獨立成篇。[①] (5)《丹》篇的命名是諸説中較爲可取的,但也并非盡善盡美:其一、以人名命篇題是魏晋以降志怪小説的常見做法,然非戰國、秦漢之通例;其二、以事主"丹"來命名則未抓住本篇内容的主旨和核心(本篇并非丹的人物傳記),也并未概括出簡文的中心思想。不過,相較其他四種篇題而言,《丹》篇的擬定勉强算是最爲貼近文意了。

此外,值得注意的是,這份公文書的真實性還引起了學界的廣泛争議。换言之,篇首所言"邸(邽)丞"呈報"御史"的公務行爲是否真實發生過,抑或是僅借用了公文書格式而虚構出來的? 對此問題,學界出現了兩派截然相反的立場和意見:

第一,公文書是真實的。何雙全認爲這份"謁書"是對墓主丹神奇經歷的忠實記録,是地方官員呈報中央御史的行政函件,文書本身的真實性是不容置疑的。[②] 李學勤雖然認爲丹的復生故事乃係志怪小説之濫觴,但却認同公文書的真實性("文中的曆朔當爲實録"),并據此判定簡文的書寫年代。[③]

張修桂完全贊同何雙全的意見,并對其説進行了修飾和補充,解答了既然是官府文書又爲何會出現在 M1 墓中的疑問——"但呈報中央的文書,爲什麽又會出現在 1 號墓内? 我估計,出土的這份《墓主記》應該是一分抄件,并非呈文原件。由於丹是一位頗有名望的人物,呈文所記述的又是他的生平功過是非,所以在謁文呈報中央的同時,抄録一份隨丹入葬,也算是官府同僚對丹的一生的總結和悼念。"[④]胡平生、李天虹也認爲這份簡文乃係"抄件",但并非墓主本人事迹的抄録,而"傾向於這是一件輾轉相抄的前代官文書,其最初的製作就是地方官吏聽到民間有這樣一件事情,便報告了上級。"[⑤]比較兩種"抄件"説,前者太過牽强附會、充滿想像力,後者則較平實亦趨合理。

有趣的是,前文已述李零主張將全篇簡文劃分爲兩大部分,篇首第一部分的官文書(從"八年八月己巳"至"葬之垣雍南門外"訖),"用來講墓主下葬的時間和他死亡的原因",[⑥]與其後第二部分的"復生"(遷葬)内容無涉。據此推知,就官文書内容而言,李零認爲是真實可靠的,是對墓主丹的身份及死因的官方認定,换言之,這次呈報行爲是確實發生過的。有

---

① 連劭名:《睡虎地秦簡〈日書〉及〈詰〉篇補證》,《江漢考古》2001 年第 1 期,78-79 頁轉 30 頁;連劭名:《雲夢秦簡〈詰〉篇考述》,《考古學報》2002 年第 1 期,23-38 頁。

② 何雙全:《天水放馬灘秦簡綜述》,23 頁。

③ 李學勤分析説:"簡文采取邸丞赤向御史謁告的文書的形式,可以推想文中的曆朔當爲實録……王里是氐道的里名,丹居住在這裏,有怪异之事,因而邸丞赤報告給御史。"(李學勤:《放馬灘簡中的志怪故事》,45 頁。)

④ 張修桂:《天水〈放馬灘地圖〉的繪製年代》,《復旦學報》1991 年第 1 期,44-45 頁。

⑤ 胡平生、李天虹:《長江流域出土簡牘與研究》,233 頁。

⑥ 李零:《秦簡的定名與分類·附録:放馬灘秦簡〈志怪故事〉(今移簡 6 於簡 7 後)》,8 頁。

鑒於此,李零將這篇《志怪故事》簡文劃歸入"年譜類"。[①]

第二,公文書是虛構的。有學者認爲,不能因公文格式就判定爲真實的官府公文書。譬如,祝中熹主張"簡文以'邸丞赤敢謁御史'開頭,是爲了增强故事的可信性,不一定説明這確是一份官府文書。"[②]陳侃理也直斥了本篇公文書的真實性,認爲"《丹》篇采取'邸丞謁御史書'的公文形式出於有意的虛構,是爲了表明丹死而復生事件真實性的一種'包裝'。"[③]

事實上,秦漢以來墓葬中常見的告地策、鎮墓文、買地券等在行文上也都采用(或部分采用)了公文書格式,但却與現實官僚體系中的行政文書毫無關係。在現有證據下,我們不贊成這是一份真實有效的上行官府公文書,但也不排除其中的紀年、地名、官職等或反映了一定的真實性,應是在特定的社會、政治、歷史、文化等語境下形成的。借用現代人的話來説,那就是:文學創作源於生活,又高於生活。從那些光怪陸離的文學作品中或可尋覓到當時社會生活的某些影子。

三　釋文與譯文的釐定

兹以圖版爲依據,斟酌諸家意見,采擷他人所長、彌補一己所短,釐定釋文,并試加斷句和翻譯。

(一)釋文

■八年八月己巳,邸丞赤敢謁御史:大梁人王里□□曰丹,□□七年,丹矢傷人垣雝(雍)里中,因自刺殹,[弃]之于市三日,葬之垣雝(雍)南門外。三年,丹而復生。丹所以得復生者,吾(語)犀武舍人,犀武論其舍人[尚]命者,以丹未當死,因告司命史公孫强,因令白[狐]穴屈(窟)出丹,立墓上三日,因與司命史公孫强北之趙氏之北地柏丘之上。盈四年,乃聞犬[吓](吠)雞鳴而人食,其狀類(顡)益(嗌)、少麋(眉)、墨,四支(肢)不用。

丹言曰:死者不欲多衣。死人以白茅爲富,其鬼賤(荐)於它而富。

丹言:祠墓者毋敢敂(哭)。=(敂),鬼去敬(驚)走。已,收腏(餟)而聲之,如此鬼終身不食殹。

丹言:祠者必謹騷(掃)除,毋以淘瀹祠所。毋以羹沃腏(餟)上,鬼弗食殹。

(二)譯文

八年八月己巳,邸丞赤謹呈文向御史禀報:原籍大梁、現居本縣王里的……名叫丹的人

---

① 李零:《秦簡的定名與分類・附録:放馬灘秦簡〈志怪故事〉(今移簡6於簡7後)》,4-5頁。

② 祝中熹:《對天水放馬灘木板地圖的幾點新認識》,《隴右文博》2001年第2期,22頁。

③ 陳侃理:《秦簡牘復生故事與喪葬習俗》,收入《中國簡帛學國際論壇2012:秦簡牘研究論文集》,53頁。

……七年,丹在垣雝(雍)里中以箭傷人,并因此自刺身亡,依律陳屍三日後埋葬在垣雝(雍)城南門外的荒郊野地。三年後,丹死而復生。丹之所以能够得以復活的原因,是有人將案情向犀武舍人進行了申訴或報告,犀武召集屬下中熟知刑律者,共同對案情重作審議和量刑,認定丹傷害他人、但未造成對方死亡,罪不及死,犀武將此情况告知司命史公孫强。公孫强就命令白狐穿穴入壙室,將丹的屍身挖出來,在墓地上放了三天。然後,丹與司命史公孫强北行至趙地以北的幽冥之地——長滿柏樹的山丘之上。待滿了四年後,丹才能聽得見狗叫、雞鳴之類的聲音,也才能像正常人那樣吃飯,其容貌是喉部有疤痕、眉毛稀少、面色(氣色)黝黑,手脚僵硬、不聽使唤。

丹説道:死去的人不需要有多餘的衣服。死人以擁有白茅的多寡來標誌富有與否,故人死化鬼後以蒐集、積聚白茅而致富。

丹説:到墓地祭拜亡者時切勿哭泣。若哭泣,鬼就會因驚嚇而跑掉了。倘若祠祭剛結束,就立即撤去酒食祀品并一下子全部吃掉,那麽鬼就永遠不會再食用祭品了。

丹説:祭祀者必須恭敬地清掃墓地,(清掃時)切勿用淘米水之類洗過東西的髒水噴灑祭祀場所。不要把湯汁澆在祭飯上,若是那樣鬼就不肯吃了。

鳴謝:本文撰寫過程中,承蒙馬怡研究員、莊小霞博士惠賜資料,謹此感謝!

附録:放馬灘秦簡研究文獻目録(1989—2013)*

(一)期刊論文

1.何雙全:《天水放馬灘秦墓出土的地圖》,《文物天地》1988年第6期,8頁;

2.韓仲民:《談木板地圖》,《文物天地》1988年第6期,8-11頁;

3.甘肅省文物考古研究所、天水市北道區文化館:《甘肅天水放馬灘戰國秦漢墓群的發掘》,《文物》1989年第2期,1-11頁轉31頁;

4.何雙全:《天水放馬灘秦墓出土地圖初探》,《文物》1989年第2期,12-22頁;

5.何雙全:《天水放馬灘秦簡綜述》,《文物》1989年第2期,23-31頁;

6.曹婉如:《有關天水放馬灘秦墓出土地圖的幾個問題》,《文物》1989年第12期,78-85頁;

7.任步雲:《放馬灘出土竹簡日書芻議》,《西北史地》1989年第3期,82-88頁;

8.程真:《天水放馬灘的幾項重大考古發現》,《中國科技史料》1989年第3期,38頁;

9.秦簡整理小組:《天水放馬灘秦簡甲種〈日書〉釋文》,甘肅省文物考古研究所編《秦漢簡牘論文集》,蘭州:甘肅人民出版社,1989,1-6頁;

10.何雙全:《天水放馬灘秦簡甲種〈日書〉考述》,甘肅省文物考古研究所編《秦漢簡牘論文集》,蘭州:甘肅人民出版社,1989,7-28頁;

11.莊電一:《天水放馬灘出土七幅戰國木板地圖》,《光明日報》1989年8月10日第1版;

12.施謝捷:《簡帛文字考釋札記·放馬灘秦簡甲種〈日書〉十則》,李學勤、謝桂華主編《簡帛研究》第三輯,桂林:廣西教育出版社,1998,171-176頁;

13.李學勤:《放馬灘簡中的志怪故事》,《文物》1990年第4期,43-47頁(又載其著《簡帛佚籍與學術史》,南昌:江西教育出版社,2001,179-189頁);

14.毛惠明:《從天水秦簡看秦統一前的文字及其書法藝術》,《書法》1990年第4期,41-43頁;

15.鄧文寬:《天水放馬灘秦簡〈月建〉應名〈建除〉》,《文物》1990年第9期,83-84頁轉82頁;

16.劉信芳:《〈天水放馬灘秦簡綜述〉質疑》,《文物》1990年第9期,85-87頁轉73頁;

* 李靜曾編《秦簡牘研究論著目録》"四、甘肅天水放馬灘M1簡牘",列舉了有關放馬灘秦簡的研究論著目録(截止2006年,詳見武漢大學簡帛研究中心編《簡帛》第四輯,上海古籍出版社,2009,110-111頁),但有不少遺漏和訛誤——僅收録29條篇目。筆者在此基礎上予以訂正、補充和完善。

17.章珊:《放馬灘出土地圖的年代問題》,中國地理學會歷史地理專業委員會《歷史地理》編輯委員會編《歷史地理》第八輯,上海人民出版社,1990,58 頁;

18.施宣圓:《世界最早的實物地圖》,《地圖》1991 年第 1 期,24 頁(摘自《文匯報》第 15726 期);

19.張修桂:《天水〈放馬灘地圖〉的繪製年代》,《復旦學報》1991 年第 1 期,44-48 頁;

20.張修桂:《兩千三百多年前的〈放馬灘地圖〉》,《地理知識》1992 年第 1 期,6-8 頁;

21.張修桂:《世界上最早的地圖:天水〈放馬灘地圖〉》,《科學》1991 年第 2 期,128-130 頁;

22.朱玲玲:《放馬灘戰國秦圖與先秦時期的地圖學》,《鄭州大學學報》1992 年第 1 期,61-67 頁;

23.馮可君:《放馬灘地圖爲世界上最早的實物地圖》,《地圖》1992 年第 3 期,51 頁(摘自 1991 年"新華文摘");

24.張修桂:《當前考古所見最早的地圖——天水〈放馬灘地圖〉研究》,中國地理學會歷史地理專業委員會《歷史地理》編輯委員會編《歷史地理》第十輯,上海人民出版社,1992,141-161 頁;

25.丁建偉:《世界上現存最早的地圖天水〈放馬灘地圖〉》,《地圖》1993 年第 4 期,56-57 頁;

26.林劍鳴:《〈睡〉簡與〈放〉簡〈日書〉比較研究》,《文博》1993 年第 5 期,15-20 頁;

27.林劍鳴:《從放馬灘〈日書〉(甲種)再論秦文化的特點》,李學勤主編《簡帛研究》第一輯,北京:法律出版社,1993,62-73 頁(又載《周秦文化研究》編委會編《周秦文化研究》,西安:陝西人民出版社,1998,737-744 頁);

28.李紀祥:《甘肅天水放馬灘〈墓主記〉秦簡所反映的民俗信仰初探》,漢學研究中心主編《民間信仰與中國文化國際研討會論文集》,臺北:漢學研究中心 1994 年 4 月,167-179 頁;

29.[美]夏德安著,陳松長、熊建國譯:《戰國民間宗教中的復活問題》,中國社會科學院簡帛研究中心編《簡帛研究譯叢》(第一輯),長沙:湖南出版社,1996,27-43 頁;

30.饒宗頤:《論天水秦簡中之"中鳴"、"後鳴"與古代以音律配合時刻制度》,李學勤主編《簡帛研究》第二輯,北京:法律出版社,1996,134-137 頁(又載西北師範大學文學院歷史系、甘肅省文物考古研究所編《簡牘學研究》第二輯,蘭州:甘肅人民出版社,1998,1-3 頁);

31.岳維宗:《論天水放馬灘秦墓地圖中的"邽丘"非指邽縣》,《中國歷史地理論叢》1997 年第 1 期,14 頁轉 33 頁;

32.雍際春:《近年來關於天水放馬灘木板地圖研究的回顧與展望》,《中國史研究動態》

1997 年第 5 期,10–17 頁;

33.雷維新:《世界最早的木板地圖——天水放馬灘地圖》,《中學地理教學參考》1997 年第 9 期;

34.雍際春:《天水放馬灘地圖注記及其内容初探》,《中國歷史地理論叢》1998 年第 1 期,211–224 頁;

35.[日]藤田勝久著,李淑萍譯:《戰國時秦的領域形成和交通路綫》,秦始皇兵馬俑博物館《論叢》編委會編《秦文化論叢》第六輯,西安:西北大學出版社,1998,358–404 頁;

36.徐日輝:《"邽丘"辨——談天水〈放馬灘秦墓出土簡圖〉札記》,中國地理學會歷史地理專業委員會《歷史地理》編輯委員會編《歷史地理》第十四輯,上海人民出版社,1998,317–325 頁;

37.胡文輝:《放馬灘〈日書〉小考》,《文博》1999 年第 6 期,26–29 頁(又載其著《中國早期方術與文獻叢考》,廣州:中山大學出版社,2000,135–141 頁);

38.張寧:《放馬灘〈墓主記〉的文學價值》,秦始皇兵馬俑博物館《論叢》編委會編《秦文化論叢》第七輯,西安:西北大學出版社,1999,452–457 頁;

39.戴念祖:《試析秦簡〈律書〉中的樂律與占卜》,《中國音樂學》2001 年第 2 期,5–10 頁;

40.雍際春、黨安榮:《天水放馬灘木板地圖版式組合與地圖復原新探》,《中國歷史地理論叢》2000 年第 4 期,179–192 頁;

41.曹旅寧:《从天水放马滩秦简看秦代的弃市》,《廣東社會科學》2000 年第 5 期,134–139 頁;

42.張銘洽:《秦簡〈日書〉之"建除法"試析》,周天游主編、陝西歷史博物館館刊編輯部編《陝西歷史博物館館刊》第七輯,西安:三秦出版社,2000,193–199 頁;

43.祝中熹:《對天水放馬灘木板地圖的幾點新認識》,《隴右文博》2001 年第 2 期,15–23 頁;

44.戴念祖:《秦簡〈律書〉的樂律與占卜》,《文物》2002 年第 1 期,79–83 頁;

45.劉治立:《隴右文化研究的奇葩——讀〈天水放馬灘木板地圖研究〉》,《中國歷史地理論叢》2003 年第 3 輯,155–156 頁;

46.劉樂賢:《放馬灘秦簡〈日書〉甲種初探》,收入其著《簡帛數術文獻探論》第二章《出土五行類文獻研究(上)——秦簡〈日書〉叢考》,武漢:湖北教育出版社,2003,53–69 頁;

47.吴宏岐:《中國地圖學史研究的一部力作——評雍際春著〈天水放馬灘木板地圖研究〉》,《天水師範學院學報》2004 年第 1 期,109–110 頁;

48.劉治立:《驚瞥先秦地圖文化之輝煌——讀〈天水放馬灘木板地圖研究〉》,《中國測

繪》2004 年第 5 期,54-55 頁;

49.谷傑:《從放馬灘秦簡〈律書〉再論〈吕氏春秋〉生律次序》,《音樂研究》2005 年第 3 期,29-34 頁;

50.鍾守華:《秦簡〈天官書〉的中星和古度》,《文物》2005 年第 3 期,91-96 頁;

51.陳應時:《再談〈吕氏春秋〉的生律法——兼評〈從放馬灘秦簡《律書》再論《吕氏春秋》生律次序〉》,《音樂研究》2005 年第 4 期,39-46 頁;

52.李重申、李金梅:《甘肅放馬灘"秦簡"中的養生與體育符號》,《敦煌研究》2005 年第 6 期,93-95 頁;

53.萬方:《中國古地圖——放馬灘一號秦墓出土地圖》,《書屋》2006 年第 2 期,1 頁;

54.劉樂賢:《楚秦選擇術的异同及影響——以出土文獻爲中心》,《歷史研究》2006 年第 6 期,19-31 頁;

55.孫占宇:《睡虎地秦簡日書〈秦除〉與放馬灘秦簡日書〈建除〉比較研究》,《中國秦漢史研究會第十一届年會暨國際學術研討會論文集》,中國秦漢史研究會主辦、長春師範學院承辦,地點:長春,2007 年 7 月 16-23 日;

56.楊宗兵:《"天水秦簡"釋文校訂》,收入中國文字學會第四届學術年會籌備組編:《中國文字學會第四届學術年會論文集》,中國文字學會、陝西師範大學文學院、國際漢學院聯合主辦,地點:西安,2007 年 8 月 8-11 日,618-624 頁;

57.孫占宇:《天水放馬灘秦簡整理與研究現狀述評》,《中國史研究動態》2009 年第 12 期,12-16 頁;

58.程少軒:《試談放馬灘簡的一組地名》,北京大學震旦古代文明研究中心編《古代文明研究通訊》總第 44 期,2010,31-37 頁;

59.吕亞虎:《〈天水放馬灘秦簡〉校讀札記》,《西安財經學院學報》2010 年第 3 期,94-107 頁;

60.谷傑:《〈放馬灘簡〉與〈周禮注疏〉、〈禮記正義〉中的"蕤賓重上"兼論十二律大陰陽説的早期形式》,《中國音樂》2010 年第 3 期,7-13 頁;

61.倪晋波:《近出秦簡牘文獻之文學關照》,《淡江人文社會學刊》第 41 期,2010,25-45 頁;

62.[日]海老根量介:《戰國"日書"に反映された地域性と階層性——九店楚簡"日書"、放馬灘秦簡"日書"の比較を通して》(中譯:《戰國"日書"所反映的地域性與階層性——九店楚簡"日書"、放馬灘秦簡"日書"的比較研究通論》),(日本)中國出土資料學會編:《中國出土資料研究》第 14 號,2010,9-33 頁;

63.孫占宇:《放馬灘秦簡乙 360—366 號"墓主記"説商榷》,《西北師大學報》2010 年第 5

期,46－49 頁;

64.王輝:《〈天水放馬灘簡〉標題小議》,《陝西歷史博物館館刊》第 17 輯,西安:三秦出版社,2010,1－4 頁;

65.晏昌貴:《天水放馬灘秦簡乙種〈日書〉分篇釋文(稿)》,武漢大學簡帛研究中心編《簡帛》第五輯,上海古籍出版社,2010,17－41 頁;

66.吕亞虎:《〈天水放馬灘秦簡〉識小》,武漢大學簡帛研究中心編《簡帛》第五輯,上海古籍出版社,2010,43－50 頁;

67.李玫:《放馬灘秦簡〈律書〉——爲第七届國際音樂考古學學術研討會而作》,《星海音樂學院學報》2011 年第 1 期,48－52 頁;

68.陳恩星、莫軍凱、楊江、王淦毅:《從放馬灘圖和馬王堆稀世地圖看地圖發展》,《中國地名》2011 年第 2 期,52－53 頁;

69.曹方向:《讀〈天水放馬灘秦簡〉小札》,《江漢考古》2011 年第 2 期,116－118 頁;

70.孫占宇:《放馬灘秦簡日書"星度"篇初探》,《考古》2011 年第 4 期,70－79 頁;

71.程少軒:《放馬灘簡所見生律法補説》,《天津音樂學院學報(天籟)》2011 年第 4 期,48－50 頁;

72.陳偉:《放馬灘秦簡日書〈占病祟除〉與投擲式選擇》,《文物》2011 年第 5 期,85－88 頁;

73.李菁葉:《睡虎地秦簡與放馬灘秦簡〈日書〉中的十二獸探析》,《南都學壇》2011 年第 5 期,37－41 頁;

74.蘇建洲:《試論〈放馬灘秦簡〉的"莫食"時稱》,《中國文字》新 36 期,臺北:藝文印書館,2011,27－32 頁;

75.程少軒:《放馬灘簡式圖補釋》,《中國文字》新 36 期,臺北:藝文印書館,2011,131－140 頁;

76.孫占宇:《放馬灘秦簡甲種日書校注》,中國文化遺産研究院編《出土文獻研究》第十輯,北京:中華書局,2011,113－136 頁;

77.宋華强:《放馬灘秦簡〈邸丞謁御史書〉釋讀札記》,中國文化遺産研究院編《出土文獻研究》第十輯,北京:中華書局,2011,137－143 頁;

78.李零:《秦簡的定名與分類·附録:放馬灘秦簡〈志怪故事〉(今移簡 6 於簡 7 後)》,武漢大學簡帛研究中心編《簡帛》第六輯,上海古籍出版社,2011,8－11 頁;

79.劉增貴:《放馬灘秦簡〈日書·直室門〉及門户宜忌簡試釋》,武漢大學簡帛研究中心編《簡帛》第六輯,上海古籍出版社,2011,37－54 頁;

80.王輝:《〈天水放馬灘秦簡〉校讀記》,武漢大學簡帛研究中心編《簡帛》第六輯,上海

古籍出版社,2011,55-68 頁;

81.宋華强:《放馬灘秦簡〈日書〉識小録》,武漢大學簡帛研究中心編《簡帛》第六輯,上海古籍出版社,2011,69-86 頁;

82.劉國勝:《秦簡〈日書〉零拾》,武漢大學簡帛研究中心編《簡帛》第六輯,上海古籍出版社,2011,105-112 頁;

83.姜守誠:《放馬灘秦簡〈日書〉"行不得擇日"篇考釋》,《魯東大學學報》2012 年第 4 期,68-76 頁;

84.程少軒:《放馬灘簡所見式占古佚書的初步研究》,《中研院歷史語言研究所集刊》第八十三本、第二分,2012,243-343 頁;

85.王子今:《放馬灘秦地圖林業交通史料研究》,《早期絲綢之路暨早期秦文化國際學術討論會論文集》,主辦單位:甘肅省文物局,地點:蘭州,2012 年 8 月 18-20 日;

86.孫占宇:《放馬灘秦簡〈丹〉篇校注》,《首届中國歷史學博士後論壇(2012)論文集》,舉辦單位:中國社會科學院、全國博士後管理委員會、中國史學會,地點:北京,2012 年 10 月 19-20 日,36-46 頁;

87.陳侃理:《秦簡牘復生故事與喪葬習俗》,《中國簡帛學國際論壇 2012:秦簡牘研究論文集》,舉辦單位:武漢大學簡帛研究中心、北京大學出土文獻研究所,地點:武漢大學珞珈山賓館,2012 年 11 月 17-19 日,44-56 頁;

88.王子今:《放馬灘秦墓出土地圖生態史料研究》,《中國簡帛學國際論壇 2012:秦簡牘研究論文集》,191-197 頁;

89.[美]夏德安:《放馬灘日書甲乙種"禹有直五横"與禹治水神話試探》,《中國簡帛學國際論壇 2012:秦簡牘研究論文集》,262-280 頁;

90.孫占宇:《放馬灘秦簡編連十二例》,《中國簡帛學國際論壇 2012:秦簡牘研究論文集》,281-289 頁;

91.晏昌貴:《放馬灘、睡虎地、孔家坡三種〈日書〉之比較》,張德芳主編《甘肅省第二届簡牘學國際學術研討會論文集》,上海古籍出版社,2012,503-512 頁;

92.[日]海老根量:《放馬灘秦簡抄寫年代蠡測》,武漢大學簡帛研究中心編《簡帛》第七輯,上海古籍出版社,2012,159-170 頁。

93.李忠林:《出土擇吉文獻〈日書〉的科技史料價值——以天水放馬灘乙種〈日書〉爲例》,張德芳主編《甘肅省第二届簡牘學國際學術研討會論文集》,513-520 頁;

94.姜守誠:《天水放馬灘秦墓(M14)出土的繫虎及博局板畫考述》,(臺灣)《新史學》第二十四卷第二期,2013,1-33 頁(又收入《居延遺址與絲綢之路歷史文化國際學術研討會論文集》,478-497 頁);

95.羅見今:《三分損益法立術與十二律算法解析——〈天水放馬灘秦簡〉律書新研究》,《居延遺址與絲綢之路歷史文化國際學術研討會論文集》,主辦單位:金塔縣委、金塔縣人民政府、酒泉市文物局、甘肅省簡牘博物館、甘肅省敦煌學會,地點:甘肅酒泉市金塔縣,2013 年 8 月 24-26 日,509-516 頁;

96.晏昌貴:《放馬灘簡〈邸丞謁御史書〉中的時間與地點》,李學勤主編《出土文獻》第四輯,上海:中西書局,2013,297-303 頁;

97.黃傑:《放馬灘秦簡〈丹〉篇與北大秦牘〈泰原有死者〉研究》,馮天瑜主編《人文論叢(2013 年卷)》,北京:中國社會科學出版社,2013。

(二)網絡論文

1.劉淨:《讀放馬灘簡小札》,簡帛網,2009 年 1 月 24 日;

2.晏昌貴:《放馬灘秦簡乙種〈日書〉有關五音的簡文》,簡帛網,2009 年 9 月 22 日;

3.曹方向:《讀〈天水放馬灘秦簡〉小札》,簡帛網,2009 年 10 月 3 日;

4.趙岩:《放馬灘秦簡日書札記二則》,簡帛網,2009 年 10 月 10 日;

5.晏昌貴:《放馬灘秦簡中的〈大禹〉逸文》,簡帛網,2009 年 10 月 13 日;

6.方勇:《讀〈天水放馬灘秦簡〉小札(二)》,復旦大學出土文獻與古文字研究中心網,2009 年 10 月 15 日;

7.方勇:《讀〈天水放馬灘秦簡〉小札(一)》,簡帛網,2009 年 10 月 17 日;

8.方勇:《读〈天水放马滩秦简〉小札(三)》,復旦大學出土文獻與古文字研究中心網,2009 年 10 月 17 日;

9.任攀:《讀〈天水放馬灘秦簡〉札記一則》,復旦大學出土文獻與古文字研究中心網,2009 年 10 月 18 日;

10.復旦大學出土文獻與古文字研究中心讀書會(劉嬌執筆):《天水放馬灘秦簡〈日書·盜篇〉研讀》,復旦大學出土文獻與古文字研究中心網,2009 年 10 月 24 日;

11.吕亞虎:《讀〈天水放馬灘秦簡〉小札》,簡帛網,2009 年 10 月 24 日;

12.吕亞虎:《讀〈天水放馬灘秦簡〉札記二則》,簡帛網,2009 年 10 月 27 日;

13.吕亞虎:《〈天水放馬灘秦簡〉殘簡綴合二則》,復旦大學出土文獻與古文字研究中心網,2009 年 10 月 27 日;

14.吕亞虎:《〈放簡〉簡序重排二則》,簡帛網,2009 年 10 月 28 日;

15.吕亞虎:《〈天水放馬灘秦簡〉缺、誤字訂補幾則》,簡帛網,2009 年 10 月 31 日;

16.吕亞虎:《〈天水放馬灘秦簡〉識小一則》,簡帛網,2009 年 11 月 3 日;

17.方勇:《讀放馬灘秦簡〈志怪故事〉札記(一)》,復旦大學出土文獻與古文字研究中心網,2009 年 11 月 6 日;

18.程少軒、蔣文:《放馬灘簡〈式圖〉初探(稿)》,復旦大學出土文獻與古文字研究中心網,2009年11月6日;

19.曹方向:《秦簡〈志怪故事〉6號簡芻議》,簡帛網,2009年11月7日;

20.程少軒、蔣文:《略談放馬灘簡所見三十六禽(稿)》,復旦大學出土文獻與古文字研究中心網,2009年11月11日;

21.子居:《讀〈略談放馬灘簡所見三十六禽〉零識》,簡帛研究網,2009年11月13日;

22.任攀:《放馬灘簡〈禹須臾行日〉研讀》,復旦大學出土文獻與古文字研究中心網,2009年11月14日;

23.程少軒:《試説放馬灘簡所見三合卦》,復旦大學出土文獻與古文字研究中心網,2009年11月28日;

24.程少軒:《讀放馬灘簡小札四則》,復旦大學出土文獻與古文字研究中心網,2010年1月4日;

25.馮先思:《讀放馬灘秦簡〈日書〉筆記二則》,復旦大學出土文獻與古文字研究中心網,2010年1月16日;

26.程少軒:《放馬灘簡"剛柔之日"小考》,復旦大學出土文獻與古文字研究中心網,2010年2月5日;

27.宋華强:《放馬灘秦簡〈日書〉識小録》,簡帛網,2010年2月14日;

28.宋華强:《放馬灘秦簡〈志怪故事〉札記》,簡帛網,2010年3月5日;

29.周波:《秦漢〈日書〉校讀札記》,復旦大學出土文獻與古文字研究中心網,2010年3月17日;

30.程少軒:《放馬灘簡式圖補釋》,復旦大學出土文獻與古文字研究中心網,2010年3月30日;

31.蘇建洲:《試論〈放馬灘秦簡〉的"莫食"時稱》,復旦大學出土文獻與古文字研究中心網,2010年5月11日;

32.柯秋白:《天水放馬灘秦簡札記》,簡帛網,2010年6月28日;

33.程少軒:《試談放馬灘簡的一組地名》,復旦大學出土文獻與古文字研究中心網,2010年7月16日;

34.王輝:《〈天水放馬灘奏簡〉校讀記》,簡帛網,2010年7月30日;

35.[日]名和敏光:《天水放馬灘秦簡〈日書〉乙種〈行忌〉札記》,復旦大學出土文獻與古文字研究中心網,2010年9月22日;

36.孫占宇:《放馬灘秦簡〈丹〉篇校注》,簡帛網,2012年7月31日;

37.陳侃理:《放馬灘秦簡〈丹〉篇札記》,簡帛網,2012年9月25日;

38.方勇:《讀天水放馬灘秦簡〈日書〉乙種小札》,簡帛網,2012年11月26日;

39.謝小麗:《秦簡五行五音紀日法研究》,復旦大學出土文獻與古文字研究中心網,2013年9月17日;

40.方勇:《天水放馬灘秦簡零拾(一)》,復旦大學出土文獻與古文字研究中心網,2013年9月18日;

41.方勇:《天水放馬灘秦簡零拾(二)》,復旦大學出土文獻與古文字研究中心網,2013年9月28日;

42.方勇:《天水放馬灘秦簡零拾(三)》,簡帛網,2013年10月11日。

(三)碩、博士學位論文

1.孫占宇:《放馬灘秦簡日書整理與研究》,西北師範大學博士學位論文,指導教師:張德芳研究員,歷史系,專門史,簡牘學,答辯日期:2008年6月;

2.林雅芳:《〈天水放馬灘秦簡〉、〈周家臺秦簡〉及〈里耶秦簡〉詞語通釋》,華東師範大學碩士學位論文,指導教師:徐莉莉教授,中國語言文學系,漢語言文字學,漢語史,答辯日期:2009年5月;

3.劉青:《放馬灘秦簡〈日書〉乙種集釋》,武漢大學碩士學位論文,指導教師:劉國勝副教授,歷史學院,答辯日期:2010年5月;

4.程少軒:《放馬灘簡式占古佚書研究》(提交稿),復旦大學博士學位論文,指導教師:裘錫圭教授,中文系,中國古典文獻學,答辯日期:2011年11月;

5.申景亮:《天水放馬灘秦簡乙種〈日書〉釋文研究》,鄭州大學碩士學位論文,指導教師:袁延勝教授,歷史學院,中國古代史,答辯日期:2011年6月;

6.李菁葉:《睡虎地與放馬灘秦簡〈日書〉生死問題研究》,西南大學碩士學位論文,指導教師:徐難於教授,歷史系,考古學與博物館學,古文字與古器物,答辯日期:2012年5月。

(四)書法·圖録

1.甘肅省天水市北道區供稿:《天水秦簡》(部分),《書法》1990年第4期,21-39頁(又收入謝稚柳主編《中國歷代法書墨迹大觀》第16册,68-84頁;[日]西林昭一編寫、陳松長翻譯《新中國出土書迹》,北京:文物出版社,2009);

2.馬建華主編:《河西簡牘》,重慶出版社,2003;

3.胡之:《甘肅天水秦簡》,《中國簡牘書法系列》叢書,重慶出版集團、重慶出版社,2008;

(五)釋文·著作

1.雍際春:《天水放馬灘木板地圖研究》,蘭州:甘肅人民出版社,2002;

2.胡平生、李天虹:《長江流域出土簡牘與研究》,第三章《長江流域出土的秦簡》,第二節"甘肅天水放馬灘秦墓出土簡牘",武漢:湖北教育出版社,2004,221-238頁;

3.何雙全:《簡牘》,“三、天水秦簡”,“遥研望星宿:甘肅考古文化叢書”,蘭州:敦煌文藝出版社,2004,28-43 頁;

4.甘肅省文物考古研究所編:《天水放馬灘秦簡》,北京:中華書局,2009;

5.孫占宇:《天水放馬灘秦簡集釋》,蘭州:甘肅文化出版社,2013。

放馬灘秦簡乙種《日書》補遺*

昆明學院人文學院　劉玉環

内容提要　2009年出版的《天水放馬灘秦簡》對研究秦代的歷史、文學、術數、書籍制度等具有極其重要的價值。本文在整理小組及時賢考釋的基礎上，就文字釋讀提出十點自己的看法：乙種日書中的"數="、"是="、"營="可分别讀爲"數妻"、"是日"、"營宫"；第98號簡第12字當爲"瀀"，讀爲"廢"；第123號簡第11字當爲"逯(歸)"；第133號簡第23字、第26字均爲"版"，第24字當爲"真(嗔)"；第162號簡第19字當爲"丈"，第20字當爲"夫"，第26字當爲"坐"；第209號簡倒數第2字和第239號簡倒數第2字都爲"風"；第254號簡倒數第10字當爲"剥"，倒數第8字當爲"羭"；第258號簡第11字當爲"射"，第12字當爲"虎"；第296號簡第15字當爲"鳥"，第20字當爲"烏"，第23字當爲"争"，第24字當爲"斵"，讀爲"啄"；第353號簡第6字當爲"處"。

關鍵詞　《天水放馬灘秦簡》　乙種《日書》　簡文　考釋

1986年在甘肅省天水市北道區黨川鄉放馬灘一號秦墓出土竹簡461枚。簡書内容分甲種《日書》、乙種《日書》和《志怪故事》三種。2009年《天水放馬灘秦簡》出版，引起學術界極大關注和熱烈討論，其中簡書字詞的釋讀是一切研究的基礎，對此方勇、吕亞虎、曹方向、宋華强、柯秋白、王輝等諸位學者提出多條補正意見。② 我們在整理小組及時賢考釋的基礎上，

---

* 此文爲2012年度教育部人文社會科學研究青年基金項目"簡帛訛字研究"階段性成果之一，項目批准號：12YJC740071。此文爲昆明學院引進人才科研項目"魏晋時期簡帛訛字研究"階段性成果之一，項目批准號：YJW12006。

② 方勇《天水放馬灘秦簡零拾》、吕亞虎《讀〈天水放馬灘秦簡〉小札》、曹方向《讀〈天水放馬灘秦簡〉小札》、宋華强《放馬灘秦簡〈日書〉識小録》、柯秋白《〈天水放馬灘秦簡〉札記》、王輝《〈天水放馬灘秦簡〉校讀記》等文，均首發於簡帛網，可參看。

就乙種《日書》的文字釋讀提出十點自己的看法,以就教於方家。

1.柯秋白先生在首發于簡帛網的《〈天水放馬灘秦簡〉札記》[①]一文中指出:“放馬灘日書簡文中有不少‘=’,此號并非都是重文號,一定程度上可稱之爲一種習慣性的縮寫。”他認爲日書乙簡18的“數=”應爲“數虛”,日書乙簡131的“是=”即“是胃(謂)”,日書乙簡172的“營=”指“營室”。

按,柯先生的釋讀于文意可通;但忽視了一點:合文符號所代替的字必然與它所依附的字存在形體上的聯繫。

我們認爲乙種日書第18號簡:“征門,數實數=,并黔首家”,其中“數=”應指“數婁”。《説文·女部》:“婁,空也。”“數實數婁”與睡虎地秦墓日書甲簡116正三“徙門,數富數虛,必并人家”中的“數富數虛”意義相近。

乙種日書第131號簡“春乙亥、夏丁亥、秋辛亥、冬癸亥,是=牝日,不可起土攻。”其中“是=”應指“是日”;與睡虎地秦墓日書甲簡136背“春之乙亥,秋之辛亥,冬之癸亥,是胃牝日,百事不吉。以起土攻,有女喪”中的“是胃(謂)”意義相通:“是日牝日”意爲這些日子是牝日,“是胃(謂)牝日”意爲這些日子稱爲牝日。另,乙種日書第2號簡、第4號簡、第15號簡、第94號簡、第114號簡、第244號簡、第255號簡中的“是=”都當讀爲“是日”。

乙種日書第172號簡“營=廿”應指“營宫廿”。《説文·宫部》:“宫,室也。”“宫”與“室”意義相近,“營=”讀爲“營宫”或讀爲“營室”於義均可通;然而“宫”與“營”存在字形上的聯繫。《説文》卷七“宫”是部首字,“宫”部下衹收録了“營”字。《説文·宫部》:“營,市居也。從宫,熒省聲。”“宫”是“營”的義符。

總之,放馬灘秦簡乙種日書中的“數=”、“是=”、“營=”可分别讀爲“數婁”、“是日”、“營宫”,其合文符號所代表的字形都是前一字形的其中一個構件。

2.乙種日書第98號簡:“四廢”,整理者釋爲“廢”的字,原簡書字形作:(該簡第12字)。

按,細察原簡書字形,左邊的構件上爲“水”、下爲“去”,右邊的構件爲“廌”,整字當爲“灋”。就文意而言,此處“灋”當讀爲“廢”,“灋”屬幫紐、葉部,“廢”屬幫紐、月部,兩者聲紐同、韻母的主要元音相同,可通假。前文第95號簡、第96號簡、第97號簡也都將“四廢”寫爲“四灋”,其原簡書字形分别作:(95·14)、(96·12)、(97·12)。簡95~簡98都是講“爲室”擇日的;若擇日不當,就會導致“四灋(廢)”,即(房室的牆壁)四面倒塌。

3.乙種日書第123號簡:“千里之行毋以壬戌癸亥徙死行亡不復迹”,[②]整理者釋爲“徙”

[①] 柯秋白:《〈天水放馬灘秦簡〉札記》,簡帛網,2010年6月24日。

[②] 甘肅省文物考古研究所編:《天水放馬灘秦簡》,北京:中華書局,2009。《天水放馬灘秦簡》一書,原釋文未加標點,下同。

的字,原簡書字形作:(該簡第 11 字)。

按,從字形看,此字從"辵"、從"帚",當隸定爲"逯",《字彙·辵部》:"逯,即歸字。周宣王《石鼓文》:'舫舟西逯。'"《正字通·辵部》:"逯同歸。""歸"的古文字形作:(甲 3342)、(前 8·1·6)、(不𡢁簋)、(説文籀文)、(説文·止部)、(睡·秦 48)、(孔彪碑)。我們要討論的字形與《不𡢁簋》中的"歸"字相比,省去構件"𠂤";構件"帚"上面部分的斜劃本在竪劃的左邊而我們要討論的""字的斜劃在竪劃的右邊。《集韻》:"歸,還也,入也。"《廣雅》:"歸,返也。"第 123 號簡的這段話當釋爲:"千里之行毋以壬戌、癸亥:逯(歸),死;行,亡,不復迹。"意爲:出遠門要避開壬戌日和癸亥日:(在這兩個日子)歸來,難免一死;(在這兩個日子)出發,必然失蹤,無法回來。

乙種日書第 317 號簡:"以行亡亟死",整理者釋爲"亟"的字,原簡書字形作:(該簡第 12 字)。按,此字與上面討論的乙種日書第 123 號簡第 11 字顯然是同一個字,也應隸定爲"逯",即"歸"字。該句當釋爲:"以行,亡;逯(歸),死。"意爲:在這天出發,會失蹤;(在這天)歸來,會死亡。

乙種日書第 319 號簡:"使千里外顧復還不可以壬癸到家",整理者釋爲"還"的字,原簡書字形作:(第 14 字)。按,此字模糊不清,參照第 123 號簡和第 317 號簡的字形和文意,我們認爲此字也是"歸"字。該句當釋爲:"使千里外顧復歸,不可以壬癸到家。"意爲:從千里之外轉身踏上歸程,不可以在壬癸日到家。

4. 乙種日書第 133 號簡:"不可垣垣一𠬋首三𠬋耐成垣父母死",整理者摹釋爲"𠬋"的兩個字,原簡書字形分别作:(第 23 字)、(第 26 字)。

按,字書無"𠬋"字;整理者摹寫爲"𠬋"而無解説,實際上并未釋出該字。細審字形,此兩字左邊的構件爲"片"、右邊的構件爲"反",整字當爲"版";我們要討論的這兩個字形與《説文·片部》所收小篆字形的"(版)"和睡虎地 17·131 的"(版)"字形接近。從詞義文意看,"版"是古代城牆計量單位,一版長一丈、或八尺、或六尺,高兩尺。《韓非子·外儲説左上》:"築十版之牆,鑿八尺之牖。"《詩·小雅·鴻鴈》"之子於垣,百堵皆作。"毛傳:"一丈爲版,五版爲堵。"

整理者釋爲"首"的字,原簡書字形作:,此字模糊難辨,據文意應指比"耐"更輕的一種刑罰。參照漢印中的"(眞)"、石鼓上的"(眞)"和《説文·匕部》所收小篆字形的"(眞)",可知我們要討論的""當是"眞"字;此處讀爲"嗔"或"瞋",《説文·口部》:"嗔,盛氣也。從口眞聲。《詩》曰:'振旅嗔嗔。'"《説文·目部》:"瞋,張目也。從目眞聲。""嗔"和"瞋"都可以表示嗔怪、責怪。這裏指修牆一版將遭到怒目呵斥。

總之,133 號簡的這段話當釋爲:"不可垣:垣一版,眞(嗔);三版,耐;成垣,父母死。"《説文・土部》:"垣,牆也。"此處前兩個"垣"活用作動詞,指築牆。整段話意爲:不可以築牆:修築一丈,被人責怪;修築三丈,會被施以耐刑;修完整堵牆,父母會死。

5.乙種日書第162號簡:"卒者支先從東南之枲㘸="。整理者釋爲"支先"的兩個字,原簡書字形作:(該簡第19字)、(該簡第20字)。

按,就文意而言,釋爲"支先"于文意難通。就字形而言,此兩字當爲"丈夫"。"丈"的古文字形作:(説文・十部)、(老子甲4)、(一號墓竹簡244);"支"的古文字形作:(説文古文)、(説文・支部)、(縱横家書160)、(居延簡甲19A);古文字階段"丈"和"支"的區别性特徵是:"丈"的上部構件爲一横一豎兩筆,"支"的上部構件爲一豎一撇一點三筆;[①]將我們要討論的第162號簡第19字與"丈"和"支"的古文字形做比較,可以看出""當爲"丈"字。"夫"的古文字形作:(前5・32・1)、(大簋)、(説文・夫部)、(睡虎地簡32・2);"先"的古文字形作:(乙3798)、(令鼎)、(説文・先部)、(睡虎地簡24・25);將我們要討論的第162號簡第20字與"夫"和"先"的古文字形做比較,可以看出""當是"夫"字。馬王堆帛書老子甲本第4行"是以大丈夫居其厚而不居亓泊(薄)"中的"丈夫"二字作:、,可資比較。

整理者釋爲"㘸"的字,原簡書字形作:(該簡第26字)。按,字書無"㘸"字;細察字形,當爲"坐"字;此字下原有重文符號,其中第一個"坐"字當讀爲"座"。《説文・朩部》:"枲,麻也。""枲坐(座)"指枲麻座椅。

總之,第162號簡的這句話當釋爲:"卒者丈夫從東南之枲坐=",整句當讀爲"卒者,丈夫從東南之枲坐(座),坐。"意爲:最後,男子從東南走到枲麻座椅,坐下。

6.乙種日書第209號簡:"善病□痹",該簡倒數第2字,整理者未釋出,其原簡書字形作:。乙種日書第239號簡:"善病要痹",整理者釋爲"要"的字,原簡書字形作:(該簡倒數第2字)。

按,這兩個簡書字形實際上是同一個字。細察之,其結構從"凡"、從"虫",當爲"風"字。《楚帛書》甲篇第1行第31字的"風"作:,睡虎地簡25・42的"風"作:,老子甲138的"風"作:,可資比較。《正字通・風部》:"風,四肢偏枯曰風。"《素問・痹論》:"風、寒、濕三氣雜至,合而爲痹也。"《晉書・皇甫謐傳》:"(皇甫謐)後得風痹疾,猶手不輟卷。"第209號簡和第239號簡都當釋爲"善病風痹",意爲:容易中風麻痹。

7.乙種日書第254號簡:"日中爲期聚此輸羊"。整理者釋爲"聚"的字,原簡書字形作:(該簡倒數第10字)。

---

① 劉玉環:《追溯筆程——考釋簡帛文字的一種方法》,《文山學院學報》2011年第5期。

按，此字左下磨滅不清，其右邊構件明顯爲“刀”，故原釋爲“聚”可商，疑整字當爲“剥”。此字與《説文解字》所收小篆字形的“(剥)”、馬王堆漢墓帛書《五十二病方》第244行的“(剥)”、馬王堆漢墓帛書《老子乙本前古佚書》第104行的“(剥)”字形相近。《説文·刀部》：“剥，裂也。從刀、從录。录，刻割也。录亦聲。”《詩經·小雅·楚茨》：“絜爾牛羊，以往烝嘗，或剥或亨（烹），或肆或將。”朱熹注：“剥，解剥其皮也。”

整理者釋爲“輸”的字，原簡書字形作：(該簡倒數第8字)。按，此字左邊的構件明顯不爲“車”，而爲“羊”，整字當爲“羭”。此字與《説文解字》所收小篆字形的“(羭)”、馬王堆漢墓帛書《五十二病方》第239行的“(羭)”字形相近。《説文·羊部》：“羭，夏羊牡曰羭。”《急就章》顔師古注：羭，夏羊之牝也。段玉裁據此改《説文》的“牡”爲“牝”①。“羭羊”指牝羊。

總之，乙種日書第254號簡的這句話當釋爲：“日中爲期，剥此羭羊”。意爲：到日中的時候，解剥這隻母羊。

8.乙種日書第258號簡：“鼓□之男子”。“之”前一字整理者未釋出，其原簡書字形作：(該簡第12字)。

按，細察字形，此字與馬王堆一號漢墓第88號簡“(匮)”字所從的“虎”形近，與晋辟雍碑“(彪)”字所從的“虎”形體相似。“虎”本來是個象形字：(召伯簋)，字形發展到小篆、隸書，已失去象形意味：(説文·虎部)、(張·蓋17)、(熹·易·革)、(流·屯十七34·3)、(流·屯十九25·3)、(魏王基殘碑)。與上揭諸形相比較，可知我們要討論的“”當爲“虎”字。

“虎”前一字原簡牘字形作：，整理者釋爲“鼓”；該字原不清晰，疑爲“射”字。整句當釋爲：“射虎之男子。”意爲：射殺老虎的男人。

9.乙種日書第296號簡：“非爲頭=其黑如□皆相食鬿”。整理者釋爲“爲”的字，原簡牘字形作：(該簡第15字)。該簡第20字，整理者未釋出，原簡牘字形作：。整理者釋爲“食”的字，原簡牘字形作：(該簡第23字)。整理者釋爲“鬿”的字，原簡牘字形作：(該簡第24字)。

按，第15字“”，上部不清晰，將之與老子甲36的“(烏)”、縱横家書275的“(烏)”和孫子80的“(烏)”相比較，我們認爲此字當是“烏”。

第20字“”，下部中間的筆劃稍磨滅，將之與《沈子簋》的“(烏)”、《效卣》的“(烏)”和流沙簡·屯戍18·4的“(烏)”相比較，可確定爲“烏”字。

① ［清］段玉裁：《説文解字注》，杭州：浙江古籍出版社，1998。

第23字“”,中間稍殘泐,將之與睡虎地簡8·10的“(争)”和孫臏22的“(争)”相比較,可判定爲“争”字。

第24字“”,原釋爲“斲”,《篇海》:“斲,俗斲字。”細察原簡書字形,似當隸定爲“斲”。就文意而言,此處“斲”當讀爲“啄”,兩者都屬端紐、屋部,讀音相同,可以通假。《説文》:“啄,鳥食也。”《廣韻》:“啄,鳥啄也。”

另,“頭”下有重文符號,據文意,重文符號所代替的“頭”字當用在“其”字之後。

整段話當釋爲“非鳥頭,其頭黑如烏,皆相争斲(啄)。”意爲:那不是鳥頭,它們的頭像烏鴉一樣黑,都相互争鬥啄咬。

10.乙種日書第353號簡:“宫之音弇如扁窨中宫腸毆”。整理者釋爲“扁”的字,原簡書字形作:(該簡第6字)。

按,細察字形,當爲“處”字;《説文·几部》所收小篆或體的“處”作:,老子甲158的“處”作:,《熹·公羊·宣六年》的“處”作:,可資比較。

從文意看,釋爲“處”,文意暢通。《玉篇》:“處,居也。”《廣韻》:“處,留也,息也,定也。”第353號簡的這段話當釋爲:“宫之音弇,如處窨中。宫,腸毆。”意爲:宫的音調深沉幽遠,像從地窨中發出來的,宫音主腸。

訓釋簡牘語義不明文字的間接證據
——以校釋雲夢睡虎地秦簡《法律答問》65簡釋文及語譯爲例

北京大學歷史學系　蔣非非

内容提要　睡虎地秦簡《法律答問》65簡簡文混有同音假借字"蝕",整理小組疑"蝕"本字當作"食",何四維則對"食"字義提出新解,各家訓釋因缺乏直接史料未能得出妥當解釋。其後發表的張家山漢簡《奏讞書》及里耶秦簡等爲探討65簡簡文中的語義不明字提供了間接證據。據已知秦漢法律及司法文書案例等,基本可排除整理小組及何氏對"蝕"字所作訓釋。參考其他簡牘文書中的文字字義,65簡"蝕"本字應作"失",即遭竊盗丢失物品之義。65簡簡文中衍一"人"字重文號,刪除衍文後可重新校釋爲:"内(納)奸,贖耐"。今内(納),人[人]未蝕(失)奸而得,可(何)論?除。

關鍵詞　簡牘　睡虎地　《法律答問》　奸　蝕

湖北雲夢縣睡虎地11號秦墓竹簡釋文首次以《雲夢秦簡釋文》爲題,發表於《文物》1976年第6至8期,其後文物出版社推出了繁簡字體版本的《睡虎地秦墓竹簡》釋文詳注及語譯,[①]整理小組篳路藍縷做出了開創性的貢獻。惟因秦律令佚失已久、相關史料稀少,且竹簡係私人抄録、難免有錯漏及雜有同音假借字,整理小組發表的釋文中尚有部分字句未能確切解讀,其後雖有學者提出新解,亦未有文獻及簡牘史料可加以驗證。上世紀發現的張家山漢

① 睡虎地秦墓竹簡整理小組:1978年文物出版社出版詳注附加語譯簡體字本《睡虎地秦墓竹簡》,1981年同社出版發掘報告《雲夢睡虎地秦墓》附繁體釋文,1990年出版繁體字釋文精裝本《睡虎地秦墓竹簡》。

簡①及2002年發現的里耶秦簡②抄録有更多秦及漢初法律令、行政文書及《奏讞書》等司法案例文書，爲訓釋睡虎地11號秦墓出土竹簡抄録的秦法律令文字字義、驗證此前整理小組發表的釋文及語譯當否、從而重新釋讀秦簡釋文中的個别不明字句提供了更多佐證，也爲探索解讀簡牘中不明字句的一般性可行方法提供了可能。本文試使用以上諸種材料考查整理小組所作《法律答問》第65簡③釋文及語譯，期待在缺少直接證據時排比使用間接證據能够嚴密合理地訓釋該簡牘中的未明文字，并以此簡爲例嘗試歸納總結訓釋簡牘抄録的法律令文書中語義不明文字時引用文獻之外其他可以采用的論證方法。

一

睡虎地11號墓墓主頸右出土的二百一十支簡因文字内容采取問答形式而被整理小組命名爲《法律答問》，觀察出土形態及簡側的三角形契口，推測這部分簡原是編連成一册卷起，下葬時成卷放入棺中，如整理小組所言，内容主要是"對秦律某些條文、術語以及律文的意圖做出明確解釋"。這卷文書内容具有的大範圍確定性、即圍繞秦律條文術語解説這一特徵，提示研究者可以從已知的其他秦法律條文及大約同時代的法律文書入手，對照文字字義無歧義的法律令條文，檢驗訖今提出的各種字義解釋是否與這些已知律文相符。由於目前已知的秦律律文單個文字字義常不限於一解，以下擬采用排除方法，逐項選擇搭配前後字義，檢查連接單個文字字義解釋形成的簡文整體理解是否前後語義無抵牾之處，尋找適合律文整體意思的文字字義。爲討論方便，先迻録整理小組釋讀65簡簡文及注釋、語譯如下：

> "内（納）奸，贖耐。"今内（納）人，人未蝕奸而得，可（何）論？除。
>
> 注釋：①納奸，當指容使壞人進入。②蝕，疑讀爲食，《漢書·谷永傳》注："猶受納也。"譯文："容使壞人入内，應贖耐。"如容人入内，人們沒有讓他的奸謀得逞，就把他捕獲了，應如何論處，免罪。

對65簡簡文中的部分字義訖今各家理解基本無歧義，如"贖耐"指强制被處罰者繳納贖金，"得"指罪犯被抓獲，"論"指判決，"除"指免除罪犯或責任人應受的刑罰或處罰，而對於如何訓釋其餘簡文文字，則分歧頗大，以下試從整理小組所作兩處文字注釋"納"、"蝕"入手

① 張家山二四七號墓竹簡整理小組：《張家山漢墓竹簡》［二四七號墓］，北京：文物出版社，2006。以下引用簡號均引自該書。

② 陳偉主編：《里耶秦簡牘校釋》（第一卷），武漢大學出版社，2012。

③ 睡虎地秦墓竹簡整理小組：1990年精裝本《睡虎地秦墓竹簡》編號《法律答問》65簡，發掘報告《雲夢睡虎地秦墓》附録編排順序號435，出土登記號丙37。本文引用的睡虎地秦簡編號、釋文及語譯使用文物出版社1990年精裝本編號，簡後括號中加注竹簡編號。

逐項分析：

1.語譯“納”爲“容使”，此詞語不見於現代漢語詞典，似是整理小組將“容”字與“使”字組合而成，仔細辨别單字字義，“容”字的各種字義中適合其後“壞人入内”的衹有“容許”一義，同理，適合搭配“壞人入内”的“使”字字義衹有“使得”一義，連接前後字義，“容使”大約是容許使得之義，整理小組特意自造一個現代語義詞句訓釋簡文“納”字，或因做語譯時未能確定簡文“納”字之字義所致。在可作爲史料根據的文獻《左傳》、《史記》中，“納”字有允許某人進入己方控制空間之内與以己之力將某人强送入他人控制空間之中兩義，《史記・晋世家》“里克、邳鄭欲内重耳，”指二人謀劃使流亡在外的公子重耳回到晋國，即從外部進入己方控制空間；慶鄭回答晋惠公“秦内君，君倍其賂，”此處“内(納)”指秦送晋惠公入晋。“秦怨之，乃求公子重耳，欲内之，”“秦繆公乃發兵送内重耳，”同一事《左傳》僖公二十四年記作“秦伯納之，不書，不告入也，”這一段文字記載中的“内(納)”指秦以兵力從外部將重耳强送入他人控制的晋，符合語譯“容使”中“使得”之義。考慮睡虎地秦墓《法律答問》65簡簡文抄録的法律所處罰的主體應是城邑等出入口的守衛者，因疏忽不慎放壞人進入，其行爲不具有“納”字以武力强使某人從外部進入的第二義，使用整理小組自造的現代漢語詞“容使”是否妥當，值得再斟酌。對守衛者失職行爲的同樣處罰亦見於漢初張家山漢簡抄録的《津關令》：

> 一、御史言，越塞闌關，論未有□，請闌出入塞之津關，黥爲城旦舂；越塞，斬左止(趾)爲城旦。吏卒主者弗得，贖耐；令、丞、令史罰金四兩。智(知)其請(情)而出入之，及假予人符傳、令以闌出入者，與同罪。（488-489簡）

以上488簡文中的“吏卒主者弗得，贖耐”，與《法律答問》65簡前半段文字“内(納)奸，贖耐”應爲相同性質的法律規定，區别在於漢初《津關令》實施範圍在關中與關東的分界及漢朝邊界，量刑衹考慮守衛者是過失還是串通罪犯故意犯罪，守衛者不知情時處罰贖耐，與罪犯串謀則與罪犯同罪。而秦簡《法律答問》65簡文僅適用于防範外部壞人混入己方城邑之内，對疏忽失職者的處罰也是贖耐，此律條外當還有對串謀故意犯罪者的處罰條文。

張家山漢簡《奏讞書》所收録從秦王政至漢初案例中亦有一例是處罰邊界守衛者疏忽失職，如下：

> 北地守潚(讞)：奴宜亡，越塞，道戍卒官大夫有署出，弗得，疑罪。・廷報：有當贖耐。（53簡）

男奴宜越塞逃亡，從名字叫有的官大夫戍卒把守的地方逃出塞，戍卒有未能抓獲逃亡的男奴宜，問應以何罪名處罰？廷回報：(戍卒)有應該被處贖耐。比較《法律答問》與《奏讞書》，可知秦漢初法律規定對守衛者疏忽失職放過罪犯的處罰均爲贖耐，不同處是《法律答問》65簡後半部分的簡文似是補充規定，以疏忽失職是否造成實際損害後果判斷是否執行前項法規。秦漢律條後半部分不同大約因爲漢代守衛邊境者疏忽放走男奴致使奴主或國家損失了一名勞動力,秦代守衛者放進盗賊未造成居民個人損失時則可免於處罰。

2.整理小組注釋:蝕,疑讀爲食,《漢書·谷永傳》注:"猶受納也。" 從後面的現代語譯將"人未蝕奸"釋譯爲"人們没有讓他的奸謀得逞"看,整理小組并未具體釋譯出"蝕"字原文字及該字在句子中的完整意思。65簡前後有兩個"奸"字,整理小組釋前一字爲"壞人"、釋後一字爲"奸謀",將同一條律文中先後出現的同一字分别釋爲不同的字義,似不合《法律答問》中後半部分文字内容解釋前半部分律文的慣常行文方法。

"奸"字指男女奸情之外有壞人與奸詐陰謀兩義,居延漢簡可見"禁奸隧卒"、"止姦隧長",這裏的"奸"當指壞人;《奏讞書》"淮陽守行縣掾新郪獄"文書中有"毋擊(系)牒,疑有姦詐(詐),(78簡)" "姦"字無疑指奸謀。65簡中"奸"當爲三則字義中的何義、應結合"奸"字前後文字字義理解。65簡"奸"字之後文字是"而得",睡虎地秦簡《法律答問》中常見,指抓獲罪犯,如:

若未啓而得,當贖黥。（31簡）

或以赦前盗千錢,赦後盡用之而得,論可(何)殹(也)? 毋論。（37簡）

「臣妾牧殺主。」可(何)謂牧? 欲賊殺主,未殺而得,爲牧。（76簡）

另一字義爲獲得、取得,如《封診式》:

毋治(笞)諒(掠)而得人請(情)爲上。（1簡）

甲、乙捕,索(索)其室而得此錢、容(鎔)。（20簡）

參考睡虎地其他簡文的書寫慣例,65簡"奸而得"句中的"奸"似不當釋作"奸謀",而應與簡文前半部一致、作"壞人"解,"奸而得"語義爲壞人被抓獲。

二

對65簡簡文的另外一種解釋見於何四維著作《秦律遺文》,何氏稱:"我不懂此文的意思。是否有涉及到性交的内容? '食'可能指'性交'。" '奸'可能有"通奸"的意思—见睡虎地秦简《法律答问》简172、173、75。"[①]何氏此説應是在認同整理小組"蝕,疑讀爲食"理解基礎上,將"蝕"看作"食"的同音假借字,係抄文書者無意中使用了"蝕"字。整理小組與何氏均認爲"蝕"字非秦律令原字,整理小組解釋"蝕"="食"、義爲"受納",從而將"未蝕奸"語

① A.F.P. Hulsewe, Remnants of Ch'in Law: An annotated translation of the Ch'in legal and administrative rules of the 3rd century B.C. discovered in the Yun-meng Prefecture, Hu-pei Province, in 1975 (Leiden: Brill, 1985), pp.138。

譯作"没有讓他的奸謀得逞,"何氏則認爲"食"可能指性交,"奸"可能有通奸的意思,惜何氏并未給出任何史料證明及進一步論證,衹是推測有此種可能,或許何氏立論的邏輯思維方式是先認定"奸"字是"通奸"的意思,再推論與此有關的字義,得出"食"字可能指"性交"。

檢索中國古代文獻使用"食"字字義,最著名的文字可以舉《孟子》中"食色性也"、"食"與"色"兩件事并列爲例,尚未見符合何氏推測的用例,或許這是何氏未能舉證的原因。但是不能否認秦律令有獨特的文字使用方法,目前無法以文獻文字爲例直接否認何氏的推測。另一種論證方式則是先找出65簡簡文中有已知答案的其他文字的字義,以此檢驗何氏理解是否適合於簡文整體文義,即采用排除方法,將與簡文其他文字字義及已知秦律令衝突的理解排除在外。已知65簡文中對"内(納)奸"行爲的處罰是"贖耐",可以通過對"奸"字的分析及與"贖耐"處罰的關聯來判斷65簡"奸"字字義。

睡虎地秦簡《法律答問》中還有三條簡文包含"奸"字,75簡簡文有"臣强與主奸"、172簡爲"同母异父相與奸",二簡文係對具有尊卑及特殊倫理身份者犯奸罪時的處罰,173簡"甲、乙交與女子丙奸,甲、乙以其故相刺傷,"指因奸情而起的傷害案件,簡文中的三個"奸"字均作動詞理解應無誤。65簡前半部"内(納)奸"中的"内(納)"慣常作動詞使用,則後一字義不當再作動詞,即後一字義當作名詞理解爲妥。如"内"作名詞"内中"、即房間内部解,"内奸,贖耐",官府如何發現并處罰房間内部的通奸罪行?如無附加限定條件則没有執法手段可以保證該法條的執行,65簡後半部的文字也隨之無法解讀。睡虎地秦簡《封診式》爰書中有《奸》一節,簡文如下:

> 奸　爰書:某里士五(伍)甲詣男子乙、女子丙,告曰:「乙、丙相與奸,自晝見某所,捕校上來詣之。」(95簡)

《封診式》是秦地方官吏審理案件過程的記録程式,此則爰書是關於民衆抓捕男女通奸罪犯時的立案規定,即必須從同一處所將男女二人同時"捕校上來"扭送官府,强調官府判決奸罪成立的前提是男女雙方在同處所同時出現并被人扭送交給官府,并未提到有其他犯罪要件,考慮秦時司法調查技術水準與成本,且商鞅變法之後民衆集中居住、晚間不能自由外出,若男女二人單獨在某處所同時出現,造成冤案的可能性較小,秦司法系統如此規定似并無不妥。

目前尚可見到的秦漢時期與奸罪有關的簡牘文書另有張家山漢簡中的一則《奏讞書》,即180簡至196簡,因文字較多,兹不引録全文,案情是:

> 杜瀘女子甲夫公士丁疾死,喪棺在堂上未葬,與丁母素夜喪,環棺而哭。甲與男子丙偕之棺後内中和奸。"(183-184簡)

廷尉等議"捕者雖弗案校上,甲當完爲舂,告杜論甲。"文書從論證不孝罪入手,當是此類死夫未入葬寡妻即與他人奸於棺後的案件很少出現，掌管法律的官吏援引子女在父母棺木尚未入葬時有男女奸情即犯不孝罪爲旁例，以論證妻在夫棺木尚未入葬時與他男子發生奸情應判决有罪。案件判决之後，外出回來的廷史申提出异議，認爲妻從夫死亡時起二人間的倫理關係即告結束，該判决適用法律不當、存在程序瑕疵，"捕者弗案校上，獨完爲舂，不亦重虖(乎)？"抓捕的人未能將男女雙方一起扭送官府，衹抓捕女方判决完爲舂，不是判决過重嗎？參與討論此案的衆官吏皆承認"誠失之"，即判决不當，説明官府判决通奸罪的唯一根據是《封診式》中的"案之校上"、當場抓獲通奸的男女雙方。此則《奏讞書》文書前半部分記録了一段法律："當黥，公士、公士妻以上完之；奸者，耐爲隸臣妾，"仔細讀文書并對比《二年律令》中對奸罪的處罰法條，可知此處"奸者"非指一般民衆，僅指公士、公士妻以上，即有爵者可免除肉刑，有爵者犯通奸罪耐爲隸臣妾。

如整理小組指出，從文字不諱"正"字看，《奏讞書》本案當發生在漢初，另一證據是文書開始處的"故律曰"，既稱"故律"，應不是當時使用的法律，從成文法律出現的過程與繼承關係考慮，漢律僅與秦律有直接今故關係，以此知案件處理時間當爲漢初。對比睡虎地秦簡抄録的秦法律文書與張家山漢簡《二年律令》，可以看到部分内容不同，證明漢初曾對舊秦律進行過部分修改，秦簡《法律答問》中有處罰夫毆妻案件的法規，如下：

妻悍，夫毆治之，夬(决)其耳，若折支(肢)指、胅膿(體)，問夫可(何)論？當耐。

(79簡)

與秦簡《法律答問》處罰罪行相同的漢《賊律》中法規如下：

妻悍而夫毆笞之，非以兵刃也，雖傷之，毋罪。(32簡)

秦時夫因妻"悍"而毆打妻子，如造成妻子耳朵裂開、骨折等傷害，夫要被處罰耐刑。漢初修改後的法條則規定衹要夫毆打妻時未使用武器刃具、即使造成妻子受傷夫也無罪。二年律令《襍律》對奸罪的處罰有兩條：

諸與人妻和奸，及其所與皆完爲城旦舂。(192簡)

强與人奸者，府(腐)以爲宫隸臣。(193簡)

漢律條規定犯和奸、即通奸罪的男女皆處完爲城旦舂，與《奏讞書》記録的杜瀘女子甲"完爲舂"一致。甲夫丁爵爲公士，甲身份應爲公士妻，從判决結果看，廷尉并未將女子甲按照公士妻的身份减刑，理由應該是遵照《具律》"殺傷其夫，不得以夫爵論(84簡)"的量刑原則，不考慮依照有爵者减刑的原則降低犯和奸罪女子甲的量刑刑等。秦漢初尚有獨女從亡父繼承爵位一途，但是人數應當極少，其他途徑還有寡婦繼承亡夫爵，里耶秦簡可見"大夫寡"，但是不知該寡婦如再婚是否還能保有亡夫爵位、且新家庭中主婦爵位如何確定？看來有爵者犯奸罪減刑的規定主要應適用於男性，漢初《二年律令》未見相關法規，或許該法規在入漢不久便廢止了。漢簡《奏讞書》提到的漢初法律令不可全部作秦律看，需慎重考慮其中出現的法律規定的時代特徵。

二年律令《具律》89 簡文爲"當耐者贖耐，"88 簡文爲"女子……"，按照簡文順序分析，89 簡簡文應指女子"當耐者贖耐，"檢驗該條漢律是否適用於秦，可通過分析里耶秦簡常見的作徒簿得到答案。里耶秦簡文書可見遷陵縣向上級彙報本地"□首毋坐奸以論者（8-1675）"，"首"前缺字當爲"黔"，知南部邊遠地區遷陵縣亦處罰奸罪等刑事案件。秦遷陵縣下屬的貳春鄉等機構製作的始皇卅年作徒簿摘要如下：

卅年八月貳春鄉作徒薄
城旦鬼薪積九十人
仗城旦積卅人
舂白粲積六十人
隸妾積百一十二人　　　　　　（8-1143+8-1631）

隸妾居貲□□☑
受倉隸妾□☑
凡八十五人　　　　　　（8-1641）

卅年八月丙戌朔癸□□☑
隸妾墼（繫）舂八人
隸妾居貲十一人
受倉隸妾七人　　　　　　（8-145）

以上作徒簿可見秦地方官府將屬下隸妾分爲三類：1.隸妾墼（繫）舂，隸妾被强制按照城旦舂的勞動强度勞作，是對再犯罪隸妾的處罰，一般有時間限制，在强制時間結束後恢復原來的隸妾身份。2.隸妾居貲，即被判處贖耐罪却無力繳納贖金的勞作者，身份是隸妾，繳納完贖金後恢復原來黔首身份。3.倉隸妾，是官府機構倉管轄的隸妾，如無皇帝大赦令則須終身爲官府勞作。張家山漢簡《亡律》有"女子已坐亡贖耐，後復亡當贖耐者，耐以爲隸妾。（158 簡）"如果秦時已經實行漢初《具律》89 簡文女子"當耐者贖耐"的法律，考慮秦統一初的人口總數在兩千萬左右，則邊遠地區遷陵縣的作徒簿中在官府控制下勞作的再次犯逃亡罪的隸妾不當有如此多人數。將貳春鄉卅年八月男性作徒城旦鬼薪與仗城旦合計共 120 人，女性作徒舂白粲與隸妾合計共 172 人，隸妾一項有 112 人，超過全部男性罪犯人數，似可説明秦時并未特别對女性犯耐罪者實施初犯"贖耐"處罰條例。再者，"當耐者贖耐"的意思并非將耐刑改判爲贖耐，而是指以繳納贖金代替强制當處耐罪女子離開家庭到官府集中勞作，漢初此法律應該是政府爲增加人口而采取的臨時性措施，漢惠帝曾下詔書對 15 至 30 歲不嫁的女子徵收重税，亦是從同樣出發點考慮實施的法律。

總結以上分析，秦漢法律對男女通奸罪起刑均是完爲城旦舂，漢初《奏讞書》杜瀘女子案中"奸者耐爲隸臣妾"僅限公士以上的有爵者，女子犯通奸罪時不能以其夫爵被優待，仍被判處完舂刑。漢初優待耐刑女子不涉及男子，如有爵位的男子與人妻通奸，可能以爵減爲隸臣，但不是贖耐，張家山漢簡《户律》有"隸臣妾、城旦舂、鬼薪白粲家室居民里中者，以亡論之，（307簡）"隸臣妾不許居住在民衆里中，因爲他們要隨時爲官府勞作，人身不自由。而贖耐罪衹需繳納罰金即可换取人身自由，當該人無力繳納時才去居貲，即以服役或者勞作抵債。《法律答問》65簡前半部分的文字"内奸，贖耐"未區分男女，如"奸"按照通奸罪理解，其後的處罰應該指男女雙方，如秦時也適用漢初《具律》89簡女子"當耐者贖耐"的法律條文，則此條文并未涉及男方犯奸罪如何處罰，推論下去就會出現男子判决隸臣、女子判决贖耐這樣男女同罪异刑的結果，不符合已知秦漢法律對男女通奸罪同刑等處罰的法條。以上從分析秦漢律文使用文字的方式、秦漢律令及司法案例中適用法律的方式、秦遷陵縣行政文書等目前可見的簡牘史料入手，基本可以排除何四維氏指"奸"字義爲通奸、"蝕"字義爲"性交"的推測。

三

睡虎地竹簡整理小組及何四維氏都指出《法律答問》65簡中的"蝕"非原字、應是同音假借，這一分析指出了正確的研究方向，整理小組疑簡文原同音字爲"食"，引用《漢書·谷永傳》顔師古注訓釋爲"猶受納也"，從全簡文字前後文義分析，不合於目前已知的秦律令及秦簡文書用字慣例。考慮可選同音字的範圍，筆者以爲"蝕"字應爲同音字"失"的誤抄寫，"失"在秦漢簡文中常作失亡、遭人盜竊丢失之義。天水放馬灘秦簡《日書》[①]有如下簡文：

□□□癸未酉庚申戌巳牢圂中犬失犬弗居　　（乙307簡）

"犬失犬弗居"意思是牢圂裏的犬丢失了犬不在。"失"字作遭遇盜賊丢失物品之義，在懸泉漢簡中有更明確的文字記録，如下：

①丞相守少史護之，征和元年八月辛巳，假一封傳信案上書事，盜傳失亡。外七十五。

②守御史少史□□□□，征和元年九月甲寅，假三封傳信案事，亡傳信。外十二。

③□□爲琅琊尉龐舜，征和三年十一月壬寅，假二封傳信，送迎戍田卒。盜傳失亡。外□百二十。

① 甘肅省文物考古研究所：《天水放馬灘秦簡》，北京：中華書局，2009，47頁。

④御史守屬大原王鳳,元鳳元年九月己巳,假一封傳信,行曆日詔書,亡傳信。外二百七十九。 (Ⅰ90DXT0112④:1、2、4、5)[①]

以上四支記録傳信丟失原因的簡文有兩類,①與③爲“盜傳失亡”,②與④爲“亡傳信”,區别在於前者“盜”字與“失”字一起使用,説明傳信“亡”的原因是被盜,由此用例可知秦漢行政文書用字“失”字義之一即後世用語“失盜”之義。

65簡圖版顯示簡文“今内(納)人人”中的後一個“人”字原爲重文號,按照《法律答問》一般行文格式,開始處常爲秦律令原文,65簡簡文起首爲“内(納)奸”,明確了衹有放進城邑的是“奸”時才處罰守衛者“贖耐”,睡虎地秦簡中的“人”字爲中性詞,不帶有特定意義,後面的説明性文字不當作“今内(納)人”,後一“人”字應是抄寫者誤點了重文號。同樣的抄寫錯誤還見於睡虎地秦簡《秦律十八種》中的173簡,整理小組已指出簡文“嗇字原不重,令字重,係誤標了重文號。”[②]睡虎地秦簡爲私人抄寫的法律令文本,非官府正式公文書,出現個别誤抄寫現象應不足爲怪。

總結以上各項考證重新標點訓釋65簡及作語譯如下:

“内(納)奸,贖耐。”今内(納),人未蝕(失)、奸而得,可(何)論?除。

“(看守者)若放壞人進入,當處罰贖耐。”如已放入,人并未丟失物品、盜賊就被抓獲了,應如何處罰(看守者)?免於處罰。

自睡虎地秦簡發現以來,不斷有批量秦漢簡牘出土發表,其中與秦漢法律令司法案件有關的文書爲今人了解闕佚已久的秦漢法律體系及法律律文提供了珍貴的第一手史料。對於出土法律令文書簡牘中混有的部分誤寫字及假借字,在目前缺乏直接文獻史料及同類法律令可資引證時,可以嘗試使用已知的法律令及司法案例作爲間接證據,逐項排除多選項字義中不合於已知秦漢法律令語義的字義。可參考已知的秦漢法律令及司法案例文書書寫格式,確定該文字所屬文書的大致範圍,整體考查語義不明文字與前後文字之間的語義關係,對比其他出土文書中可以判明的該文字字義,將可以考慮的字義選項與前後文字字義串聯後訓釋,篩選各項字義中符合文書整體意思及前後文字字義的選項,并對比帶入該選項文字字義的校釋後文書與已知的秦漢法律令司法文書,考查是否會發生抵牾及時代差錯。還應考慮校釋不明字義文字後形成的法律令簡文是否與出土秦漢行政文書記録一致,使用已知的秦漢行政文書内容檢查該校釋文字是否妥當。簡牘文書不是古人有意傳世之作,出土的各種文書之間常缺少直接聯繫,如何更準確地校釋和理解出土簡牘文書,尚留有極大的探索空間。

① 郝樹聲、張德芳:《懸泉漢簡研究》,蘭州:甘肅文化出版社,2009,159頁。

② 《睡虎地秦墓竹簡》,99頁。

岳麓秦簡《芮盜賣公列地案》注釋獻疑

湖南大學岳麓書院　陳松長　吴美嬌

内容提要　本文對岳麓秦簡《芮盜賣公列地案》的幾條注釋提出不同意見:1."别價地"的"别",不當理解爲"分别";2."相移"并不是"交换"的意思。3."市府"應該是司市及司市下屬市官辦公的官署;4."市曹"可能是縣廷中總管市政的部門,"主市曹臣"應是主管市曹的官吏;5."盜賣"并不等於"給賣"。

關鍵詞　岳麓秦簡(叁)　案例　注釋　獻疑

《芮盜賣公列地案》是《岳麓書院藏秦簡》(叁)[1]所收的一個案例。我們在研讀過程中,發現其注釋或有可商之處,今不揣謭陋,略陳一二,以求教於大家。

一

簡63-67:問,芮買(賣),與朵别賈(價)地,且吏自别直?别直以論狀何如,勿庸報。

注釋:"别價地,與後文簡075'并價地、蓋'相對;别價,分别價錢;并價,合并價錢;'地'、'地、蓋'表示分别或合并價錢的對象。相似的語法結構見於里耶秦簡J1(16)6背面:'尉别書都鄉、司空。'……吏自别直,與前文簡063'與朵别賈(價)地',表示吏自行估價。"

按:整理者把"别"釋爲"分别"欠妥,此處的"别"當是"另"、"另外"的意思。《史記·項羽本紀》:"項梁前使項羽别攻襄城","别攻"即"另外攻打"。《睡虎地秦墓竹簡·語書》:

① 朱漢民、陳松長主編:《岳麓書院藏秦簡(叁)》,上海辭書出版社,2013。

“以次傳;别書江陵布,以郵行。”[①]整理小組注釋曰:“這一句是説本文書另録一份,在江陵公布。”據此,整理者引用的里耶秦簡 J1(16)6 背面:“尉别書都鄉、司空”。[②] 中的“别”也應該理解爲“另”、“另外”,簡文大意就是“尉另外抄寫二份傳給都鄉、司空”。因此,所謂“别價地”,就是另外定價的地。

此外,整理者認爲“并”即“合并”也有點不妥,如果將“并”理解爲“一起、一并”似乎更加合理。《戰國策・燕策二》:“漁者得而并擒之”,“并”即“一起、一并”。《睡虎地秦墓竹簡・秦律十八種・司空》:“居貲贖債者,或欲藉人與并居之,許之,毋除繇(徭)戍”[③],“并居”,整理小組譯爲“一起服役”。據此,“并價地、蓋”,意思就是將地和建築物一起定價。

二

簡 66-67:更等欲治蓋相移,材争弗得。聞材後受。

整理者認爲“相移”意爲“交换”,即更搭蓋好攤位後與芮、朵交换。

按:此處的“相移”當即轉手、轉賣之意。前文“更”在供述中提到“芮、朵想與更共受公空列,而且更答應與他們合夥”,既然更答應和芮、朵合夥承租搭蓋,不可能還需要和他們相互交换,應該是更想與芮、朵合夥搭蓋好之後轉手給他人。與此相似的情況亦見於《睡虎地秦墓竹簡・秦律雜抄》:“捕人相移以受爵者,耐”[④],整理者語譯“相移”爲“轉交”,簡文意思是説“把所捕的人轉交給他人,藉以騙取爵位的,處以耐刑”。

另外,“材争”與“弗得”之間當有句讀。從上下文看,“材争弗得”并不是指材争棺肆没有得到,而是指更與芮、朵合夥搭蓋好之後想轉手出去,因爲材争而没有實現。整理者的語譯是“(因)材來争奪,(最後我們)没能得到”,實際上也是將“材争”與“弗得”分開來理解的。

三

簡 67-68:十餘歲時,王室置市府,奪材以爲府,府罷,欲復受,弗得。

注釋:市,城中劃定的貿易區域……在本文中指掌管貿易區域的縣道下屬機構。府,官

---

① 睡虎地秦墓竹簡整理小組:《睡虎地秦墓竹簡》,北京:文物出版社,1990,13 頁。
② 王焕林:《里耶秦簡校詁》,北京:中國文聯出版社,2007,112 頁。
③ 睡虎地秦墓竹簡整理小組:《睡虎地秦墓竹簡》,51 頁。
④ 睡虎地秦墓竹簡整理小組:《睡虎地秦墓竹簡》,89 頁。

府。《周禮·天官·大宰》:"以八法治官府",鄭玄注:"百官所居曰府。"《睡虎地秦墓竹簡·秦律十八種·司空》:"司寇勿以爲僕、養、守官府及除有爲毆(也)。"

按:"市"、"府"二字或可連讀爲"市府"。"市府"是古代的市井官署。陳直先生《漢書新證》:"長安四市令,在西安漢城遺址中,出土'市府'(見圖)[①]封泥最多,文字最精。又有東、西、南、北四市的封泥,皆爲半通式,爲左馮翊長安四市長所用者。"[②]"市府"應該是司市及司市下屬的各種市官辦公的官署。其職能主要是用以監督市場交易的狀況,處理糾紛;調整市政,調劑餘缺,規範度量衡;同時頒布市場管理政令,以備隨時平衡市價等。

另《隋書·天文志》載:"市中六星臨箕,曰市樓,市府也,主市價律度。"[③]《春秋緯·合誠圖》曰:"'天樓,主市賈。'又郗萌曰:'市樓,天子市府也。'甘氏曰:'律度制令,遍市樓。'"[④]可見,"市府"設置於"市樓"之中,"市樓"可能就是"市府"的官邸所在,它建有樓臺,以便市吏候望,方便監管整個市場交易的狀況。《周禮·地官·司市》載:"上旌於思次以令市,市師涖焉,而聽大治大訟,胥師、賈師涖於介次,而聽小治小訟。"鄭玄注:"思次,若今市亭也。"鄭司農云:"次,市中候樓也。"[⑤]把旌旗懸掛到市樓上就表示交易開始。司市涖臨市樓,以治理重大事務和審理大的争訟;胥師,賈師到市樓,以治理小的事務和審理小的争訟。可見市樓就是市吏們治理市場的官府。《周禮正義》載:"市官聽大小治訟者,各於其市朝。凡思次介次皆於市中爲寺舍,其外爲朝以聽治訟及爲刑肆罪人之所,其地當與百官府治事之朝略相儗。"[⑥]

"市樓"又稱爲"旗亭"。《史記·三代世表》:"臣爲郎時,與方士考功,會旗亭下",《集解》:"西京賦曰'旗亭五重,俯察百隧。'"薛綜注:"旗亭,市樓也,立旗於上,故取名焉。"《周禮正義》:"漢市樓,名旗亭,蓋亦立旗於上。"又云:"漢時,市有市樓,爲市吏候望之所。"[⑦]北

① 孫慰祖主編:《古封泥集成》,上海書店出版社,1994,372頁。
② 陳直:《漢書新證》,天津人民出版社,1959,120頁。
③ 《隋書·天文志》,北京:中華書局,1973,536頁。
④ 黄堈輯:《春秋緯》,上海古籍出版社,1993,69頁。
⑤ 鄭玄注、賈公彦疏:《周禮注疏》,上海古籍出版社,2010,109頁。
⑥ 孫詒讓:《周禮正義》,北京:中華書局,2009,113頁。
⑦ 孫詒讓:《周禮正義》,169頁。

魏楊衒之《洛陽伽藍記·龍華寺》:"里有土臺,高三丈,上有二精舍。趙逸云:'此臺是中朝旗亭也,上有二層樓,懸鼓擊之以罷市。'"[①]現唯一保存較好的市樓位於山西平遥研古城南街,其格局與此類似。

四

簡 64-65"聞主市曹臣史,隸臣更不當受列,受棺列,買(賣),問論。"

注釋:"主市曹,應系縣廷中總管市政的部門,與直接主管商業區的市官有别。曹臣,似爲隸屬於曹的一種身份,具體情況未詳。"

按,文獻記載中關於"曹"的機構有很多,如户曹、倉曹、尉曹、法曹、金曹,但未見"主市曹",此處的"主"也許當理解爲"主管、負責"。"市曹",也許就是縣廷中總管市政的部門,而司市及司市下設的各種市官是隸屬於"市曹"的官吏。一般認爲"曹"作爲官職名,最早出現在西漢。例如,《三國志·蜀志·杜瓊傳》載:"古者名官職不言曹;始自漢已來,名官盡言曹;吏言屬曹;卒言侍曹。"安作璋、熊鐵基先生認爲:"所謂'漢已來'至少是西漢中葉以來。因爲秦和西漢初年太守的主要屬吏是'卒吏'",[②]還有學者認爲"'諸曹'爲郡政府所設的獨立機構"[③]。其實不然,根據《睡虎地秦墓竹簡·語書》所載"以一曹事不足獨治毆(也)……發書,移書曹,曹莫受,以告府,府令曹畫之。其畫最多者,當居曹奏令、丞,令、丞以爲不直,志千里使有籍書之,以爲惡吏"[④],整理者注釋:"曹,古時郡、縣下屬分科辦事的吏,稱爲曹,如賊曹、議曹等;其衙署也稱爲曹。"可見,作为官职名的"曹",早在秦代就已经出现,不僅郡設有屬曹,各縣、道也設有屬曹,縣道的屬曹不由縣、道管理,而是由郡的屬曹直接管轄。

"市曹"可能是縣廷中總管市政的部門,這有文獻可以佐證。《甘石星經》載:"市樓六星,在市門中,主闤閬之司,今市曹官之職。"[⑤]市曹官,是指"主闤閬"的官吏,即"司市"。《周禮·地官·序官》:"司市下大夫二人,上士四人,中士八人,下士十有六人,府四人,史八人,胥十有二人,徒百有二十人",鄭玄注:"司市,市官之長。"另《周禮·地官·司徒》:"司市掌市之治教、政刑、量度、禁令。以次叙研分地而經市,以陳肆辨物而平市,以政令禁物靡而均市,以商賈阜貨而行市,以量度成賈而徵儥,以質劑結信而止訟,以賈民禁僞而除詐……市司帥賈師而從,治其市政,掌其賣儥之事。"所謂"司市",是市官之長,其主要職能是"主列肆闤

① 楊衒之:《洛陽伽藍記》,北京:中華書局,2012,89 頁。
② 安作璋、熊鐵基:《秦漢官制史稿》,濟南:齊魯書社,2007,597 頁。
③ 郭俊然:《實物資料所見漢代諸"曹"叢考》,《聊城大學學報》2012 年第 4 期。
④ 睡虎地秦墓竹簡整理小組:《睡虎地秦墓竹簡》,北京:文物出版社,1990,15 頁。
⑤ 《四庫全書·説郛·星經》,上海古籍出版社,1987,254 頁。

阓”，具體而言是掌管市政，包括：治理市場行政事務；審理刑事爭訟；監督度量衡的規格和使用情況；貫徹實行禁止性法規條例……將市場中的列肆按次第分給商家，保證有序經營……以及和賈師一起治理市政，平抑物價等。”

整理者認爲“曹臣，似爲隸屬於曹的一種身份”，但是曹的下屬有掾有史，未見有臣者。此處的“臣”，或許指一般官吏，《禮記・禮運》：“仕於公曰臣。”《國語・晋語》：“事君不貳是謂臣”。“主市曹臣”，即指主管市曹的官吏，也就是上文所説的“市曹官”。“史”作爲主管市曹的官吏，他的身份很可能是司市，或是司市下的某一種市官。雖然“亭佐駕”同意“更”承租公列肆的申請，但“主市曹臣史”仍向“丞暨”舉報説“隸臣更不當受列，受棺列，買(賣)”[①]。這表明百姓要承租公列肆，除了向縣令、亭長(佐)申請外，可能還要向“主市曹臣”即“司市”申請登記，不符合承租條件的不允許承租，身爲隸臣的“更”是不符合承租條件的。

五

簡 81-83：何故紿方曰已受，盜賣於方……以方、朵終不告芮，芮即紿買(賣)方。

整理者注：“盜，竊取或搶劫財物，引申爲用不正當手段謀取財物，即詐騙、騙取……盜賣，以騙取金錢为目的假裝或非法售賣，後文簡 083 又稱‘紿賣’”。

按：“盜”，即私自、非法，與詐騙、騙取的含義并不相同。《説文》：“盜，私利物也。”《正字通》：“凡陰私自利者皆謂之盜。”[②]可見，“盜”是一種暗中偷偷進行的利己行爲。從語法上看，此處“盜”應是副詞，意爲偷偷地、暗中地。《睡虎地秦墓竹簡・法律答問》：“或盜采人桑葉，臧(贓)不盈一錢，可(何)論？貲繇(徭)三旬。”[③]《睡虎地秦墓竹簡・徭律》：“及雖未盈歲而或盜䦆(決)道出入，令苑輒自補繕之”[④]其中“盜”的詞性和詞義都與此相同。整理者認爲“紿賣”是“盜賣”的别稱，故將“買”括注爲“賣”，但二者的含義并不相同，“紿”，古同“詒”，意爲欺騙；欺詐。《玉篇》：“紿，疑也，欺也。”[⑤]《穀梁傳・僖公元年》：“惡公子之紿。”注：“欺也。”《史記・高祖紀》：“乃紿爲謁曰”，注：“詐也。”“紿買”則意爲欺騙他人買。“盜賣”意爲偷偷非法售賣。因此，此處的“買”也不應括注爲“賣”，當讀作本字，“紿買方”，即欺騙“方”去購買。

---

① 朱漢民、陳松長主編：《岳麓書院藏秦簡》〔叁〕，上海辭書出版社，2013，257 頁。

② 張自烈、廖文英：《正字通》，北京：中國工人出版社，1996 ，301 頁。

③ 睡虎地秦墓竹簡整理小組：《睡虎地秦墓竹簡》，95 頁。

④ 睡虎地秦墓竹簡整理小組：《睡虎地秦墓竹簡》，47 頁。

⑤ 胡吉宣：《玉篇校釋》，上海古籍出版社，1989，907 頁。

漢律構成中“篇”“章”“條”“事”之關係

河南大學歷史文化學院　宋　潔

内容提要　本文結合張家山漢簡《二年律令》《奏讞書》及“古人堤漢律目録”，認爲《晉書·刑法志》所載“集類爲篇，結事爲章”當理解爲：一章之中包含若干事項，若干事項組成一章，此是“結事爲章”；一章可視爲一事類，故若干章（事類）組成一篇，此是“集類爲篇”。通過引入“律條”、“章條”、“刑罰條”、“事項條”等概念，有助於理解史料中律令統計數目的問題。

關鍵詞　漢律　章　事類　律條　章條　刑罰條　事項條

自從《二年律令》刊布以來，關於《二年律令》中二十幾種律與蕭何“九章律”之間篇目關係的探討，一直持續不斷，其中最引人注目者莫過於楊振紅先生與王偉先生從《歷史研究》轉戰《史學月刊》的論辯。在“楊王之辯”討論的諸多焦點中，涉及到一個“如何理解與漢律令有關的‘篇’‘章’‘事’等概念的重要問題”①。此重要問題，在楊、王的反復論辯中一直是一中心問題。其論證寓於楊先生《秦漢律篇二級分類説——論〈二年律令〉二十七種律均屬九章》②《漢代法律體系及其研究方法》③以及王先生《論漢律》④《辯漢律》⑤中。關於此問題，所有的討論可以説是基於《晉書·刑法志》而展開，其文曰：

① 王偉：《論漢律》，《歷史研究》2007年第3期。
② 楊振紅：《秦漢律篇二級分類説——論〈二年律令〉二十七種律均屬九章》，《歷史研究》2005年第6期。
③ 楊振紅：《漢代法律體系及其研究方法》，《史學月刊》2008年第10期。
④ 王偉：《論漢律》，《歷史研究》2007年第3期。
⑤ 王偉：《辯漢律》，《史學月刊》2013年第6期。

世有增損,率皆集類爲篇,結事爲章。一章之中或事過數十,事類雖同,輕重乖异。而通條連句,上下相蒙,雖大體异篇,實相采入。《盗律》有賊傷之例,《賊律》有盗章之文,《興律》有上獄之法,《廄律》有逮捕之事,若此之比,錯糅無常。[①]

此段爭論的核心又在“集類爲篇,結事爲章”這一句上,雖僅八個字,但背後却是整個漢律構成的縮影。此八字透露的構成次序是“篇——章——事”,核心在“章”字。諸家皆已指出“章”字使用時,大到可表“篇”,小到可表“條”。故具體到“結事爲章”時,各取一义,這便直接影響到對“篇”“事”含義的理解。楊、王之分歧由此展開,各自提出了兩種解法。前一種解法皆在對方商榷之後予以放弃。首先,楊先生説:“一‘事’制定一律(章),一‘事’(章)下有若干律條,若干性質相同的‘事’(章)被歸在一個律篇之下。”其後王先生予以商榷,認爲“集類爲篇,結事爲章”是采用互文形式,應理解爲“集結事類爲篇章”。楊文在受到王文商兑之後,對之前説法予以修正:“一‘事’下有若干律條,若干性質相同的‘事’歸爲一‘章’,若干内容相關的章歸爲‘一篇’。”而王文在楊先生的商榷之下,也放弃了之前的“集結事類爲篇章”主張,并提出新説:“一個篇章由一個事類構成,一個條文(章)由一個或多個事項構成。”

通過兩位來回的辯難,使得我们對秦漢法律中的一些概念認識達到一個新的高度,使人獲益良多,也由此可見該問題之繁複。筆者在兩位論辯啓發、指引下,通過思考,認爲尚可做一些細微的補充,故不揣淺陋,提出愚見。請方家指正。

筆者以爲:“集類爲篇,結事爲章”應該是“一章之中包含若干事項,若干事項組成一章,這是‘結事爲章’;一章可視爲一事類,故若干章(事類)組成一篇,這是‘集類爲篇’;‘章’與‘條’有同有异,尤需注意,不宜混同,需結合語境分析”。下面就此展開具體討論。

一

關於“集類爲篇,結事爲章”中的“章”字,我以爲出土文獻已爲我們指出了解决的路徑。1987年,在湖南張家界城西古人堤遺址出土了90片東漢時期的簡牘,其中有兩塊木牘,殘損嚴重。經湖南文物考古研究所和中國文物研究所研究人員的整理,發現其中一塊存有漢律目録:

□□□□、□□□□、□□□、□□□、□□□、□□□、□□□、驕□□、詐發□、盗□□、殺人□□(第一欄)

① 《晋書》卷三〇《刑法志》,北京:中華書局,1974,923頁。

□□、□□□、□□□、□□□、□□故、盗出故(?)物、□有、詐僞始入、□亡、□□□□(第二欄)

□□□、大□□□、諸□□、□□□、對(?)……、不□□、□□皇、□□漢、□□□皇、詐□喪(?)(第三欄)

揄封、毁封、爲□□、諸食□肉、賊殺人、鬥殺以刀、人殺戲(逆序插入)、謀殺人已殺、懷子而……、□蠱人(第四欄)

□□□□、□子賊殺、□子(?)賊殺、父母告子、奴婢賊殺、□□偷、毆父母、奴婢悍、父母毆笞子、諸人食官(第五欄)

奴□□、毆决□□、賊燔燒宫、失火、賊伐燔□、賊殺傷人、犬殺傷人、船人□人、諸□弓弩、奴婢射人、諸坐傷(?)人(第六欄)①

此漢律目録,"其一、二欄爲《盗律》目録,大部分漫漶不可識,其他爲《賊律》目録,存目較多。"②

我們以爲此"漢律目録"所載的62個律目,就是"漢律章目"(爲行文方便,下面稱之爲"古人堤章目"),這似乎可與《張家山漢簡·奏讞書》所載"杜瀘女子甲和奸案"中"致次不孝、敖悍之律二章"的説法相印證。

"次不孝章",《奏讞書》中記爲"教人不孝,次不孝之律。不孝者弃市。弃市之次,黥爲城旦舂"。這可與《二年律令·賊律》簡35-37相比較:

子牧殺父母,毆詈泰父母、父母、叚(假)大母、主母、後母,及父母告子不孝,皆弃市。其子有罪當城旦舂、鬼薪白粲以上,[及]爲人奴婢者,父母告不孝,[勿聽]。[年七十以上告]子不孝,必三環之。三環之各不同日而尚告,乃聽之。教人不孝,黥爲城旦舂。

對此,學者認爲案例中的"教人不孝,次不孝之律。不孝者弃市。弃市之次,黥爲城旦舂"是節録《二年律令·賊律》簡35-37,使其口語化。③

"敖悍章",在案例中有明文:"敖悍……輸巴縣鹽。"此條是否爲節録律文,不得而知。故無法展開討論,現就"次不孝章"做一分析。

結合上引《二年律令·賊律》簡35-37,可以看出"父母告子不孝,皆弃市……三環之各不同日而尚告,乃聽之"的行爲主體爲父母;"子牧殺父母,毆詈泰父母、父母、叚(假)大母、主母、後母"行爲主體爲子女;"教人不孝,黥爲城旦舂"行爲主體爲他人。

---

① 湖南省文物考古研究所、中國文物研究所:《湖南張家界古人堤簡牘釋文與簡注》,《中國歷史文物》2003年第2期。

② 湖南省文物考古研究所、中國文物研究所:《湖南張家界古人堤簡牘釋文與簡注》,《中國歷史文物》2003年第2期。

③ 張建國先生提出口語化的觀點,參見《關於漢簡〈奏讞書〉的幾點研究及其他》,《國學研究》1997年第4期;邢義田先生提出是節録的觀點,參見其撰《秦或西漢初和姦案中所見的親屬倫理關係(訂補本)》,簡帛網,2008年6月28日。

既然行爲主體爲他人的“教人不孝，黥爲城旦舂”稱之爲“次不孝章”，那行爲主體爲父母，當也爲一章，這恰可在“古人堤章目”中找到“父母告子”一目。并且行爲主體爲子女的也恰好有“毆父母”一目。顯然，“次不孝”、“父母告子”、“毆父母”三者爲平行關係，皆可視爲一“章”。參照張建國先生口語化及“教人不孝”稱爲“次不孝章”的説法，“父母告子章”或可稱之爲“告不孝章”，“毆父母章”或可稱之爲“不孝章”。[1]

另外，“章”之形式、概念尚可借鑒唐律，《唐律疏議·名例律》中的“八議者”條稱之爲“議章”，“官爵五品以上”條稱之爲“請章”，“七品以上之官”條稱之爲“減章”，“應議請減”條稱之爲“贖章”[2]。

據此，我們似乎可以確定“古人堤律目”當爲章目。

二

既然“古人堤律目”皆爲“章目”，那“結事爲章”之“事”當指其下各事項，如“古人堤章目”中的“賊燔燒宫”應指《二年律令·賊律》簡4：

> 賊燔城、官府及縣官積冣（聚），弃市。賊燔寺舍、民［室屋廬舍、積冣（聚），黥］爲城旦舂。

其中當包括如下事項：1、賊燔城。2、賊燔官府。3、賊燔縣官積冣（聚）。4、賊燔寺舍。5、賊燔民室屋廬舍。6、賊燔民積冣（聚）。

又如，上引“父母告子”應至少包括三個事項：1、父母告子不孝，皆弃市。2、其子有罪當城旦舂、鬼薪白粲以上，［及］爲人奴婢者，父母告不孝，［勿聽］。3、［年七十以上告］不孝，必三環之。三環之各不同日而尚告，乃聽之。

僅結合以上兩例，可以看到，諸多事項具有同樣的行爲，如“賊燔”“告子”，但結果往往懸殊，如“賊燔城、官府及縣官積冣（聚）”爲死刑，而“賊燔寺舍、民室屋廬舍、積冣（聚）”僅僅黥爲城旦舂。這應就是《晋書·刑法志》所説的“事類雖同，輕重乖异”。如果把一“事類”理解爲一“篇”，那“事類雖同，輕重乖异”將翻譯爲“篇雖同，輕重乖异”。這將理解成，一“篇”之中，有輕重乖异。但是，一篇之中不同性質的行爲放一起比較，有輕重乖异很正常（如《賊律》中“賊燔”與“告子”，性質不同，如何去比較兩者輕重乖异呢），《晋志》似乎没有必要專此一説。因此，筆者認爲“事類雖同”的“事類”不能理解爲“篇”，衹能理解爲“章”。

---

① “父母告子”與“毆父母”皆與不孝罪相關，但本質尚存區别。父母告子不孝，是以父母對不孝的理解爲出發點，有較大的主觀性，故有三環之規定，行爲主體爲父母；毆父母是以子女客觀行爲爲判定標準，不待父母告罪，行爲主體爲子女。

② 劉俊文：《唐律疏議箋解》，北京：中華書局，1996，113、118、127、133頁。

且《晋書·刑法志》所載“魏律序略”曰：

今制新律，宜都總事類，多其篇條……《賊律》有欺謾、詐僞、逾封、矯制，《囚律》有詐僞生死，《令丙》有詐自復免，事類衆多，故分爲《詐律》。[①]

此間《賊律》中之“欺謾”、“詐僞”、“逾封”、“矯制”，《囚律》中之“詐僞生死”，《令丙》中之“詐自復免”，應皆可視爲一章，尤其“逾封”章目尚能在“古人堤章目”中得見。“事類衆多”顯然是針對“欺謾”、“詐僞”、“逾封”、“矯制”、“詐僞生死”、“詐自復免”這六個事類而言[②]。故“事類衆多，故分爲《詐律》”實指析分《賊律》、《囚律》、《令丙》中各關聯諸“章”，合爲一篇《詐律》。但如果以“一事類”爲“一篇”，那“事類衆多”將理解爲“賊律篇”、“囚律篇”、“令丙篇”三篇太多，故分爲《詐律》。這顯然不合理。以上是筆者將“事類”理解爲“章”的理由。正確與否不敢妄斷，提供一孔之見而已。

在漢律構成中尚有一問題尤需重視，亟需解決：“章”與“條”的關係。“章”與“條”在各論著中多有混淆之嫌。學者在分析“章”、“條”之關係時，多見其同，少見其异。而未見之异對於理解史籍記載又至爲重要。下面結合史料來對“條”做一探討。

[1]《晋書·刑法志》：永元六年，寵又代郭躬爲廷尉，復校律令，刑法溢於《甫刑》者，奏除之，曰：“臣聞禮經三百，威儀三千，故《甫刑》大辟二百，五刑之屬三千……今律令，犯罪應死刑者六百一十，耐罪千六百九十八，贖罪以下二千六百八十一，溢於《甫刑》千九百八十九，其四百一十大辟，千五百耐罪，七十九贖罪……宜令三公、廷尉集平律令，應經合義可施行者，大辟二百，耐罪、贖罪二千八百，合爲三千，與禮相應。其餘千九百八十九事，悉可詳除。”[③]

[2]《漢書·刑法志》：至成帝河平中，復下詔曰：“《甫刑》云‘五刑之屬三千，大辟之罰其屬二百’，今大辟之刑千有餘條，律令煩多，百有餘萬言……其與中二千石、二千石、博士及明習律令者議減死刑及可蠲除約省者……其審核之，務准古法，朕將盡心覽焉。”

[3]《漢書·刑法志》：（武帝時）大辟四百九條，千八百八十二事，死罪決事比萬三千四百七十二事。[④]

[4]《魏書·刑罰志》：于定國爲廷尉，集諸法律，凡九百六十卷，大辟四百九十條，

---

① 《晋書》卷三〇《刑法志》，924頁。

② 此處須補充一句：關於“事類”與“篇”、“章”之關係，可能存在“事類”大於“章”，小於“篇”的情形；抑或是“事類”不受篇、章的限制，如此處《賊律》有“詐僞”，而《囚律》有“詐僞生死”，這兩者是否應該視爲一個“詐僞”事類，尚難確定。又譬如，一些“令”是對“律”的補充，性質相同的主次之間，是否也應視爲一個“事類”，這值得探討。但從“集類爲篇”四字來理解，在同一篇目之下，是可以認定“一章”爲“一事類”的。

③ 《晋書》卷三〇《刑法志》，920頁。

④ 《漢書》卷二三《刑法志》，北京：中華書局，1962，1103、1101頁。

千八百八十二事,死罪决比凡三千四百七十二條,諸斷罪當用者,合二萬六千二百七十二條。①

案:[1]中所説永元六年(96),死刑610,耐罪1698,贖罪以下2681,合計4989,因爲《甫刑》所言五刑之屬共三千,其大辟占200,故溢出《甫刑》共1989,大辟多出410。考慮到“其餘千九百八十九事,悉可詳除”一語,可知所有數目是按照“事項”來統計。其中《尚書·甫刑》所説的“大辟兩百,五刑之屬三千”也不例外,當以“事項”來理解。但是,[2]中所載“《甫刑》云‘五刑之屬三千,大辟之罰其屬二百’,今大辟之刑千有餘條……其審核之,務准古法”,却把“五刑之屬三千、大辟兩百”按“條”數來理解。

又,[3]“死罪决事比萬三千四百七十二事”與[4]“死罪决比凡三千四百七十二條”②中,一稱之爲“事”,一稱之爲“條”。

然而,“事項”與“條”之間差别極大,這可通過[3]“大辟四百九條,千八百八十二事”看出其間之差别。學者已指出此“大辟條”平均4.6事(1882÷409)。如此,漢武帝到東漢永元六年之間法律變化軌迹便讓人費解,尤其“大辟條”在武帝至成帝之間的增設更是讓人匪夷所思,怎麽可能從武帝時的409條,1882事增加到“千有餘條”呢?按照一“大辟條”含4.6事計算,成帝時將有5000事左右,顯然這與史料記載武帝之後律條省减相違背。③ 對此,我們認爲應該引入四個概念:律條、章條、④刑罰條、事項條。

首先,一事項計爲一條。上引“父母告子”章的全部内容當視爲“章條”,其下的三個事項:1、父母告子不孝,皆弃市。2、其子有罪當城旦舂、鬼薪白粲以上,[及]爲人奴婢者,父母告不孝,[勿聽]。3、[年七十以上告]不孝,必三環之。三環之各不同日而尚告,乃聽之。皆可視爲“事項條”。一般情形下,“章條”有若干“事項條”。

其次,“刑罰條”之下也有若干“事項條”。這從一大辟條含4.6事可知,如結合簡牘更爲直觀,《二年律令·賊律》簡1-2:“以城邑亭障反,降諸侯,及守乘城亭障,諸侯人來攻盗,不堅守而弃去之若降之,及謀反者,皆要(腰)斬。”此爲“刑罰條”中的“大辟條”,大概可計爲四個事項:1、以城邑亭障反。2、降諸侯。3、守乘城亭障,諸侯人來攻盗,不堅守而弃去之若降

① 《魏書》卷一一一《刑罰志》,北京:中華書局,1974,2872頁。

② 案:《魏書·刑罰志》卷後“校勘記”云:“《漢志》死罪决死比萬三千四百七十二條,此志(《魏志》)‘萬’作‘凡’,疑亦音近而訛。”

③ 《漢書·宣帝紀》記載孝宣本始四年,詔郡國“律令有可蠲除以安百姓,條奏”。《漢書·刑法志》記載元帝時下詔“夫法令者,所以抑暴扶弱,欲其難犯而易避也。今律令煩多而不約,自典文者不能分明,而欲羅元元之不逮,斯豈刑中之意哉!其議律令可蠲除輕减者,條奏,唯在便安萬姓而已”。至成帝時復下詔:“今大辟之刑千有餘條,律令煩多,百有餘萬言……其與中二千石、二千石、博士及明習律令者議减死刑及可蠲除約省者。”其後,哀帝也有所舉措,《晋書·刑法志》載:“哀帝建平元年盡四年,輕殊死者刑八十一事。”

④ 筆者所説“章條”是一章爲一條。與史料中的“章條”概念不同,如《後漢書·儒林列傳》:“繁其章條。”《晋書·刑法志》:“補其章條之不足。”這應該是“章”與“條”的合稱。

之。4、及謀反者。顯然,"大辟條"之下有若干事項。因此,"章條"與"刑罰條"之下都包括若干"事項條"。

再次,"章條"與"刑罰條"之間的關係又如何呢?我們以爲,"章條"一般大於"刑罰條"。因爲今日所見簡牘中,諸刑罰是并存於一章之内的。如上引"賊燔燒宫"章中弃市、黥城旦舂就同存一章。又如《二年律令·盗律》簡55-56:

> 盗臧直過六百六十錢,黥爲城旦舂。六百六十到二百廿錢,完爲城旦舂。不盈二百廿十到百一十錢,耐爲隸臣妾。不盈百一十錢到廿二錢,罰金四兩,不盈廿二錢到一錢,罰金一兩。

由於"古人堤章目"中盗律部分殘損嚴重,無法見到與簡55-56相關的具體章目,但可以推見,不會以贓值來分"章"。此條内容必定存於一"章"之内。所以,"刑罰條"與"章條"之關係可一目了然。

最後,"章條"之上,我以爲還應該存在"律條"。"律條"中應存在包含若干"章"的情形,其内容相關的律文以共舉於一條的形式出現。正由於没有區分兩者區别,故而有學者發出"'一條律文、兩個律目'該如何解釋呢"的疑問。如《賊律》簡4-5:"賊燔城……黥爲城旦舂。其失火延燔之,罰金四兩,責(債)所燔。鄉部、官嗇夫、吏主者弗得,罰金各二兩。"對應"古人堤章目"中的"賊燔燒宫"、"失火"兩目。對此現象,學者猜測原因可能有二:一是有可能律文有所改變。二是有可能書手抄寫《二年律令》時將兩條獨立律文合二爲一,今所見畢竟爲抄本而非朝廷正式文本。[①] 其實,我們可以在遵從抄手所抄《二年律令》原貌的情形下,試着做出解釋。上引律文皆涉"火",且"其失火延燔之"中的"其"字做連詞,上承前句;"之"字做代詞,指代延燔之場所,即上面所説的"城"、"官府"、"縣官積冣(聚)"、"寺舍"、"民室屋廬舍"、"積冣(聚)"。因此,兩章視爲一條,當無疑問。[②] 故而,該"律條"之下分爲兩章是人爲的按照造成火灾的行爲性質——故意與過失——進一步做出的區分。

又如上引《二年律令·賊律》簡35-37:"子牧殺父母,毆詈泰父母……及父母告子不孝……教人不孝,黥爲城旦舂。""古人堤章目"分爲"毆父母"、"父母告子"(甚或尚有"次不孝")。其内容皆涉不孝,當爲一條。尤其"次不孝章"的律文"教人不孝"的"不孝"二字是針對上面"子牧殺父母,毆詈泰父母……"而言的,顯然我們不能把簡35-37的律文割裂爲兩、三律條,而衹能考慮一個"律條"中按照主體、文義的不同分割成了若干章。

---

① 參見張忠煒《秦漢律令法系研究初編》,北京:社會科學文獻出版社,2012,102頁。

② 從這兩點來説,也很難想像是抄手將兩條律文合二爲一,明顯是按底本抄録。

應該説,“章”更多的是按照内在文義劃分,古今諸家對“章”字皆有説明[①];而“條”更多是按照外在標準進行統計,所以纔會出現統計數目的不同。四者關係大致爲:律條≥章條≥刑罰條≥事項條。一“律條”中有若干“章條”,一“章條”有若干“刑罰條”,一“刑罰條”有若干“事項條”,這是就一般情形而言的。但是,當一“律條”衹有一“章條”,一“章條”衹有一“刑罰條”,一“刑罰條”衹有一“事項條”時,四者可視爲一。如“古人堤章目”中的“毁封”,《二年律令・賊律》簡16記爲“毁封,以它完封印印之,耐爲隸臣妾”。此律文記一事項,此時似乎出現“律條”“章條”“刑罰條”“事項條”四者爲一的情形。當然,“律條”“章條”“刑罰條”“事項條”四者爲一的情形當較少,大部分可能存在三者爲一、二者爲一的情形。這當是史籍中“條”字混用的原因,也正因爲該字的伸縮性,故造成後人理解窒礙。

至此,我們再回頭看武帝時候大辟409條、1882事,成帝時大辟“千有餘條”,東漢陳寵時610事這一死刑的變化軌迹。成帝時的大辟“千有餘條”,衹能作爲“事項條”理解,由於不知確切數目,故衹能斷定“(大辟)事項條”在1882–1000之間,按照4.6事計算,“(大辟)刑罰條”在409–217之間。其後,到了東漢永元六年時已減爲610事(約略132條)。可見,整個軌迹是按照輕刑原則推進的。

漢武帝至和帝永元六年之間的死刑調整,也可以從史料中找到相關印證。《漢書・刑法志》記載“考自昭、宣、元、成、哀、平六世之間,斷獄殊死,率歲千餘口而一人,耐罪上至右止,三倍有餘……自建武、永平,民亦新免兵革之禍,人有樂生之慮,與高、惠之間同,而政在抑强扶弱,朝無威福之臣,邑無豪傑之俠。以口率計,斷獄少於成、哀之間什八,可謂清矣。”[②]又《晋書・刑法志》記載“漢自王莽篡位之後,舊章不存。光武中興,留心庶獄,常臨朝聽訟,躬决疑事。是時承離亂之後,法網弛縱,罪名既輕。”[③]可見,東漢初期百廢待興,對西漢律文之沿用,當大爲省減。可以説,“大辟條”從武帝409條,1882事到永元六年陳寵校訂時的610事(約143條)這一變化是符合史實的。從“昭、宣、元、成、哀、平六世之間斷獄殊死,率歲千餘口而一人”到班固撰《刑法志》時的“斷獄少於成、哀之間什八”,背後的原因顯而易見與律條的省減、繼承有關。大辟從1882事減爲610事,少於武帝“什七”,大致符合班固所説的“斷獄少於成、哀之間什八”的記載。班固與陳寵同時代人,以兩人之言互證,大致揭示出了東漢法律與西漢法律變化之情實。

---

① 諸家之説可參看張忠煒《漢代律章句學探源》,《史學月刊》2010年第4期;張麗華、李尚《〈文心雕龍・章句〉辨疑》,《内蒙古師範大學學報》2010年第6期。

② 《漢書》卷二三《刑法志》,1108–1110頁。

③ 《晋書》卷三〇《刑法志》,917頁。

三

對於“律條”與“章條”之别,涉及到兩漢“律章句學”的問題。對於“律章句學”,張忠煒先生在前人的基礎上做出了自己的解釋:

> 所謂律章句學,是以自然章句爲基礎,確定某些律條的分合(亦即次生章句),構成一個意義相對完整的單位,亦即“章”,與之同時是進行文字方面的斷句,以及爲疏通律文所作的注説。這裏所説的“自然章句”,借用韓禄伯的話説,就是讀者能够識别原文各意義單位(章)的不同,即使早期版本没有句讀、章數。這可以睡虎地不同“版本”《效律》簡中接續一致的律條爲證,也可以《二年律令》中那些自然存在的律章爲例。“次生章句”,借用寧鎮疆的話説,就是以這些自然章序爲基礎,出於“條理”、“邏輯”甚至是篇幅等方面的需要,對它們進行重新的分合獨立組合。[①]

“自然章句”是一個抽象的概念,“章”字用法可大到篇,小到條,故對自然章句的劃分,受制於對律文的理解,因人而异;并且“自然章句”無論在漢律還是唐律、明律都一樣,有文句便有“自然章句”,所以,討論“自然章句”意義不大。我們要注意的是,在“自然章句”的基礎上,人爲所做出的進一步劃分,稱之爲“次生章句”。這與筆者所説的“章條”較爲一致,其外在的表現形式就是“章目”。東漢律章句之學分爲十餘家,“章目”不同當是其分歧之一。從今日所見《二年律令》與“古人堤章目”之間的關係,似乎“律條”與“章條”有截然區别。但隨着時人對法律認識的加深,尤其是兩漢律章句學的發展,使得“律條”與“章條”的概念有趨於合一的傾向。在此基礎之下,衹需要經歷一次由政府主導的大的修律行爲,其過程中借鑒一家較爲合理的“章句學”來編訂“律條”,再由政府頒布正式、唯一的“章目”,此時就出現“章條(次生章句)”與“律條”合二爲一的情形。考慮到無法得知“古人堤章目”的性質,出於慎重(尤其“古人堤章目”與“魏律序略”中的名目懸殊較大),暫不把“律條”“章條”合一的時間定在東漢,而是極有可能從曹魏《新律》肇始。《晋書·刑法志》記載:

> (魏文帝時)是時承用秦漢舊律……《盗律》有賊傷之例,《賊律》有盗章之文,《興律》有上獄之法,《廄律》有逮捕之事,若此之比,錯糅無常。後人生意,各爲章句。叔孫宣、郭令卿、馬融、鄭玄諸儒章句十有餘家,家數十萬言。凡斷罪所當由用者,合二萬六千二百七十二條,七百七十三萬二千二百餘言,言數益繁,覽者益難。天子於是下詔,但

① 張忠煒:《漢代律章句學探源》,《史學月刊》2010年第4期。

用鄭氏章句,不得雜用餘家。[①]

因爲漢律錯糅無常,所以,時人以己意各爲章句。其後魏文帝下詔但用"鄭氏章句"。在確定"鄭氏章句"地位之後,魏文帝"又下詔改定刑制……傍采漢律,定爲魏法,制《新律》十八篇"。雖然今日已無法獲知《新律》有多少條或章,但我們可參照其後出現的晋《泰始律》。該律以法典形式出現,"合二十篇,六百二十條"[②]。此時這620"律條"可視爲620"章條"。因爲《晋書·刑法志》記載:"侍中盧珽、中書侍郎張華又表:'抄新律[③]諸死罪條目,懸之亭傳,以示兆庶。'"[④]這説明《泰始律》作爲一部法典,已有唯一法定的"條目"存在。此時"律條"與"章條"兩個概念將自然整合,再無差别[⑤]。《唐律疏議》尤可作爲參考。《唐律疏義》502個"律條",皆有"條名",這就是"條目"。502個"律條"又可稱之爲"章條",如上引的《唐律疏議·名例律》中的"八議者"條稱之爲"議章","官爵五品以上"條下稱之爲"請章","七品以上之官"條稱之爲"減章","應議請減"條稱之爲"贖章"。

據此,"律條"與"章條(次生章句)"兩個概念的産生與融合,是伴隨着兩漢律章句學之發展始終的。正由於早期漢律結構、形式的不合理,導致篇章之間雜糅無常,律章句十餘家的存在,正可作爲此種現象之注脚。其實,這也從側面反映出法律從稚嫩逐步走向了成熟,故其後的王朝再也未出現律章句十餘家的情形,而是被官方所取代;從魏律但取"鄭氏章句"到長孫無忌對唐律的逐條疏解,都以法定形式予以固定;而《唐律疏義》的撰成恰恰是律章句之學的餘緒,與《五經正義》的編訂正可相映成輝。

最後,筆者結合上面引入的幾個概念,套用一下張忠煒先生的話:所謂律章句學,是以"律條"爲基礎,確定某些"事項條"的分合,組成"章條",構成一個意義相對完整的單位。

附記:本文得到匿名專家及諸師友的指導和幫助,謹表謝忱!

---

① 《晋書》卷三〇《刑法志》,922-923頁。

② 《晋書》卷三〇《刑法志》,927頁。

③ 中華書局點校本《晋書》在"新律"二字上有浪綫式書名號,易引誤解。曹魏所制律稱之爲《新律》。而此處"新律"是指晋《泰始律》,是對"新頒行律"的簡稱。

④ 《晋書》卷三〇《刑法志》,931頁。

⑤ "律條"與"章條"兩個概念統一之後并不影響"刑罰條"與"事項條"的存在。

馬王堆帛書"戊戌奇風"與楚漢彭城之戰*

復旦大學出土文獻與古文字研究中心　程少軒

内容提要　馬王堆帛書《刑德》諸篇所見"戊戌奇風",與《史記》、《漢書》等文獻所載楚漢彭城之戰的一場大風存在密切聯繫。帛書中與"戊戌奇風"有關的占辭當是編纂者據彭城之戰的史實編寫。據此還可斷定《刑德》丙篇的撰寫年代上限爲漢王二年(前205)。

關鍵詞　馬王堆帛書　《刑德》　戊戌奇風　彭城之戰

公元前205年的彭城之戰,是楚漢戰争中的一次重要戰役。漢王二年二月,劉邦趁項羽出兵齊地之機,襲取楚都彭城。項羽聞訊後率三萬精兵火速南歸,於當年四月發動突襲,漢軍大敗,劉邦被楚軍包圍。當此危急時刻,狂風突起,楚軍大亂,劉邦僥倖突圍。

彭城之戰中的那場狂風,對漢王朝而言是一次重要的"幸運風",因此文獻有詳細記録。《史記·項羽本紀》:

> [項羽軍]圍漢王三帀。於是大風從西北而起,折木發屋,揚沙石,窈冥晝晦,逢迎楚軍。楚軍大亂,壞散,而漢王乃得與數十騎遁去。①

* 本文寫作得到2013年度教育部人文社會科學研究青年基金項目"先秦秦漢出土數術文獻資料庫"(項目批准號13YJC770006)、2014年度國家社科基金青年項目"馬王堆帛書數術文献整理與數據庫建設"(項目批准號14CZS005)以及復旦大學青年教師科研起步與能力提升項目的資助。

① 《史記》卷七《項羽本紀》,北京:中華書局,1959,322頁。

《漢書·高帝紀》的記載與《史記·項羽本紀》基本一致：

> [項羽軍]圍漢王三帀。大風從西北起，折木發屋，揚砂石，晝晦，楚軍大亂，而漢王得與數十騎遁去。[①]

在史書中，這場大風的記録相當具體，既有風向的記録"從西北起"，又有風力效果的描述"折木發屋"、"揚沙石"、"窈冥晝晦"。同時，作爲异象，這場大風的特點也很鮮明。文獻如《漢書·五行志》中記載的奇氣怪風，往往衹説"折木"、"揚沙"、"晝晦"三種异象中的一條，後世占書中偶有涉及兩條的，像彭城戰役之奇風這樣三者兼具的，十分罕見。

我們在整理馬王堆兵陰陽書的過程中，發現帛書《刑德》諸篇記載的一種"戊戌奇風"，與彭城之戰的這場大風存在密切聯繫。《刑德》甲篇《刑德占》部分提到"戊戌奇風"的有兩處：

> 謹伺三戊以觀四旁$_{戊午、戊子、戊戌}$軍陣之氣也，若見戈雲、鉤雲、帚雲，若$_{94}$清寒疾風，戮殺暴疾，發屋折木，天下昏□，是氣也戰，在邑兵起。$_{95}$
>
> 凡占戰之道，必以戊戌之奇風，至于折木發室，飄礫石，必戰。$_{111}$[②]

《刑德》乙篇相關文句與甲篇基本一致。《刑德》丙篇文字與甲乙兩篇有較大不同，但也提到了"戊戌奇風"：

> 句憲之言起兵者，以風氣若雲雨也。以戊戌$_2$之日有風從西北方來，疾至於發屋析〈折〉木，天$_3$下昏□，起礫石，兵在外，大戰，在邑，兵起，主自將，期$_4$不出六十日之中【□□□】。$_5$[③]

根據我們的研究，《刑德》丙篇抄寫時代早於甲篇，《刑德》甲篇是在丙篇的基礎上擴充改寫而成的，乙篇又是在甲篇的基礎上略加改動而成。[④] 上引《刑德》丙篇這段文字，甲篇分置於第 94-95 行及第 111 行兩處，并雜以其他占測文字。儘管有所改寫，但《刑德》丙篇之"戊戌奇風"具備的幾點特徵，以及對軍事的占測之辭，大多被甲篇繼承：

	丙篇	甲篇、乙篇
日期	戊戌	戊戌
風向	從西北方來	

① 《漢書》卷一《高帝紀》，北京：中華書局，1962，36 頁。

② 本文所引馬王堆帛書《刑德》諸篇文字，皆以陳松長《馬王堆帛書〈刑德〉研究論稿》（臺北：臺灣古籍出版社，2001）所附釋文爲底本，有部分校改。釋文除特殊情況外，皆用通行字，後同。

③ 陳松長：《馬王堆帛書〈刑德〉研究論稿》。

④ 詳見裘錫圭主編《長沙馬王堆漢墓簡帛集成》（北京：中華書局，2014）相關篇章説明、注釋。

續表

异象	發屋析〈折〉木	發屋折木、折木發室
	天下昏□	天下昏□
	起礫石	飄礫石
占辭	兵在外大戰,在邑兵起。	是氣也戰,在邑兵起。
	主自將,期不出六十日之中【□□□】。	

《刑德》甲篇、乙篇缺少了對風向的描述。但在這兩篇的《刑德小游圖》中,於西北方宫格處均寫有“氣云(雲)”二字(如下圖所示),顯然就是指《刑德》丙篇“句憲之言起兵者,以風氣若雲雨也”中的“風氣若雲雨”。因此,《刑德》甲篇和乙篇中的“戊戌奇風”,較之丙篇衹少了一處占辭。《刑德》諸篇所載“戊戌奇風”,性質基本一致,所指一定是同一天氣异象。

《刑德》甲篇《刑德小游圖》西北宫示意圖

比較馬王堆帛書《刑德》諸篇的“戊戌奇風”和《史記》、《漢書》所載彭城之戰奇風,可以發現它們對風的描寫高度一致。《史記》“大風從西北而起”對應《刑德》丙篇“有風從西北方來”和甲篇、乙篇《刑德小游圖》西北宫格的“氣雲”;《史記》“折木發屋”對應《刑德》諸篇的“發屋折木”、“折木發室”;《史記》“揚沙石”對應《刑德》諸篇的“起礫石”、“飄礫石”;《史記》“窈冥晝晦”對應《刑德》諸篇的“天下昏□”①。

《史記》、《漢書》并未記載這場大風的具體時間。史載劉邦於漢王二年四月襲取彭城,項羽旋即自齊地回師。齊地距彭城戰場至少二百多公里,急行軍需數日。而劉邦突圍後,退守下邑稍作整頓,於五月西退至滎陽。下邑距滎陽約三百公里,行軍約需十餘日。照此時間估計,退守下邑的時間當以四月下旬爲宜,而彭城之戰的時間當在四月中下旬。《中國歷代

① 《刑德》諸篇“天下昏□”最末一字皆殘,其中甲篇尚存殘筆,似是“交”或“夭”,頗疑原當讀爲“天下昏窈”。

戰争史》便作此推測。[①] 查曆譜可知[②],漢王二年四月朔日爲己卯,當月的二十日正是戊戌日。

《刑德》諸篇占辭,均稱逢此奇風必有大戰,這也與彭城之戰在楚漢戰争中的規模以及激烈程度相應。同時《刑德》甲篇還説“凡占戰之道,必以戊戌之奇風,至于折木發室,飄礫石,必戰。”占辭稱戊戌奇風是戰鬥的良機,而彭城之戰中漢高祖正是趁狂風突起、楚軍大亂的機會率軍突圍的。《刑德》丙篇占辭最末一句不幸殘缺,不過其中出現的“主自將”一語仍提供了重要信息。馬王堆所出兵陰陽書,强調主公親自將兵的占辭僅此一例,這亦與劉邦親自率兵突圍的史實相合。

綜上所述,馬王堆帛書《刑德》諸篇的“戊戌奇風”,無論是時間、風向還是對風力的具體描述,乃至相關占辭,都與《史記》、《漢書》記載的彭城之戰的大風高度吻合。

在此前的研究中,我們發現馬王堆帛書《刑德》諸篇存在不少據史實撰寫、改編的内容。

例如,《刑德》甲篇第60-83行所記高祖十一年十二月至四月一百餘日的刑德小游方位,其中作爲主導戰争有利位置的神煞“德”,先是多居於西方,後是多居於南方。據《史記》記載,自漢高祖十一年冬季起,漢軍發兵討伐陳豨。漢軍兵分兩路,一路較早起兵,沿太行山東麓自西偏南向東偏北方向進軍,一路稍晚起兵,自太原由南向北進軍,兩路軍皆不斷取得勝利。按照《刑德》諸篇的解説,背對德的方位是有利的。漢軍進軍的方向,恰是以背德爲主。《刑德》甲篇這段文字,與漢軍討伐陳豨的時間、路綫十分吻合,是按照高祖十一年的實際戰事編寫的。

再如,《刑德》甲篇第117-129行據刑德方位貞卜戰事吉凶的文字,是依據秦滅六國的戰事,在《刑德》丙篇的基礎上改寫的。《刑德》丙篇“迎刑德”的占辭是“大敗”,而《刑德》甲篇改成了“軍大敗,將死亡”。按刑德運行推算,秦王政十五年刑德在東方木位,秦軍是年發兵攻打趙國,是迎刑德而戰。這場戰役的結果是秦軍被李牧擊敗,秦軍損失了大將桓齮。《刑德》甲篇加上“將死亡”三字,正是緣於桓齮陣亡的史實。由於這段文字涉及的史事較多,我們擬在另文討論,這裏就不展開叙研述了。

《刑德》諸篇有關“戊戌奇風”的文字,應該與上舉兩例類似,是根據彭城之戰颳起狂風這一史實編寫而成。從《刑德》甲篇涉及漢軍討伐陳豨戰事這一點來看,《刑德》諸篇的編纂者(最有可能是馬王堆二號漢墓的墓主利蒼本人或其僚屬)直到高祖十一年尚在劉邦軍中,未赴長沙國就職[③]。比《刑德》甲篇更早的《刑德》丙篇,應該也是在隨劉邦征戰時期撰寫的。

---

① 詳見臺灣三軍大學編《中國歷代戰争史》第三册,北京:軍事譯文出版社,1983,33-46頁。該書將劉邦潰退至下邑時間定爲漢王二年四月下旬,將漢軍退抵滎陽時間定爲五月初。又,本節對行軍里程的推定亦據該書所附《楚漢彭城會戰經過圖》、《楚漢滎陽對峙與劉邦機動作戰經過圖》。

② 本文對曆日的推定,皆據張培瑜《三千五百年曆日天象》,鄭州:大象出版社,1997。

③ 此前有學者推測利蒼於高祖八年前後就職長沙丞相,此説有誤。利蒼任職長沙丞相日期,當在高祖十二年以後,詳另文。

編纂者本人或是親自經歷了彭城之戰,或是由於在漢軍中反覆聽人提及,[①]對決定劉邦軍事集團命運的那場大風印象深刻,因此將之編入占書中。

將改變戰局的奇异天象神化,馬王堆帛書《刑德》并非孤例。公元十三世紀,蒙元軍隊東征日本,日軍戰事不利,此時颱風突然襲擊博多灣,蒙元艦隊被風重創,大敗而歸。日本人將此颱風視爲八幡大菩薩顯靈,尊爲"神風",直到二戰時期還在軍中供奉。把對於己方有利的自然力量奉爲神明,是古代人類的共同心態。

如以上討論不誤,我們還可以對《刑德》丙篇中存在殘缺的"戊戌奇風"占辭"主自將,期不出六十日之中【□□□】"作進一步討論。據《漢書·高帝紀》,漢王二年四月至六月有如下兩件戰事:

五月,漢王屯滎陽,蕭何發關中老弱未傅者悉詣軍。韓信亦收兵與漢王會,兵復大振。與楚戰滎陽南京、索間,破之。

[六月]引水灌廢丘,廢丘降,章邯自殺。雍[地]定,八十餘縣,置河上、渭南、中地、隴西、上郡。[②]

兩次戰役均以漢軍勝利告終。而且這段時間内,漢軍没有遭受到其他失利。由此可推測,占辭中的缺文,很可能是講若遇戊戌奇風,如主公親自領兵,不出六十天便有勝利。

另外,當年六月還有一件大事:

六月,漢王還櫟陽。壬午,立太子,赦罪人。令諸侯子在關中者皆集櫟陽爲衛。[③]

查曆譜可知六月之壬午爲初五日,尚在劉邦率軍突圍六十日之内。立太子作爲重大典禮,也常在各種兵占書中出現。如《開元占經》引古占書:

甘氏曰:日蝕從中央起,内亂,兵大起,更立太子。

《荆州占》曰:月與太白聚合,宿其國,立太子,期不出一年。

巫咸曰:歲星入尾,王者賜后宫,立太子;若后族有升顯者,不出百八十日。[④]

《刑德》丙篇占辭所缺文字若非貞卜軍事上的勝負,也有可能是説"不出六十日之中立太子"。

與《刑德》甲篇、乙篇刑德占辭抄於同一幅帛上的《日月風雨雲氣占》,也有關於奇風的

① 承馬孟龍先生提示,以軑國地望(關係到籍貫)、食邑户數(關係到軍功)等因素推測,利蒼加入劉邦軍事集團的時間,最有可能在劉邦軍伐秦取道南陽、與番君吴芮(即後來的首任長沙王)部署梅鋗會師胡陽這段時間。若如此,則利蒼本人及其僚屬經歷彭城之戰的可能性很大。

② 《漢書》卷一《高帝紀》,37-38頁。

③ 《漢書》卷一《高帝紀》,38頁。

④ 瞿曇悉達:《開元占經》,《四庫術數類叢書》第五册,卷九、一二、九六,上海古籍出版社,1990,249、276、892頁。

占辭。以甲篇爲例：

> 夏三月有疾風折木發屋：四月有此，兵秋起；五月有此，兵冬起；六月有此，兵明春起。盡三月無此風，而終歲暴風雨俱至，兵起，雨所從者勝。49

這條占辭也可與史書比對。彭城之戰後，魏王豹“謁歸視親疾，至則絶河津，反爲楚”，使劉邦的滎陽防綫受到威脅。當年秋，劉邦遣韓信、曹參、灌嬰等攻魏：

> 秋八月，漢王如滎陽，謂酈食其曰：“緩頰往説魏王豹，能下之，以魏地萬户封生。”食其往，豹不聽。漢王以韓信爲左丞相，與曹參、灌嬰俱擊魏。食其還，漢王問：“魏大將誰也？”對曰：“柏直。”王曰：“是口尚乳臭，不能當韓信。騎將誰也？”曰：“馮敬。”曰：“是秦將馮無擇子也，雖賢，不能當灌嬰。步卒將誰也？”曰：“項它。”曰：“是不能當曹參。吾無患矣。”九月，信等虜豹，傳詣滎陽。定魏地，置河東、太原、上黨郡。信使人請兵三萬人，願以北舉燕趙，東擊齊，南絶楚糧道。漢王與之。[①]

帛書中的“四月有風，兵秋起”，與漢王二年秋季韓信破魏之戰吻合，很有可能也是據此事件編寫的。

明確了馬王堆帛書中的“戊戌奇風”來源於楚漢彭城之戰的那場大風，我們便可據此斷定《刑德》丙篇的撰寫年代上限爲漢王二年（前 205），這對研究馬王堆帛書的文本和字體有較重要的意義。通過對相關文本的清理，我們還原了馬王堆帛書《刑德》諸篇編撰、改寫過程的一些細節，爲研究馬王堆帛書兵陰陽書乃至先秦秦漢數術文獻的形成提供了一條生動的例證。

① 《漢書》卷一《高帝紀》，38－39 頁。

河西漢簡所見候望籤牌探研*
——兼論籤牌的一種使用方式

吉林大學古籍研究所
出土文獻與中國古代文明研究協同創新中心 樂游

内容提要 西北邊塞漢簡中有一類特點鮮明的籤牌,其形制上有一定共同點,簡文内容也都是"望"某種烽火設施的格式。以前的研究者對這類籤牌注意較少,對其認識也不甚明確。通過匯總所有相關資料可以發現,這些籤牌是用來標識一種叫"望火頭"的候望設置所對準的方向的,與一般所知的實物籤牌和文書籤牌皆非一類,可暫稱之爲"候望籤牌"。這些籤牌多是單面書寫的,而雙面書寫的兩枚的特徵恰恰表明了它們在承擔候望籤牌功能時背面是不爲人所見的。綜合各種因素,這類籤牌和其他一些籤牌的使用方式應當不同於一般認爲的以繩連綴的方式,而應當是一面向外,固定在牆體上的。

關鍵詞 漢簡 候望籤牌 使用方式

一 相關籤牌述略

1999至2002年間,内蒙古自治區文物考古研究所在額濟納旗境内漢代居延烽燧遺址進行考古發掘時采獲漢簡五百余枚,整理後發表於《額濟納漢簡》一書中[②]。額濟納漢簡(以下簡稱額簡)是近年西北漢簡資料的重要發現。在這批漢簡中,有一類籤牌(正式名稱爲楬)形

* 【基金項目】本文寫作得到國家"十一五"新聞出版重大科技攻關項目"兩漢吴魏晋簡牘文字的搜集與整理"(0610-10-1BJNF2328/07)的資助。

② 魏堅主編:《額濟納漢簡》,桂林:廣西師範大學出版社,2005,184頁。

制特徵明顯、引人注意。今先臚列其較完整者於下：

(1)望地
苣火 99ES16SF3:3
(2)▩望地表 2000ES7SF1:4(圖三)
(3)▩望小積薪 2000ES7SF1:109
(4)▩望大積薪 2000ES7S:1+2000ES7S:18[①]
(5)▩望塢上 2000ES7S:2A
▩封土一斗 2000ES7S:2B
(7)▩望塢上火 2000ES7SH1:3
(8)▩望塢上表 2000ES7SH1:2

另外還有殘損及字迹難辨，由形制特點可以推知爲此類者者三枚：

(8)▩望☐ 2000ES7SF1:118
(9)▩望☐ 2000ES7S:30
(10)▩□□□ 2000ES7SF1:47

這組簽牌有如下幾種特徵：首先與一般簽牌多書寫文書或實物的名稱不同，這批簽牌的格式都是"望某某"的動賓結構，"望"的對象是與烽火信號有關的事物。如"苣"是用蘆葦扎成的圓把，"苣火"即夜間點燃葦苣以示警的烽火信號；積薪則是由長苣堆砌排列而成的立方體，放置於烽燧周邊一定距離之處，點燃後可産生較大火焰，供敵情較緊急時使用。如居延地區出土的《烽火品約》中即規定若匈奴人夜間入侵，相關烽燧應"燔一积薪，举堠上二苣火毋绝至明(EPF16:3)"。其次，這些簽牌大多經過比較精心的製作，頂端有網格紋者描畫比較細密，左右下三邊常有墨筆的邊框綫，又如簡(1)兩面皆涂有朱砂，簡2的文字還特地製作成陽文，這在漢簡中都是極罕見的，即令長沙馬王堆和砂子塘這樣王侯級别的漢墓中出土的簽牌，也未經如此加工。相應的，這批簽牌上的文字也大多爲書寫端正工整的隸書，不少文字筆劃較肥，十分醒目。與它們同時出土的簡牘因屬基層烽燧遺物，書寫常相當草率，也令這組簽牌尤爲引人注意。再就是此類簽牌多數尺寸較大，如簡(1)約11×8cm，簡(2)約12×5cm，在漢簡簽牌中屬尺寸甚大者。

尋繹其他漢簡資料，可知形制、内容相近的簽牌亦早見於居延、敦煌漢簡和新近公布的肩水金關漢簡中，特徵也多近於前引簽牌，但因爲各自出土於不同地點，分散在數量龐大的同出簡牘中，并不像在額簡中那樣集中而引人注意：

① 張俊民：《額濟納漢簡釋文》，簡帛研究網，2006年12月5日，該文最早完成此簡綴合。

(11)▩望大積薪	81·7(A22布肯托尼)
(12)▩望地▨	230·4(A22布肯托尼)
(13)●望禁姦㸌塢上蓬火	288·1(金關)[①]
(14)▩[望塢](?)上火	456·1(P9博羅松治)
(15)▩望遮虜城上火	EPF22:577
(16)▩望堠蓬(烽)	EPS4T1:8
(17)▩望步廣蓬(烽)	敦2195
(18)▩望塢上火	73EJT9:2
(19)▩望金關㸌▨	73EJT2:82A
(20)■望第二十三[墩]▨	553·3(金關)

簡(13)出肩水金關,"禁姦㸌"數見於金關漢簡(如73EJT6:109、73EJT21:14),應在金關附近。(15)出甲渠候官遺址,"遮虜城"應即史籍中路博德所筑,李陵與士卒期會之"遮虜障",或疑即K688遺址(雅布賴城),尚難確論。漢簡中與其相關者全出自甲渠侯官,從簡文可知自居延都尉府西至甲渠候官的大道經過此處并在此渡河,其地有城牆塢壁、郵置、烽火、倉和田舍居民,甲渠塞即有吏卒之田舍在此,還可能曾有屯兵,應是一處較綜合的聚落,與甲渠候鄣可以烽火相望,或不甚遠。[②] (17)出土地D67鄣(斯坦因編號T28)或爲敦煌中部都尉下萬歲候官治所,向西望距離較遠且可能是都尉治所的步廣候官烽火,應與烽火品約中各候官間互"和"烽火的規定有關。(19)之金關㸌或指金關附屬的烽㸌,即今遺址中關門以南堡塢内殘留的烽台,[③]此簡可能是從金關轄域内其他位置望向烽㸌。簡(20)第六字殘損,諸家皆補爲"㸌",細審殘劃,似應補爲"墩"或"塢"字。此簡出土於甲渠廿一或廿二㸌(A3)與廿三㸌屬不同候长管辖但有候望關係。[④] 简的形制較特殊,屬於漢簡中僅寬1cm左右、上端兩側有契口的那一類簽牌,但其上端又有鑽孔,屬同類中僅見。孔在"望"字中間,應是書寫完後鑽鑿,其原因容後文詳述。要之,由上述諸簡可見此類簽牌不少是明確以其他烽㸌的設施爲

① 按,《居延漢簡甲乙編》、《居延漢簡釋文合校》等著録此簡於288·11號,據台灣中研院史語所漢簡整理小組校訂,此簡編號應爲288·1,原重號之×288·11應爲真正的288·11。

② 参見居延舊簡127·7、145·32、乙附11,新簡EPT11:3、EPT48:162、EPT51:125、EPT61:315、EPF22:169-173、EPF22:393、EPF25:21-22。另外舊簡276·8字迹不清晰,存疑。

③ 甘肅居延考古隊:《居延漢代遺址的發掘和新出土的簡册文物》,《文物》1978年第1期。

④ 邢義田:《全球定位系統(GPS)、3D衛星影像導覽系統(Google Earth)與古代邊塞遺址研究——以額濟納河烽燧與古城遺址爲例(增補稿)》,收入其著《地不愛寶:漢代的簡牘》,北京:中華書局,2011,205-257頁。文中詳列諸家不同復原意見。

“望”的对象,至於未寫明對象者,除了有些可能是望向本燧所屬的周边烽火設施外,也有可能是因爲烽火品約明確規定了常規候望的鄰近烽燧,故不必明確寫出。

簡(14)(图一)殘損嚴重,其“上”字自初版《居延漢簡・釋文之部》至《中國簡牘集成》,各家釋文均作“出”,任攀先生據《集成》校訂舊簡,亦無异詞。[①] 陳夢家先生疑“出火”指本燧所放之火。[②] 唯初師賓先生曾在引用簡文時釋“上”而無說。[③] 因簡牘殘損,此字僅余右半殘劃如下:

按,居延漢簡中“出”字常見,一般可分如下四類形體:

A: EPF22・23  192・40

B: 119・54  EPF22・7

C: 126・32  455・3

D: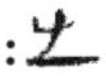 128・29  128・44

第三類兩横皆平直,與漢簡中士、土等字的一些寫法混同,其右半也與“上”字難以區分,衹能依據辭例識讀。諸家釋文可能受漢簡中取火工具“出火燧”一類名物影響,皆釋“出”。C 類雖然不像 D 類已經屬於草書,但其往往出現在書寫較草率的簡牘中,而書寫相對正規的漢簡以及漢碑等隸書材料中常見的則是前兩類寫法。[④] 簡(14)雖殘損,仍可以看出字劃工整肥厚、多方筆的特徵,與前舉額簡(2)、(4)、(8)等如出一轍,尺寸亦相近,在其他類簡牘中是罕見的。故二者同屬一類,當無問題。所以,簡(14)中的文字應以較正規的寫法來對照,原釋“出”之字當改釋 “上”無疑,殘去的右半部分可補爲“望塢”一類的文字。

二 候望簽牌性質考論

陳夢家先生在研究漢代烽火制度時曾關注居延舊簡與敦煌漢簡中的此類簽牌,但受限於彼時簡牘研究的程度,對檢與簽牌的概念尚未厘清,故統名之曰“烽火札檢”。雖指出其與烽火有關,但偏重於從簡文所記事物研究烽火制度,未涉簡牘本身性質與用途。[⑤] 徐苹芳先

① 任攀:《居延漢簡釋文校訂及相關問題研究(居延舊簡部分)》,復旦大學碩士論文學位論文,2012,209 頁。

② 陳夢家:《漢代烽燧制度》,收入其著《漢簡綴述》,北京:中華書局,1980,159-160 頁。原文作於 1961 年。

③ 初師賓:《漢邊塞守禦器備考略》,甘肅省文物工作隊、甘肅省博物館編《漢簡研究文集》,蘭州:甘肅人民出版社,1984,142-222 頁。本文引初氏説如無説明,均出此篇。

④ 漢語大字典字形組編:《秦漢魏晋篆隸字形表》,成都:四川辭書出版社,1985,402 頁。

⑤ 陳夢家:《漢代烽燧制度》,收入其著《漢簡綴述》,北京:中華書局,1980,153-174 頁。

生認爲簡(13)是烽火記録簿的標題,[1]李均明先生將簽牌總體分類爲"實物楬"和"文書楬",可能是受徐説的影響,以簡(16)爲"文書楬"。[2] 徐、李二先生之説是依據個别簡牘而立,當我們集中了所有同類簽牌後則發現,它們形制、尺寸上與常見簿籍簽牌不同,書寫格式也絶不見"某某簿"等字樣,故不應爲簿籍簽牌。額簡出土後,雷長巍先生曾對簡(2)做過注釋,認爲"望地表"或是祭祀邊境土地神的木表,也可能是標識名叫的"望"的地方烽燧中"表"的木楬。[3] 這樣理解顯然是有問題的,表是一種垂懸的布帛旗幟,常與"烽"并列,爲烽燧白晝常用的烽火信號,如居延新簡《烽火品約》"舉二烽、塢上大表一"(EPF16:3)。地烽、地表之名稱亦見于居延漢簡,如:

四月庚戌平旦,衆騎,亭舉地表,下一苣火,再通。日中復舉☐
地二單表一通,通府。謂不侵候長輔等推辟界中,具言☐　　　EPC:36
☐十一隧地烽下一□☐　　　EPT52:630

或謂"地烽"爲"設在烽臺旁邊地上的烽,以烽上升舉信號較烽臺即堠上烽低下。"[4]"表"近於旗幟,白晝使用傳遞烽火信號,則"地表"應是升表的竿立於地上而非烽燧上者,可知雷説不確。李黎先生將"望"解釋爲觀察候望,并解釋了"地表"等的含義,但是未對此類簽牌的用途用法做出解釋。[5] 按,居延舊簡中有如下一枚木牘:

大黄力十石弩一,右淵强一分,負一算
甲渠候鄣　八石具弩一,右弭生,負一算
六石具弩一,空上蜚,負一算
六石具弩一,衣不足,負一算(以下部分爲原簡第三欄)

塢上望火頭三,不見所望,負三算
塢上望火頭二,不見所望,負二算
□□弦一脱,負二算
凡負十一算　　　52·17+82·15

該牘發現於甲渠候官遺址,是一份負算簿。"算"爲考核官吏成績的單位,優良者得算,不合格則負算,與罰金或也有一定關係。對簡文中的"望火頭"的理解,學者有不同意見,徐苹芳

① 徐苹芳:《居延、敦煌發現的塞上蓬火品約——兼釋漢代的蓬火制度》,《考古》1979年第5期,445-454頁。
② 李均明:《秦漢簡牘文書分類輯解》,北京:文物出版社,2009,456-465頁。
③ 雷長巍:《額濟納漢簡注釋》,西南大學碩士學位論文,2008,32頁。
④ 中國簡牘集成編輯委員會編:《中國簡牘集成》第十册,蘭州:敦煌文藝出版社,2001,241頁。
⑤ 李黎:《額濟納漢簡詞語通釋》,華東師範大學碩士學位論文,2010,24、56、217頁。

先生理解爲"在考核時因不能準確識别蓬火的數目,負了五算。"以"火頭"爲望的賓語,[①]薛英群、許樹安先生對簡文的理解與此相近,[②]唯許先生認爲是在平時而非在考核時。初師賓、黄今言等先生認爲望火頭爲一種觀察裝置,屬於守禦器。[③] 按,該牘屬於簿籍,一般而言所列的事物多以類相從,格式较固定。居延新簡中還有相近的負算簿:

☑强五分,負六算	深目一,見二所,負五十算	
☑算	大積薪一,西頃,負六算	
☑分,負三算		
☑□算	凡負七十	EPT59:242

兩相對照,可知望火頭必與深目、積薪同屬一類,爲守禦器無疑,其具體形制因尚未發現確切出土實物,故訖無定論,但從其名稱和簡文中以能不能"見所望"爲考核標準爲來看,每個望火頭應是各自預先設置好角度,所能望到的信號來源是唯一的。初師賓先生引《通典·守拒法》之記載,將望火頭與後世烽臺的"視火筒"相聯繫,謂可能都是管狀窺器,这是很有可能的。但似乎也不能排除另兩種可能性:一是在塢壁上直接開鑿的一種孔洞;二是該設備可能會利用弩的"望山"及近代槍支準星那樣幾點一綫原理。初先生還將前引居延、敦煌出土簽牌中前九枚與望火頭相聯繫,認爲即是設置望火頭之處的的標識,允爲卓識,額簡之十枚簽牌亦應如是。初氏之説屬於較有道理的推測,惟發表較早,隱于長文中而未展開具體分析論述,故少見稱引。我們的想法恰與初先生不謀而合,後見其説,不敢略美,并詳加論述。

敵情預警和烽火傳遞是漢代西北邊塞烽燧最重要的功能,故而很重視烽火信號的準確性與速度,所謂"烽火候望精明"(《漢書·匈奴傳》)。爲了保證烽火對敵情的準確反映,漢邊郡制定了細緻的《烽火品約》,要求吏卒熟知,對"不知烽火品"、"讀烽火品未習"者進行劾舉。烽火的發出和傳遞也有嚴格的執行與監督、問責措施。同時爲了烽火迅速及時地傳遞,在某些情况下還每隔兩三燧(约 3、4 千米)一傳遞,以減少中間環節,[④]而漢塞烽臺的排列又大多是以接近直綫的方式。在這樣的情况下,第一時間弄清楚信號是從哪個烽燧以何種形式發出,是不是烽火,本燧是否需要應和無疑是極重要的,否則很容易發生"誤和烽火","誤不受"等失誤,影響全局指揮并受到追責。固定指向某個目標的"望火頭"對準特定烽燧城鄣的特定烽火設施後,就有了準確的固定觀察點,令戍卒不但白晝,即使在夜晚也能迅速通過

---

① 徐苹芳:《居延、敦煌發現的塞上蓬火品約——兼釋漢代的蓬火制度》,《考古》1979 年第 5 期。

② 薛英群:《居延漢簡通論》,蘭州:甘肅教育出版社,1991,297 頁;許樹安:《從歷史文獻看漢代的烽燧制度和候望系統》,《文獻》1982 年第 2 期。

③ 黄今言:《漢代西北邊塞的"塢"》,《江西師範大學學報(哲學社會科學版)》2012 年第 4 期。

④ 初師賓:《居延烽火考述——兼論古代烽號的演變》,甘肅省文物工作隊,甘肅省博物館編《漢簡研究文集》,蘭州:甘肅人民出版社,1984,335—398 頁;特日格樂:《簡牘所見漢朝烽火制度——兼談匈奴的對應》,《蒙古史研究》第十輯,呼和浩特:内蒙古大學出版社,2010,23-33 頁。

簽牌標識準確的找到候望目標、辨明烽火信號的性質，節省寶貴的反應時間。在敵方攻勢急迫的狀況下，還能減少因生疏或緊張帶來的錯誤判斷。另外，西北坦蕩平曠的荒漠戈壁天氣良好的條件下，在較高的城郭烽燧上望向同樣較高的建筑，視距達到 20 公里左右是可能的，[①]這也令居延的甲渠和遮虜，敦煌的萬歲和步廣這樣較遠的烽火互望成爲可能。但遠處的烽火信號顯然是模糊而易受干擾的。人的視力若集中于某一目標，則更容易排除背景干扰，比散視更容易捕捉到遠處的物體和光亮信息。[②]

綜上，前舉簡(1)—(20)都應屬於標識各望火頭候望對象的指示簽牌，鑒於烽火的重要性，也就不難理解這些簽牌爲何尺寸較大且經過精心製作書寫。西北烽燧環境以黄、白色調爲主，像簡(1)那様朱砂塗底、字劃厚重、外加邊框的大簽牌，顯然是清晰醒目、易於發現的存在。這些既非文書類簽牌，格式上又异於一般標注名物和所屬的物品簽牌，似可作爲新的一類，稱之"候望簽牌"。

三　簽牌的另一種使用方式

對於簽牌的使用方式，一般皆自然的認爲是用繩與簡册或物品相連綴的，[③]這對於大多數簽牌來講應無可疑，出土簽牌中也時見編繩仍存者。尤其馬王堆漢墓所出的綴有簽牌的竹笥，更是提供了實物簽牌的一種使用實例。[④] 但我們細繹前舉二十枚簽牌，可發現有一類共同特徵頗值得注意，即這些簽牌中除(5)、(19)(圖二、三)外都是單面書寫的，雙面書寫的兩枚共同的獨特之處是兩面所書的内容不同，且完全没有聯繫。漢簡中其他種類的文書、實物簽牌基本上都是單雙面皆有，而雙面書寫者甚多，兩面内容大多相同，不同者或可連讀。故候望簽牌的這一特徵在各種類型簽牌中是僅見的。

我們再來看(5)、(19)二簡的情況。簡(5)正面簡書"望塢上"，爲候望簽牌無疑，背面簡文原著録者受正面影響誤釋爲"☐望一斗"，[⑤]《額濟納漢簡釋文校本》改釋爲"☐封土一斗"，

---

① 如果再考慮到相對海拔高度，可以望到更遠的距離，如據實地觀察結果可知從海拔相對較高的懸泉置遺址可以向北望到直綫距離三十多公里外的疏勒河，參郝樹聲、張德芳《敦煌懸泉汉簡研究》，蘭州：甘肅文化出版社，2009，9 頁。

② 生活中常有這樣的經驗：一個人看到某微小物體(例如天際的飛機)，可以一直目送到很遠，但指示給事先未看得到此物體的人看時，被指示者則不易看到。

③ 夏鼐：《新獲之敦煌漢簡》，中央研究院歷史語言研究所集刊(第 19 本)，1948，後收入其著《考古學專刊甲種第四號：考古學論文集》，北京：科學出版社，1961，73－94 頁；鄭有國：《中國簡牘學綜論》，上海：華東師範大學出版社，1989，32 頁；李均明：《古代簡牘》，北京：文物出版社，2003，197 頁。

④ 湖南省博物館、中國科學院考古研究所編：《長沙馬王堆一號漢墓》，北京：文物出版社，1973，上册 112 頁，下册 187 頁。

⑤ 魏堅主編：《額濟納漢簡》，桂林：廣西師範大學出版社，2005，184 頁。

但并未加解説。[①] 李黎先生據傳世文獻解“封土”爲“聚土爲壇”,[②]當不可信。首先漢代一斗有大小之分,一般認爲大斗約合今2000毫升,小斗約1200毫升,[③]此處無論是大斗或小斗,與筑壇所用之土量均不相稱。再者簽牌出土的第七燧爲基層烽燧,受駐第四隧的第四部統轄,定員僅燧長一人、燧卒三、四人而已,亦無筑壇之必要。根據斗的容量和漢代用語習慣,我們頗疑“封土”宜解釋爲封緘所使用的黏土原料最为合理,説詳另文。但無論如何,此簽牌簡背明顯應是標識物品的實物簽牌,而絶非與正面同一功能的候望簽牌,簡背殘缺的右半部分,依實物簽牌常例或應補爲所屬的機構(甲渠第七燧)名稱。

顯然,一枚簽牌是無法在同一時間完成“標識候望目標”和“實物標簽”兩種功能的,故該簽牌兩面的文字當是在其不同的使用階段分别書寫的。在使用其中一面時,另一面應不易被看到。更加值得注意的是簡(19),此簡殘去後半,全文可能是“望金關燧上火”或“望金關燧上烽”一類的内容,其背文書寫方向罕見的與正面相反,内容如下:

> ☐敢言之壽貴里男子耿□☐
> ☐□年五十二爵不更毋官獄徵事☐　　73EJT2:82B

從文例看,這顯然是作爲通行證的“傳”的殘文。漢代對人口流動管理比較嚴格,人員出行常需領取傳作爲通行證,以備路過的縣邑關津等單位檢驗,檢驗的同時,還要抄録副本以備回程時核對并作爲存檔。肩水金關是地處要道的關隘,故所出簡牘中多見金關抄録的傳文副本,其較完整者如下,可相對照:

> 元壽二年七月丁卯朔辛卯,廣昌鄉嗇夫假佐宏敢言之,陽里男子任良自言欲取傳,爲家私使之武威、張掖郡中。謹案,良年五十八,更賦皆給、毋官獄徵事,非亡人命者,當得取傳。謁移過所河津關毋苛留如律令。
> 七月辛卯雍令　　丞鳳移過所如律令
> 馬車一兩,用馬一匹齒十二歲;牛車一兩,用牛二頭/掾并守令史普　73EJT23:897A
> 雍丞之印　　　　嗇夫賞白君門下
> 正月己巳以來南　　73EJT23:897B

因私用傳文多較長,故抄録副本的木牘尺寸常較大,而且背面因文字較少,下段時常空白,前引73EJT23:897AB,以及73EJT2:29AB、73EJT6:39AB等皆如此。簡(19)的B面本來顯然也是這種抄録傳文的木牘,在廢退後又被截短并修治成簽牌形狀,重復利用背面的空白。該簡

① 孫家洲主編:《額濟納漢簡釋文校本》,北京:文物出版社,2007,60頁。
② 李黎:《額濟納漢簡詞語通釋》,華東師範大學碩士學位論文,2010,68頁。
③ 孫機:《漢代物質文化資料圖説(增訂本)》,上海古籍出版社,2011,34-35頁。

兩面明顯不是同時書寫的,代表不同階段的不同功能。其作爲候望簽牌時,實質上衹有單面發揮作用。

候望簽牌的這種獨特現象當非偶然,也許與其使用方式有關。今所見候望簽牌上部雖然皆有孔,但其使用時却很可能并非用繩連綴於某處。因爲如果用繩連綴,單面簽牌是很難在户外多風、黑夜等環境下保證穩定和易於辨明的,不如雙面簽牌便於使用。至於簡(5)、(19)背面原有的無關文字還很容易影響其標識功能,造成不必要的混亂,尤其是簡(19)背文的内容和方向似乎表明了其作爲候望簽牌時,背面是不會展示於外的。所以候望簽牌的使用方式很可能有與前述大多數簽牌并不相同。

對於候望簽牌的使用方式,我們或可通過其他相關資料來推想。如簡(2)與轉射簽牌2000ES7SF1:5同出一地,形制和字體皆如出一轍,且皆十分罕見的加工成陽文(圖四),其用法也應是類似的。轉射是整體嵌入塢壁中的木框,当然不便系繩。另外,如"羊頭石"、"木面衣"一類簽牌也是單面書寫,形制尺寸亦較大,與候望簽牌相近。羊頭石是成堆放置的石塊,似亦難以綴繩標識。20世紀30年代對居延遺址的考察中,曾在殄北候官(A1)遺址中發現"一塊白灰牆皮上畫着黑框,框裏寫着'羊頭石五百'",[①]這顯然是對羊頭石簽牌(如495·25、ESC25)使用狀態的模擬,雖然没有相關圖版發表,但是根據懸泉壁書《四時月令詔條》左下角的標題部分,可想像其仿佛(圖五)。[②] 額簡2000ES9SF4:25是"木面衣"簽牌,出土時頂端的孔内塞有一根木棍。這就不難想像,它在使用時是通過木棍、木釘等固定在木面衣旁近的牆面等背景上,近於今日固定在墻壁及物品架上的標誌牌。漢代烽燧牆體以土版築,并須塗堊或塗馬矢,顯然比較容易釘入。我們由此可以推想候望簽牌的使用方式應是類似的,也即固定在相應望火頭旁邊的牆面上。可能正因如此,簡(5)背面材質老化速度較慢,廼有重複利用的可能,而簡(19)背面殘存的倒書傳文才不會因影響簽牌的標識功能而被削去。

按照我們的推論,恰好可以解釋簡(20)的形制問題,西北漢簡中有不少類似形制的簽牌,從其寬度推測,很可能是由普通的札簡截短後在兩側契刻而成。以其取材製作簡單,多爲因簡就便的産物,在屯戍後期一些基層烽燧或臨時情況下較多見。使用時直接在契口處繫繩即可(如居延舊簡255·21)。簡(20)的契口應是加工簽牌時即按照一般樣式契刻好備用的,[③]而孔鑽在文字上,顯系書寫後鑽鑿,這似乎正説明了該簽牌不應是用繩來連綴的,否則完全不必鑽鑿。從簡文"二十三"不作"廿三"來看,應屬王莽至建武初年間物,在居延屯戍活動的後期,管理已多廢弛,故産生了這樣簡陋草率的候望簽牌。

上面我們討論了候望簽牌以及轉射、木面衣、羊頭石等簽牌皆很可能并非是以繩連綴,

① 陳公柔、徐苹芳:《關於居延漢簡的發現和研究》,《考古》1960年第1期。

② 中国文物研究所、甘肅文物考古所編:《敦煌懸泉月令詔條》,北京:中華書局,2001,插頁。

③ 從居延舊簡中378·4、455·7等無字簽牌的形制可推知簽牌應是先加工成型存放,在需要時取來書寫的。

而是以釘一類的物體固定在墻面等處,以單面起標識作用的。籍由它們的特點,我們似還可以聯繫漢簡中另一類簽牌,如:"收失燧鐵鎧鞮鍪各五"(ES·T119·1),第四[燧]☐有方☐(EPT52·196),"卅井呑虜隧鼓桴各一"(ES·T119·2,圖六),"户關戉各二"(敦1852)等。這類簽牌的特徵明顯,一望即知,大致皆與圖六接近,尺寸較大(多7×7cm以上),整體分兩行大字書寫,周邊有框綫,兩行間有欄綫。中部偏上位置鑽孔。這類簽牌所標識的物品多體積較大,且多非單體,而是一類或一組事物的集合,顯然連綴在某一物體上的是不如固定在物品旁更容易標識且不影響使用。再考慮到它們毫無例外的都是單面書寫,我們頗疑它們本來是固定在墻體或架子上,用來標識放置相關物品的處所的簽牌,使用方式與前幾類簽牌相類似。

圖一　居延舊簡456·1

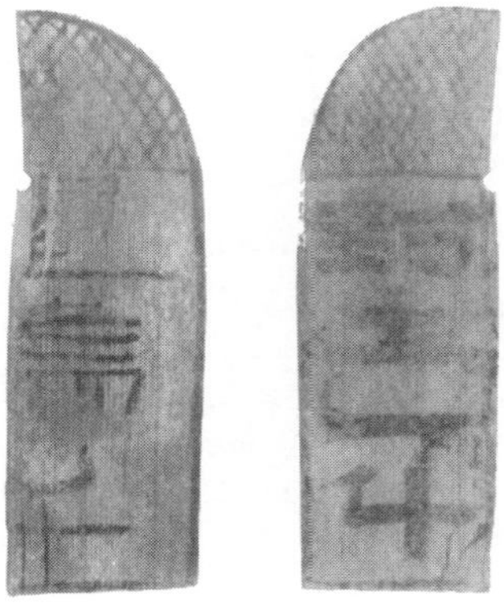

圖二　額簡2000ES7S:2A、B(完整尺寸應約7.8×11.5cm)

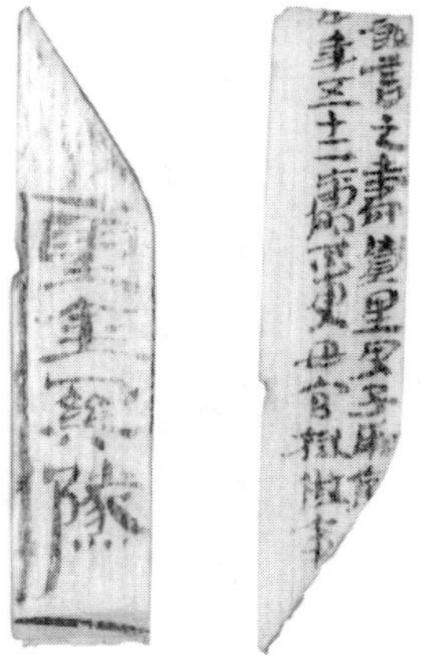

圖三　金關簡 73EJT2:82A、B

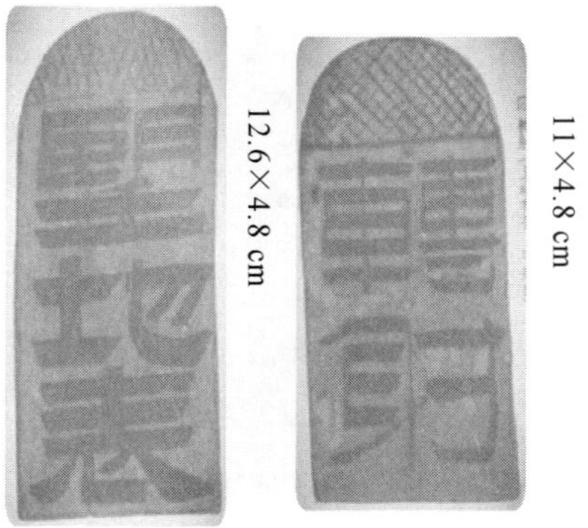

圖四　額簡 2000ES7SF1:4，2000ES7SF1:5，字迹皆突出

圖五　敦煌懸泉置月令詔條壁書末段

圖六　居延新簡 ES・T119・2

《肩水金關漢簡(貳)》疑難字形義考辨*

河西學院文學院　何茂活

内容提要　《肩水金關漢簡(貳)》釋文中的有些字,不見於《漢語大字典》及歷代字書、韻書,其字形字義有待考求。兹選"蟦(蟘)、罴、騩、撊、蕖、磨、駒、鬻、莫、肓、樯"等11例疑難字試作考辨;此外"繝、堠、莀、馯、眽、絉"等字雖常見於簡牘,但不見於通行辭書及GBK大字符集等,對一般讀者而言,仍屬"難字",故亦予以簡要解釋。通過考辨得知,這些疑難字均爲相應習用字的异體字。參照裘錫圭先生對异體字的分類,可將上述字分爲5類。從中可以看出,偏旁的改换和偏旁筆劃的訛變是异體字形體差异的主要表現形式。《肩水金關漢簡(貳)》今後如能修訂再版,應對上述部分釋文予以訂正。文章所作摭拾與考辨,或對《漢語大字典》、《秦漢魏晋篆隸字形表》等略有補苴。

關鍵詞　肩水金關漢簡　疑難字　考釋

肩水金關漢簡中有許多疑難字,不見於《漢語大字典》及歷代字書韻書等。這給該批簡牘的閱讀理解和利用造成了一定影響。現從《肩水金關漢簡(貳)》中選取疑難字11例及其他難字6例予以考釋,[①]以就教於簡牘學及語言文字學界的方家同仁,同時希望爲相關學者的閱讀研究提供點滴幫助。

---

* 本文爲國家社科規劃基金西部項目"河西漢簡文字形義考論"(項目批准號13XYY010)、教育部社科規劃項目"河西簡牘文字研究"(項目批准號11YJA740028)的階段性成果。

① 甘肅省簡牘保護研究中心、甘肅省文物考古研究所、甘肅省博物館、中國文化遺産研究院古文獻研究室、中國社會科學院簡帛研究中心:《肩水金關漢簡(貳)》,上海:中西書局,2012。

一　䪢(䪤)

顧長孫稚卿視可辨者各自辨也・豈使卒

雞子六䪢一器使人持米雞豚之稽落告守候長益捕魚七八十☐(73EJT21:131B)

本簡釋文中的"䪢"字,圖版中的寫法見右圖。據圖可知,其右并非"盍"字,而是"遂"的草寫。金關簡中"隧"的寫法可以爲證:(73EJT7:5)、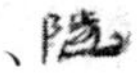(73EJT7:51)。據此可將此字釋爲"䪤"。"䪤"当爲"韰"的异體。《説文・韭部》:"韰,䪢也。从韭,隊聲。"《廣雅・釋器》:"韰,菹也。"《太平御覽》卷八五五引《通俗文》:"淹韰曰韰。"可見"韰"指腌製的韭、蒜之類。廣而言之,亦可泛指腌製的各種酸菜、鹹菜。邊地氣候寒冷,生活苦辛,時蔬稀少,秋冬時節多食腌菜。今之河西走廊仍沿此俗,鄉間尤甚。

本簡中之"雞子六,䪤一器"即指雞蛋六枚,腌菜一罐(或一罈)。關於某物"一器"的説法,敦煌漢簡"□□一斛,醯一器"(369)可以爲證。[①] "稽落"爲地名,簡之A面有"護與使者當宿稽落"之句。金關簡中所見之"稽落"還有一例:"☐騂北驛騎倂受稽落驛騎則□☐"(73EJT22:110)。

通過以上討論,可將本簡左行文字斷句爲:"雞子六,䪤一器,使人持米、雞、豚之稽落,告守候長益,捕魚七八十☐"。"守候長益"即名爲"益"的代理候長。

二　豼

☐敢具辭謹道前日中倩丈人言欲賣豼　　(73EJT21:141)

"豼"字字形如右圖。該字形不見於古今字書,疑爲"貔"的异寫。《説文・豸部》:"貔,豹屬,出貉國。从豸,毘聲。《詩》曰:'獻其貔皮。'《周書》曰:'如虎如貔。'貔,猛獸。豼,或从比。"據《漢語大字典》,"貔"又稱白羆、白狐、執夷。據此推斷,"豼"字或許是在"貔、羆"二字基礎上形成的一個异構字。如此則簡文所見"賣豼"當指出賣所獲之貔。

① 甘肅省文物考古研究所:《敦煌漢簡》,北京:中華書局,1991,233頁。以下引自該書者恕不一一標注,其他亦仿此。

三　騧

温共利里濂戎年卅　字子嚴六月甲午入乘方相車一兩馬騧□□齒十六歲
(73EJT23:56)

觻得萬歲里閻長年十八字子僅　　騎騧牡馬一⧄　　(73EJT23:59)

熒陽宜都里郭赦年卌字君功　　乘方箱駕騧⧄　　(73EJT23:108)

⧄□□□□□　□馬一匹騧牡齒⧄　　(73EJT23:806)

居延丞印　革車一乘用馬一匹騧牝齒十二歲高六尺　　(73EJT23:905)

以上五例中的“騧”字寫法如下:

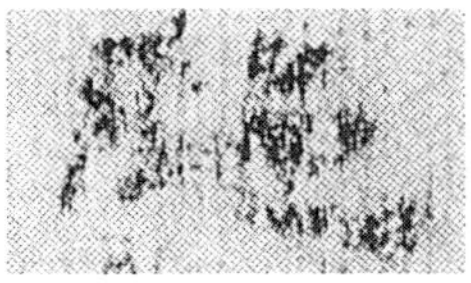
金關 23 : 56

金關 23 : 59

金關 23 : 108

金關 23 : 806

金關 23 : 905

騧,同“騧”。同書中亦有作“騧”者,凡三見:“⧄□醫胥文四下方騧□騂屖不騧久左腸甘□⧄”(73EJT21:270),“⧄軺車加驪騧牝齒七歲⧄”(73EJT23:712)。《肩水金關漢簡(壹)》中“騧”凡四見,無作“騧”者。[①]《説文·馬部》:“騧,黄馬黑喙。从馬,咼聲。”《爾雅·釋獸》:“白馬黑脣,駩;黑喙,騧。”郭璞注:“今之淺黄色者爲騧馬。”咼、過二字上古均屬歌部,故而“咼”旁亦可作“過”,如“渦”亦作“濄”,“鍋”亦作“鐹”。

四　搁

⧄及搁　胃肉完不離絶毋維□(73EJT23:198)

“搁”字字形如右圖。搁,應即“搁”字,又作“抆、捪、㨉”(“昬”同“昏”)。《説文·巾部》:“幔,墀地以巾搁之。”段玉裁注:“搁,蓋即《手部》捪字,今之抆字。捪者,撫也。涂地以巾,按而摩之,如今之擦漆,故其字从巾。”《廣雅·釋詁二》:“抆,拭也。”《説文·手部》:“捪,撫也。”《集韻·吻韻》武粉切:“抆,拭也。或从昏。”《玉篇·手部》:“㨉,撫也。”

① 甘肅省簡牘保護研究中心、甘肅省文物考古研究所、甘肅省博物館、中國文化遺産研究院古文獻研究室、中國社會科學院簡帛研究中心:《肩水金關漢簡(壹)》,上海:中西書局,2010。

本簡中的“撋”字應即“撋”字的訛寫。從語意上看,“撋”與“胃肉完,不離絶”亦相搭配,句意蓋爲:待撫摸時發現胃肉完好,没有斷裂。“離”有割、刺之意。《儀禮・士冠禮》:“離肺實于鼎。”鄭玄注:“離,割也。”《儀禮・鄉飲酒禮》:“肺皆離。”可見“離絶”即割斷之意。

另,本簡末尾之“毋維□”,據圖版應爲“毋雍種”。此簡中“雍”作,同書 23:897A“七月辛卯雍令”之“雍”作,可以爲證。“雍種”一詞在河西簡牘中多有所見。如武威醫簡 81“治痹手足雍種方”,[1]居延新簡 EPT53:14:“□董充　迺三月癸巳病攣右脛雍種☐”,EPF22:80:“迺二月壬午病加兩脾雍種匈脅支滿不耐食”。[2] 現將以上諸簡圖版文字予以比較(EPT53:14 文字不甚清晰,兹不複製):

肩水金關漢簡 23:198	武威醫簡 81	居延新簡 EPF22:80
		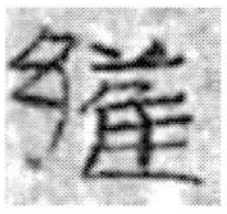

通過以上對比,基本可以確定原釋“維□”者當爲“雍種”。雍種,即“臃腫”,指肌肉腫脹,也指癰疽。《戰國策・韓策三》:“人之所以善扁鵲者,爲有臃腫也。”也作“癰腫”。《素問・生氣通天論》:“營氣不從,逆於肉理,乃生癰腫。”至於本簡中之“毋”字,則通“有無”之“無”。金關簡中“無”多作“毋”。如:“今毋餘藥臼”(73EJT4:61)、足下善毋恙(73EJT6:86B)、“毋官獄徵事”(73EJT8:96)等等。

五　藁

良當送胡□後藁車行尉事不使吏送□司馬舍□□忘言□□毋□□坐敢言之

(73EJT23:291B)

藁,實爲“稟”,亦即“廩”字。《説文・㐭部》:“稟,賜穀也。”字本作“㐭”。《集韻・寑韻》:“㐭,《説文》:‘穀所振入。’或作廩、稟。”河西漢簡中“稟”字多作“稾”、“稾”或“藁”。試看如下諸圖:

---

① 甘肅省博物館、武威縣文化館:《武威漢代醫簡》,北京:文物出版社,1975,摹本、釋文、注釋部分 13 頁。

② “支”原釋“丈”,誤。詳參裘錫圭《漢簡拾零》,收入其著《古文字論集》,北京:中華書局,1992,584–585 頁。拙文《〈肩水金關漢簡(貳)〉釋文訂補》(未刊稿)亦有討論。

敦煌 545

額濟納 99ES16ST1：12

金關 3：74

金關 22：87

金關 23：291B

以下 5 例釋文中的"廩"、"稟",圖版均作"稟":

肩水候官　廩名籍　穀簿　歲留□　　(居延 5·16)

廩名　　(敦煌 22A)

始建國三年三月乙酉朔戊申士吏崇敢言之　謹移所雜受門下縣吏玉門造穬麥出稟各如　　(敦煌 191)

●始建國三年二月迎卒所受門下縣吏穬麥稟卒刺　牒敢言之　　(敦煌 192A、B)

●高望部元始元年十月吏妻子從者奴私馬稟致　　(敦煌 545)

此外,敦煌 331、335 等簡图版及释文均作"稟",恕不烦录。

肩水金關漢簡釋文中的"廩"字,圖版中其實多作"稟",如以下各例均如此:

☑廩受降隧卒吕充四月食　又張異衆四月食　　(73EJT11:2)

廿桊在第三驛張良婦所　取以自廩簿入七月毋☑　　(73EJT21:162A)

書不主廩不乏興　　(73EJT22:87)

居攝元年五月省卒廩名籍☑　　(73EJT23:372)

以上數例,釋"稟"作"廩",説明肩水金關漢簡的釋讀者對這個字形的辨識是十分確定也很准確的。[①] 但是 23:291B 簡中與此十分相似的字形却隸定爲"稾",大概是因爲一時失察。

其實在居延漢簡的釋讀和校訂中,前輩學者已經注意到"稾"即"廩"字。居延 27·13"後廩不過三日","廩"即作"稾"形,《甲編》誤釋作"藥",勞榦誤釋作"粟",《甲乙編》釋爲"稾",《合校》改訂爲"廩"。[②] 可見《合校》編著者對此字的形義已完全厘清。金關漢簡釋讀時未能吸收上述成果,不免略有遺憾。

在河西漢簡中"稟"作"稾"者并不少見,如:

---

① 《額濟納漢簡》(魏堅主編,桂林:廣西師範大學出版社,2005,80 頁)99ES16ST1:12"二月馬食隧長張孝已從隧汜彭廩前相負士吏曹詡取粟六石",敦煌 1935"西部候長治所謹移九月卒徒及守狗當廩者人名各如",圖版作"稟",釋文作"廩"。處理方式與金關簡等一致。

② 謝桂華、李均明、朱國炤:《居延漢簡釋文合校》,北京:文物出版社,1987,41 頁。

出鹽一斗七升　四月丙令拓以稟止虜隧卒部賢爲張定刑留取三月四月食

（73EJT1:23）

出粟二石　稟受降隧長桓豐七月食　（73EJT6:55）

第廿三部卒十二月稟名　（居延24・2）

●建□□年十二月吏卒稟名籍　（居延203・25）

上述諸簡釋文中的"稟"字,圖版中均爲"蕖"(其下之"米"或似"未"形)。具體見以下諸圖:

金關1:23

金關6:55

居延24・2

居延203・25

大概是得益於上下文的幫助,上述諸例的釋讀一直都是正確無誤的。

順帶需要説明的是,漢代著名碑刻《曹全碑》中有一字,筆者見到多種隸書字典和碑帖釋文中將其誤釋爲"粟",[①]徐中舒先生主編的《秦漢魏晉篆隸字形表》將其列在"稟"字條下,是正確的。[②] 此字所在語句爲:"恤民之要,存慰高年,撫育鰥寡,以家錢糴米,稟賜瘥盲。"釋讀者誤以"稟"字爲"粟",故而錯誤斷句爲"糴米粟,賜瘥盲"。其實"稟"爲"賜穀"之意(見《説文・㐭部》,詳參上文),"稟(稟)賜"成詞,於文獻有徵。《後漢書・董卓傳》:"牢直不畢,稟賜斷絶,妻子飢凍。"[③]《周書・柳敏傳》:"文帝見而歎异之,特加稟賜。"《曹全碑》中的"稟賜"正可與此互證。再者,此處句式以四言爲主,讀爲三言句式,頗顯突兀拗口。

最後回到金關23:291簡,其中的"稟(稟)車"未知何意。金關21:293"所將稟車吏家"中也有"稟車"之語,不知是否與之同義。

六　磨

▨元始六年磨日　居攝元年・大歲在寅　（73EJT23 : 317）

---

① 范韌庵等:《中國隸書大字典》,上海書畫出版社,1991,998頁;沈鵬、李呈修:《中國隸書大字典》,北京:人民美術出版社,2006,588頁;俞豐:《經典碑帖釋文譯注》,上海書畫出版社,2009,85頁。

② 徐中舒:《秦漢魏晉篆隸字形表》,成都:四川辭書出版社,1986,350頁。該書"稟"、"稟"二字條下列舉了很多篆隸字形,可以對本文此處的討論給予充分證明。

③ 《後漢書》,北京:中華書局,1965,2322頁。《漢語大詞典》"稟賜"條下引此例;"稟賜"條下亦引此例,但字作"稟",可能所據版本不同。

“磨”字字形如右圖,其上似“广”猶“厂”,較爲模糊。73EJT27:71“甘露二年磨日”,其上从“广”,十分明顯。惜乎釋文中將此字釋爲“磿”。[①] 磿,同“曆”。《説文·石部》:“磿,石聲也。從石,厤聲。”但據《秦漢魏晉篆隸字形表》,此字古時多從“廣”。如帛書《老子》乙前79上即作磨。[②] 可見此字從“廣”從“厰”均有所據。

據《漢語大字典》,“磿”可通“歷”,指歷象。《史記·樂毅列傳》:“大吕陳於元英,故鼎反乎磿室。”裴駰集解引徐廣曰:“磿,歷也。”司馬貞《索隱》:“《戰國策》作‘歷室’也。”而今本《戰國策》又作“曆室”。可見本簡中“元始六年磨日”之“磨”實通“歷”。而表示歷象、歷法的“歷”後又作“曆”。《説文新附·日部》:“曆,厤象也。從日,厤聲。《史記》通作歷。”鄭珍《説文新附考》:“歷乃曆象本字,非通用也。”《漢語大詞典》“歷日”、“曆日”并見,釋義分别爲“日曆,曆書”和“曆書;日曆”。

本簡爲元始六年(亦即居攝元年)曆譜之題首簡。簡文中之“居攝元年·大歲在寅”與“元始六年”所記年份是一致的,均指公元6年。“大(太)歲在寅”爲太歲紀年法,即以十二支紀年的方法,是從歲星紀年法發展而來的。《爾雅·釋天》:“太歲在寅曰攝提格。”《周禮·春官·馮相氏》:“馮相氏掌十有二歲、十有二月……以會天位。”鄭玄注:“會天位者,合此歲日月辰星宿五者,以爲時事之候,若今曆日大歲在某月某日某甲朔日直某也。”這裏出現的“曆日”及“大歲在某”正可佐證本簡内容。太歲紀年法又是干支紀年的基礎。按干支紀年法,居攝元年爲丙寅年。關於該曆譜的綴合及相關問題,筆者另有專文討論。[③]

七 駠

駟望隧卒駠毋何☑ (73EJT23:510)

“駠”字字形如右圖。“駠”字不見於字書韻書,但據字形分析,當即“驄”字。《玉篇·馬部》:“驄,青白雜毛色。”《字彙·馬部》:“驄,馬青色也。《漢書》:‘行行且止,避驄馬御史。’正作驄。”《説文·馬部》:“驄,馬青白雜毛也。從馬,悤聲。”段玉裁注:“白毛與青毛相間則爲淺青,俗所謂葱白色。”王筠句讀:“蓋今之菊花青也。”

---

① 甘肅簡牘博物館、甘肅省文物考古研究所、甘肅省博物館、中國文化遺産研究院古文獻研究室、中國社會科學院簡帛研究中心:《肩水金關漢簡(叁)》,上海:中西書局,2013,117頁。

② 徐中舒:《秦漢魏晉篆隸字形表》,成都:四川辭書出版社,1986,666頁。

③ 拙文《肩水金關出土〈漢居攝元年曆譜〉綴合與考釋》,《考古與文物》2014年第6期。

“驄”俗寫作“驄”。《干禄字書》:“聡、聦、聰,上中通,下正,諸從悤者并同。”①蔡夢麒《廣韻校釋》“忩”字條校釋:“忩,正寫爲‘悤’,俗寫爲‘忩’,從忩之字如驄、鍯、廖,《説文》均從悤。”②類似的异體字還有:葱—蔥、聡—聰、総—總、揔—摠、牕—牕、窓—窻,等等。正因爲“悤”又作“忩”,進而省簡爲“匆”,所以“驄”也可寫作“驄”和“駒”。本簡中之“駒”字,無疑應是“驄”的省寫。按照金關簡中同類簡牘之文例,如“滅虜隧卒張湯”(73EJT 8:93)、“收降隧卒李定”(73EJT 1:183)、“水門隧卒成弱郭徒毋何貰買皂布一匹直三百”(73EJT 23:925)等,本簡中的“駒”字亦應爲人名。

八　⿱罒⿰糸馬

河南郡雒陽長年里左⿱罒⿰糸馬年卅三　　步　　七月乙亥入　　(73EJT23:974)

“⿱罒⿰糸馬”字字形如右圖(因簡斷裂,左上與右下部分拼合不嚴,筆劃錯位)。⿱罒⿰糸馬,應爲“羈”(也作“覊”)的异寫。《説文・網部》:“䍐,馬絡頭也。從網,從馽。馽,馬絆也。羈,䍐或從革。”本簡所見之“⿱罒⿰糸馬”字,上從網,後演化爲“罒”。其左下之“糸”與或體中之“革”意義相類,故知此字爲“羈”的异體。

九　萛育

☑□甑萛育□☑　　(73EJT24:225)

“萛”字字形如右圖。萛,即“箅”字。甑箅,即蒸鍋中的屜子,以竹木製成。《説文・竹部》:“箅,蔽也,所以蔽甑底。從竹,畀聲。”《玉篇・竹部》:“箅,甑箅也。”據《漢語方言大詞典》,中原官話、西南官話、湘語、晋語、閩語中均有“甑箅”、“甑箅子”之説。③ 今甘肅古浪一帶亦稱此物爲“甑箅子”,河西地區有的地方則稱“甑笆子”或“甑籬子”。

“箅”的小篆字形爲,漢代簡牘中常將“⺮”頭寫作“艹”或“亠”。如:薄(簿)、蘭(籣)、藉(籍)、葥(箭)、等(等)、莭(節)、苘(笥)等;至於“畀”下從“大”之形,亦有旁證。武威醫簡

① [唐]顔元孫:《干禄字書》,見李學勤主編《中華漢語工具書書庫》第11册,合肥:安徽教育出版社,2002,588頁。

② 蔡夢麒:《廣韻校釋》,長沙:岳麓書社,2007,17頁。

③ 許寶華、[日]宮田一郎:《漢語方言大詞典》,北京:中華書局,1999,7298-7299頁。

81“治痹手足雍種方”之“痹”即作(又 63“喉痹”之“痹”亦如此)。敦煌 2012“匈痹瘘痹”之“痹”同樣如此。[①] 因此可知本簡中之“莫”爲“算”字無疑。

本簡中最後一字“胥”,圖版中的字形如右圖。胥,當釋爲“脂”。其理由有二:第一,“脂”本可寫作上下結構,戰國璽印文字中就有的寫法。[②] 第二,“旨”又作“百、旨”。《儀禮·士冠禮》:“醮辭曰:‘百酒既清,嘉薦亶時。’”《干禄字書》:“百、旨、旨,上俗,中通,下正。”《集韻·旨韻》:“旨,或作百。”《古俗字略》則以“百”爲“旨”的古字。武威醫簡 87 甲“赤石脂”之“脂”作,其右旁之“旨”與本簡“胥”上之“百”可以互證。這種寫法在後世的敦煌文獻中也得到了傳承,《敦煌俗字典》中就收録了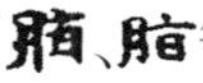等四例。[③]

此外,“脂”後之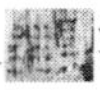漫漶不清,但其“釒”旁仍可辨識,故疑其爲“鍑”等表示炊具或器皿之字。“甑”前之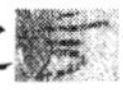當釋爲“合”。漢簡中多有“笥一合”之類的説法。“合”即後世之“盒”字。王力《同源字典》:“《廣韻》:‘盒,盤覆也。’字本作‘合’。《廣韻》:‘合,器名。’《正韻》:‘合子,盛物器。’”[④]

十 櫨

弓一　□□□□□□□□　榆莢二斗

□一　復参靳亶帶各一居米庇中　櫨一　(73EJT24:247B)

“櫨”字字形如右圖。此字不見於字書韻書,但在河西漢簡中多有所見。如:

☑小斤一　小斧一　小棰一　小椎一　櫨二　(73EJT1:142)

……鋸二·少二　駒桐四·少四　椎二·少二　櫨十二不輸　(居延 47·4)

斧二　楠二　釜一　斤二櫨六　輸索豫十不輸……　(居延 47·5)

以上諸例中,居延漢簡中的兩例,《甲乙編》釋爲“櫨”,《合校》改訂爲“櫨”。今據金關簡

① 《敦煌漢簡釋文》及《敦煌漢簡》均釋作“痺”,爲“痹”的异體。見吴礽驤、李永良、馬建華《敦煌漢簡釋文》,蘭州:甘肅人民出版社,1991,215 頁;甘肅省文物考古研究所《敦煌漢簡》,北京:中華書局,1991,298 頁。

② 羅福頤:《古璽彙編》,北京:文物出版社,1981,140、366 頁。轉引自高明、涂白奎《古文字類編》(增訂本),上海古籍出版社,2008,900 頁。

③ 黄征:《敦煌俗字典》,上海教育出版社,2005,553 頁。

④ 王力:《同源字典》,北京:商務印書館,1999,590 頁。

中的兩處實例，可證《甲乙編》不誤。另有居延 85・4“具梱六枚，斤二枚”，①85・23“斧二枚，鍎二枚，車柱一枚”，經查圖版，“梱”、“鍎”應分別釋爲“櫹”和“鏥”。此二字形旁稍异，當爲一字之异體。

根據“櫹、鏥”二字的構形特點，并據其出現的語境，我們認爲此二字實即“鑿”字。具體理由如次：

第一，《干禄字書》：“鑿、鑿，上俗下正。”《古俗字略》卷五：“鑿，鏨也。鑿，同上。”②以上所見“鑿”的异體，字形基本一致。字又作“鑿”。《字彙補・金部》：“鑿，古鑿字。”《張公神碑》：“刊鑿涿摩，立左右闕。”可見“鑿”字從“齒”在字書及碑刻文獻中均有證明。

第二，《玉篇・金部》：“鏥，鉼鏥。”《集韻・覺韻》測角切：“鏥，闕。人名，王莽時有廉斯鏥。”可見此字之意義《集韻》編撰者已不甚了然。《漢語大字典》“鏥”字釋義照録《玉篇》之“鉼鏥”，仍然不知其詳。今據字形推擬，“鉼”指餅狀金屬，“鏥”當指形似門齒的金屬工具。綜合其意，正與“鑿”義相合。

第三，《額濟納漢簡》釋文中有“第九隧　小鏥一完”（2000ES9SF3：11）。“鏥”字圖版作，顯然是從“金”從“齒”之字，釋讀者釋作“鏥”字應當經過認真研酌，我們認爲這一釋讀是值得肯定和重視的。

第四，河西簡牘中所見之“鏥”及“櫹”字，多與斧、斤（即錛）、鋸等并列，釋爲“鑿”字正與上述諸物相類。

綜上所述，“鏥”當爲“鑿”的异體，而“櫹”則是“鏥”的進一步俗寫，因爲鑿爲穿木之器，故可從“木”。

十一　其他幾例“難字”

除以上討論的 11 例疑難字外，《肩水金關漢簡（貳）》釋文中還有一些比較特殊的“難字”。這些字在漢簡中較爲常見，在以往的釋讀中也無太大的困難和分歧，但因不見於《漢語大字典》等通行辭書，也不見於 GBK 字符集，對一般讀者而言，在查檢和形義解讀上存在一定困難。因此這裏試選數例略作解釋。

【繲】金關簡中用法有二：其一，同“剽”。如：“屬女子左繲疑在界☐”（73EJT21：387），圖版字形作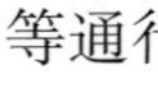。“左剽”指在牲畜身體的左面烙上印記。牛羊多在耳廓上燙烙豁口（有時採

---

① 此據《居延漢簡釋文合校》；《居延漢簡甲乙編》及《居延漢簡考釋・釋文之部》“梱”作“椿”。參《居延漢簡釋文合校》，149–150 頁。

② ［明］陳士元：《古俗字略》，見［日］杉本つとむ編《异體字研究資料集成》二期八卷，東京：雄山閣出版株式會社，1995，164 頁。

用穿孔繫繩的辦法),或稱“耳記”;馬則多烙於臀部。其二,同“縹”。如“廣野隧卒勒忘　貰賣縹一匹隧長屋闌富昌里尹野所　丿”(73EJT23:965),釋文中的“縹”,圖版實作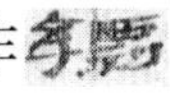,即“纇”字。“縹”指青白色的絹。《説文・糸部》:“縹,帛青白色也。”

【墍】同“堊”,也作“埡”。《説文・土部》:“堊,白涂也。從土,亞聲。”《爾雅・釋宮》:“牆謂之堊。”郭璞注:“白飾牆也。”郝懿行義疏:“飾牆古用白土,或用白灰,宗廟用蜃灰。”金關簡中多見此字,如“甲子吏五卒二人　其一人候　一人墍〼”(73EJT22:91)等。王震亞、張小鋒二先生曾釋“墍”爲“塗敷於垣屋表壁或積薪垛外的擋風防雨的塗料”,[1]僅解釋了這個詞的名詞義。其實河西漢簡中所見之“墍”,除用作名詞外,還用作動詞,指以白灰塗飾牆壁或以草泥塗覆積薪,以防風雨浸蝕,對積薪而言,還有防火作用。用爲名詞者如:“〼墍十五石”(EPC1:18)、“二人徙墍置城上”(EPT52:117)、“〼□隊長段詣官封符載墍七月丁丑□〼”(EPT68:217);用如動詞者如:“己卯卒十一人……三人墍　五人涂　一人治傳中”(EPT40:3)、“積薪梁(垛)皆不墍負八算”(EPT59:6)。

【蔙】即“篋”。漢簡中“⺮”頭多作“艹”或“⺍”形,上文已曾論及。金關簡中“篋”作“蔙”者如:“出居延尉□所乘傳車一乘　轡三　□□　緣靳一　蔙一〼”(73EJT22:149)。“篋”爲收藏物品的小箱子,本簡中與“轡”(同“轡”)、“緣靳”(“緣”實爲“参”之誤釋,“参”通“驂”)并舉,可見其爲車具之一,用於盛放工具雜物等。

【㑅、昨】同“昨”。如:“〼徐卿白㑅日〼”(73EJT23:395)、“發省卒會昨莫至〼”(73EJT23:947B),圖版分別作、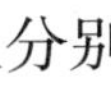。《秦漢魏晋篆隸字形表》“昨”下無“㑅、昨”之形,兹可補正。

【絉】同“絉”,亦即“韤”。如:“革履一兩……布絉一兩”(73EJT23:975)。《集韻・月韻》勿發切:“韤、韈、襪、韈、靺、絉、㧞、襪、帓,《説文》:‘足衣也。’”漢簡中“末”旁書寫草率,形同“未”字,故作“絉”形,實可徑釋爲“絉”。

以上討論的11例疑難字及其他6例難字,其實均爲相應習用字的异體字。裘錫圭先生曾將异體字分爲8種情況,本文所論各例約占其中5種(以下所列依次爲裘先生分類的第1、3、4、5、8種):

1.加不加偏旁的不同。如:纇(剽)。

2.同爲表意字而偏旁不同。如:䍦(羈);樒(鏾、鐕)。

3.同爲形聲字而偏旁不同。如:𨽥(鑿);㲋(貔、羆);昨(昨,“㑅”是“昨”的异寫);墍(堊、埡);騘(騧)、駒(驄、驄)。

[1] 王震亞、張小鋒:《漢簡中的戍卒生活》,西北師範大學歷史系、甘肅省文物考古研究所《簡牘學研究》第二輯,蘭州:甘肅人民出版社,2009,126—148頁。

4.偏旁相同但配置方式不同。如:肓(脂)。

5.寫法略有出入或因訛變而造成不同。如:撋(篋);撋(撋)、蘪(稟,"廩"是"稟"的累增字)、磿(磿,通"歷、曆")、絑(絑)、筴(笇)。

正如裘錫圭先生所説,這樣的分類"并没有一個完全統一的分類標準,所以有些例子的歸類其實是兩可的"。[①] 比如"虪(鑋)"就有配置方式不同的問題,"肓(脂)"也有部件書寫形式訛變的問題,"絑(絑)"與"襪、襪"等寫法之間又存在形聲字偏旁不同的問題。另外還有個别字的歸類也許并不準確,對其成因分析認定不同則歸類不同,比如"纝(剽)",如果認爲它們的區别在於聲旁繁簡不同而不是加不加形旁,則可歸入第 3 種。不過總體來講,通過上面的分析可以看出,偏旁的改换和偏旁筆劃的訛變是异體字形體差异的主要表現形式。

《肩水金關漢簡(貳)》是最新出版的漢簡研究資料,今後如有機會修訂再版,建議對上述諸字釋文予以適當調整。我們的具體意見是:將"蘯、葳、蘪、絑、筴、肓"分别改訂爲"虪(鑋)、篋、稟(廩)、絑、笇、脂",其他一仍其舊。本文所列舉和考辨的疑難字形,或對《漢語大字典》、《秦漢魏晋篆隸字形表》及相關工具書等略有補苴。

附記:本文完稿後,承蒙河西學院文學院高天霞博士、黨萬生教授審覈辯議,多所是正,特致謝忱。

① 裘錫圭:《文字學概要》(修訂本),北京:商務印書館,2013,199-201 頁。

敦煌馬圈灣漢簡釋文校讀舉例

吉林大學古籍研究所　秦鳳鶴

内容提要　本文主要根據《敦煌馬圈灣漢簡集釋》一書所公布的紅外綫圖版和釋文,在充分吸收已有研究成果的基礎上,對敦煌馬圈灣漢簡部分簡文提出新看法。文中共校讀 33 條釋文,改釋 46 字。

關鍵詞　敦煌馬圈灣漢簡　釋文　校讀

新近出版的《敦煌馬圈灣漢簡集釋》一書(以下簡稱《集釋》),[①]由於利用紅外綫技術,圖版較 1991 年公布的更爲清晰明鋭。簡文釋讀方面有顯著提高,其中包括簡明的校釋、精細的集解及著者的按語。《集釋》整體上取得了較大進步,但在研讀過程中,我們發現部分釋文仍可推敲斟酌。今舉例如下,敬請方家指正。

1.都尉君移戊部尉械逮□若絶城錢况等有書今(簡 203)

按:"□"原簡寫作,據《敦煌漢簡》應改爲"故"。[②] 同書簡 238B 和簡 620 中"故"字原簡分别寫作、,可比對。"故"云云,是交代犯人錢况等人的身份。"若絶城",饒宗頤、李均明先生認爲,當爲西域地名,未見於《地理志》。[③] 同書簡 281A"若絶城同心士京縣壽里錢况,年三十五,迺乙亥□☐"。二者簡文内容相關聯。後者詳細交代了錢况的身份、籍貫和

① 張德芳:《敦煌馬圈灣漢簡集釋》,蘭州:甘肅文化出版社,2013。本文所引馬圈灣漢簡圖版和釋文均出自此書,不另注。

② 甘肅省文物考古研究所編:《敦煌漢簡》,北京:中華書局,1991,227 頁。

③ 饒宗頤、李均明:《敦煌漢簡編年考證》,臺北:新文豐出版公司,1995,132 頁。

年齡等信息。該簡文應釋讀作:“都尉君移戍部尉,械逮故若絶城錢況等有書,今”。

2.戍卒循成富里左豐年三十五省府木工　美水　　府(簡 253)

按:此簡爲戍卒名籍,[①]經兩次書寫而成。“循”、“富”原簡分别寫作、,據裘錫圭先生的觀點,應改爲“脩”、“畜”。王念孫《讀書雜志・漢書第七》“循成道”條説:“‘循’當爲‘脩’,隸書‘循’、‘脩’二字相似,傳寫易訛(説見《史記・倉公傳》)。《魏書・地形志》、《隋書・地理志》、《水經・漾水注》并作‘脩城’。”漢簡“脩成”的出現,證明王氏的意見是正確的。脩城故地在今陝西略陽西北。[②] 近來黄東洋、鄔文玲先生對這枚簡文中“脩成”一詞亦進行了深入討論,[③]可參考。“脩成畜里”爲戍卒籍貫。該簡文應釋讀作:“戍卒脩成畜里左豐年三十五,省府,木工,美水,府”。

3.出穬麥一斛九斗　　以□卒貢秋正月食(簡 316)

按:此簡爲出麥登録簿。“□”原簡寫作,據《敦煌漢簡》應改爲“迫”。[④] 同書簡 43 和簡 213 中“迫”字寫法與其相同。“迫卒”與“迫猝”相通,是漢代較爲常見的詞彙,典籍文獻和簡牘中均可見用例。如《漢書・楚元王傳》:“及徙昌陵,增埤爲高,積土爲山,發民墳墓,積以萬數,營起邑居,期日迫卒,功費大萬百餘。”師古曰:“卒讀曰猝。”[⑤]又《肩水金關漢簡》73EJT7:25:“任府書曰:卒貰賣予吏及有吏任者爲收責有比書到。願令史以時收責,迫卒且罷亟報,如律令”。[⑥]《集釋》釋文漏注“斗”、“以”之間的簡牘符號“—”,然圖版所録釋文已標注。該簡文應釋讀作:“出穬麥一斛九斗, — 以迫卒(猝)貢秋正月食。”

4.亭長王春卿　　入粟三石三斗直泉二百六十四償秦長(簡 361)

按:“秦”原簡寫作,據《敦煌漢簡》應改爲“奉”。[⑦] 同書簡 235 中“奉”字原簡寫作,同書簡 1076 中“秦”字原簡寫作,均可對比。同書簡 362 中“秦”字原簡寫作,亦當改爲“奉”。該簡文應釋讀作:“亭長王春卿　入粟三石三斗,直泉二百六十四,償奉(俸)長”。

5.　□□一　　帚五胡枲三斤

當輸

□□一　　苣十　(簡 368A)

---

① 按語中對簡文性質的説明,主要參考李均明《秦漢簡牘文書分類輯解》,北京:文物出版社,2009。

② 裘錫圭:《讀漢簡札記》,《裘錫圭學術文集・簡牘帛書卷》,上海:復旦大學出版社,2012,233 頁。

③ 黄東洋、鄔文玲:《新莽職方補考》,中國社會科學院簡帛研究中心編《簡帛研究二〇一二》,桂林:廣西師範大學出版社,2013。

④ 甘肅省文物考古研究所編:《敦煌漢簡》,231 頁。

⑤ 《漢書》卷三六《楚元王傳》,北京:中華書局,1962,1956 頁。

⑥ 甘肅簡牘保護研究中心等編:《肩水金關漢簡(壹)》,上海:中西書局,2011,79 頁。

⑦ 甘肅省文物考古研究所編:《敦煌漢簡》,233 頁。

按:細審紅外綫圖版,"□□"處僅有一字,該字原簡寫作,當釋"茈"。《説文·艸部》:"茈,茈草也。"[1]《山海經·西山經》:"勞山多茈草,弱水出焉。"郭璞注:"一名茈莀,中染紫也。"[2]"茈草"即"紫草",爲多年生草本植物。該簡文應釋讀作:"當輸。□□一。茈一。帚五。苣十。胡枲三斤。"[3]

6.□□□前所聞見輒亟因驛騎責狀今寫群公□▨(簡424)

按:"前"原簡寫作,當釋"有"。"有所聞見"屢見於漢簡,如《居延新簡》EPF22.459"府告居延、甲渠、卅井、殄北鄣候:方有警備,記到,數循行教勑吏卒,明烽火,謹候望,有所聞見,亟言。有教。建武三年六月戊辰,起府。"EPF22.543"▨精候望,有所聞見,須言叩□▨"。[4] 該簡文應釋讀作:"□□□,有所聞見,輒亟因驛騎責狀,今寫群公□▨"。

7.其一□不橐佗一頭□□(簡429)

按:此簡爲出入關名籍,簡文右半剥落。"□"原簡寫作,據《敦煌漢簡》應改爲"匹"。"不"原簡寫作,當釋"小"。"頭"原簡寫作,當釋"匹"。[5] "橐佗"前的量詞通常是用"匹"而不是"頭"。如《敦煌漢簡》簡1923"▨長從者陳君房,持□橐佗一匹,叩=頭=▨"。又《居延新簡》EPF16.48"百騎,亭但馬,百餘匹,橐他四十五匹,皆備賀并塞來,南燔"。[6] 該簡文應釋讀作:"其一匹小,橐佗一匹□□"。

8.夜亭□□□□□關大尉龍勒驛□言羌男子利年等詣□□鄯善侯發兵遝焉耆尉梨車師(簡460A)

按:前一"□"原簡寫作,當釋"教"。同書簡780B和簡1065A中"教"字,可參照。"教言"意爲教誨、教導。文例見同書簡235"幾何,人俱到此亦將軍之功也。教言告掾,聞且毋決"。後一"□"原簡寫作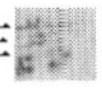,當釋"言"。同條簡文中"言"字寫法與其相同。該簡文應釋讀作:"夜亭□□□□□關大尉龍勒驛教言羌男子利年等詣□,言鄯善侯發兵遝焉耆、尉梨、車師"。

9.六月甲戌玉門候丞予之謂西塞候長可得將候候長福將□候長□等記到課▨

望府檄驚備多虜黨來重正甚數毋令吏卒離署持七月府記將卒稾毋忽臧記令可課(簡483A)

① [漢]許慎:《説文解字》,北京:中華書局,1963,19頁。

② 徐朝華:《爾雅今注》,天津:南開大學出版社,1994,268頁。

③ 爲排印方便,不按簡文原來格式抄録,下面部分簡文釋讀亦同。

④ 甘肅省文物考古研究所等編:《居延新簡——甲渠候官》,北京:中華書局,1994,224、227頁,以下簡稱《居延新簡》。

⑤ 甘肅省文物考古研究所編:《敦煌漢簡》,236頁。"小"字的釋讀係任攀先生的教示;"匹"字的釋讀係鄔文玲先生的教示。

⑥ 甘肅省文物考古研究所編:《敦煌漢簡》,294頁;甘肅省文物考古研究所等編:《居延新簡——甲渠候官》,208頁。

按：此簡爲府檄類文書。“正”原簡寫作，據《敦煌漢簡》應改爲“追”。[①] 同書簡137、簡521和簡987中“追”字均如此作。“重追”爲“嚴肅追究”之意。如《居延新簡》EPT52.16A“書相報，不報者，重追之”。EPT58.25“福、禹、賞、遂昌、炘、哀等，府移檄，重追乘隧戍卒桼”。[②] 該簡文應釋讀作：“六月甲戌，玉門候丞予之，謂西塞候長可得、將候候長福、將□候長□等，記到，課▨望，府檄驚備多虜黨來，重追甚數，毋令吏卒離署。持七月府記將卒稾，毋忽。臧記，令可課”。

10.▨書而召韓傰問之韓傰對曰臣取婦二日三夜去之樂游三年不歸婦▨（簡496A）

按：此殘簡所記爲韓朋的故事。“樂”原簡寫作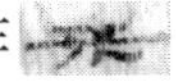，據裘錫圭先生的觀點，應改爲“來”。裘先生指出，這種寫法的“來”字在漢簡中很常見（武威《儀禮》簡“來”字皆如此作，見徐富昌《武威儀禮漢簡字形表》58頁，徐氏自印本），并爲後世的簡俗體所沿襲。[③] “傰”同“朋”。該簡文應釋讀作：“▨書，而召韓傰（朋）問之。韓傰（朋）對曰：‘臣取婦二日三夜，去之來游，三年不歸，婦▨”。

11.▨□□以卿言教之也盡十月隨罷後澤不種（簡515）

按：此簡爲月令殘文。“罷”原簡寫作，當釋“窳”。同書簡213中“窳”字寫法與此相同。“隨”通“隋”。這條簡文部分内容與《敦煌懸泉月令詔條》六一行：“盡十月，隋窳”相對應。李明曉、趙久湘先生指出，“隋”即“墮”，“落”，此指收摘。“窳”即“蓏”，草本植物的果實。“隋窳”，指收摘果實。[④] 該簡文應釋讀作：“▨□□以卿言教之也，盡十月，隨（隋）窳後澤不種”。

12.敦煌二年三月玉門轉一兩已入卅七石

入　　元始二年五月丁巳令史豊受就人敦煌安國里芷仲

穬麥小石卌八石七斗五升少十一石七斗五升　　（簡532）

按：此簡爲入穬麥登録簿。“芷”原簡寫作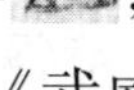，據裘錫圭先生的觀點，應改爲“茝”。可參看羅福頤《漢印文字徵》1·10上“茝”字。[⑤] 《武威漢代醫簡》木牘88A中“茝”字原簡寫作，[⑥]可補證。“入”爲漢代常使用的會計符號，指“收入”，與“出”相對。“轉”即“轉輸”，此處指轉輸穬麥的車輛。“兩”通“輛”。“就人”指受僱於人的車夫。該簡文應釋讀作：“入敦

① 甘肅省文物考古研究所編：《敦煌漢簡》，238頁。

② 甘肅省文物考古研究所等編：《居延新簡——甲渠候官》，98、153頁。

③ 裘錫圭：《漢簡中所見韓朋故事的新資料》，《裘錫圭學術文集·簡牘帛書卷》，321頁。裘先生所引徐富昌《武威儀禮漢簡字形表》，此書已出版。“來”字參見徐富昌《武威儀禮漢簡文字編》，臺北：“國家”出版社，2006，146頁。

④ 李明曉、趙久湘：《散見戰國秦漢簡帛法律文獻整理與研究》，重慶：西南師範大學出版社，2011，201頁。

⑤ 裘錫圭：《讀漢簡札記》，《裘錫圭學術文集·簡牘帛書卷》，231頁。

⑥ 甘肅省博物館、武威縣文化館編：《武威漢代醫簡》，北京：文物出版社，1975，9頁。

煌二年三月玉門轉一兩(輛),穬麥小石卌八石七斗五升　已入卅七石,少十一石七斗五升　元始二年五月丁巳,令史豊受就人敦煌安國里莨仲”。

13.千秋亭寅矢百卅十其廿九破傷薪干三承弦六□弦三……(簡 582)

按:此簡爲兵完折傷簿。“十”原簡寫作,據《敦煌漢簡》應改爲“五”。[1] 圖版所録釋文將其隸定爲“十五”,當屬誤植。該簡文應釋讀作:“千秋亭寅矢百卅五,其廿九破傷,薪干三,承弦六,□弦三……”

14.☑繒已畢即當復留以斗率隨烏孫歸十三匹即前物故官不出欲知匹責家見在者高繒匹八百廿三匹立即更賣予它人　五(簡 620)

按:此簡爲債券文書,雙方通過“繒”進行交易。“前”原簡寫作,據《敦煌漢簡》應改爲“有”。[2] 同書簡 1150 中“有”字寫法可證。“物故”,亡故,去世。《漢書・李廣蘇建傳》注引師古曰:“物故謂死也,言其同於鬼物而故也。”[3]“即有物故”,若有死亡。它簡所見如《合校》簡 273.12“☑石十石,約至九月糴必以。即有物故,知責家中見在者”。“知”,繼續。這一張契約的意思是,甲乙雙方相約買賣某種糧食若干石,到九月糧食全部買賣完畢,甲乙雙方若有死亡,家中尚存的人仍然必須繼續履行契約所規定的義務。[4] 三”原簡寫作,當釋“二”。此處當屬誤植。該簡文應釋讀作:“☑繒已畢,即當復留,以斗率隨烏孫歸十三匹,即有物故,官不出,欲知匹責家見在者。高繒匹八百廿二匹,立即更賣予它人。五”。

15.樂廣　　玉門左掾趙君起居　　自有宅□　　干到(簡 675)

按:此簡爲遺吏奉謁類文書。“趙”原簡寫作,當釋“知”。同書簡 666 和簡 981 中“知”字原簡分别寫作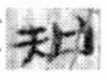、,可參證。“起居”,指飲食起居等日常生活狀況。《漢書・哀帝紀》:“臣願且得留國邸,旦夕奉問起居”。[5] “知……起居”,同書所見如簡 227“●書毋白已去之,爲欲使子知尋起居耳”和簡 237“毋以邑＝非意,忽於至計,願一√二,知起居,唯爲”。該簡文應釋讀作:“樂廣,　玉門左掾知君起居,自有宅□,　干到”。

16.□叩頭言……

君孟足下毋恙爲官事辱賜書　☑(簡 707A)

按:此簡屬私人書信殘簡。“爲”,《敦煌漢簡》圖版寫作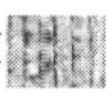,《集釋》圖版寫作,或可釋作“勞”。“勞官事”、“苦官事”、“勞苦官事”等是漢代簡牘書信中的常用語,於義亦可通解。[6]

---

① 甘肅省文物考古研究所編:《敦煌漢簡》,241 頁。

② 甘肅省文物考古研究所編:《敦煌漢簡》,243 頁。

③ 《漢書》卷五四《李廣蘇建傳》,2467 頁。

④ 于豪亮:《居延漢簡叢釋》,《于豪亮學術文存》,北京:中華書局,1985,188 頁。

⑤ 《漢書》卷一一《哀帝紀》,333 頁。

⑥ 此條係匿名審稿專家的教示。

如《居延新簡》EPT52.325A“☐勞官事,因言不肖等☐”。同書簡933“伏地再拜請:稚公足下,善毋恙,良甚,苦官事。春氣不和,願稚彊衣自□酒食□□□□”。《合校》簡157.25A“弘叩頭多問子長:甚勞苦官事,間者得毋它急。”[①]該簡文應釋讀作:“□叩頭言……君孟足下毋恙,勞官事,辱賜書　　☐”。

17.☐唯君月十日莫到用白米一斗雞一從者三人至□□文書□☐(簡713A)

按:此簡爲私人信件。“唯”原簡寫作,當釋“幸”。同書簡507A中“幸”字,可資參驗。簡文中“幸君”爲人名,兩見於同書簡1007“請千秋士吏張長賓:龍勒移書召幸君。願長賓爲記告幸君。教其對。”從紅外綫圖版來看,“斗雞”二字右側尚有兩字未釋。“莫”同“暮”。該簡文應釋讀作:“☐幸君月十日莫(暮)到。用白米一斗、□□、雞一。從者三人至□□文書□☐”。

18.□迺令姦人犯重棰移□從事田掾府檄律令(簡764)

按:此簡爲下行文書。“迺”原簡寫作,當釋“毋”。“重”原簡寫作,當釋“塞”。同書簡483A和簡862中“塞”字,可互證。“塞”是由長墻、鄣隧等複雜的防御工事體系構成的防綫。[②] 居延漢簡記載“犯塞”之事甚多,如《居延新簡》EPF16.37“萬死叩頭死罪死罪。十月廿八日胡虜犯塞略得吏”。EPF22.371“敢言之,迺今月二日乙丑,胡虜卌餘騎犯塞入攻燔☐”。[③] “棰”原簡寫作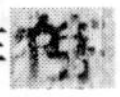,當釋“務”。“務”爲語氣副詞,修飾動詞謂語,表示對動作行爲的强調或肯定。如《合校》簡10.40“謹以文理遇士卒,毋令冤失職,務稱令意,且遣都吏循行廉察,不如護大守府書致”。又《居延新簡》EPF22.291“左右不射,皆毋所見,檄到,令卒伐慈萁治簿更著,務令調利,毋令到不辦。”[④]“□”原簡寫作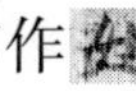,當釋“如”。[⑤] 該簡文應釋讀作:“□毋令姦人犯塞,務移如從事田掾府檄律令”。

19.糴鐵干三石　　府卿□☐(簡773)

按:“糴”原簡寫作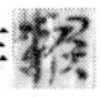,當釋“糇”。[⑥] “糇”同“餱”。《唐韻·侯韻》:“糇,糇糧。”《集韻·矦韻》:“餱,《説文》:‘幹食也。’或從米。”漢張衡《思玄賦》:“屑瑤蘂以爲糇兮,𣲀白水以爲

---

① 甘肅省文物考古研究所等編:《居延新簡——甲渠候官》,107頁。謝桂華、李均明、朱國炤著:《居延漢簡釋文合校》,北京:文物出版社,1987,259頁,以下簡稱《合校》。

② 李均明、劉軍:《出土簡牘與漢晋敦煌》,中國社會科學院簡帛研究中心編《簡帛研究》第二輯,北京:法律出版社,1996。

③ 甘肅省文物考古研究所等編:《居延新簡——甲渠候官》,208、221頁。

④ 謝桂華、李均明、朱國炤:《居延漢簡釋文合校》,18頁。甘肅省文物考古研究所等編:《居延新簡——甲渠候官》,219頁。

⑤ 此條中“毋”、“務”、“如”三字的釋讀均係鄔文玲先生的教示。

⑥ 此條中“糇”字的考釋係任攀先生的教示。

漿。"[①]初師賓先生認爲,"餱"爲"糒"的古名,即炒熟米麥,舂磨爲粉,可久儲而質味不變。《詩經·公劉》:"乃裹餱糧,於橐於囊"。[②]《集釋》注解中已指出,懸泉漢簡中有"鐵干米"、"鐵干上米"、"鐵干粟",似以一種以加工方法命名的上等米粟。由此可知,"餱"和"鐵干"均爲糧食作物。該簡文應釋讀作:"糇(餱)、鐵干三石　府卿□☐"。

20.☐月御畢以虜人外市私任知之　在(簡775)

按:此簡爲契約殘簡。"虜"原簡寫作,當釋"旁"。同書簡846B中兩處"虜"均當改釋爲"旁"。"外"原簡寫作,當釋"知"。同簡中"知"字寫法與其相同。"市"原簡寫作,或釋"券"。該字主要是根據文意擬補。"私"原簡寫作,當釋"者"。[③]"御"或指"御錢",即驛站運轉所需的各項經費。"畢以"同"畢已",指錢物交易完畢。高恒先生指出,"旁人"、"知券者",即訂立契約時在場的知情人,也即見證人。[④]如《居延新簡》EPT52.323"三堠吏張君長所,錢約至十二月盡畢已。旁人臨桐吏解子□□□□"。EPF22.477B"☐回居延以呑遠置茭千束貸,甲渠草盛,伐茭償,畢已。言有"。[⑤]該簡文應釋讀作:"☐月御畢以(已)。旁人、知券者任知之。　在。"

21.大守府爲伏虜品約捕☐(簡783)

按:圖版所録釋文將"大"隸定爲"太",當屬誤植。"守"原簡寫作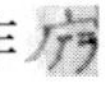,據《敦煌漢簡》應改爲"府"。[⑥]同簡中"府"字原簡寫作,二者字形寫法相同。"大府"意同"公府",通常指丞相府、御史府或幕府。史籍所見如《漢書·張湯傳》:"湯給事内史,爲寧成掾,以湯爲無害,言大府,調茂陵尉,治方中。"師古曰:"大府,丞相府也。"《漢書·杜周傳》:"二千石繫者新故相因,不減百餘人。郡吏大府舉之廷尉,一歲至千餘章。"文穎曰:"大府,公府也。"師古曰:"大府,丞相、御史之府也。"[⑦]《史記·酷吏列傳》:"湯給事内史,爲寧成掾,以湯爲無害,言大府,調爲茂陵尉,治方中。"如淳曰:"大府,幕府也。茂陵尉,主作陵之尉也。"韋昭曰:"太府,公府。"[⑧]高恒先生指出,《伏虜品約》僅見一令名。其中的"府",當指敦煌郡太守府。從敦煌簡中所見"敦煌郡蓬火品約"(《敦煌漢簡釋文》520簡)一例得知,所謂"府爲《伏虜品約》"即

① 徐中舒主編:《漢語大字典》,武漢:湖北辭書出版社,成都:四川辭書出版社,1986—1990,3155頁。

② 初師賓:《漢邊塞守御器備考略》,甘肅省文物工作隊、甘肅省博物館編《漢簡研究文集》,蘭州:甘肅人民出版社,1984,154頁。

③ 此條中"旁"、"知"、"券"、"者"四個字的釋讀均係匿名審稿專家的教示。

④ 高恒:《秦漢簡牘中法制文書輯考》,北京:社會科學文獻出版社,2008,272頁。

⑤ 甘肅省文物考古研究所等編:《居延新簡——甲渠候官》,107、225頁。

⑥ 甘肅省文物考古研究所編:《敦煌漢簡》,249頁。

⑦ 《漢書》卷五九《張湯傳》,2637頁、2660頁。

⑧ 《史記》卷一二二《酷吏列傳》,北京:中華書局,2013,3748頁。

敦煌郡頒行的《伏虜品約》。[1] 該簡文應釋讀作："大府，府爲《伏虜品約》，捕☐"。

22.　　　　　　　　　其一封大煎都候詣府

東書二封　　　　　　正月己亥昏時受關佐楊籌

　　　　　　　　　　一封□□□□□　　　　　　（簡 803A）

按：此簡爲郵書課，記録文書傳遞的數量、種類、時間和經手人等。"籌"原簡寫作，據謝桂華先生的觀點，應改爲"禹"。謝先生指出，居漢簡 103.2（《圖》135）"☐月廿八日，禹償陽☐"；簡 306.25（《圖》42）"檄到，禹等詣城尉官"。其中"禹"字均如此作，"楊禹"，關佐的姓名。[2] 該簡文應釋讀作："東書二封。其一封，大煎都候，詣府。一封□□□□□。正月己亥昏時受關佐楊禹。"

23. 候長匽　　未使女傷富年七歲（簡 821）

按：此簡爲户籍登記類文書。"未"原簡寫作，當釋"子"。同書簡 716B 和簡 1004A 中"子"字寫法與此相同。"子使女"屢見於漢簡，如同書簡 303"凡外塞吏子使女卌三人　積三千六百一十二人"和簡 354"臨子使女廉 十一月食麥一石五斗二升"。趙寵亮先生指出，對於年齡稱謂的範圍，各家意見基本一致：15 歲以上爲大男、大女，7—14 歲爲使男、使女（注：敦煌漢簡簡 821"候長匽 未使女傷鳳年七歲"是個例外，具體原因不明），6 歲以下爲未使男、未使女。[3] 如今將"未"改釋爲"子"，趙先生的疑惑便可涣然冰釋。該簡文應釋讀作："候長匽，子使女，傷鳳，年七歲。"

24. 郭適韓謹□□錢……（簡 887）

按："郭"原簡寫作，當釋"却"。同書簡 404 和簡 1154A 中"却"字，可參證。"却適"爲隧名，隸屬玉門候官。隧名後直接加人名者，如同書簡 945"富貴鄭不識"和簡 947"察適馮遷"。其中"富貴"、"察適"亦爲玉門候官所屬之隧。"□□"原簡寫作，當爲簡中符號"—"，并非兩個未釋文字。該簡文應釋讀作："却適韓謹—錢……"。

25. ☐出三年必吉□六月卯毋爲土□□二三□三人□（簡 894）

按："爲"原簡寫作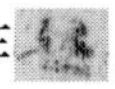，當釋"起"。"□"原簡寫作，當釋"功"。"毋起土功"在典籍文獻中有其用例。如《吕氏春秋・孟夏紀》："無起土功，無發大衆。"《禮記・月令》："毋起土功，毋發大衆。"黄文傑先生對"起土功"進行過考釋。黄先生指出，"土功"即"土事"，尤如"農功"即"農事"。《小爾雅・廣詁》："功，事也。"《六書故・人九》："功，庸也，若所謂康功、

① 高恒：《秦漢簡牘中法制文書輯考》，215 頁。

② 謝桂華：《漢簡草書辨正舉隅》，中國社會科學院簡帛研究中心編《簡帛研究》第三輯，南寧：廣西教育出版社，1998，365 頁。

③ 趙寵亮：《先秦秦漢的年齡分層與年齡稱謂》，《湖南科技學院學報》2010 年第 2 期。

田功、土功,凡力役之所施是也。功力既施,厥有成績,因謂之功。”“起土功”即興功動土之意,古指治水築城之事。睡虎地秦簡《日書》此語常用,如甲種 131 號簡背:“不可起土攻(功)。”133 號簡背、138 號簡背:“毋起土攻(功),凶。”136 號簡背:“以起土攻(功)。”其他尚有“爲土攻(功)”、“興土攻(功)”、“爲土事”等語,與“起土攻(功)”義同。① 簡文中“毋起土功”即不要興功動土。該簡文應釋讀作:“☐出,三年必吉□,六月卯毋起土功,□二三□三人□”。

26.☐召詡驗問舜與比毋它☐(簡 931)

按:此簡爲法制文書殘簡。“舜”原簡寫作,當釋“辤”。“與”原簡寫作,當釋“具”。“比”原簡寫作,據《敦煌漢簡》應改爲“此”。② “辤”同“辭”。“辤(辭)具此”是簡牘司法文書中的常用語之一,意思是供詞至此完畢。③ 如《居延新簡》EPT52.221“☐毋長吏使劾者,辤具此”。EPF22.394“以何日到止害? 言已毋所復聞,辤具此”。④ 該簡文應釋讀作:“☐召詡驗問。辤(辭)具此。毋它☐”。

27.……中不得方循行嗛察相二千石以下不憂犯毋狀(簡 980)

按:此簡爲下行文書。謝桂華先生指出,“嗛察”之“嗛”,原簡如此作,似應改作“廉”。“廉查”,意即查訪。居延簡 10.40:“襍予閣,謹以文理遇士卒,毋令冤失職,務稱令意,且遣都吏循行,廉察不如護大守府書致。案毋忽如律令。/掾熹、屬壽、給事佐明。”其中“嗛察”與此簡文意同。“犯”原簡寫作,據謝先生應改爲“尤”。該字形又見於同書簡 782。“尤毋狀”在漢簡中較爲常見,如居延漢簡 29.14:“萬世隧皆廢置,不能發遣卒。遣數詔已可見矣,尤毋狀,遝已☐”;簡 336.20,336.38:“☐不捕得,尤毋狀,記到,行罰☐”。“毋”同“無”。《後漢書·章帝紀》注:“無狀謂其罪惡尤大,其狀無可寄言,故云無狀。”⑤該簡文應釋讀作:“……中不得方循行,嗛〈廉〉察相二千石以下不憂,尤毋(無)狀”。

28.戍卒脩成當利里楊馮年三十　　省府　□□　　省府 —(簡 1010)

按:此簡爲戍卒名籍。“三”原簡寫作,據《敦煌漢簡》應改爲“亖”。⑥ 同書簡 13、簡 22A、簡 45 和簡 51 中“亖”均如此作。“四”寫作“亖”是王莽時期文書的典型特點。此處當屬誤植。該簡文應釋讀作:“戍卒脩成當利里楊馮年亖十,　省府　□□　省府 —”。

29.☐□履二兩　　草履三兩　　□□□□　　□□□二　　□□□一

---

① 黄文傑:《秦至漢初簡帛文字研究》,北京:商務印書館,2008,177 頁。

② 甘肅省文物考古研究所編:《敦煌漢簡》,55 頁。

③ 此條中“辤”字釋讀係匿名審稿專家的教示。

④ 甘肅省文物考古研究所等編:《居延新簡——甲渠候官》,104、222 頁。

⑤ 謝桂華:《漢簡草書辨正舉隅》,359 頁。

⑥ 甘肅省文物考古研究所編:《敦煌漢簡》,258 頁。

〼葦履二兩　綿被一□□□□　□□□一　□□□□　(簡 1043)

按:此簡爲衣物名籍殘簡。"葦"原簡寫作,當釋"韋"。"韋"是一種熟皮。以此爲質料的實物,又見於同書簡 593"韋復褕一領"、簡 1144"韋絝、布絝各二兩"和簡 1147"韋橐大、八十"等。該簡文應釋讀作:"〼□履二兩。韋履二兩。草履三兩。綿被一。□□□□。□□□□。□□□二。□□□一。□□□一。□□□□。"

30.臨澤候長董賢　馬一匹(簡 1044)

按:此簡爲出入名籍。"董"原簡寫作,當釋"童"。《肩水金關漢簡(壹)》73EJT5:78 中"童"字原簡寫作,同書簡 1009 中"董"字原簡寫作,均可比較。"童",漢代姓氏。《廣韻・東韻》:"童,姓,出東莞。漢有琅邪内史童仲玉。"《通志・氏族略四》:"童氏,顓帝生老童,其子孫以王父字爲氏。今建昌有此姓,望出渤海。"[①]"童氏"亦見於《肩水金關漢簡(壹)》73EJT5:78"童去疾",《肩水金關漢簡(貳)》73EJT23:920"童豹"。[②] 該簡文應釋讀作:"臨澤候長童賢,馬一匹"。

31.四月戊子官告倉亭隧長通成記到馳詣府會夕毋以它爲解急□□
教　(簡 1065A)

按:此簡爲玉門候官下達倉亭隧長通成的命令文書,通知他届時到候官會見候。這類下行文書簡稱爲"記"。"□"原簡寫作,據《敦煌漢簡》應改爲重文符號"=="。[③] 此處簡文當改釋作"急=="。該簡文應釋讀作:"四月戊子,官告倉亭隧長通成:記到,馳詣府,會夕,毋以它爲解。急急急□　　教"。

32.隧長張子孫私刃一(簡 1078A)

按:此簡爲出入名籍。"刃"原簡寫作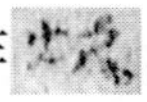,應隸定爲"勾",用爲"鉤"。"鉤"爲一種古代兵器,似劍而曲。《廣韻・侯韻》:"鉤,劍屬。"《漢書・趙尹韓張兩王傳》:"延壽又取官銅物,候月蝕鑄作刀劍鉤鐔。"師古曰:"鉤亦兵器也。似劍而曲,所以鉤殺人也。"[④]又同書簡 1042"威嚴亭卒陳功房　私刀劍各一,鉤一"。該簡文應釋讀作:"隧長張子孫私勾(鉤)一"。

33.〼飲餔=以起〼(簡 1123B)

按:"飲"原簡寫作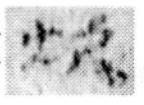,據《中國簡牘集成》應改爲"炊"。[⑤]《説文・火部》:"炊,爨也。"

---

① 徐中舒主編:《漢語大字典》,2712 頁。

② 甘肅簡牘保護研究中心等編:《肩水金關漢簡(壹)》,58 頁。甘肅簡牘保護研究中心等編:《肩水金關漢簡(貳)》,上海:中西書局,2012,123 頁。

③ 甘肅省文物考古研究所編:《敦煌漢簡》,260 頁。

④ 《漢書》卷七六《趙尹韓張兩王傳》,3214 頁。

⑤ 中國簡牘集成編委會編:《中國簡牘集成》第三册,蘭州:敦煌文藝出版社,2001,143 頁。

《食部》:"餔,日加申時食也。"段玉裁注:"引申之義凡食皆曰餔。又以食食人謂之餔"。[①]"炊"即燒火煮熟食物。"申時食",即夕食。該簡文應釋讀作:"☐炊餔,餔以起☐"。

(附記:本文在寫作的過程中,資料方面得到了甘肅簡牘博物館張德芳館長和甘肅文化出版社編輯部原彦平主任的幫助,修改過程中,中國社會科學院歷史研究所鄔文玲先生、復旦大學出土文獻與古文字研究中心程少軒先生和任攀先生等先後提出了中肯的意見和建議,又蒙匿名審稿專家提出寶貴意見,在此一并致謝!)

① 《説文解字》,208頁。[清]段玉裁:《説文解字注》,杭州:浙江古籍出版社,2006,220頁。

論漢魏時期户籍文書的著録内容*

中國人民大學歷史學院　韓樹峰

内容提要　學界認爲,秦漢魏晋時期的户籍有財産和賦役的著録,本文檢視相關證據,認爲這一觀點不能成立。從户籍的演變歷程、歷史背景特别是簡牘作爲書寫材料對户籍著録内容形成的限制等角度分析,秦漢乃至曹魏西晋的户籍是不著録財産和賦役的。東晋南朝以及十六國以後,紙張作爲書寫材料,爲户籍内容的擴張提供了物質條件,但由於缺乏相應的歷史條件,這一時期的户籍仍未著録財産和賦税,衹是增加了役一項内容。至北魏推行均田制,中國古代的户籍制度開始進入户籍、田籍二合一的時代,西魏北周甚至出現户籍、田籍、税册三合一的户籍,隋唐户籍即繼承北朝而來。

關鍵詞　户籍　財産　賦役　簡牘　紙張　均田制

討論漢魏户籍,首先面臨的一個基本問題是:户籍著録的内容是什麽?顧名思義,户籍必須著録每户人口的基本狀况,即户主和家口姓名、家口與户主關係、性别等,關於此點,學界并無争議。但除此而外,漢魏户籍是否著録財産、賦役等其他内容,尚有進一步探討的餘地。

一　傳統觀點概述

在大批地下户口資料問世之前,學界有一種較爲普遍的看法:秦漢魏晋南北朝時期,户

*　本文係中國人民大學科學研究基金(中央高校基本科研業務費專項資金資助)項目"出土漢唐文書匯釋及研究"(批準號:11XNI 010)的階段性成果。

籍除登記人口外,尚著録財産、賦役等内容。研究中國古代户籍的先行者梁方仲認爲,自漢至唐,"對於人口、土地和賦税的記録是統統登記在一個本子内的","當時的户籍具有地籍和税册的作用"。[①] 張金光討論秦户籍制度細緻周詳,在他看來,秦户籍籍注中有受田數及租賦徭役等内容。[②] 高敏對秦、漢户籍内容進行了區分,但從其論述中不難看出,兩者均須登記家庭財産。[③] 黄盛璋亦認爲:"名籍要填寫户主與同住家屬傭人名字,奴婢與應報之財産數,故稱名籍,因按户爲單位,故後又稱户籍。"[④]杜正勝云:"課徵賦役的憑藉就是户籍的課役類别記録。""檢校户口,認定課役身分,而登記在户籍上,這是很嚴肅的政務。"[⑤]

《二年律令》、長沙走馬樓吴簡出土後,漢、吴户籍的著録内容進一步引起學界關注。張榮强認爲,當時的户籍有狹、廣二義,前者即《二年律令》中的"宅園户籍",後者則還包括"年細籍"在内,而《二年律令》中的"田比地籍"、"田命籍"、"田租籍"均非户籍而是田籍;狹義的户籍必須著録田宅、牛馬、奴婢等財産,亦有承擔口算及徭役的記注。[⑥] 王彦輝接受漢代户籍有狹、廣之别的看法,但他認爲,前者僅指"宅園户籍",後者不僅包括年細籍,還包括張榮强所説的田籍。[⑦] 至於宅園户籍的著録内容,王彦輝的觀點屢有變化,開始認爲登記除土地以外的所有財産,而後認爲亦包括田地,最後又基本回復到著録"奴婢、馬牛羊、它財物"但無土地的最初認識。[⑧] 凌文超將吴簡中記録户口信息的資料與所謂紙本户籍對比,得出了如下結論:"吴簡中還存在大量的'吏民簿'……詳細記録了鄉里、户口及賦役等信息,除去田制方面的内容,與紙本户籍載録的主要項目大致相同。'吏民簿'不僅能起到户籍作爲載録編户民之基本依據的作用,而且注記了徵派賦役的情况……與吴簡所記録的'户籍'性質基本相同。"[⑨]他雖然没有直接將吏民簿視爲户籍,但從這一表述可以推論,注記賦役徵派是孫吴户籍的主要内容之一。[⑩]

對於漢代户籍著録財産的看法,日本學者池田温表示了懷疑,他在引用唐人賈公彦注

---

① 梁方仲:《中國歷代户口、田地、田賦統計》"總序",上海人民出版社,1980,10 頁。

② 張金光:《秦制研究》,上海古籍出版社,2004,786、787 頁。

③ 高敏:《秦漢的户籍制度》,收入其著《秦漢史探討》,鄭州:中州古籍出版社,1998,160、169 頁。

④ 黄盛璋:《江陵高臺漢墓新出"告地策"、遣策與相關制度發覆》,《江漢考古》1994 年第 2 期,42 頁。

⑤ 杜正勝:《編户齊民》,臺北:聯經出版事業股份有限公司,2004,10、27-28 頁。

⑥ 張榮强:《〈前秦建元二十年籍〉與漢唐間籍帳制度的變化》,收入其著《漢唐籍帳制度研究》,北京:商務印書館,2010,257、231-233 頁;張榮强:《孫吴簡中的户籍文書》,《漢唐籍帳制度研究》,97-100 頁。

⑦ 王彦輝:《出土秦漢户籍簡的類别及登記内容的演變》,《史學集刊》2013 年第 3 期,23 頁。

⑧ 王彦輝:《張家山漢簡〈二年律令〉與漢代社會研究》,北京:中華書局,2010,7 頁;《論漢代的"訾算"與"以訾徵賦"》,《中國史研究》2012 年第 1 期,70 頁;《出土秦漢户籍簡的類别及登記内容的演變》,《史學集刊》2013 年第 3 期,26-27 頁。

⑨ 凌文超:《走馬樓吴簡采集簡"户籍簿"復原整理與研究——兼論吴簡"户籍簿"的類型與功能》,長沙簡牘博物館、北京大學中國古代史研究中心、北京吴簡研討班編《吴簡研究》第 3 輯,北京:中華書局,2011,10 頁。

⑩ 除以上諸人外,持同樣觀點的人不在少數,如李淑芬《周代户籍制度簡論》,陝西師範大學碩士學位論文,2006,1、11-14、29 頁;王威海:《中國户籍制度——歷史與政治的分析》,上海文化出版社,2006,59-60 頁。

《周禮・小司徒》之語"謂若今之造籍,户口地宅具陳於簿"後説:"漢代的籍,一般稱爲名、名數、名籍等等,主要是記載户口,所以是否有如唐代户籍連田宅亦登載其中,乃屬疑問,賈氏的注疏衹不過是一種推測吧。"[①]胡平生則肯定漢代"真正的户籍的格式,其實應當是如里耶秦《户籍》所見,那種記録住所、姓名、爵級、户主與户主關係等最基本最簡單的内容","其他的更加複雜的形式則是法律規定的其他户口名簿籍"。[②] 儘管他不無謹慎地説,"不排除漢代中期以後户籍形態有一定變化,但目前還缺乏更多的材料了解演變的情形",但對於孫吴户籍,他仍然認爲:"各種專項的賦税統計登記的簿籍,都不應當列入户籍中。"傅克輝討論漢代户籍時,肯定其有土地及其他財産的登記,對魏晋南北朝户籍則區别對待,認爲魏晋南朝(包括十六國和北魏前期宗主督護制下的黄河中下游地區)的户籍衹是各個家庭成員最基本的政治和自然狀況的記録,既没有土地等財産方面的記録,也没有賦税的記録;北朝自北魏實行計口授田始,方形成户口籍和田籍合一的户籍格式;西魏則是"魏晋南北朝及隋唐七百年間唯一實行户口籍、田籍和税册合一的户籍制度的時期"。[③]

秦、漢、吴户籍是否著録財産和賦役?要回答這一問題,首先必須厘清户籍、財産的含義。而從上引諸家論點可以看出,研究者對户籍、財産的理解有很大差别,或者説相當模糊籠統。訖今爲止,這一時期尚未出現明確標爲"户籍"的實物,不過,筆者認爲當時的户籍無所謂廣、狹之分,而是如胡平生所説,衹有一種實體可以被稱爲"户籍"。[④] 至於"財産"的含義,自漢至唐發生了很大的變化,[⑤]爲討論方便,筆者將本文所説的"財産"界定爲奴婢以外所有的動産和不動産。在此基礎上,我們的觀點是:漢魏户籍并不著録財産和賦役,直至北魏實行均田制,財産和賦役才成爲户籍著録的要素。

二 秦漢户籍著録財産、賦役證據的檢討

學界論及秦户籍著録財産,多以睡虎地秦墓竹簡《封診式・封守》爰書爲據。該爰書依次開列了被查封者士伍甲的宅舍、妻、子、臣妾、衣服、畜産等。[⑥] 不可否認,這份爰書的某些

① [日]池田温著,龔澤銑譯:《中國古代籍帳研究》,北京:中華書局,2007,34頁。

② 胡平生:《新出漢簡户口名簿籍研究》,中國文化遺産研究院編《出土文獻研究》第十輯,北京:中華書局,2011,270、277頁。

③ 傅克輝:《魏晋南北朝籍帳研究》,濟南:齊魯書社,2001,153、179、133頁。

④ 韓樹峰:《漢吴户籍概念考論》,待刊。胡平生在《新出漢簡户口名簿籍研究》一文中提出過這一觀點,但無詳細論證(《出土文獻研究》第十輯,264、271頁)。而且,他討論孫吴户籍的著録内容時,顯然是以吴簡中數種簿籍綜合而成的(《從走馬樓簡"刑(創)"字的釋讀談到户籍的認定》,《中國歷史文物》2002年第2期,37頁),這與户籍僅指一種實體的看法是自相矛盾的。

⑤ 韓樹峰:《漢唐時期的奴婢、財産和資財》,未刊。

⑥ 睡虎地秦墓竹簡整理小組編:《睡虎地秦墓竹簡》,北京:文物出版社,1978,249頁。

内容與户籍存在着某種關係,比如關於人口狀况的記録,可能確實以士伍甲的户籍爲依據,但作爲性質與户籍迥异的查封文書,對户籍項目或增或减,自是題中應有之義。爰書著録衣服,而記載房屋竟具體到"各有户,内室皆瓦蓋,木大具"。即使户籍記載財産,大概也不會瑣細到如此程度,毋寧認爲著録這些項目是查封文書的特定要求。也許查封文書的製作,除了參考户籍外,還參考了著録財産的簿籍。因此,無論認爲爰書的内容抄自户籍,還是認爲查封財産以户籍爲據,[1]均失之武斷。自然,以爰書爲據,斷定秦户籍著録財産,更是差之毫釐,失之千里。

漢代户籍著録財産的根據,主要來自於漢人鄭玄、鄭衆及唐人賈公彦對《周禮》所做的注疏。《周禮·地官·小司徒》:"乃頒比法於六鄉之大夫,使各登其鄉之衆寡、六畜、車輦,辨其物,以歲時入其數,以施政教,行徵令。及三年,則大比,大比則受邦國之比要。"鄭玄注:"衆寡,民之多少。物,家中之財。""大比,謂使天下更簡閲民數及其財物也。"鄭衆注:"五家爲比,故以比爲名。今時八月案比是也。要謂其簿。"[2]根據兩鄭之注可以知道,漢代於每年八月進行案比,檢校人口、財産,然後將其登入簿籍之中。鄭衆以"簿"注"要","簿"包含户籍,但并不僅指户籍。鄭衆注《周禮·天官·小宰》"聽出入以要會"云:"要會,謂計最之簿書,月計曰要,歲計曰會。"[3]可見,按嚴格標準,"要"本來不包括一年一度進行統計的户籍。當然,鄭衆所謂"要謂其簿"的含義可能不僅指月計簿書,但也不僅指歲計簿書,而是包括了地方政府上計時製造的各種簿籍。賈公彦認爲,"漢時八月案比而造籍書",所以鄭衆"以漢法八月况之"。[4] 如果視"籍"爲上計的簿籍,這一解釋没有多大問題,[5]但他注"要謂其簿"云:"若今之造籍,户口地宅具陳於簿也。"這裏的"籍"顯然是指唐代包括田地宅舍的户籍,這就是對鄭衆的誤解了,因爲鄭衆所説的"案比"、"要"均遠遠超出了户籍的範疇。其實,漢唐相隔久遠,政治、經濟狀况變化巨大,户籍制度也不可能相沿不變,賈公彦根據唐代户籍具列田地園宅,斷定漢制亦是如此,未免有膠柱鼓瑟之嫌。總之,兩鄭注僅能反映漢代存在財産著録於簿籍的制度,而賈公彦注疏以唐制釋漢制,自然更不能成爲漢代户籍著録財産的證據。

斷定漢代户籍著録財産的另一重要證據是,居延漢簡中的禮忠簡和徐宗簡著録了兩户家庭的田宅、奴婢、車輛、牲畜,并分别記載了各項資産的價格。[6] 關於兩枚簡的性質,學界的

---

① 張金光:《秦制研究》,789 頁;高敏:《秦漢的户籍制度》,其著《秦漢史探討》,161 頁;黎明釗:《輻輳與秩序:漢帝國地方社會研究》,香港中文大學出版社,2013,262 頁。

② [唐]賈公彦:《周禮注疏》卷一一《地官·小司徒》,《十三經注疏》,北京:中華書局,1980,710-711 頁。

③ [唐]賈公彦:《周禮注疏》卷三《天官·小宰》,《十三經注疏》,654 頁。

④ [唐]賈公彦:《周禮注疏》卷一一《地官·小司徒》,《十三經注疏》,711 頁。

⑤ 張榮强將"八月案比"解釋爲八月造籍、"八月書户",并認爲兩鄭之注係以漢代户籍制度比附《周禮》(《〈前秦建元二十年籍〉與漢唐間籍帳制度的變化》,其著《漢唐籍帳制度研究》,231 頁;《孫吴簡中的户籍文書》,其著《漢唐籍帳制度研究》,97 頁)。"八月造籍"説勉强可通,但"八月書户"及户籍比附説,顯然是對鄭注的進一步推演。

⑥ 謝桂華、李均明、朱國炤:《居延漢簡釋文合校》(上),北京:文物出版社,1987,61、34-35 頁。

認識分歧頗大。陳槃認爲是户籍，平中苓次認爲是算賦申報書，永田英正則將之視爲邊境吏卒的人事檔案。[①] 姑且不論後兩種説法正確與否，可以肯定的是，陳槃的觀點不能成立。如平中苓次所反駁，户籍理應記載家長及家屬的原籍、爵位、姓名、性别、年齡等項目，但兩簡均未涉及。此外，我們可以補充另一個證據，即兩簡均没有"户人"或"户主"字樣的記録，這同樣不符合户籍的基本特徵。將性質并不明確，而且肯定不是户籍的兩枚簡視爲漢代户籍著録財産的重要證據，未免給人以文不對題之感。

《二年律令·户律》有如下條文："恒以八月令鄉部嗇夫、吏、令史相雜案户籍，副臧(藏)其廷。""民宅園户籍、年細籍、田比地籍、田合籍、田租籍，謹副上縣廷，皆以篋若匣匱盛，緘閉，以令若丞、官嗇夫印封，獨別爲府，封府户……民欲先令相分田宅、奴婢、財物，鄉部嗇夫身聽其令，皆參辨券書之，輒上如户籍。有争者，以券書從事；毋券書，勿聽。所分田宅，不爲户，得有之，至八月書户。"[②]對於宅園户籍，學界的看法不盡一致。高敏、朱紹侯認爲是每户所授田地、住宅以及園圃的總數籍或登記簿，臧知非認爲是住宅園圃的綜合登記簿。[③] 兩種觀點雖有區别，但相同的是，均認爲宅園户籍與户口没有關係，這意味着，户籍至少包含了登記户口的"户籍"和登記田地宅園的"宅園户籍"兩種簿籍。張榮强、王彦輝則以此爲據，或認爲宅園户籍(即狹義户籍)著録田宅，或認爲不著録田地，但著録房屋、家畜等，總之，二者均認爲"宅園户籍"需要著録本文所説的財産。

實際上，以上看法衹是基於對"宅園"二字的解讀得出的結論，没有任何史料依據。按高、朱、臧三人的觀點，意味着漢代存在一種不登載任何户口信息僅著録田宅、園圃的簿籍。這種簿籍不徑稱爲"宅園籍"，却將其與户口聯繫，稱爲"宅園户籍"，未免令人感到不可思議。按張、王的解釋推測，"宅園户籍"的命名應該是以其著録"宅園"爲標準的，問題是，如果此種户籍登記田宅，爲何不直接命名爲"田宅户籍"而代之以"宅園户籍"？畢竟在《二年律令》中，"田宅"較"宅園"是一個更爲常見的概念，而且稱爲"田宅户籍"更可以做到名實相副。[④] 將"宅園户籍"解釋爲著録人口、房屋似乎順理成章，但其中爲何又包括家畜？既然著録房屋、家畜等財産，爲何又將田地排除在外？按王彦輝的説法，田地有單獨的簿籍，所以無須在宅園户籍中體現。但田地以外的財産同樣是有單獨的簿籍的，《二年律令·户律》："民

① [日]永田英正著，姜鎮慶譯：《論禮忠簡與徐宗簡》，中國社會科學院歷史研究所戰國秦漢史研究室編《簡牘研究譯叢》第2輯，北京：中國社會科學出版社，1987，35、54頁。

② 彭浩、陳偉、工藤元男主編：《二年律令與奏讞書——張家山二四七號漢墓出土法律文獻解讀》，上海古籍出版社，2004，222、223-224頁。

③ 參見彭浩、陳偉、工藤元男主編《二年律令與奏讞書——張家山二四七號漢墓出土法律文獻解讀》，224頁校釋及注釋。

④ 張金光認爲"宅園户籍"之"園"即"園田"，亦即"田"。"宅園户籍"即"宅田户籍"，亦即"田宅户籍"(《秦制研究》，786頁)。此説先將"園"延伸爲"園田"，然後棄"園"字不顧，將"園田"等同於"田"，從而將"宅園户籍"演化爲"宅田户籍"，最後又將"宅田户籍"解釋成"田宅户籍"，以使其與《二年律令》中經常出現的"田宅"概念相合。這種解釋牽强附會、迂回曲折，其不足爲據是顯而易見的。

大父母、父母、子、孫、同産、同産子,欲相分予奴婢、馬牛羊、它財物者,皆許之,輒爲定籍。"[①]我們知道,漢初立户以授田爲原則,此處不涉及田地,意味着接受馬牛羊等財物的家庭成員未必有單獨的户籍,那麼,所謂"定籍",意即將分割的這些財産製成財物簿籍,分别置於各人名下。既然家畜有單獨的簿籍,可以著録在户籍中,爲何田地不可以著録? 著録的"宅園"既然體現在户籍名稱中,爲何家畜没有體現?[②] 實際上,户籍即使登記田宅、家畜,其重點仍在人口信息部分,特别强調"宅園",并將之稱爲"宅園户籍",似無必要(如唐代户籍記載田宅的信息相當詳細,但從未稱爲"宅園户籍")。所以,諸家觀點仍有再考慮的餘地。按陳劍的解釋,"宅園"之"園"可能是整理者的誤釋,竹簡中的"園"在中間位置縱向有殘缺,"園"係"圖"字之誤釋,所謂"宅圖"即"住宅之圖",是"將更大範圍内(如以"里"爲單位)的若干住宅一并繪出、以確定其各自大小和相對位置之圖",與"户籍"係并列關係,而不是對户籍的界定。[③] 當然,如陳劍所言,"'宅圖'訖今尚未出土過實物,也不見於古書和其他出土文獻記載",將其觀點視爲定論未必十分妥當,但他從圖版字形及文字學角度做出的解釋,較諸以上諸家的推測之辭更有説服力。如果這一解釋不誤,那麼,《户律》中的户籍并無所謂"户籍"與"宅園户籍"之分,所謂"宅園户籍"著録田宅、家畜的説法是大可值得懷疑的。

對於上引材料中的"上如户籍",邢義田解釋爲先令書寫三份,像户籍一樣上報,三份先令分别由户長、鄉、縣保存,户籍也是如此。[④] 張榮强對此有不同看法,認爲由户主保存户籍的事例,以後的史籍及出土文獻中均未見到,"上如户籍"之"上"指著録,"如"也不應釋爲"像",而是"往"之意,"上如户籍"就是將所分得的田宅、奴婢等財物登入户籍,而且唐代法律條文就常有"上籍"的説法,"八月書户"指所分田宅等財産到八月造籍時反映到户籍上。[⑤]如此説成立,意味着漢代户籍確實著録田宅等財産。邢義田將"上如户籍"解釋爲像户籍一樣上報是正確的,但根據先令券書反推户籍一式三份,其中之一由户主保存,却是錯誤的。"上如户籍"旨在强調先令像户籍一樣上報縣廷,與"三辨券"没有關係,從中推導不出户籍像先令一樣一式三份,并由户主保存其一。張榮强爲糾正邢説的錯誤,將"上如户籍"解釋爲登入户籍,同樣存在問題。不可否認,"上"有"登記"之意,但《户律》該條之前的内容規定:"民宅園户籍、年細籍、田比地籍、田合籍、田租籍,謹副上縣廷。"其中的"上"却不是指"登

---

① 彭浩、陳偉、工藤元男主編:《二年律令與奏讞書——張家山二四七號漢墓出土法律文獻解讀》,225頁。

② 奴婢既屬於財産的範疇,又具有自然人的特點,所以,主人名下的户籍和財物簿均須著録奴婢。不過,本文所指的財産不包括奴婢。

③ 陳劍:《讀秦漢簡札記三篇》,復旦大學出土文獻與古文字研究中心編《出土文獻與古文字研究》第四輯,上海古籍出版社,2011,370-376頁。

④ 邢義田:《張家山漢簡〈二年律令〉讀記》,收入其著《地不愛寶:漢代的簡牘》,北京:中華書局,2011,160頁。

⑤ 張榮强:《孫吴簡中的户籍文書》,其著《漢唐籍帳制度研究》,93頁;《〈前秦建元二十年籍〉與漢唐間籍帳制度的變化》,其著《漢唐籍帳制度研究》,231-232頁。

記”,而是“上報”之意。“上如户籍”顯然是接續此意而來,將“上”釋爲“上報”,上下文語意相承,自然順暢,釋爲“登記”,則略顯滯礙。“如”作爲關係内動詞使用,可以釋爲“往”,但在這種情況下,緊接其後的名詞爲地點,無一例爲名物制度者。[①] 表達登記之意,使用“上”即可,如唐代“上籍”一詞表示登入户籍,言簡意賅,“上如”并列,則語意疊加重複,毫無必要,如拆分使用,“上户籍”順理成章,而“如户籍”則屬不辭。更重要的是,該條文特别强調田宅“至八月書户”,那就意味着奴婢、財物等動産不必等到八月。八月立户係制度規定,那麼,八月之前,未立户的百姓是没有户籍的,試問,此時他們所得動産如何登入户籍呢?所以,無論就語法還是文意言,將“上如户籍”解釋爲登入户籍,均給人以牽强附會之感。所分田宅“八月書户”,也不意味着到八月份將田宅登入户籍之中。按漢代制度,每年八月,政府檢校人口財産,并製成各種簿籍。“八月書户”應該是將所分田宅置於各户之下,并製成財物簿。張敞彈奏山陽王劉賀上報的財物簿,應該就是以劉賀户下的財物爲基礎製成的簿籍(案:黄盛璋將其視爲名籍,然後等同户籍的看法是錯誤的),而禮忠簡、徐宗簡則可能是此種財物簿的實體。以上分析説明,上引《户律》條文衹是規定先令像户籍一樣上報縣廷,田宅則要等到八月立户時置於各户名下,製成財物簿,與户籍登記財産没有必然聯繫。

湖南沅陵虎溪山出土的《黄簿》記載了西漢初年沅陵侯國的行政設置、吏員人數、户口人民、田畝賦税、兵甲船隻以及各項的增減和增減原因,另有道路交通、亭聚、往來長安的路綫和水陸里程。[②] “黄簿”概念亦見於走馬樓吴簡,學界一般將其按魏晋南北朝文獻中屢屢出現的“黄籍”也就是户籍來看待,[③]這似乎可以證明漢代户籍確實著録財産、賦役。實際上,虎溪山《黄簿》肯定不是户籍,理由如下:第一,據發掘者介紹,同墓出土的《美食方》名稱爲整理者所加,而《日書》原標題簡自題爲《閻氏五勝》,顯然《日書》也是整理者命名的。《黄簿》如何得名,發掘者未做介紹。原簡是否如此定名,如果係整理者所加,這一定名是否正確,均無法確定。第二,即使原名爲《黄簿》,但在漢代,“簿”、“籍”區分相當明確,如松柏漢墓“西鄉户口名簿”、安樂漢墓某縣“户口名簿”、平壤漢墓“樂浪郡户口名簿”,均稱“簿”而不稱“籍”。[④] “簿”、“籍”混淆大概在東漢末年以後,所以,漢代“黄簿”不等於“黄籍”。第三,雖然漢代户籍記載的具體内容并不十分清楚,但可以斷言,應該不會著録兵甲船隻,而道路交

---

① 參見楊樹達《詞詮》,上海古籍出版社,1986,231頁。

② 湖南省文物考古研究所、懷化市文物處、沅陵縣博物館:《沅陵虎溪山一號漢墓發掘簡報》,《文物》2003年第1期,50頁。

③ 胡平生:《長沙走馬樓三國孫吴簡牘三文書考證》,《文物》1999年第5期,51頁;侯旭東:《長沙三國吴簡所見“私學”考》,中國社會科學院簡帛研究中心編《簡帛研究二〇〇一》,桂林:廣西師範大學出版社,2001,516頁;于振波:《走馬樓吴簡之私學身份考述》,《大學教育科學》2005年第5期,68頁;李恒全:《走馬樓三國孫吴簡牘“私學”考論》,《南京師大學報》2012年第4期,52頁。

④ 胡平生:《新出漢簡户口名簿籍研究》,《出土文獻研究》第十輯,276頁。

通特别是往來長安的路綫和水陸里程,更不會出現在户籍之中,顯而易見,登載這些内容的虎溪山《黄簿》并非户籍。因此,漢代《黄簿》儘管載有田畝賦税,但構不成漢代户籍著録財産的證據。

學界討論漢吴户籍,多以徐幹《中論·民數》爲據,認爲户籍的功能之一是爲政府徵賦派役提供依據,因此,户籍必然著録賦役。[①] 但是,這種看法是對徐幹之意的誤解。《中論·民數》:"治平在庶功興,庶功興在事役均,事役均在民數周,民數周爲國之本也。故先王周知其萬民衆寡之數,乃分九職焉。""故民數者,庶事之所自出也,莫不取正焉。以分田里,以令貢賦,以造器用,以制禄食,以起田役,以作軍旅。"[②]在徐幹看來,"民數周"是"事役均"的基礎,而制土處民、徵斂貢賦、造作器物、制定禄食、調發力役、組織軍旅等"庶事"亦莫不以國家掌握"民數"爲前提。可見,《民數》篇的主旨是强調"民數"對治理國家的重要性。這裏的"民數",學界多將其視爲户籍,[③]但結合原文分析,這種理解顯然存在問題。後條引文的"民數者,庶事之所自出"的"民數"解釋爲"户籍"尚無多大問題,但前條引文的"民數周"解爲"户籍周"則比較牽强。"民數周"與"周知萬民衆寡之數"相對爲文,毫無疑問是指人口數量。實際上,"民數"即"人數",漢代人就是這樣看待的。鄭玄注《周禮·秋官·小司寇》"及大比,登民數,自生齒以上,登於天府。内史、司會、冢宰貳之,以制國用"云:"人數定而九賦可知,國用乃可制耳。"[④]"登民數"即登記人口數量,鄭玄注爲"人數"是對原文的正確理解,顯然,我們不能將此處的"人數"釋爲"户籍"。鄭注與徐幹的意思如出一轍,均强調人口數量是治國的根本,因此,將《中論》中的"民數"視爲"户籍",是對徐幹之意的推演,同樣是不妥當的。在此基礎上論證户籍著録賦役,自然缺乏説服力。[⑤]

三　秦漢户籍不著録財産、賦役的原因

以上的討論説明,漢吴户籍著録財産、賦役的肯定論者所持證據均存在着一定的問題。

---

① 張榮强:《〈前秦建元二十年籍〉與漢唐間籍帳制度的變化》,《漢唐籍帳制度研究》,254頁;劉欣寧:《里耶户籍簡牘與"小上造"再探》,武大簡帛網,2007年11月20日;凌文超:《秦漢魏晋"丁中制"之衍生》,《歷史研究》2010年第2期,27頁。

② 徐湘霖:《中論校注》,成都:巴蜀書社,2000,296、301頁。

③ 如翦伯贊主編的《中國史綱要》云:"徐幹所説的名(作者案,"名"當爲"民"之誤)數即户籍,亦稱名籍。"(北京大學出版社,2006,65頁。)張榮强引《中論·民數》後云:"'民數'就是户籍。"(《〈二年律令〉與漢代課役身分》,其著《漢唐籍帳制度研究》,37頁。)俞江云:"'數'即户籍文簿,秦漢時又稱'名數',曹魏時徐幹《中論》又稱'民數'。"(《家産制視野下的遺囑》,《法學》2010年第7期,102頁。)

④ [唐]賈公彦:《周禮注疏》卷三五《秋官·小司寇》,《十三經注疏》,874頁。

⑤ 關於"民數"更爲細緻的論證,參見韓樹峰《名籍、名數、民數與户籍》,《田餘慶先生九十華誕頌壽論文集》,北京:中華書局,2014,172-173頁。

實際上,從簿籍的功能、簿籍演變的過程、歷史背景及書寫材料的變化等角度分析,秦漢乃至曹魏西晉的户籍應該是不著録財産和賦役的。

學界多認爲,户籍的主要功能是爲政府徵賦派役提供依據,因此,必然著録財産和賦役。但近年來陸續問世的地下材料説明,政府興"庶功"、派"事役"固然以人口數量爲基礎,但其直接依據則是與之對應的各類簿籍,而不是户籍。按前文所引,《二年律令・户律》提及宅圖籍、户籍、年細籍、田比地籍、田合籍、田租籍等各類簿籍,這些簿籍的内容及性質目前尚有争論,[①]但肯定各有各的功能,或者幾種簿籍結合在一起,發揮同一種功能。例如,從名稱看,田比地籍、田合籍、田租籍可能是對田地數量及應納田租數額的記録,政府查找各户的田地數量,田地的變動情況及徵收田租,可以直接以這幾類簿籍爲依據。據《二年律令・户律》,百姓分割奴婢、馬牛羊等動産,均須造籍,而據上引文,百姓分割田宅這樣的不動産,亦須造籍,這類簿籍很可能爲政府徵收資産税提供依據。另外,湖北荆州紀南鎮漢墓出土了免老簿、新傅簿、罷癃簿、復事算簿等簿籍,而安徽天長縣安樂鎮漢墓中則有算簿。[②] 簿是各類資料的統計,并非政府"興庶功"的依據,但胡平生認爲,它們在理論上都與各類著録個別(人)資料的籍相對應,如免老簿與免老名籍對應,新傅簿與新傅名籍對應,罷癃簿與罷癃名籍對應,復事算簿與復事算名籍對應。[③] 針對個體的賦役徵發,應該就是以這些名籍爲基礎,否則,這些名籍就失去了存在的價值。具體説來,徵賦可能以復事算名籍、免老名籍爲據,[④]派役則可能以新傅名籍、罷癃名籍及免老名籍爲據。資料所見簿籍名目已如此繁多,不排除還有未見未知的簿籍。這些簿籍各有各的職能,組合在一起,完全可以滿足政府"興庶功"的需要。所以,不是户籍,而是户籍以外的各種簿籍爲徵賦派役提供最直接的依據。在這種情況下,户籍上注録賦役,就顯得多此一舉了。當然,户籍不注録賦役,并不影響其重要性,畢竟政府制定免老名籍、新傅名籍、罷癃名籍、事算名籍等籍,是以掌握"民數"爲前提條件的,而"民數"的基本狀況又需要通過户籍體現。户籍的主要職能就是爲制定上述各種名籍提供基本依據,可以説是一切簿籍的基礎。没有户籍,固然做不到"興庶功",但"興庶功"的直接依據仍然是各類名籍而不是户籍。因此,百姓承擔的事役另有各類簿籍著録,而不是像學界所説的那樣,必須著録在户籍上。

---

① 參見彭浩、陳偉、工藤元男主編《二年律令與奏讞書——張家山二四七號漢墓出土法律文獻解讀》,224-225頁。

② 荆州博物館:《湖北荆州紀南松柏漢墓發掘簡報》,《文物》2008年第4期,29頁;天長市文物管理所、天長市博物館:《安徽天長西漢墓發掘簡報》,《文物》2006年第11期,16頁。

③ 胡平生:《新出漢簡户口名簿籍研究》,《出土文獻研究》第十輯,251頁。

④ 袁延勝認爲,《算簿》中的"事算"指徭役算賦,但《算簿》的主旨是算賦,因此,這裏的"事"儘管含有徭役的性質,但不具有獨立的意義,是"事"、"算"一致性下的"算"的修飾語(袁延勝:《天長紀莊木牘算簿與漢代算賦問題》,《中國史研究》2008年第2期,106-109頁)。胡平生同意事、算一致性的解釋,但認爲"事算"强調的是"役事"不是"算錢"(《新出漢簡户口名簿籍研究》,《出土文獻研究》第十輯,257頁)。案:"役事"即"勞役",其派發應以新傅籍、免老籍爲據,可能與事算籍無關,所以,此處採納袁説,將《算簿》視爲《算賦簿》。

當時的户籍爲什麼不著録財産和賦役？换而言之，爲什麼制定如此名目衆多的簿籍，而不是由户籍統一承擔這些簿籍的功能？這個問題首先與古人對户口重要性的認識有關。一定數量的户口是國家、政權存在的基礎，治國首重户口是必然的選擇。早在西周時期，周宣王就有"料民於太原"之舉；此後《商君書·去强》論强國知十三數，其中有八個數目指向人數，即"壯男、壯女之數"、"老弱之數"、"官士之數"、"以言説取食者之數"、"利民之數"；《周禮》言"及大比，登民數……以制國用"；鄭玄云"人數定而九賦可知，國用乃可制"。凡此種種，説明古人早已認識到，"民數"是治理國家的前提。漢魏之際的徐幹在此基礎上，進一步論證"民數"與事役的具體關係，得出了"民數周爲國之本"的結論。與前人相比，他的論證更爲系統、精緻，但就議論的主旨及深刻性而言，并未超邁古人，杜正勝謂其認識"足當'千古慧眼'而無愧"[①]，未免譽之過當。"民數"對政權的影響不言自明，可以説，無論徐幹還是鄭玄以及其他人，對"民數"重要性的議論，都是一種素樸、直觀的認識。這種認識固然談不上深刻，但確實觸及了治國的要害。因此，建立簿籍，掌握個體民衆的基本信息，就成爲每個政權的首要之舉。這種以户爲單位，著録民衆最基本信息的簿籍就是户籍。土地、財産、賦役以及其他事項對政府而言當然不是無足輕重，但其重要性是在"民數"的基礎上延伸而來，而不是先於"民數"存在。基於這種因果關係，建立户籍之後，再建立各種簿籍以完成賦役之徵，應該是中國古代早期籍帳發展的基本模式。

集人口、土地、財産、賦役於一身的户籍是一種更爲系統、複雜的簿籍，這種户籍不會一蹴而就，它的出現既與籍帳本身的發展規律有關，更受制於其他各種歷史條件。在這些歷史條件中，簡牘作爲書寫材料，在相當程度上限制了户籍著録的内容。

以簡牘書寫的户籍和任何行政文書一樣，必須滿足方便查詢、易於觀閲的需要，這主要取決於册書的長度和重量。簡牘形制不一，其質材、厚薄、長短、寬窄對册書的長度和重量均有影響。漢代户籍册書未見實物，以何種簡牘爲載體難以確定。居延漢簡中以長23厘米、寬1.1厘米之尺牘最多，其中比較典型的永元器物簿册書，所用之簡長約23厘米、寬約1厘米、厚約0.2—0.3厘米，[②]當時的户籍册書大概亦以此類簡爲書寫材料。以此爲基礎，我們可以略約估算一下以里爲單位編制的户籍册書展開後的長度。

簡寬1厘米，衹能寫一行字，也就是所謂的"札"。[③] 札所容字數爲幾十字，但一人的户口信息不可能足行，這樣，一簡能够著録的人口，大概兩到三人。目前所見，走馬樓吴簡著録人口，有大量一人一簡的例子，這也許是制度規定，除此而外，就是兩人一簡的連記簡。侯旭東

① 杜正勝：《編户齊民》，"序"，4頁。

② 參見何雙全《簡牘》，蘭州：敦煌文藝出版社，2004，101－102頁；邢義田《漢代簡牘的體積、重量和使用》，《地不愛寶》，8頁。

③ ［日］富谷至著，劉恒武譯，黄留珠校：《木簡竹簡述説的古代中國》，北京：人民出版社，2007，43頁。

以一簡著録兩人爲標準,計算出孫吴廣成鄉廣成里50户290多口人的完整口食簿所用簡最少爲233枚,册書展開後長度後在2.3米左右。[①] 漢代一里所轄人口較孫吴衹多不少,湖南里耶秦簡記載,秦始皇二十八年(前218)遷陵縣某里轄191户,幾乎是廣成里的四倍。遷陵縣地處偏遠,區域廣袤,其縣、鄉、里轄户較多似乎衹能視爲特例。[②] 但是,根據尹灣漢墓竹簡,成帝晚年東海郡下轄2534里、266290户、1397343人,每里平均轄105户、551人,[③]其規模亦爲廣成里一倍。東海郡每里所轄户數與《續漢書·郡國志》注引《風俗通》"里魁掌一里百家"的記載相符,大概兩漢時代里的規模就是如此。以一里轄百户、500人爲標準,按侯旭東的方法計算,漢代一里的户口册書用簡約400枚,[④]展開後長達4米。

廣成里口食簿没有記載土地,在唐代户籍中,田宅所占行數接近或超過總行數的一半,如果兩漢户籍也像唐代户籍那樣著録土地塊數、畝數、四至乃至缺額,其所用之簡大約增加一倍,相應地,其長度也會增加一倍。如果再著録諸如財産、賦役之類等本來由財物簿、免老簿、新傅簿、罷癃簿、復事算簿等簿籍承擔的内容,則其長度更難想像。漢代人固然會利用几案讀寫簡册,但几案長度有限,簡册過長,顯然不利於讀寫。更何况以站姿或坐姿讀寫簡册的情况在漢代屢見不鮮,册書過長,對讀寫者而言,就更爲困難。按邢義田的研究,持簡册展讀,兩手伸開能握的簡册長度最多不過百簡左右,[⑤]試想,一份數米長的册書,讀寫者如何把持?當然,如邢義田所説,超過百簡,也可收卷讀寫,問題是,這樣的册書收卷後的體積和重量對讀寫者仍然是一個很大的難題。户籍簡册過長,查詢也相當不便。在一份著録100户、500人、長達8米的册書中查找某户特别是某人的資料,是不是有點大海撈針的感覺?由此可以知道簡册過長的局限性了。有學者認爲,漢代文書檔案可能已經開始設置目録,以利查詢。[⑥] 即使這一情况屬實,估計以里編制的户籍册書也不會再立目録,因此,文書設置目録,對查閲里户籍册書并没有實際幫助。

簡册長度增加,重量和體積也隨之增加。重量和體積不僅影響到讀寫,也影響到存放。

---

① 侯旭東:《長沙走馬樓吴簡〈竹簡〉〔貳〕"吏民人名年紀口食簿"復原的初步研究》,《中華文史論叢》2009年第1期,81-84頁。

② 參見張春龍《里耶秦簡所見的户籍和人口管理》,中國社會科學院考古研究所等編《里耶古城·秦簡與秦文化研究》,北京:科學出版社,2009,188-190、195頁。

③ 連雲港市博物館等編:《尹灣漢墓簡牘》,北京:中華書局,1997,77頁。

④ 一里所用簡數既與户數有關,也與口數有關。如兩人一簡,500人需250枚簡,每户人口總計需100枚簡。除此而外,如侯旭東所言,一户人口爲單數,會出現一人占一簡的情况。廣成里50户中有15户爲單數人口,占30%。按此計算,漢代一里有30户爲單數人口,這樣需增加30枚簡。廣成里居民又按州、郡、縣吏,郡、縣卒及軍吏分類統計,還有幾種"給役"、應役、不應役及死亡人口的統計,至少需15簡,另有兩枚標題簡及一枚結尾簡,漢代册書如有類似内容,大概亦需18枚簡。這樣,漢代一里户籍册書合計用簡398枚。

⑤ 邢義田:《漢代簡牘的體積、重量和使用》,其著《地不愛寶》,23頁。

⑥ 陳夢家:《西漢施行詔書目録》,收入其著《漢簡綴述》,北京:中華書局,1980,275-284頁。

簡牘存放大體有兩種方式,一是平放於架閣之上,二是懸掛於壁。[①] 據邢義田測量史語所所藏竹簡,每枚平均重 2.616 公克。以此爲標準,233 枚組成的廣成里册書重 442 公克,400 枚簡組成的漢代户籍册書重 800 公克,這都是以册書不記録田地、財産、賦役爲前提進行的估算。假如著録這些項目,用簡數量可能增加一倍,那麽,漢代册書重量則爲 1600 公克,將近 1.6 公斤。木簡平均重量是竹簡的 1.54 倍,重 4.035 公克,這意味着漢代户籍如以木簡寫成,著録田地等内容,一里册書將重達 2464 公克,近 2.5 公斤。影響更大的是體積。同樣根據邢義田的研究,77 枚簡組成的永元器物簿展開長度爲 90 厘米,收卷後長、寬、高分别爲 23.4 厘米、9 厘米、7.5 厘米,所占空間爲 1579.5 立方厘米(長、寬、高之積),爲中華書局點校本三册《周書》(1260 立方厘米)的 1.25 倍。假如漢代每里户籍記録田地等内容,所須簡數爲 800 枚左右,收卷後長、寬、高分别爲 23.4 厘米、29 厘米、24.2 厘米,其存放所須空間約爲 16410 立方厘米,是《周書》的 13 倍。也就是説存放這樣的一部户籍册書,需要的空間幾近於一部 39 册的《周書》。可以想像,一份收卷後寬 29 厘米、高 24.2 厘米、重 1.8 或 2.5 公斤、展開後長達 8 米左右、所占空間爲 16410 立方厘米的册書,無論平放還是懸掛,都極不方便。

以百簡方便閲讀的標準而論,廣成里册書已經不適於閲讀。對此侯旭東推測,或許一里的册書其下還有編册區分,存檔保存乃至廢棄時,再將這些編册聯在一起。[②] 如果里以下再進行區分,標準可能有兩種:一是按什伍編册,二是按吏民身份編册。但是,如侯旭東所説,廣成里册書各户排列順序是否按什伍進行,目前尚未發現綫索;就身份而言,吏户雖比較集中,但其間亦雜有民户。所以,按什伍區分,尚無證據;從中將吏、民剥離分别編册,也不太可能。廣成里册書重 0.44 公斤,收卷寬約 16.3 厘米、高約 13.5 厘米,展開長度 2.3 米,就重量而言,無論坐讀、立讀,均不成問題,高、寬、長不太適於立讀,但如置於几案之上坐讀,這些資料也在可以接受的範圍内。因此,廣成里册書在使用時,不再分册并非不可能。

成問題的是漢代户籍册書,即使不著録土地等項目,也極不方便閲覽。對這個問題或許可以從以下兩個方面加以解釋:第一,漢代户籍不同於廣成里口食簿,没有分類統計,甚至也没有每户人口的小計。可以佐證這點的,是里耶出土的秦户版。户版僅著録每户人口的基本信息,每户人口的小計及居民分類均付之闕如。如漢代里户籍册書著録内容與秦相同,用簡數量將減少 115 枚。第二,如果每位元家庭成員信息特别簡潔,以札之容字量推測,也不排除漢代存在一簡著録三人的情況,這樣,將進一步減少用簡數量。不過,這僅屬推測,是否如此,有待於新資料的證實。如果僅以第一種情況計算,一里用簡 283 枚;如果同時存在第

① 參見馬怡《扁書試探》,《簡帛》第一輯,上海古籍出版社,2006,415-428 頁;邢義田《漢代簡牘的體積、重量和使用》,其著《地不愛寶》,16-18 頁。

② 侯旭東:《長沙走馬樓吴簡〈竹簡〉〔貳〕"吏民人名年紀口食簿"復原的初步研究》,《中華文史論叢》2009 年第 1 期,84 頁。

二種情況,用簡量與廣成里册書大體相當也不是不可能。不過,即使漢代里户籍册書簡數與廣成里册書相當,於使用、儲藏而言,也已經基本到達了極限,已經無法容納土地、賦役等項目了。

既然受簡牘所限,户籍衹能著録人口的基本信息,那麽,政府要了解百姓擁有土地的狀況,要徵賦派役,衹能另尋他途。解決這一問題的辦法就是儘量建立多種單一簿籍。單一簿籍篇幅較小,既方便使用,又方便存檔,可以極大提高行政效率。秦漢代出土資料中簿籍如此繁多,原因就在於此。

筆者推測,湖南里耶出土的秦户版大概就是秦漢户籍的基本形式,也就是説,秦漢乃至整個簡牘時代的户籍衹是各個家庭成員最基本的政治和自然狀況的記録,也是歷史上最簡潔的户籍。

四　魏晉南北朝户籍與財産、賦役的關係

秦漢處於簡牘應用的高峰期,曹魏、西晉時期,紙張作爲新的書寫材料,有漸趨取代簡牘之勢。[①] 但無論如何,處於其間的孫吴,其行政文書仍以簡牘而不是紙張爲主要書寫材料,走馬樓吴簡中數量衆多的名籍簡就可以證明這點。孫吴名籍簡一律没有財産的記録,而在某户的集計簡中,"算若干"、"事若干"的記載則十分常見。對此張榮强的解釋是,東漢末年財産簿與户籍發生了分離,因此孫吴户籍不再著録財産,但對著録賦役的舊制仍然繼承下來。[②] 如上所論,在漢代,財産簿與户籍一直分立并存,孫吴户籍仍以簡牘爲書寫材料,當然也會受到限制,不可能著録財産。至於賦役,如果像名籍簡反映的那樣簡潔,不會占用太多的簡牘空間,户籍有可能加以著録。需要注意的是,儘管孫吴著録人口資料的名籍簡數量衆多,但尚無確切資料證明哪類名籍簡屬於户籍,甚至有没有户籍簡都是一個疑問。在孫吴名籍簡中,有一類僅著録家口信息,不著録"算"、"事"。如果將"算"、"事"簡視爲户籍,又該如何看待這類名籍簡的性質呢? 如果要確定其中一類簡是户籍,筆者更傾向於純粹記録家口的簡牘,畢竟這類簡才是製作其他名籍簡的基礎,而這正是漢代户籍簡所具有的基本功能。

紙張取代簡牘,成爲户籍的書寫材料,始於東晉咸和三年(328)。《通典・食貨》:"梁武帝時所司奏,南徐、江、郢逋兩年黄籍不上。尚書令沈約上言曰:'晉咸和初,蘇峻作亂,版籍焚燒。此後起咸和三年以至乎宋,并皆詳實,朱筆隱注,紙連悉縫。而尚書上省庫籍,唯有宋元嘉中以來,以爲宜檢之日,即事所須故也。晉代舊籍,并在下省左人曹,謂之晉籍,有東西

① [日]冨谷至著,劉恒武譯,黄留珠校:《木簡竹簡述説的古代中國》,123-138頁;[日]冨谷至著,劉恒武譯:《文書行政的漢帝國》,南京:江蘇人民出版社,2013,17-24頁。

② 張榮强:《孫吴簡中的户籍文書》,其著《漢唐籍帳制度研究》,100頁。

二庫。既不係尋檢,主者不復經懷,狗牽鼠齧,雨濕沾爛,解散於地,又無扃縢。此籍精詳,實宜保惜,位高官卑,皆可依按。'"[①]沈約説東晋咸和三年以前的版籍由於蘇峻等人的叛亂,蕩然無存,藏於下省左人曹的咸和三年到劉宋初年是新造之籍。所謂"并皆詳實,朱筆隱注,紙連悉縫",應該是相較舊籍而言的。也就是説,與焚毁的舊籍相比,咸和三年以後的晋籍内容更加詳實,而且以紙爲書寫材料。

咸和三年以後的晋籍開啟了紙張時代的户籍,那麽,其内容較簡牘時代有無變化呢?從所謂"并皆詳實"、"此籍精詳"分析,這時的户籍似乎不僅限於户口數字,還包括了其他更加豐富的内容。沈約一再提及劉宋元嘉二十七年(450)以後黄籍的弊端,并建議以晋籍檢校,但并没有涉及晋籍的具體内容,而歷數元嘉以後黄籍的弊端,也衹有"落除卑注,通官榮爵,隨意高下"比較具體。不過,元嘉以後黄籍存在的問題,齊高帝建元二年(480)所下詔書有明確的表述:"黄籍,民之大紀,國之治端。自頃氓俗巧僞,爲日已久,至乃竊注爵位,盗易年月,增損三狀,貿襲萬端。或户存而文書已絶,或人在而反託死叛,停私而云隸役,身强而稱六疾。"虞玩之答詔云:"又有改注籍狀,詐入仕流,昔爲人役者,今反役人。又生不長髮,便謂爲道人,填街溢巷,是處皆然。或抱子并居,竟不編户,遷徙去來,公違土斷。屬役無滿,流亡不歸。"[②]綜合三人的説法,可以知道,齊、梁中央掌握的户籍要求注明每位家庭成員的年齡、家庭關係、爵位、官職、健康及服役狀况、身份(僧俗)、門第等。晋籍未必與此一一對應,但沈約一再建議以晋籍作爲檢籍的標準,就此推測,晋籍記載的具體内容當與齊高帝、虞玩之所説相去不遠。至於財産和賦税,如傅克輝所論,由於有單獨的資産簿存在,而這種資産簿是納税的基本依據,所以兩者是不會登入户籍的。[③] 也就是説,以紙張爲書寫材料的東晋南朝户籍,内容雖較秦漢户籍爲詳,但仍然以家口狀况爲中心,如果説本質性的變化,就是增加了力役一項内容。

差不多與東晋同時,十六國中的後趙政權也開始以紙張書寫户籍。[④] 但由於書闕有間,十六國户籍的内容更不清楚。值得一提的是,2006 年在吐魯番洋海趙貨墓發現的《前秦建元廿年(384)籍》。整理者榮新江將其定性爲"敦煌吐魯番文書中現在所知最早的户籍, 也是目前所見紙本書寫的最早的户籍",籍中著録的奴婢、田地,并非當時户籍的固定内容,而是相關買賣的記載。[⑤] 張榮强同樣將《建元籍》視爲户籍,但不同意田地買賣的説法,强調田地作爲財産,是前秦户籍登録的内容之一。[⑥]《建元籍》著録的田地究竟是財産轉移情况的記録

---

① 杜佑撰,王文錦等點校:《通典》卷三《食貨》,北京:中華書局,1988,59 頁。

② 《南齊書》卷三四《虞玩之傳》,北京:中華書局,1972,608、609 頁。

③ 傅克輝:《魏晋南北朝籍賬研究》,153-158 頁。

④ 韓樹峰:《論漢魏時期户籍文書典藏機構的變化》,《人文雜誌》2014 年第 4 期,80 頁。

⑤ 榮新江:《吐魯番新出〈建元二十年籍〉研究》,《中華文史論叢》2007 年第 4 期,1 頁。

⑥ 張榮强:《〈前秦建元二十年籍〉與漢唐間籍帳制度的變化》,其著《漢唐籍帳制度研究》,230、233-236 頁。

還是財産本身的記録,本文不擬置論,這裏想指出的是,將《建元籍》視爲户籍是值得商榷的,因爲該籍没有"户人"或"户主"的著録,而這正是户籍必不可少的要素。[①] 因此儘管此籍性質難以確定,但可以肯定不是户籍。所以,無論《建元籍》著録的田地性質如何,均不能據此認定前秦户籍登録財産。

上文强調秦漢時期簡牘作爲書寫材料,對户籍著録田地、賦役的巨大限制,但這并不意味着進入紙質時代,户籍的著録内容就會立刻發生重大變化,因爲以田地爲中心的財産登入户籍,不僅有賴於紙質書寫材料的出現,也有賴於新型土地制度的出現。從現有資料分析,北朝以前兩者僅具其一,因此,不僅東晉南朝的户籍不著録田地和賦税,十六國的情况大概也是如此。

北魏初建,推行計口授田,開户籍著録田地之先河。如傅克輝所論,計口授田的精神在於按照各户人口平均分配土地,因此在此基礎上産生了家庭人口與土地相結合的計口授田簿。北魏太和九年(485),在中原地區推行均田制,對男女授田,正丁、次丁、老、小授田,殘疾者授田,已婚、未婚婦女授田以及老小當户授田都有不同規定,因此授田簿必須注明家庭成員的姓名、性别、年齡、健康狀况、婚姻狀况以及每個家庭的户主。均田令通行於黄河流域,與計口授田的代北地區不同,這裏無主荒地不多,因此,爲防止土地糾紛,授田簿上必然著録各户所受土地的方位、面積特别是四至,這樣,户口名簿和田籍合一爲主要特徵的户籍格式終於在歷史上出現了。[②]

在此可以漢代的授田制與户籍著録内容的關係和均田制做一簡單比較。漢朝實行的授田制係按户授田,與單個人無關,所以類似個人與丁中(漢代爲大、小)的關係,是否殘疾等内容,均無必要在户籍上體現,這些項目在漢代主要爲服役、納算提供依據,需要單獨制定簿籍。土地在名義上是授給户主的,所以建立田籍,著録户主名字即可。均田制下應授田之人雖然因寬鄉、狹鄉之别,授田數額多少不等,但總歸會分得一份田地,這爲田籍與户籍的結合提供了重要條件。漢代授田制雖然規定立户授田,但這衹是授田的前提條件,立户後也存在得不到田地的情况。《二年律令·户律》規定:"未受田宅者,鄉部以其爲户先後次次編之,久爲右。久等,以爵先後。"[③]對"未受田宅者"的授田順序,法律特别做出明文規定,説明没有土地的人户不在少數。所以,與均田制不同,漢代授田制下的户籍是無法著録土地的。

北魏均田制下的户籍并不著録有關課役的具體内容,它僅是户籍和田籍合一的簿籍,直到西魏,爲保證税收,才在北魏户籍的基礎上,增加了賦役的著録。户口籍、田籍、税册三者

---

① 判斷户籍文書的標準是研究户籍的前提條件,這個問題相當複雜,筆者將另行撰文加以討論,兹不贅述。

② 參見傅克輝《魏晋南北朝籍賬研究》,84-104 頁。

③ 彭浩、陳偉、工藤元男主編:《二年律令與奏讞書——張家山二四七號漢墓出土法律文獻解讀》,219 頁。

合一，是西魏户籍最根本的特徵，而這種户籍在整個魏晋南北朝時期也僅實行於西魏北周。[1] 西魏大統十三年(547)簿籍中的 B 類文書是典型的三合一户籍文書，兹摘録其中比較完整的一户如下：

1　户主劉文成，己丑生，年参拾究　　蘯寇將軍　　　課户上
2　　妻任舍女，甲午生，年参拾肆　　臺資妻
3　　息男子可，乙卯生，年拾三　　中男
4　　息男子義，丁巳生，年拾壹　　中男
5　　息女黄口，水亥生，年仵　　小女

凡口七不課
- 口五不税
  - 口四男
    - 口二中年十三已下
    - 口二小年七已下
  - 口一小女年五
- 口二臺資榷税今課
  - 一丁男
  - 一丁妻

6　　息男子侯，辛酉生，年柒　　小男
7　　息男黄口，甲子生，年肆　　小男
8　　　　計布一匹
9　　　　計麻二斤
10　　　計租四石 — 二石五斗輸租
11
12　　　　　　— 一石五斗折輸草三圍
13　　　計受田口二 — 一丁男
14
15　　　　　　— 一丁妻
16　應受田六十六畝 — 卅六畝已受 — 十五畝麻
17　　　　　　　　　　— 廿畝正
18　　　　　　　　　　— 一畝園　　二分未足
19　　　　　— 卅畝未受
20　　一段十畝麻　舍西二步　東至舍　西北至渠　南至白醜奴
21　　一段廿畝正　舍東二步　東至侯老生　西至舍　南北至渠

[1] 參見傅克輝《魏晋南北朝籍賬研究》，129-130、180 頁。

22　　　　　　　右件二段户主[文][成]分　麻正足[①]

與西魏户籍的繁複相比,湖南里耶出土的秦户籍就簡潔多了,其著録格式分五欄書寫,玆亦摘録比較完整的一户如下:

簡 K2/23:

南陽户人荆不更宋午		子小上造傳	[衛]子小女子	臣曰䙜
弟不更熊	熊妻曰□□	子小上造逐		
弟不更衛	衛妻曰□	□子小上造□		
		[熊]子小上造□[②]		

宋午户較劉文成户家庭成員更多,但其户籍著録的内容即使以人口部分而論,也遠較後者簡潔,至於田地、賦役更是付諸闕如,這其中固然與兩者土地、賦税制度的不同有關,但更與書寫材料的不同有關。試想,如果宋午户籍亦按劉文成户籍的内容書寫,該耗用多少簡牘?由這些簡牘組成的一里册書該需要多大空間儲藏?又該如何展卷閲讀和查詢?按現有孫吴名籍簡推測,其户籍文書的著録内容大概與秦户籍比較接近,儘管孫吴與秦相距甚遠,而且其時簡牘文書正逐漸走向式微,但二者均受到簡牘作爲書寫材料的限制却是共同的。東晉十六國以後,紙張作爲文書書寫材料,爲户籍内容的擴張提供了物質條件,而北魏推行的均田制則進一步爲其提供了歷史條件,由此,中國古代的户籍制度進入了户籍、田籍二合一的新時代,西魏北周甚至出現了户籍、田籍、税册三合一的簿籍。東晉十六國以前不著録田地、賦役,僅記載家口狀況,功能單一的户籍終於徹底退出了歷史舞臺,成爲歷史的陳迹。由北魏創建的户籍、田籍合一的户籍文書則成爲隋唐户籍文書的濫觴,因爲那時紙張更爲普及,均田制依然是國家的基本土地制度,而這兩方面正是決定户籍文書著録内容的最重要因素。

① [日]池田温著,龔澤銑譯:《中國古代籍帳研究·録文》,北京:中華書局,2007,13頁。

② 湖南省文物考古研究所編著:《里耶發掘報告》,長沙:岳麓書社,2007,205頁。

孫吴户籍之確認
——以嘉禾四年南鄉户籍爲中心

中國社會科學院歷史研究所　凌文超

内容提要　參照新占民人名口食年紀簡内容、格式,以盆號、清理號等考古學整理信息爲依據,結合簡牘形制、簡文格式和内容等簡牘遺存信息,在採集簡第 14 盆簡壹·9005—9506 中整理出嘉禾四年南鄉吏民户數口食人名年紀簿。該簿書的性質爲户籍。據此總結出孫吴户籍的基本要素,重申了孫吴户籍與户籍簿的區别在於有無賦役之類的注記,并探討了簡本户籍的題名。

關鍵詞　孫吴　户籍　户籍簿　簿書整理

一　緒論

户籍在中國起源很早,據《史記·秦始皇本紀》的記載,戰國初期政治經濟相對落後的秦國,在獻公十年(前 375)就已實行"户籍相伍"的制度。[①] 對於簡牘書寫時代的户籍,雖然出土了不少記録户口人名的簡牘(下統稱"户口簡"),但是,由於没有明確的"户籍"題名,以致學界難以判定究竟哪種簿籍爲户籍。這也導致,學界在研究時,有的將大多數户口簡視作户籍簡,而有的則謹慎地將這類簡視爲廣義上的名籍,以致使户籍類簡牘研究缺乏一個共同討論的基礎。

具體就孫吴户口簡及其所在簿書而言,王素最先提出一個寬泛的概念"户口簿籍",可以

① 《史記》卷六《秦始皇本紀》,北京:中華書局,1959,289 頁。

容納各類與户口有關的户口帳簿,如民籍、吏籍、師佐籍。[①] 雖然這是一種比較審慎的做法,但是,所謂"吏籍"(如"隱核州、軍吏父兄子弟簿")、"師佐籍"(即"徙作部工師及妻子簿")是根據特定的行政要求而製作的特殊身份者的名籍,僅登録了一户之内的部分人口,[②]與通常意義上的"户口簿"全面記録家户人口有着明顯的區别(本文僅將標題簡記録的"吏民人名口食年紀簿"統稱爲"户口簿籍")。因此,羅新認爲,不僅應對户籍和名籍嚴格區别,即使明顯屬於普通户籍,也不能簡單地歸爲一類。他主要根據結計簡將户籍簡分爲兩類,一類强調"事"和"筭",另一類强調"口食",并指出,功能的不同是深入觀察户籍名簿的依據。[③] 在羅新研究的基礎上,汪小烜注意到吴簡吏民户籍混編,故以"吏民簿"來概稱吴簡的户籍類文書,并通過復原成組家庭簡,根據户口簡的格式、功能將"吏民簿"分爲三類。汪小烜還認爲,吴簡中户籍的種類應該很多,强調"事"和"筭"的"吏民簿"可能是作爲各種户籍的根本憑證(正籍),此外還有根據不同的需要編制的不同名籍,它們也是户籍。[④] 宋少華則將簡文自名的"户口人名年紀簿"視作"户口簿",他主要以户人簡的格式爲依據進行分類。[⑤] 張榮强、于振波、沈剛則將吴簡户口資料徑直視作"户籍""户籍簡""户籍文書"。[⑥] 張榮强結合張家山漢簡《二年律令・户律》等有關記載,傾向於認爲"凡口若干"屬於宅園户籍,而"右某家口食"是年細籍。[⑦] 沈剛進一步探討了"户籍文書"的編制方式及其格式等問題。楊際平通過組合家庭簡,考察其格式,將吴簡户口籍書分爲三種類型(另有匠籍),認爲其中記録有"訾"和"筭、事"的兩類户籍(廣義)是在第一類僅登録"口食"户籍(狹義)的基礎上編制的。[⑧] 胡平生則明確指出,吴簡户籍僅記户主及妻兒、子女、姓名、年齡、疾病、傷殘等情況,奴婢附於户下,記名字、身高,每户有一簡作户口合計。其他各種專項的賦税統計登記的簿籍,都不應當列入户籍中。[⑨]

上述研究皆認爲吴簡中存在户籍或户籍類文書,與此不同,日本學界一開始就將吴簡中

---

① 王素、宋少華、羅新:《長沙走馬樓簡牘整理的新收穫》,《文物》1999 年第 5 期,28-31 頁。

② 參見拙文《走馬樓吴簡隱核州、軍吏父兄子弟簿整理與研究——兼論孫吴吏、民分籍及在籍人口》,北京吴簡研討班討論稿,2014 年 9 月 14 日;《走馬樓吴簡兩套作部工師簿比對復原整理與研究》,《簡帛研究二〇〇九》,桂林:廣西師範大學出版社,2011,162-237 頁。

③ 羅新:《走馬樓吴簡整理工作的新進展》,《北大史學》7,北京大學出版社,2000,335-337 頁。

④ 汪小烜:《走馬樓吴簡户籍初論》,武漢:崇文書局,2004,143-159 頁。

⑤ 宋少華:《長沙三國吴簡保護整理與研究的新進展》,《長沙三國吴簡暨百年來簡帛發現與研究國際學術研討會論文集》,13-19 頁。

⑥ 張榮强:《孫吴簡中的户籍文書》,《歷史研究》2006 年第 4 期,收入其著《漢唐籍帳制度研究》,北京:商務印書館,2010;于振波:《走馬樓吴簡初探》《走馬樓吴簡續探》(相關章節),臺北:文津出版社,2004、2007;沈剛:《吴簡户籍文書的編制方式與格式復原新解》,《人文雜誌》2010 年第 2 期,收入其著《長沙走馬樓竹簡研究》,北京:社科文獻出版社,2013。

⑦ 張榮强:《〈前秦建元二十年籍〉與漢唐間籍帳制度的變化》,其著《漢唐籍帳制度研究》,264 頁。

⑧ 楊際平:《秦漢户籍管理制度研究》,《中華文史論叢》2007 年第 1 期,19-30 頁。

⑨ 胡平生:《從走馬樓簡"𠛬(創)"字的釋讀談到户籍的認定》,《中國歷史文物》2002 年第 2 期,35-37 頁。

的户口簿籍泛稱爲"名籍"。安部聡一郎、關尾史郎、鷲尾祐子、石原遼平先後根據書式、身份、出土狀況等對吴簡"名籍"進行了分類與研究。[①] 關尾史郎指出吴簡簿籍標題簡等皆稱"簿",而不是"籍",但他在研究中還是沿襲了日本學界的習稱"名籍"。[②] 安部聡一郎根據反文、連記簡探討了强調"口食"的名籍體式,[③]鷲尾祐子在侯旭東復原的基礎上,發現同一册書中的簡牘長短和格式存在差异,認爲這是由不同里製作造成的,[④]皆頗具啓發意義。國内不少學者如侯旭東、于振波、鄧瑋光亦將吴簡"户口簿籍"統稱爲"名籍"。對於具體的册書,侯旭東則以其標題簡所記録的信息作爲定名的依據,如他根據揭剥圖貳・圖一和竹簡長短形制,復原、集成整理了嘉禾六年廣成鄉廣成里和弦里"吏民人名年紀口食簿"。[⑤] 于振波對原來"户籍簡""户籍文書"的看法有所改變,轉而統稱之爲"名籍",并根據標題簡、注筭有無、户人身份以及簡文格式等對名籍進行了分類。[⑥] 鄧瑋光將吴簡各類記録人名年紀等信息的簿籍皆統稱爲"名籍",又將"名籍"分爲"户籍"和"一般名籍"。他還認爲,由於吴簡中没有明確的户籍標題簡,吴簡"户籍"無法得到確認,因此,他提出,應儘量避免在命名中使用"户籍"這個名詞,而應使用吴簡時代的自名來命名簿籍。[⑦]

這些研究在很大程度上推進了我們對吴簡名簿的認識,積累了不少研究經驗,有幾點尤爲值得注意:其一,根據揭剥圖等考古學整理信息和簡牘遺存信息復原、整理各類名簿,是分類、研究的基礎;其二,標題簡、籤牌等是名簿分類、定名比較直接的依據;其三,各類名簿性質的分析,不在於其外在形式的不同,而在於其功能的差异;其四,孫吴"户籍"的確認是吴簡名簿解析的關鍵之所在,這也是吴簡名簿研究中長期懸而未决的難題之一。

既然自先秦以來,官方爲統治民衆而建立了比較完備的户籍制度,這從張家山漢簡《二

---

① 安部聡一郎:《長沙呉簡にみえる名籍の初步的検討》,《長沙呉簡研究報告》第 2 集,2004,39–53 頁;關尾史郎:《史料群としての長沙呉簡・試論》,《木簡研究》第 27 號,2005,250–266 頁;關尾史郎:《長沙呉簡中の名籍について—史料群としての長沙呉簡・試論(2)—》,《唐代史研究》第 9 號,2006,73–87 頁;石原遼平:《長沙呉簡名籍考——書式と出土狀況を中心に》,《中國出土資料研究》14,2010,59–85 頁。

② 關尾史郎:《長沙呉簡中の名籍について—史料群としての長沙呉簡・試論(2)—》,73–87 頁。

③ 安部聡一郎:《試論走馬樓吴簡所見名籍之體式》,《吴簡研究》第 2 輯,14–24 頁。日文稿《走馬樓呉簡にみえる名籍の様式についての一試論》,收入《長沙走馬樓出土呉簡に関する比較史料學的研究とそのデータベース化》(平成 16 年度~平成 18 年度科學研究費補助金〈基盤研究 B〉研究成果報告書),2007 年 3 月,130–136 頁。

④ 鷲尾祐子:《長沙走馬樓吴簡連記式名籍簡的探討——關於家族的記録》,《吴簡研究》第 3 輯,北京:中華書局,2011,65–87 頁。日文稿《長沙走馬樓呉簡連記式名籍簡の検討—家族の記録について—》,《中國古代史論叢》第 7 集,2010,53–95 頁。

⑤ 侯旭東:《長沙走馬樓吴簡〈竹簡〉〔貳〕"吏民人名年紀口食簿"復原的初步研究》,《中華文史論叢》2009 年第 1 期;《長沙走馬樓吴簡"嘉禾六年(廣成鄉)弦里吏民人名年紀口食簿"集成研究——三世紀江南鄉里社會管理一瞥》,《古代庶民社會——第四屆國際漢學會議論文集》,臺北:中研院,2013,103–147 頁。

⑥ 于振波:《略説走馬樓吴簡之名籍》,《簡帛研究二〇〇八》,桂林:廣西師範大學出版社,2010,224–250 頁。

⑦ 鄧瑋光:《試論吴簡名籍的製作周期及相關問題》,《吴簡研究二〇一二》,桂林:廣西師範大學出版社,2013,165–174 頁。

年律令·户律》可見一斑,該律規定"恒以八月令鄉部嗇夫、吏、令史相襍案户籍,副臧(藏)其廷",[①]"户籍"是官府管理編户民最爲基本的依據,走馬樓吴簡作爲孫吴縣一級(臨湘侯國)官文書集群,勢必也應有"户籍"副本或與"户籍"有着密切關係的名簿,否則將難以治理政務。因此,我們并不認同以"名籍"來泛稱吴簡各類名簿的做法(即使這是一種比較謹慎的做法),也不贊同因吴簡中没有明確的户籍標題簡而認爲吴簡"户籍"無法得到確認的意見,更以爲將各類名簿皆視爲户籍也有待商榷。於是,我們嘗試着在先行研究的基礎上,圍繞吴簡"户籍"的確認這一關鍵性問題,利用相關簿書進行探討,儘可能地總結出孫吴户籍的基本體例,甚至整理出"户籍",以推進學界對吴簡名簿的認識。

走馬樓吴簡中的户口、人名簡普遍遺存有上下編痕,表明它們曾編連爲簡册。從它們的標題簡來看,這些簡册分屬於不同性質的簿書。我們先將相關標題簡分類臚列如下。先看第一類:

1.[臨]湘謹列邑下居民收地僦錢人名爲簿(壹·4357)[②]

2.☑□□謹[以]所領户出錢上中下品人名爲簿(貳·8256)

3.所賜兵物者人名簿☑(貳·721)

4.☑正月訖十二月卅日□數應捐除名簿(貳·7607)

第一類標題簡對應的簿書,分别是徵收地僦錢,户品出錢,賜予兵器以及免除賦税過程中編制的名籍,與户籍并無直接的聯繫,顯然不是户籍。

再來看第二類:

5.桑鄉謹列所領復(?)判占二人名年紀簿☑(壹·5532)

6.[諸]鄉[謹][列]郡縣吏兄弟叛走人名簿(壹·7849)

7.……書□□吏[死][叛]食□[飠] [年] [紀] [人] [名] [簿]☑(貳·7382)

8.鑢師□師□師錦師母妻子人名年紀爲簿如牒　見(壹·5948)

9.小武陵鄉謹列嘉禾五年限佃□户口食人名簿(貳·9)

10.南鄉謹列嘉禾五年限佃人户口食人名簿　　·☑(貳·1131)

11.☑□□□□軍吏父兄子弟人名年紀簿(貳·7091)

12.☑[模]鄉謹列軍吏父兄人名年紀爲簿(叁·3814)

---

① 張家山二四七號漢墓竹簡整理小組:《張家山漢墓竹簡〔二四七號墓〕(釋文修訂本)》,北京:文物出版社,2006,54頁。鄔文玲:《張家山漢簡〈二年律令〉釋文補遺》(《簡帛研究二〇〇四》,桂林:廣西師範大學出版社,2006,166頁)改釋作"恒以八月令鄉部嗇夫、吏、令史相襍案户,户籍副臧(藏)其廷"。

② 本文所列簡號如"肆·4523①·19/5"依次指卷次、出版號、揭剥位置示意圖編號和盆號。下同,不另出注。

13.☐□□□[諸]郎吏家口食人名如牒(肆·4449)

這類標題簡對應的簿書,主要記録了特殊身份群體如郡縣吏叛走者、作部工師、限佃者、軍吏、郎吏及其部分家屬。根據學界的整理與研究,郡縣吏父兄叛走人名簿僅登録了郡縣吏父兄子弟中的叛走者,[①]徙作部工師及妻子簿僅摘録了兵曹調徙的作部工師及其部分家屬,[②]限佃人户口食人名簿主要載録了限佃的夫妻,[③]而隱核軍吏父兄子弟簿僅記録了軍吏家户男性成員。[④] 這些簿書存在一個共性,即登録特殊身份群體的部分家口。這與全面登録鄉里編户民的户籍性質不同,當然也不是户籍。

再來看第三類:

14.☐小武陵鄉□嘉禾四年吏民人名妻子年紀簿(壹·10153)
15.廣成鄉謹列嘉禾六年吏民人名年紀口食爲簿(貳·1798)
16.[廣][成]里謹列[領]任吏民人名年紀口食爲簿(貳·1797)
17.廣成里謹列所□吏人名年紀爲簿(壹·8655)
18.縣鄉謹列嘉禾四年人名年紀爲簿☐(貳·7957)
19.[中][鄉][謹][列]嘉禾五年[所][領]吏民人名年紀爲簿(柒·575)
20.□區謹列所領故户吏民年紀口食爲簿(柒·4818)
21.南鄉謹列嘉禾四年吏民户數[⑤]口食人名年紀簿(壹·9088)
22.……吏……客家數年紀口食人名簿(貳·1546)
23.☐嘉禾四年吏民□數人名年紀數簿(肆·2070)

第三類標題簡所對應的簿書,既記録了鄉里信息,又全面登録吏民家户人名年紀信息,似乎符合户籍的基本特徵。學界過去集中討論的孫吴户籍文書,就是圍繞這些標題簡所在的簿書開展的,或直接稱之爲"户籍",或擬稱"吏民簿""户口簿"等,然而,不同户口簡之間,尤其是户人簡、結計簡具體記録的内容、格式有所不同,標題簡之間也因"户數""家數""數簿"的記録而有所區别,究竟哪一類簿書的性質爲户籍,至今仍有待辨析。

吴簡中未見標題簡記録爲户籍的簿書,在這種情況下,要明確吴簡中的户籍,最直接的方法是,對記録了"户籍"的文書簡及其所在的簿書進行復原、整理,并根據其指向的"户口

① 拙作:《走馬樓吴簡郡縣吏父兄叛走人名簿整理與研究》,未刊稿。

② 拙作:《走馬樓吴簡兩套作部工師簿比對復原整理與研究》,《簡帛研究二〇〇九》,桂林:廣西師範大學出版社,2011。

③ 鷲尾祐子:《長沙走馬樓呉簡にみえる「限佃」名籍」ついて》,《立命館文學》619 號《本田治教授退職記念論集》,2010。

④ 拙作:《走馬樓吴簡隱核州、軍吏父兄子弟簿整理與研究——兼論孫吴吏、民分籍及在籍人口》。

⑤ "數",原釋作"數(?)",今據圖版改。爲避免繁瑣,釋文校訂僅在第一處出注。

簡”總結出户籍的基本體例。《竹簡〔肆〕》中,有不少文書簡記録着“諸郡生子授居比郡縣者及方遠客人(授居民)”應“占著(占上、録著)户籍”,如:

24.▨□生子①受居比郡縣者,□[今]②□□[録]③著户籍與衆▨(肆·4460·42/5)

25.▨□條④列鄉界方遠授⑤居民占上户牒分⑥别▨(肆·4474·56/5)

26.▨□□著户籍,督條列人名年紀爲簿。忠等文書[到]▨(肆·4482·64/5)

27.▨諸郡生子受⑦居比郡縣者[及]方遠客人皆應上户籍(肆·4490·72/5)

28.▨□[授]⑧居方遠應占著户籍,督條列[人]姓名(肆·4492·74/5)

29.▨□書到,亟⑨促依書録著户籍[與]⑩衆民爲例[録]▨(肆·4493·75/5)

從簡26來看,此次文書行政要求“(録)著户籍,督條列人名年紀爲簿”,最後呈報的是“人名年紀簿”,與此相同的記録又見牘肆·4523①:

牘1:都鄉勸農掾郭宋叩頭死罪白:被曹敕,條列鄉界方遠授⑪居民占上户籍

分别言。案文書,輒部歲伍五京(京)、[廖][准]⑫、毛常等隱核所部,今京(京)關言:州吏姚達、

誠裕、大男趙式等三户口食十三人[居]⑬在部界。謹列人名口食年紀右⑭别爲簿如牒。謹

列言。宋誠惶誠恐叩頭死罪死罪

詣　　户　　曹(肆·4523①·19/5)

---

① “子”,原釋作“字”,今據圖版改。
② “□[今]”,原闕釋,今據圖版補。
③ “[録]”,原釋作“釒□”,今據圖版改。
④ “條”,原釋作“牒”,今據圖版改。
⑤ “授”,原釋作“聚”,今據圖版改。
⑥ “分”,原釋作“成”,今據圖版改。
⑦ “受”,核對圖版,左側字迹漫漶,應作“授”。
⑧ “[授]”,原釋作“受”,左側殘存字痕,今據圖版改。
⑨ “亟”,原闕釋,今據圖版補。
⑩ “[與]”,原闕釋,今據圖版補。
⑪ “授”,原闕釋,今據圖版補。
⑫ “[廖][准]”,原釋作“[陳]□”,今據圖版改、補。
⑬ “[居]”,原闕釋,今據圖版補。
⑭ “右”,原闕釋,今據圖版補。

十二月十八日白[①]

户曹要求“條列鄉界方遠授居民占上户籍分别”,而鄉勸農掾經過隱核,呈報的是“謹列人名口食年紀右别爲簿”。鄉勸農掾所列“人名口食年紀簿”是應户曹“條列鄉界方遠授居民占上户籍”而作,“人名口食年紀簿”與“占上户籍”顯然存在密不可分的關係。

我們還注意到,這次隱核新占民的時間在“十二月”前後,并非案户比民的八月,即使“占上户籍”,可能也衹是登記户口信息,而製作鄉里户籍恐怕還要等到來年的八月。换言之,十二月前後占上户籍條列户口人名年紀等信息是來年八月製作鄉里户籍的基礎性工作。因此,簡 29 會規定“依書録著户籍與衆民爲例録”,當即要求鄉勸農掾按照編户民户籍體例條列人名口食年紀簿。由此看來,鄉勸農掾“謹列人名口食年紀簿”是應“録著户籍”“占上户籍”的要求而作的,此“人名口食年紀簿”是製作“户籍”“户牒”的基礎。近來披露了這樣一枚竹簡:

30.右一户,口食四人。本羅縣界民,以過嘉禾三年移來部界佃種,過年十二月廿一日占上户牒。[②]

該簡本爲户計簡,其性質應爲户籍類簡。從其注記的信息來看,該户嘉禾三年從羅縣遷移至臨湘侯國佃種,去年十二月廿一日“占上户牒”。這與新占民占著户籍性質一致。“占上户牒”是新入户籍的基礎性工作,在八月案比造籍之時,新入籍之吏民還會具體登記新占民的有關情况,其依據應當就是“占上户牒”時所製作的文書。據此,我們認爲,該新占民人名口食年紀諸簡即使不是嚴格意義上的户籍簡,也應當是爲遠方來人上報家户人口、在當地落户定居而製作“户籍”“户牒”的基礎性工作,爲當時户籍簡的原初形態。[③] 這爲我們確認孫吴户籍的基本體例,提供了重要的依據。

根據我們的整理,文書簡 24–29 從屬於嘉禾二年隱核新占民簿。該簿書記録的主要内容是,應太常府丁卯書的要求,臨湘侯國敕令諸鄉勸農掾,將鄉界内“諸郡生子受居比郡縣者及方遠客人”占著户籍并呈報人名口食年紀簡。鄉勸農掾隱核新占民登記人名口食年紀簡,其目的是爲了録著户籍。人名口食年紀簡勢必應記録户籍簡必備的信息,方纔可以作爲編制户籍的基礎。因此,透過新占民人名口食年紀簡,求同存异,我們可以大致總結出孫吴户籍的基本體例:

第一,户籍以鄉里(籍貫)、身份、姓名、年紀、口食爲基本内容;第二,户籍全面著録

---

① 承蒙宋少華先生賜示,該牘從“詣户曹”三字正中縱向分裂,左小半部分殘存下半截,今拼合。

② 宋少華等編著:《湖南出土簡牘選編二》,長沙:岳麓書社,2013,468(圖版)、503(釋文)頁。

③ 過去我將新占民人名口食年紀簡徑直視作户籍簡,現予以修訂。

家户人口,并有户計簡。這是區别於調徙作部工師簿、隱核州軍吏父兄子弟簿這類名籍的關鍵之所在。第三,户籍中没有賦役注記。這是區别於徵賦、派役户籍簿的重要依據。第四,户籍中一般不注記户訾、丁中等。户籍中户訾、丁中等注記與户調、丁中制的推行密切相關。在户調、丁中尚未普遍推行乃至制度化之時,簡牘户籍中一般不會全面著録這方面的内容。值得一提的是,因孫吴嘉禾元、二年大規模調布,我們推測,在此前後製作的户籍很可能有户訾的記録。又因此時丁中制尚在形成當中,户籍中不可能全面著録這方面的内容。[①]

然而,即使如此,也仍有可疑之處值得進一步解釋。比如,過去學界常認爲户籍的一大功能是爲了徵派賦役,户籍中也應有相應的賦役注記。對此,我們并不認同。户籍的確是賦役徵派的基本依據,然而,其發揮的作用主要體現在,官府根據政令要求和實際需要等徵派賦役時,會根據户籍登記的編户民基本信息,決定由哪些人承擔賦役,并製作相應的徵賦、派役户籍簿,并不是説户籍本身直接具有這些功能。還有學者質疑,新占民人名口食年紀簡中之所以没有賦役注記,主要是因爲新占民一般免除賦役;里耶秦代户籍簡無賦役注記,同樣是因爲,里耶當時爲新占領地區,秦可能免除了當地民衆的賦役。爲了辯析這些疑异,最直接的解答莫過於發現并整理出與新占民人名口食年紀簡體例一致的鄉里編户民户籍。而簡21“南鄉謹列嘉禾四年吏民户數口食人名年紀簿”對應的簿書符合相應的特徵。

二　簡壹·9005—9506户口簡的初步整理

在採集簡第14盆中,户口簡占絶大部分。除了我們復原、整理的嘉禾四年小武陵鄉(含吉陽里、高遷里、東陽里、平陽里、安陽里)徵賦户口簡(聚集出現在簡壹·10040—10545)以外,還有平樂里、石門里、義成里、宜陽里等户籍簡大量出現,且有一枚簿書標題簡(簡21)。此四個里的户口簡皆屬簡21所記的嘉禾四年“南鄉吏民户數口食人名年紀簿”,這在吴簡中有相關證據。

其一,因淤泥黏結的緣故,宜陽里、石門里、平樂里、義成里等户口簡聚集出現在簡壹·9005—9506中,闌入的其他簡較少。尤其是,有些竹簡背面印有反文:

31.妻大女汝年廿□(壹·9112/14)【注】本簡背面有反文“妻大女汝年廿五踵兩足”,係另簡所留印痕。

① 拙作:《走馬樓吴簡隱核新占民簿整理與研究——兼論孫吴户籍的基本體例》,《田餘慶先生九十華誕頌壽論文集》,北京:中華書局,2014。

32.宗男弟保年十五(壹·9438/14)【注】本簡背面有反文"妻大女汝年廿六",係另簡所留印痕。

33.像母大女妾六十五(壹·9490/14)【注】本簡背面有反文"右萇家口食"等,係另簡所留印痕。

34.□成里户人公乘李□年七十六(壹·9436/14)

35.右□家口食五人　中訾　五　十(壹·9437/14)【注】本簡背面有反文"公乘李竿年七十六",疑係9436簡所留印痕。

36.右□家口食三人　中訾　五　十(壹·9441/14)

37.□女弟兒年五歲(壹·9442/14)【注】本簡背面有反文"右□家口食三人"等,疑係9441簡所留印痕。

38.右遵家口食四人　中訾　五　十(壹·9497/14)【注】本簡背面有反文"□□里户人公乘年□□十五(?)"等,係另簡所留印痕。

從這些反印文來看,簡正背内容、格式一致,相關竹簡應屬於同一簿書。①

其二,這四里户口簡形制、内容和格式相近,完簡長約23.2—23.5厘米,簡寬約0.7—1.0厘米,編痕内側簡距約7.6—7.9厘米,主要記録吏民身份、姓名、年紀、口食,且户計簡多見。

其三,宜陽里、石門里、平樂里、義成里皆屬南鄉,在吴簡有相關例證。其對應簡例如下:

39.入南鄉宜陽里調布一匹‖㐅嘉禾元年九月十四日大男□☑(壹·1295)

40.入南鄉宜陽里元年調　布☑(貳·3939)

41.石門里户人公乘盧仵年卌八雀左手盲(壹·9212)

42.入南鄉嘉禾二年財用錢七千‖㐅嘉禾二年七月五日男子雷渚盧仵付庫吏殷連受(壹·2805)

43.入南鄉嘉禾二年財用錢九千六百‖㐅嘉禾二年七月十九日伻上丘盧仵付庫吏殷☑(壹·2824)

44.平樂里户人李帛年☑(壹·4137)

45.入南鄉嘉禾二年調布七匹三丈九尺‖㐅嘉禾二年七月廿五日伻丘力田李帛(?)付庫吏殷連受(貳·5537)

46.義成里户人李勉年五十　妻大女汝年卌五　勉□□□錢年十(壹·4142)

47.入南鄉桐唐丘陳文李勉嘉禾二年布一匹‖㐅嘉　禾　二　年十一月☑(壹·6920)

---

① 安部聡一郎:《試論走馬樓吴簡所見名籍之體式》,《吴簡研究》第2輯,16-18頁。

簡 39、40 明確記録了“南鄉宜陽里”。簡 41—47 以相同姓名建立了起南鄉與石門里、平樂里、義成里的聯繫。這并非孤例,還有兩組簡例:

48.入南鄉讓何丘雷宜二年一匹三丈[七]☑(壹・6271)

49.嘉禾四年平樂里户人唐宜年□十三(肆・5145)

50.入南鄉二年布一匹‖Ⅹ嘉禾二年八月十八日逢唐丘男子劉𢭏付庫吏殷連受(壹・8210)

51.石門里户人公乘劉旋年卌八(壹・9069/14)

我們將原釋文中姓名“雷宜”“唐宜”和“劉𢭏”“劉璇”的圖版臚列如下:

壹・6271	肆・5145	肆・5166	壹・8210	壹・9069

按原釋文,簡肆・5145“唐宜”之“唐”的寫法,與簡肆・5166“唐美”之“唐”的寫法(嘉禾四年平樂里户人公乘唐美年六十九腹心病)存在差异。這兩簡同爲嘉禾四年平樂里户人簡,同在發掘簡第 5 盆中,整理號接近,筆迹同一,顯然屬於同一簡册,爲同一書手所寫。相比簡肆・5166 中的“唐”字,簡肆・5145 多一“一”畫,且構件“彐”不甚清晰,同一書手在同一簡册中書寫的同一字,其差异不至於如此明顯。故我們傾向於該字并非“唐”字,而近似“雷”字。簡壹・8210 中的“劉𢭏”與簡壹・9069 中的“劉璇”,顯然是同一名字的不同隸定,今皆從“劉璇”。在長沙簡牘博物館展廳中曾展出一枚木牘記録有“南鄉歲伍李孫”,亦與“義成里户人公乘李孫”(壹・9412/14)對應。這些對應簡例皆顯示了平樂里、石門里、義成里當爲南鄉屬里。

爲了突出盆號和出土號在簿書整理中的作用,兹將採集簡第 14 盆中簡壹・9005—9506 全部臚列并初步整理如下。按出土號依次排列。根據人名對應關係、出土號相近、筆迹和形制一致(尤其是編痕内側間距大致吻合)的原則,整理出成組家庭簡;標題簡、家庭成員簡、户計簡根據户口簿籍、名籍等體例進行相應的調整。位置調整了的竹簡,在出土號原編排位置備注欄注明調整後的位置。釋文校訂情況,隨文出注。闌入簡用斜體標示。

表一

出土號	釋文及整理號	備注
9088	南鄉謹列嘉禾四年吏民户數口食人名年紀簿(壹・9088/14)	
9005	平樂里[鬿](魁)①[谷]□頁(碩)②謹列□□□□人[名]③□□□　▨(壹・9005/14)	
9006	平樂里户人大女番妾年卌八(壹・9006/14)	
9007 9206 9189 9220	宜陽里户人公乘番霸年廿二真吏(壹・9007/14) 霸妻大女汝年廿一(壹・9206/14) [霸]④男弟[把]年七歲踵左足　把⑤男弟胡年五歲(壹・9189/14) 霸母藥年五十七(壹・9220/14)	
9008		9306 後
9009		9157 後
9010	宜陽里户人公乘□□年卅五(壹・9010/14)	
9011		9053 後
9012	稙子男鼠年八歲(壹・9012/14)	
9013		9090 後
9014 9015	子男客年十二(壹・9014/14) 客女弟丰⑥年三歲(壹・9015/14)	
9016		9212 後
9017		9338 後
9018		9142 後
9019	□男弟收年十九(壹・9019/14)	
9020 9152	宜陽里户人公乘鄧樵年廿八(壹・9020/14) 樵母大女妾年六十二(壹・9152/14)	

① “[鬿]”,原闕釋,核對圖版,殘存“斤”,“里鬿”又見於簡貳・2890、肆・380、428 等。

② 蒙侯旭東先生提示,《湖南長沙三國吳簡(二)》(重慶出版社,2010,26 頁例④)刊布了一枚平樂里里計簡“集凡平樂里領五年吏民五十三户父母妻子合二百八十三人 其一百卅四人男 其一百卌九人女 魁谷碩主”。據此,此平樂里里魁也應是“谷碩”。

③ “人[名]”,原闕釋,今據圖版補。

④ “[霸]”,原闕釋,今據圖版補。

⑤ “把”,原釋作“杷”,今據圖版及對應人名改。

⑥ “丰”,原釋作“豐”,今據圖版改。

續表

出土號	釋文及整理號	備注
9021	右帛家口食七人　中訾　五　十(壹・9021/14)	
9022	右蘇家口食五人　中訾　五　十(壹・9022/14)	
9023	客女弟生年八歲(壹・9023/14)	
9024		9142後
9025	礼①子男幹年四歲(壹・9025/14)	
9026		9409後
9027		9495後
9028	□男弟黑年四歲(壹・9028/14)	
9029	□女弟阿年四歲(壹・9029/14)	
9030 9048 9276	宜陽里户人公乘孟識年廿八(壹・9030/14) 識母大女姑年五十踵兩足(壹・9048/14) 識兄平年卅踵兩足(壹・9276/14)	
9031	□妻大女汝年卅(壹・9031/14)	
9032	□妻大女妾年[卅]三(壹・9032/14)	
9033		9164後
9034	□父禿年七十三(壹・9034/14)	
9035	□子男生年八歲(壹・9035/14)	
9036		9156後
9037	□妻大女鼠年廿(壹・9037/14)	
9038		9146後
9039		9146後
9040		9390後
9041	□子男所年三歲(壹・9041/14)	
9042		9341後
9043	*民男子李[敬]②年卅□盲右目　⧄(壹・9043/14)*	
9044	右□家口食三人　訾　五　十(壹・9044/14)	

① "礼",原釋作"禮",今據圖版改。

② "[敬]",原闕釋,今據圖版補。

續表

出土號	釋文及整理號	備注
9045		9156 後
9046	右金家口食三人　訾　五　十(壹・9046/14)	
9047	□男弟生年六歲(壹・9047/14)	
9048		9030 後
9049	□男弟□年七歲(壹・9049/14)	
9050	□母大女妾年六十三(壹・9050/14)	
9051	奇女弟婢年三歲(壹・9051/14)	
9052	□母大女妾年卅三(壹・9052/14)	
9053 9011	厲子男政年廿九真吏(壹・9053/14) 政男弟囊年十五(壹・9011/14)	
9054	義[1]成里户人公……年廿五苦凮[2]病(壹・9054/14)	
9055		9143 後
9056		9060 後
9057	□子男止年十二(壹・9057/14)	
9058		9156 後
9059		9156 後
9060 9086 9056 9064 9273 9287 9349	祚子女婢年廿一(壹・9060/14) 婢女弟寶年十歲(壹・9086/14) 寶男弟濡年八歲(壹・9056/14) 濡女弟妾年六歲(壹・9064/14) 祚户下婢善年七十五腹心病(壹・9273/14) 祚户下婢思年五十三(壹・9287/14) 右祚家口食九人　訾　五　十(壹・9349/14)	
9061		9156 後
9062	右兵家口食三人　▨(壹・9062/14)	
9063		9156 後
9064		9060 後

① “義”,原釋作“大”,核對圖版,該字殘存“我”字下部筆迹,今據改。

② “凮”,原釋作“風”,今據圖版改。

續表

出土號	釋文及整理號	備注
9065 9348	宜陽里户人公乘劉豔①年廿四[真]吏②(壹·9065/14) 右豔家口食五人　訾　五　十(壹·9348/14)	
9066		9142後
9067		9146後
9068		9142後
9069	石門里户人公乘劉旋年卌八(壹·9069/14)	
9070	右狢家口食四人　中訾　五　十(壹·9070/14)	
9071 9201 9303 9260	桓妻大女初年卅三(壹·9071/14) 桓從兄夷年卌二刑右眉(壹·9201/14) 桓户下奴平年十八苦□病(壹·9303/14) 右桓③家口食四人　訾　五　十(壹·9260/14)	
9072	志④妻大女汝年廿一(壹·9072/14)	
9073		9156後
9074	子女寧年十六(壹·9074/14)	
9075		9156後
9076		9082後
9077		9164後
9078		9080後
9079		9143後
9080 9078	□□妻大女[錐]⑤年卅八(壹·9080/14) 子女思年六歲　錐姪子男新年八歲(壹·9078/14)	

① "豔",原釋作"艷",今據圖版改。

② "[真]吏",原釋作"[真]□吏",今據圖版改。

③ "桓",原闕釋,今據圖版補。

④ "志",原釋作"誌",今據圖版改。

⑤ "[錐]",原闕釋,核對圖版,該字形與簡壹·9078釋文"錐"字一致,今據改。

續表

出土號	釋文及整理號	備注
9081		9143 後
9082 9076 9083	世男弟兒年六歲(壹·9082/14) 兒男弟虿①年五歲(壹·9076/14) 虿②男弟道年四歲(壹·9083/14)	
9083		9082 後
9084		9156 後
9085 9150 9094	宜陽里户人公乘徐熙年卌四真吏(壹·9085/14) 熙③妻大女劉年[廿]三(壹·9150/14) 右熙家口食八人　訾　三　百(壹·9094/14)	
9086		9060 後
9087		9156 後
9088		9005 前
9089		9153 後
9090 9165 9213 9217 9275 9013 9092 9324	宜陽里户人公乘夏隆年卌一真吏(壹·9090/14) 隆子男帛年十一(壹·9165/14) 帛男弟燥年八歲(壹·9213/14) 燥男弟得年六歲(壹·9217/14) 得女弟昊年三歲(壹·9275/14) 隆户下奴謹年十三雀兩足　⧄(壹·9013/14) 隆户下奴成年廿二(壹·9092/14) 右隆家口食九人　訾　一　百(壹·9324/14)	
9091		9221 後
9092		9090 後
9093		9221 後
9094		9085 後
9095		9156 後
9096		9396 後

① “虿”,原釋作“蟲”,今據圖版改。
② “虿”,原釋作“兒”,今據圖版改。
③ “熙”,原闕釋,今據圖版補。

續表

出土號	釋文及整理號	備注
9097 9428	民唐任年七十六 ☑(壹·9097/14) 右任家口食三人 中訾 五 十(壹·9428/14)】	
9098	□妻大女汝年卅(壹·9098/14)	
9099	□母大女妾年七十(壹·9099/14)	
9100	右□家口食三人 訾 五 十(壹·9100/14)	
9101	狗子男兒年四歲(壹·9101/14)	
9102	□男弟勞年九歲(壹·9102/14)	
9103	□男弟□年十歲(壹·9103/14)	
9104	□男弟有年六歲(壹·9104/14)	
9105	□子男□年廿二真吏(壹·9105/14)	
9106	□妻大女汝年卌一(壹·9106/14)	
9107	户下婢思年六十二踵兩足(壹·9107/14)	
9108		9356 後
9109		9156 後
9110	□男弟樂年八歲(壹·9110/14)	
9111	☑……年廿二真吏(壹·9111/14)	
9112	妻 大 女 汝 年 廿 □(壹·9112/14)【注】本簡背面有反文“妻大女汝年廿五踵兩足”,係另簡所留印痕。	
9113	□妻 汝 年 廿 八(壹·9113/14)	
9114	☑ 禾二年十月十四日上和丘男子何馬關邸閣董基付三州倉吏鄭黑受(壹·9114/14)	
9115	初(?)男弟吴年六歲(壹·9115/14)	
9116		9178 後
9117 9123	嵩妻大女汝年廿五(壹·9117/14) 嵩從兄志年廿□給縣卒(壹·9123/14)	
9118	☑ 黄龍二年十月十六日關邸閣郭據付倉吏監賢受(壹·9118/14)	

續表

出土號	釋文及整理號	備注
9119 9228 9223	石門里户人公乘樂蔦年十七(壹·9119/14) 蔦[1]妻大女汝年廿五(壹·9228/14) 右蔦[2]家口食二人　中訾　五　十(壹·9223/14)	
9120	□□□□□年 十 歲(壹·9120/14)	
9121		9309後
9122 9238 9243	欣母汝年五十二(壹·9122/14) 欣祖母妾年七十三(壹·9238/14) 右欣家口食三人　訾　五　十(壹·9243/14)	
9123		9117後
9124 9183	南女弟厚年八歲(壹·9124/14) 厚女弟藥年七歲(壹·9183/14)	
9125		9153後
9126	□母大女妾年七十五腫兩足(壹·9126/14)	
9127 9173	清男弟真年十一苦腹心病(壹·9127/14) 真男弟買年九歲(壹·9173/14)	
9128	成男弟廣年六歲(壹·9128/14)	
9129 9167 9369 9383 9372 9168 9320 9370 9231	宜陽里户人公乘許[3]紹年卅五真吏(壹·9129/14) 紹子女婢年十二(壹·9167/14) 紹[4]男弟成年十二(壹·9369/14) 紹户下奴寞年十三(壹·9383/14) 紹户下婢退年六十(壹·9372/14) 紹户下婢易[5]年廿三刑左足(壹·9168/14) 紹户下婢心年廿二苦腹心病(壹·9320/14) 紹户下婢意年十六(壹·9370/14) 右紹家口食十一人　……(壹·9231/14)	

① "蔦",原釋作"鷰",今據圖版改。
② "蔦",原釋作"鷰",今據圖版改。
③ "許",核對圖版,疑作"計"。
④ "紹",原釋作"治",今據圖版改。
⑤ "易",原釋作"易",今據圖版改。

續表

出土號	釋文及整理號	備注
9130	右樂家口食三人　筭二　訾▨(壹·9130/14)[1]	
9131	石女弟生年七歲(壹·9131/14)	
9132	右繒家口食七人　中訾　五　十(壹·9132/14)	
9133		9198後
9134		9143後
9135		9143後
9136		9164後
9137	右靖家口食三人　中訾　五　十(壹·9137/14)	
9138		9156後
9139	□妻大女華年十六(壹·9139/14)	
9140	□妻大女客年卌一(壹·9140/14)	
9141	規父慈年六十一(壹·9141/14)	
9142 9018 9066 9068 9354 9332 9024	宜陽里户人公乘劉温年卅三真吏(壹·9142/14) 温[2]妻大女安年廿九(壹·9018/14) 温女弟華年十七(壹·9066/14) 温[3]户下奴斗年六十二(壹·9068/14) ▨　温户下婢財年十七(壹·9354/14) 温户下婢□年十六(壹·9332/14) 右温家口食十二人　訾　五　十(壹·9024/14)	

① 採集簡第14盆中,未見户人名“樂”者,且該户計簡格式與南鄉户籍的不同,當爲闌入簡。

② “温”,原釋作“區”,核對圖版,字迹殘缺,該字下作“皿”,疑作“温”,今據改。

③ “温”,原釋作“陽”,核對圖版,筆迹殘缺,該字右下作“皿”,今據改。

續表

出土號	釋文及整理號	備注
9143 9431 9149 9081 9079 9134 9135 9055	宜陽里户人公乘桓彝年卅五真吏(壹·9143/14) 彝子女華年六歲(壹·9431/14) 彝母大女妾年五十(壹·9149/14) 彝弟宜如①□年廿(壹·9081/14) 彝女弟阿年十三(壹·9079/14) 彝户下奴士年六十三(壹·9134/14) 彝户下奴健年十四(壹·9135/14) 右彝家口食十人　訾　一　百(壹·9055/14)	
9144	□妻大女野年卅九(壹·9144/14)	
9145		9178後
9146 9038 9067 9039	宜陽里户人公乘黄高年廿五　真吏(壹·9146/14) 高妻大女□年廿一(壹·9038/14) 高妻大女箕年廿二(壹·9067/14) 高男弟檐年九歲(壹·9039/14)	
9147	□女弟思年三歲(壹·9147/14)	
9148	□妻大女汝年卌八(壹·9148/14)	
9149		9143後
9150		9085後
9151	□母大女生年六十五(壹·9151/14)	
9152		9020後
9153 9125 9089 9216 9291	宜陽里户人公乘虞囊年卅五(壹·9153/14) 囊男弟文年十二(壹·9125/14) 囊從兄將年六十一(壹·9089/14) 囊伯父仵年八十三(壹·9216/14) 午②男孫度年四歲(壹·9291/14)	
9154	右公家口食五人　中訾　五　十(壹·9154/14)	
9155	*領□□□□錢十一萬二千七百　☑(壹·9155/14)*	

① “如”,原闕釋,今據圖版補,疑作“奴”,下一字爲人名。

② “午”,核對圖版,該簡左側字迹漫漶,疑作“仵”。

續表

出土號	釋文及整理號	備注
9156 9073 9058 9084 9087 9250 9159 9061 9138 9063 9095 9045 9059 9075 9036 9109	宜陽里户人公乘陳顔年五十六真吏(壹·9156/14) 顔妻大女妾年卌(壹·9073/14) 顔小妻大女陵年卅六(壹·9058/14) 顔子男格年卅一真吏(壹·9084/14) 格男弟頭年十三(壹·9087/14) 頭男弟莫年四歲〼(壹·9250/14) 顔從兄奇年八十二刑左手盲左目(壹·9159/14) 奇妻大女青年五十一(壹·9061/14) 奇男弟崇年卅八(壹·9138/14) 崇妻大女定年廿七　〼(壹·9063/14) 崇子男生年十二　〼(壹·9095/14) 生①女弟兒年七歲(壹·9045/14) 顔户下奴宋年十七(壹·9059/14) 顔户下婢汝年卌八苦腹心病(壹·9075/14) 顔户下婢綿年十七(壹·9036/14) 右顔家口食十六人　訾　二　百(壹·9109/14)	
9157 9009	宜陽里户人公乘董厚年五十六(壹·9157/14) 厚母大女妾年一百一歲(壹·9009/14)	
9158		9502後
9159		9156後
9160	子女貴年五歲(壹·9160/14)	
9161	子女緋年四歲(壹·9161/14)	
9162 9239	緒②中里户人公乘鄧③草年卌五筭一刑右足　〼(壹·9162/14) 草女弟□年八歲(壹·9239/14)	
9163 9438	□男弟宗年廿腹心病(壹·9163/14) 宗男弟保年十五(壹·9438/14)【注】本簡背面有反文"妻大女汝年廿六",係另簡所留印痕。	

① "生",原注"'女弟'上□左半殘缺,右半從'且'",核對圖版,"且"筆迹淺淡,疑爲反印文或干擾痕迹,"生"字筆迹可辨識,今改釋。

② "緒",原釋作"石",核對圖版,該字殘存右半"者",今據改。此簡與簡肆·546"嘉禾五年緒中里户人公乘鄧草年卌六筭刑右足"對應。

③ "鄧",原闕釋,今據圖版及對應簡肆·546補。

續表

出土號	釋文及整理號	備注
9164 9077 9033 9136	宜陽里户人公乘黄竦①年廿八(壹·9164/14) 竦②妻大女明年廿六(壹·9077/14) [竦]③小妻大女汝年廿三(壹·9033/14) 竦④父得年六十盲兩目(壹·9136/14)	
9165		9090 後
9166		9396 後
9167		9129 後
9168		9129 後
9169	右枇⑤家口食四人　中訾　五　十(壹·9169/14)	
9170	右元家口食六人　訾　五　十(壹·9170/14)	
9171	□姪子男識年十四(壹·9171/14)	
9172	右多家口食三人　訾　五　十(壹·9172/14)	
9173		9127 後
9174		9179 後
9175		9178 後
9176		9309 後
9177		9296 後
9178 9116 9175 9271 9145	祥母大女頣年卌六(壹·9178/14) 祥姪子男舉年八歲刑右足(壹·9116/14) 祥户下奴囊年十二害濕病(壹·9175/14) 祥户下婢紫年卅一盲右目(壹·9271/14) 右祥家口食七人　中訾　五　十(壹·9145/14)	

① “竦”,原釋作“端”,今據圖版改。
② “竦”,原釋作“姉”,今據圖版改。
③ “[竦]”,原闕釋,今據圖版補。
④ “竦”,原釋作“端”,今據圖版改。
⑤ “枇”,原闕釋,今據圖版補。

續表

出土號	釋文及整理號	備注
9179 9174	淵(?)兄香年卌三(壹·9179/14) 淵(?)姪子男皮年十二腹心病(壹·9174/14)	
9180		9229後
9181	右夏家口食四人　訾　五　十(壹·9181/14)	
9182	右[緒]家口食五人　中訾　五　十(壹·9182/14)	
9183		9124後
9184	妻大女甚年六十一(壹·9184/14)	
9185		9229後
9186	婢女弟稱年廿(壹·9186/14)	
9187	右導家口食三人　筭二　中訾　五　十(壹·9187/14)	
9188	□妻大女簡年卌三　▨(壹·9188/14)	
9189		9007後
9190	右頎家口食四人　中訾　五　▨(壹·9190/14)	
9191	右逆家口食三人　筭二　中訾　五　十(壹·9191/14)	
9192	□妻息年卌一筭一(壹·9192/14)	
9193	□妻澤年廿九筭一(壹·9193/14)	
9194	獵妻大女絮年卌四(壹·9194/14)	
9195		9421後
9196 9245	平樂里户人公乘秦香年卌八(壹·9196/14) 香妻大女汝年卌四(壹·9245/14)	
9197		9229後
9198	蓋妻大女阿年卌七(壹·9198/14) 蓋男弟客年卌一雀兩足盲(壹·9133/14)	
9199		9200後
9200 9199	▨乘鄭吉年卌①一筭一(壹·9200/14) 吉②妻思年卅九筭一(壹·9199/14)	
9201		9071後

① "卌",原釋作"廿",今據圖版改。

② "吉",原釋作"唐",今據圖版改。

續表

出土號	釋文及整理號	備注
9202	平樂里户人公乘胡稴年卌七(壹·9202/14)	
9203	平樂里户人公乘黄頭年卅三(壹·9203/14)	
9204	持女弟婢年四歲(壹·9204/14)	
9205		9219 後
9206		9007 後
9207	宜陽里户人公乘靳佑年廿四真吏(壹·9207/14)	
9208	右□家口食九人　訾　二　百(壹·9208/14)	
9209		9219 後
9210	義成里户人公乘……(壹·9210/14)	
9211	右骰(散)家口食四人　訾　五　十(壹·9211/14)	
9212 9016 9405	石門里户人公乘盧仵年卅八雀左手盲(壹·9212/14) 仵妻大女絮年卅二(壹·9016/14) 右仵家口食八人　訾　五　十(壹·9405/14)	
9213		9090 後
9214	□妻大女香年廿三(壹·9214/14)	
9215	□子男世年十八(壹·9215/14)	
9216		9153 後
9217		9090 後
9218	□男弟囷年九歲(壹·9218/14)	
9219 9205 9244 9209	宜陽里户人公乘徐營年廿三真吏(壹·9219/14) 營男弟草年十歲(壹·9205/14) 營户下婢意年卌九(壹·9244/14) 右營家口食五人　訾　五　十(壹·9209/14)	
9220		9007 後
9221 9091 9093	宗男弟侯年十三(壹·9221/14) 侯女弟兒年十歲(壹·9091/14) 兒男弟生年九歲(壹·9093/14)	
9222	·右材家食六人　材子男唐年三歲　中訾　五　⧄(壹·9222/14)	
9223		9119 後
9224	[宜]*母羅年五十九筭一　⧄(壹·9224/14)*	

續表

出土號	釋文及整理號	備注
9225	〼　户下奴得①年十歲(壹·9225/14)	
9226	〼　□男弟□年八歲(壹·9226/14)	
9227	〼年六十五　〼(壹·9227/14)	
9228		9119 後
9229 9185 9197 9180	唐男弟奴年八歲苦腹心病(壹·9229/14) 唐從男弟志年十二 (壹·9185/14) 唐户下婢思年卌八(壹·9197/14) 右唐家口食八人　訾　五　〼(壹·9180/14)	
9230	右　入七十五斛四斗四升民先入付三州倉□〼(壹·9230/14)	
9231		9129 後
9232	右妾家口食三人　〼(壹·9232/14)	
9233	東陽里户人公乘文□年廿九　〼(壹·9233/14)	
9234	東扶里户人公乘丁②謙五十二筭一腫兩足　〼(壹·9234/14)	
9235	宜　陽　里　户　人　公　乘□□年……　〼(壹·9235/14)	
9236	南鄉謹列郡　縣吏□〼(壹·9236/14)③	
9237	〼　苦腹心病(壹·9237/14)	
9238		9122 後
9239		9162 後
9240	〼年廿五踵兩足(壹·9240/14)	
9241	碩妻大女韵年六十一(壹·9241/14)	
9242 9402	□陽里户人公乘程仲年六十八苦腹心病(壹·9242/14) 右仲家口食九人　中訾(壹·9402/14)	
9243		9122 後
9244		9219 後
9245		9196 後

① “得”,原闕釋,今據圖版補。

② “丁”,原闕釋,今據圖版補。

③ 核對圖版,“南”字難以辨識,“謹列”與“吏”之間殘存三字筆迹,難以辨識。

續表

出土號	釋文及整理號	備注
9246	□妻大女倉年卌六(壹·9246/14)	
9247		9359後
9248	*曼溲里户人公乘雷元年六十三(壹·9248/14)*	
9249	義成里户人公乘□生年八十 ⧄(壹·9249/14)	
9250		9156後
9251	持妻大女已年七十(壹·9251/14)	
9252	*東陽里户人公乘文兩年八十一踵兩足(壹·9252/14)*	
9253	妻大女汝年卅一(壹·9253/14)	
9254	⧄四盲兩目(壹·9254/14)	
9255	⧄[子]男□年八歲(壹·9255/14)	
9256	□子男衤□①年十三(壹·9256/14)	
9257	□户下奴春年五十四腹心病(壹·9257/14)	
9258	⧄年廿踵兩足(壹·9258/14)	
9259	客妻大女汝年卅七(壹·9259/14)	
9260		9071後
9261	□母大女妾年卌三(壹·9261/14)	
9262	*□□□督郵書掾傅氾言[部]臨湘絞⧄(壹·9262/14)*	
9263	*八月九月十月就錢五十三萬□千□百料校不見⧄(壹·9263/14)*	
9264	□兄子男辯年六歲(壹·9264/14)	
9265	右□家口食三人 訾 五 十(壹·9265/14)	
9266 9274 9376	義成里户人公乘陳[雅]②年五十□(壹·9266/14) 雅妻大女純年卅九(壹·9274/14) 右雅家口食七人 訾 五 十(壹·9376/14)	
9267	…… 男弟[生]年十歲(壹·9267/14)	
9268	□男弟生年一歲(壹·9268/14)	

① “衤□”,原闕釋,今據圖版補。

② “[雅]”,原釋作“雙”,今據圖版改。“陳雅”又見於簡貳·8204。

續表

出土號	釋文及整理號	備注
9269 9177	子男益年十九(壹·9269/14) 益女弟貴年十一(壹·9177/14)	
9270	□子女卵年九歲(壹·9270/14)	
9271		9178 後
9272	□子男高年十三⧄(壹·9272/14)	
9273		9060 後
9274		9266 後
9275		9090 後
9276		9030 後
9277	·右黄龍元年租税限米一千六百七十五斛七斗六升(壹·9277/14)	
9278	入男子毛祀①二[年]□⧄(壹·9278/14)	
9279		9289 後
9280	領三月市租錢十一萬二千七百　⧄(壹·9280/14)	
9281		9312 後
9282		9360 後
9283	□妻大女冐②年五十二(壹·9283/14)	
9284		9345 後
9285		9294 後
9286		9294 後
9287		9060 後
9288	妻大女汝年廿二(壹·9288/14)	
9289 9279	宜陽里户人公乘徐朝年廿一真吏(壹·9289/14) 右[朝]③家口食四人　訾　五　十(壹·9279/14)	
9290	子女偶年六歲(壹·9290/14)	
9291		9153 後
9292		9339 後

① "祀",原釋作"禮",今據圖版改。
② "冐",原闕釋,今據圖版補。
③ "[朝]",原闕釋,今據圖版補。

續表

出土號	釋文及整理號	備注
9293	[得]①妻大女剋年廿(壹·9293/14)	
9294 9285 9286	妄子男成年五十一苦腹心病(壹·9294/14) 成妻大女汝年卅三(壹·9285/14) 右妄家口食三人　中訾　五　十(壹·9286/14)	
9295 9403	石門里户人公乘番主年六十五踵兩足(壹·9295/14) 右主家口食十人　訾　五　十(壹·9403/14)	
9296	右文家口食三人　中訾　五　□(壹·9296/14)	
9297	*入三州倉運黄龍二年郵卒限米十斛六斗　中(壹·9297/14)*	
9298 9299 93009378	禄子男兒年一歲(壹·9298/14) 禄母大女妾年六十四(壹·9299/14) 禄男弟秃年十歲(壹·9300/14) 右禄家口食六人　中訾　五　十(壹·9378/14)	
9302	妻大女興年六十□(壹·9302/14)	
9303		9071 後
9304	□户下奴有年廿四苦腹心病(壹·9304/14)	
9305	*☐□□□□[先]入付三州倉吏☐(壹·9305/14)*	
9306 9008	宜陽里户人公乘文雄年八十(壹·9306/14) 雄子男通年十五(壹·9008/14)	
9307	平樂里户人公乘萬章年六十五苦腹心病(壹·9307/14)	
9308		9356 後
9309 9121 9176 9327 9325	宜陽里户人公乘文慎年卅三真吏(壹·9309/14) 慎妻大女汝年卅三(壹·9121/14) 慎子男聾年六歲(壹·9176/14) 慎男弟鼠年十一(壹·9327/14) 鼠男弟紵②年七歲(壹·9325/14)	
9310	初妻大女翼年廿一(壹·9310/14)	
9311	平樂里户人公乘李尾年八十五(壹·9311/14)	

---

① “[得]”,原釋作“[得]”,今據圖版改。

② “紵”,原釋作“約”,今據圖版改。

續表

出土號	釋文及整理號	備注
9312 9281	義成里户人公乘番麥年卌(壹·9312/14) 　麥妻大女婢年卅六(壹·9281/14)	
9313		9323後
9314	儘女弟婢年十一(壹·9314/14)	
9315	□□□□大女汝年□十(壹·9315/14)	
9316	□子女小年十三(壹·9316/14)	
9317	*▨□嵩付吏黄諱番慮受(壹·9317/14)*	
9318		9339後
9319	入 三 州 倉 領 黄 龍 元 年……*(壹·9319/14)*	
9320		9129後
9321	*四月十一日倉吏黄諱番慮受(壹·9321/14)*	
9322 9408 9374 9459 9375 9366	宜陽里户人公乘張厥年廿九(壹·9322/14) 　厥妻大女贍年廿一(壹·9408/14) 　厥男弟世年十一踵兩足(壹·9374/14) 　世男弟易①年七歲(壹·9459/14) 　易②男弟聞年四歲(壹·9375/14) 　右厥家口食五人　中訾　五　十(壹·9366/14)	
9323 9313 9490 9461	宜陽里户人公乘郭像年廿九真吏(壹·9323/14) 　像子男嵩年二歲(壹·9313/14) 　像母大女妾六十五(壹·9490/14)【注】本簡背面有反文"右萇家口食"等,係另簡所留印痕。 　右像家口食三人　中訾　五　十(壹·9461/14)	
9324		9090後
9325		9309後
9326	妻大女執年七十一踵兩足(壹·9326/14)	
9327		9309後
9328		9356後
9329	右□□□□□□□　中訾　五　十(壹·9329/14)	

① "易",原釋作"昜",今據圖版改。
② "易",原釋作"昜",今據圖版改。

續表

出土號	釋文及整理號	備注
9330		9345 後
9331	☐男弟☐年十五苦腹心病(壹·9331/14)	
9332		9142 後
9333		9345 後
9335 9334	散子女名年十二(壹·9335/14) 散母歷年五十六筭一(壹·9334/14)	
9335		9334 前
9414 9337 9336	萇妻大女汝年六十八(壹·9414/14) 萇子女吉年十七(壹·9337/14) 萇户下奴有年十二(壹·9336/14)	
9338 9443 9395 9381 9017	宜陽里户人公乘鄧僅①年卌(壹·9338/14) 僅小妻慈年卅五(壹·9443/14) 僅②男弟改年八歲(壹·9395/14) 改③女弟阿年七④歲(壹·9381/14) 右僅家口食七人　訾　五　十(壹·9017/14)	
9339 9425 9377 9318 9430 9292	宜陽里户人公乘劉高年廿八(壹·9339/14) 高妻大女汝年廿六(壹·9425/14) 高子女姑年六歲(壹·9377/14) 高女弟買年▨(壹·9318/14) 高妻兄張年六十二(壹·9430/14) 右高家口食六人　訾　五　十(壹·9292/14)	
9340		9345 後
9341 9301 9042	宜陽里户人公乘莫先年廿五真吏(壹·9341/14) 先男弟青▨(壹·9301/14) 右先家口食六人　訾　五　十(壹·9042/14)	
9342	☐女弟☐年十三(壹·9342/14)	
9343	妻大女陵年廿八踵兩足(壹·9343/14)	

① “僅”,原釋作“僅”,今據圖版改。
② “僅”,原釋作“僅”,今據圖版改。
③ “改”,原闕釋,今據圖版補。
④ “七”,原釋作“十”,今據圖版改。

續表

出土號	釋文及整理號	備注
9344		9359 後
9345 9333 9340 9284 9330	宜陽里户人公乘吕詔年廿一真吏(壹・9345/14) 詔母大女妾年六十一(壹・9333/14) 詔兄德年廿三苦腹心病(壹・9340/14) 德妻大女汝年廿一(壹・9284/14) 德男弟羊年十六(壹・9330/14)	
9346	平樂里户人公乘李昱年卅六苦腹心病(壹・9346/14)	
9347	妻大女婢年卌(壹・9347/14)	
9348		9065 後
9349		9060 後
9350 9358	□子男奇年廿雀兩足☐(壹・9350/14) 奇男弟[廋]①年十歲(壹・9358/14)	
9351	喲妻大女侯年五十一(壹・9351/14)	
9352	達妻大女阿年卅一(壹・9352/14)	
9353	*東陽里户人公乘……(壹・9353/14)*	
9354		9142 後
9355	子女婢年十歲刑右足(壹・9355/14)	
9356 9308 9328 9108	□(宜)陽里户人公乘何統年六十一真吏(壹・9356/14) 統妻大女汝年廿五(壹・9308/14) 統母大女妾年五十三(壹・9328/14) 統户下奴聽年十四(壹・9108/14)	
9357		9421 後
9358		9350 後
9359 9344 9247	胤母大女妾年卌八(壹・9359/14) 胤小母大女汝年五十一(壹・9344/14) 右胤家口食四人　訾　五　十(壹・9247/14)	

① "廋",原闕釋,今據圖版補。

續表

出土號	釋文及整理號	備注
9360 9417 9387 9282	宜陽里户人公乘黄阿年卅[①]一真吏(壹·9360/14) 阿妻大女□年廿六(壹·9417/14) 阿父胡年六十八風病(壹·9387/14) 阿男弟狗年十八(壹·9282/14)	
9361	妻大女陵年卌刑左足(壹·9361/14)	
9362	□妻大女初年卌五(壹·9362/14)	
9363	□母大女妾年五十一(壹·9363/14)	
9364	母晶年六十八(壹·9364/14)	
9365	子男驚年卅三苦凬[②]矢病(壹·9365/14)	
9366		9322 後
9367	宗户下奴習年十歲(壹·9367/14)	
9368	妻大女妾年五十八(壹·9368/14)	
9369		9129 後
9370		9129 後
9371	礻[③]女弟婢年六歲(壹·9371/14)	
9372		9129 後
9373	□女弟□年四歲(壹·9373/14)	
9374		9322 後
9375		9322 後
9376		9266 後
9377		9339 後
9378		9300 後
9379	□妻大女姑年□七(壹·9379/14)	
9380	□　男弟□年十　一[④](壹·9380/14)	

① “卅”,原釋作“八十”,核對圖版,筆迹殘缺,今據圖版及對應簡例改。

② “凬”,原釋作“風”,今據圖版改。

③ “礻□”,原闕釋,今據圖版補。

④ “十　一”,原闕釋,核對圖版,筆迹雖殘缺,但依稀可辨認,據補。

續表

出土號	釋文及整理號	備注
9381		9338 後
9382	□□大女顔年卌一（壹·9382/14）	
9383		9129 後
9384	宜陽里户人公乘文□年廿真吏(壹·9384/14)	
9385 9397	曼溲里户人公乘由末年六十六(壹·9385/14) 右末家口食四人　筭二　中訾　五　十(壹·9397/14)	
9386	緒中里户人公乘黄□年卅筭一(壹·9386/14)	
9387		9360 後
9388	□□里户[人][公][乘]□□[年]廿六刑左足(壹·9388/14)	
9389	[種]妻[孫]年十五(壹·9389/14)	
9390 9040	東陽里户人公乘王離[1]年卌七(壹·9390/14) 右離[2]家口食五人　訾　五　十(壹·9040/14)	
9391	□妻大女□年卌九(壹·9391/14)	
9392	今年實得二百五十　五户口一千一百一十三人收更[3]口……十一錢(壹·9292/14)	
9393	右還家口食三人　子女連年三歲　中訾　五　十(壹·9393/14)	
9394	東陽里户人公乘陳□年卅五(壹·9394/14)	
9395		9338 後
9396 9166 9096	宜陽里户人公乘□[化][4]年卅四真吏苦腹心病(壹·9396/14) 化[5]妻大女青年卅一(壹·9166/14) 右化家口食四人　訾　五　十(壹·9096/14)	
9397		9385 後
9398		9409 後
9399	男弟[阿]年十歲(壹·9399/14)	
9400	□妻末年卅筭一(壹·9400/14)	

[1] “離”,原釋作“雎”,今據圖版改。
[2] “離”,原闕釋,今據圖版補。
[3] “更”,原釋作“吏”,今據圖版改。
[4] “[化]”,原釋作“禮”,今據圖版改。
[5] “化”,原釋作“禮”,今據圖版改。

續表

出土號	釋文及整理號	備注
9401 9455	□□里户人公乘鄧吕年廿(壹·9401/14) 右吕家口食三人　中訾　五　十(壹·9455/14)	
9402		9242 後
9403		9295 後
9404	肔男弟□年廿筭一(壹·9404/14)	
9405		9212 後
9406	[碩]　姪子①男雀年卅二筭一(壹·9406/14)	
9407	□□[年]②領吏民户二百五十五户口一千一百一十三人收[更]③口筭錢合六萬二千一百一十八錢(壹·9407/14)	
9408		9322 後
9409 9398 9026	宜陽里户人公乘周秃年五十七(壹·9409/14) 秃妻大女思年廿六(壹·9398/14) 右秃家口食四人　中訾　五　十(壹·9026/14)	
9410	黨男弟心年六歲(壹·9410/14)	
9411	□女弟□年□歲(壹·9411/14)	
9412 9450	義成里户人公乘李孫年八十五(壹·9412/14) 右孫家口食四人　訾　五　十(壹·9450/14)	
9413	典子女繒年八歲(壹·9413/14)	
9414		9337 前
9415	鼠男弟侯年六歲(壹·9415/14)	
9416	□子男客年七歲(壹·9416/14)	
9417		9360 後
9418	□男弟秃年十歲(壹·9418/14)	
9419	圍妻大女燕年六十三(壹·9419/14)	
9420	右小赤里領吏民户□□五口食一百廿二……(壹·9420/14)	

① "子",原釋作"大",今據圖版改。

② "□□[年]",原釋作"□遷里",今據圖版改。

③ "[更]",原闕釋,今據圖版補。

續表

出土號	釋文及整理號	備注
9421 9195 9357	純子女鼠年十八(壹·9421/14) 鼠[①]男弟主年十七(壹·9195/14) 右[純][②]家口食五人　訾　五　十(壹·9357/14)	
9422	宜陽里户人公乘胡狁年卅六(壹·9422/14)	
9423	☑廿一斛五斗付(?)州中倉關邸閣☑(壹·9423/14)	
9424	□妻大女合年卅一(壹·9424/14)	
9425		9339後
9426	平樂里户人公乘妻宜年卌八(壹·9426/14)	
9427	子男[味][③]年十一(壹·9427/14)	
9428		9090後
9429	□　男弟果年十六(壹·9429/14)	
9430		9339後
9431		9143後
9432	常妻大女絲年廿四(壹·9432/14)	
9433	□男弟□年七歲(壹·9433/14)	
9434	子男池年十五筭一(壹·9434/14)	
9435	小赤[④]里户人公乘五陵年卌六給縣吏復(壹·9435/14)	
9436	□成里户人公乘李□年七十六(壹·9436/14)	
9437	右□家口食五人　中訾　五　十(壹·9437/14)【注】本簡背面有反文"公乘李5年七十六",疑係9436簡所留印痕。	
9438		9163後
9439	右□家口食六人(壹·9439/14)	
9440	□女弟婢年九歲(壹·9440/14)	
9441	右□家口食三人　中訾　五　十(壹·9441/14)	

① "鼠",原釋作"骨",今據圖版改。
② "[純]",原闕釋,今據圖版補。
③ "[味]",原闕釋,今據圖版補。
④ "赤",原釋作"成",今據圖版改。

續表

出土號	釋文及整理號	備注
9442	□女弟兒年五歲(壹·9442/14)【注】本簡背面有反文“右□家口食三人”等,疑係9441簡所留印痕。	
9443		9338後
9444	妻大女汝年廿九(壹·9444/14)	
9445	□男弟□年四歲(壹·9445/14)	
9446 9474	義成里户人公乘番廣年七十一踵兩足(壹·9446/14) 廣妻大女汝年七十一(壹·9474/14)	
9447	*自妻思年廿二筭一(壹·9447/14)*	
9448		9495後
9449	張妻大女汝年卌八(壹·9449/14)	
9450		9412後
9451	▨ 將妻大女姑年卌八(壹·9451/14)	
9452	石門里户人公乘□喜年卌八(壹·9452/14)	
9453	恒女弟絡年十一(壹·9453/14)	
9454	□□□□年十三(壹·9454/14)	
9455		9401後
9456	▨ □□□□年十三(壹·9456/14)	
9457	子女□年十歲(壹·9457/14)	
9458	元子女兒年六歲(壹·9458/14)	
9459		9322後
9460	妻大女罷年六十一(壹·9460/14)	
9461		9323後
9462	義成里户人公乘高□阝①年六十二苦凬②病(壹·9462/14)	
9463	*□妻攝年卅筭一(壹·9463/14)*	
9464		9466後
9465	平樂里户人公乘彭光年五十凬③病(壹·9465/14)	

① “□阝”,原闕釋,今據圖版補。
② “凬”,原釋作“風”,今據圖版改。
③ “凬”,原釋作“風”,今據圖版改。

續表

出土號	釋文及整理號	備注
9466 9464	曼溲里户人公乘□誼年卌一筭一(壹·9466/14) 右誼家口食四人　筭二　中訾　五　十(壹·9464/14)	
9467	□妻大女汝年卌七(壹·9467/14)	
9468		9502後
9469	□子男兒年一歲(壹·9469/14)	
9470		9471後
9471 9470	子男雙年十六(壹·9471/14) 雙男弟中年七歲(壹·9470/14)	
9472	宜陽里户人公乘趙緒(?)①年五十六苦腹心病(壹·9472/14)	
9473	義成里户人公乘雷夷年卅九苦腹心病(壹·9473/14)	
9474		9446後
9475	……　訾　五　十(壹·9475/14)	
9476	□男弟祟年九歲(壹·9476/14)	
9477	祖男弟寄年三歲(壹·9477/14)	
9478	般妻大女婢年十八　中(壹·9478/14)	
9479	☐中訾　五　十(壹·9479/14)	
9480	仁☐妻大女意年卅六　中(壹·9480/14)	
9481	☐中訾　五　十(壹·9481/14)	
9482	右□家(?)口(?)食四人　訾　五　十(壹·9482/14)	
9483	凡口二事一　訾　五　十(壹·9483/14)	
9484	右　取家口食三人　筭二　中訾　五　十(壹·9484/14)	
9485	豆子男騰年四歲(壹·9485/14)	
9486	子男□年十五筭一(壹·9486/14)	
9487	右陽家口食三人　筭一　中訾　五　十(壹·9487/14)	
9488	□子女紊年廿三苦惠病(壹·9488/14)	
9489	妻大女汝年六十二(壹·9489/14)	
9490		9323後

① "緒(?)",原闕釋,今據圖版補。

續表

出土號	釋文及整理號	備注
9491	□女弟汝年十一(壹·9491/14)	
9492	妻父秋年六十(壹·9492/14)	
9493	*□妻□年卅六筭一(壹·9493/14)*	
9494	□□里户人公乘□□年……(壹·9494/14)	
9495 9027 9448	宜陽里户人公乘文胤年卌五真吏(壹·9495/14) 胤子男帛年九歲(壹·9027/14) 右胤家口食五人　訾　五　十(壹·9448/14)	
9496	□妻大女絮年廿(壹·9496/14)	
9497	右遵家口食四人　中訾　五　十(壹·9497/14)【注】本簡背面有反文"里户人公乘年十五(?)"等,係另簡所留印痕。	
9498	義 成里户人公乘□□……(壹·9498/14)	
9499	□男弟池年五歲(壹·9499/14)	
9500	□子男星年六歲(壹·9500/14)	
9501	客女弟兒年二歲(壹·9501/14)	
9502 9468 9158	*平①妻鼠年五十八筭一(壹·9502/14)* *平小妻進年卌筭一(壹·9468/14)* *平②子男成年五歲　苦腹心病(壹·9158/14)*	
9503	*右植家口食四人　筭三　中訾　五　十(壹·9503/14)*	
9504	右　鉏家口食六人　訾　五　十(壹·9504/14)	
9505	松　男弟尾年七歲(壹·9505/14)	
9506	義成里户人公乘李城年七十盲兩目風病(壹·9506/14)	

① "平",原闕釋,今據圖版補。

② "平",原釋作"石",今據圖版改。

三　闌入簡分析

從初步整理的簡壹·9005—9506來看,絶大多數户口簡的内容、格式基本相同,然而,因吴簡在出土時經歷了機械施工的擾動,相比發掘簡,採集簡散亂的現象更爲嚴重,各盆中不同程度都混雜了多個簿書中的簡。簡壹·9005—9506中也出現了一些闌入簡(表中用斜體標示),可明確的有65枚,約占1/8,今辨析如下。

首先,一些簡記録了米、錢租税等信息,從屬於倉、庫帳簿,并非户口簡,可直接視爲闌入簡。其簡例如下:

52.▨禾二年十月十四日上和丘男子何馬關邸閣董基付三州倉吏鄭黑受(壹·9114/14)

53.▨黄龍二年十月十六日關邸閣郭據付倉吏監賢受(壹·9118/14)

54.右 入七十五斛四斗四升民先入付三州倉□▨(壹·9230/14)

55.·右黄龍元年租税限米一千六百七十五斛七斗六升(壹·9277/14)

56.入三州倉運黄龍二年郵卒限米十斛六斗　中(壹·9297/14)

57.▨□□□□先入付三州倉吏▨(壹·9305/14)

58.▨□嵩付吏黄諱番慮受(壹·9317/14)

59.入 三 州 倉 領 黄 龍 元 年……(壹·9319/14)

60.四月十一日倉吏黄諱番慮受(壹·9321/14)

61.▨廿一斛五斗付(?)州中倉關邸閣▨(壹·9423/14)

62.領□□□□錢十一萬二千七百▨(壹·9155/14)

63.□□□督郵書掾傅汜言部臨湘絞▨(壹·9262/14)

64.八月九月十月就錢五十三萬□千□百料校不見▨(壹·9263/14)

65.領三月市租錢十一萬二千七百▨(壹·9280/14)

66.入男子毛礼二年□▨(壹·9278/14)

其中,簡52-61屬於倉米帳簿,簡62-65屬於庫錢帳簿,簡66按其殘存的内容和格式,參看其類似簡例:

67.入男子毛祀[1]二年税米六斛黄龍二年三月廿三日□□關邸閣郭據付倉吏監賢受（壹·6009）

也應爲倉米入受莂。

其次，一些簡雖爲户口簡，但從其記録的里名來看，從屬於他鄉，并非南鄉屬里，亦可視作闌入簡。先來看中鄉諸里的户人簡和里計簡：

68.緖中里户人公乘鄧草年卌五筭一刑右足 ☐（壹·9162/14）

69.緖中里户人公乘黄□年卅筭一（壹·9386/14）

70.東扶里户人公乘丁謙五十二筭一腫兩足 ☐（壹·9234/14）

71.小赤里户人公乘五陵年卌六給縣吏復（壹·9435/14）

72.右小赤里領吏民户□□五，口食一百廿二……（壹·9420/14）

73.曼溲里户人公乘□誼年卌一筭一（壹·9466/14）

74.曼溲里户人公乘李取年廿九筭一（壹·9552/14）

75.曼溲里户人公乘逢揖年卅九筭一刑左手（壹·9508/14）

76.曼溲里户人公乘雷元年六十三（壹·9248/14）

77.曼溲里户人公乘由未年六十六（壹·9385/14）

簡68—77記録的緖中里、東扶里、小赤里、曼溲里皆爲中鄉屬里，[2]其例證如下：

78.（嘉禾四年）緖中里户人公乘鄧草年卌五筭一刑右足 ☐（壹·9162/14）

79.嘉禾五年緖中里户人公乘鄧草年卌六筭荊右足（肆·546）

80.中鄉大男鄧草故户下品出錢四千四百侯相 嘉禾六□正月十二日都 鄉……（總·37759 A）

81.嘉禾六年東扶里户人公乘李開年卅筭一（肆·786）

82.入中鄉嘉禾二年調布二匹‖☓嘉禾二年七月廿九日東扶丘男子李開付主庫☐（貳·5463）

83.小赤里户人公乘番萇年七十七（壹·10017/14）

84.入中鄉嘉禾二年新調布二匹‖☓嘉禾二年七月十二日小赤丘大男番萇付庫吏殷連（貳·5468）

85.曼溲里户人杜忽年五十（肆·443）

① “祀”，原釋作“禮”，今據圖版改。

② 參見楊芬《孫吴嘉禾年間臨湘中鄉所轄里初步研究》，中日長沙吴簡國際學術研討會論文，長沙，2011年3月15日。

86.入[中][鄉][嘉][禾][二]年税米一斛三斗‖㐅嘉禾三年五月一日沙渚丘大男杜忽關邸閣李嵩付倉吏黄諱史潘慮(貳·2722)【注】"各",當爲"閣"之别字。

簡68—77中適齡户人基本上注記了"筭一",惟簡71注記五陵"給縣吏復",看似例外。其實,這裏"給縣吏復"并非復除"給縣吏",而是復"筭",兹説明如下。從吴簡的相關記録來看:

87.☐五月三日典[田](?)掾五陵白(壹·1361)

88.六[月][廿][七][日]典田掾五陵□☐(壹·5589)

89.☐……月廿六日桑鄉典田掾五陵☐(貳·6582)

90.☐掾五陵省□ □月十二日白(叁·3892)【注】"陵"爲簽署。

91.草言府□□[五]陵區光[船]民[谷]□□□創事　十月廿五日□□☐(柒·1435)

92.……吏郭宋謝韶區光黄欣五陵殷連等[紀](?)(柒·3146)

93.草白理出叛吏五□子士子孖等三人付典田掾五陵□□□□事　四月十八日兼中賊曹史象□白(柒·4471)

五陵爲典田掾,應即臨湘侯國派駐桑鄉主管田地的吏員(簡89)。五陵身份爲縣吏,具體而言,爲一鄉田地的主管者,還要助理户品出錢等事務,如"模鄉郡吏何奇故户上品出錢一萬二千臨湘侯相　見　嘉禾五年十二月十八日模鄉典田掾烝若白"(貳·8259)。典田掾有具體的職掌,其性質顯然不會是我們通常所理解的能够被復除的徭役、雜役。據吴簡有關記録,"吉[1]陽里户人公乘鄭囍年卅六筭一給州吏復"(壹·3323),"子公乘生年廿三筭一真吏復"(壹·3346),任吏能够免筭。[2] 同理,這裏"給縣吏復"復除的也應當是筭,其完整格式爲"筭一給縣吏復",這裏省記了"筭一"。

不僅中鄉諸里適齡户人較爲整齊的注記了"筭一",有迹象表明,其家庭成員也是如此。我們復原四組家庭簡如下:

94.[緒]中里户人公乘[鄧]草年卌五筭一刑右足　☐(壹·9162/14)

95.草女弟□年八歲(壹·9239/14)

96.右草家口食三人　筭二　中訾　五　十(壹·9569/14)【注】簡中"中"爲朱

① "吉",原釋作"谷",今據圖版改。

② 參見高敏《讀長沙走馬樓簡牘札記之一》,《鄭州大學學報(哲社版)》2000年第5期,收入其著《長沙走馬樓簡牘研究》,桂林:廣西師範大學出版社,2008,7-8頁;羅新《"真吏"新解》,《中華文史論叢》2009年第1期,129頁;拙作《走馬樓吴簡采集簡"户籍簿"復原整理與研究——兼論吴簡"户籍簿"的類型與功能》,54頁。

筆。[1]

97.曼溲里户人公乘□諠年卌一筭一(壹·9466/14)
98.右諠家口食四人　筭二　中訾　五　十(壹·9464/14)【注】簡中"中"爲朱筆。

99.曼溲里户人公乘李取年廿九筭一(壹·9552/14)
100.取女弟泊年十歲(壹·9509/14)
101.右取家口食三人　筭二　中訾　五　十(壹·9484/14)【注】簡中"中"爲朱筆。

102.曼溲里户人公乘由末年六十六(壹·9385/14)
103.右末家口食四人　筭二　中訾　五　十(壹·9397/14)【注】簡中"中"爲朱筆。

户計簡96、98、101、103的格式較爲特殊,在口食數與户訾之間,記録了"筭數"。這顯然是對一户納筭人數的統計。據此,其家户成員也應當注記了"筭一"。在我們整理、分析的簡壹·9005—9506中,還有一些簡與簡68—77、94—103的形制、内容、格式基本相同,其突出的特點是注記了"筭一"。先將成組簡列舉如下:

104.☑乘鄭吉年卌一筭一(壹·9200/14)
105.吉妻思年卅九筭一(壹·9199/14)

106.散母歷年五十六筭一(壹·9334/14)
107.散子女名年十二(壹·9335/14)

108.平妻鼠年五十八筭一(壹·9502/14)
109.平小妻進年卌筭一(壹·9468/14)
110.平子男成年五歲　苦腹心病(壹·9158/14)
111.·右平家口食四人　筭二　中訾　五　十(壹·9554/14)【注】簡中"中"爲朱筆。

簡104—111中適齡的家户成員皆注記了"筭一"。由此看來,此中鄉簿書應當是爲了徵收筭錢等而編制的户籍簿,其"筭一"的注記不符合我們根據隱核新占民簡格式總結的户籍基本體例,其性質并非户籍,而是徵賦户籍簿。

在簡壹·9005—9506中,還有一些注記"筭"的散簡:

112.□妻息年卌一筭一(壹·9192/14)
113.□妻澤年廿九筭一(壹·9193/14)
114.宜母羅年五十九筭一　☑(壹·9224/14)

[1] 簡壹·9005—9506之外的對應成組簡,標注下劃綫。

115.□妻末年卅筭一(壹·9400/14)

116.肕男弟□年廿筭一(壹·9404/14)

117.碩姪子男雀年卅二筭一(壹·9406/14)

118.子男池年十五筭一(壹·9434/14)

119.自妻思年廿二筭一(壹·9447/14)

120.□妻攝年卅筭一(壹·9463/14)

121.子男□年十五筭一(壹·9486/14)

122.右樂家口食三人　筭二　訾(壹·9130/14)

123.右導家口食三人　筭二　中訾　五　十(壹·9187/14)【注】簡中"中"爲朱筆。

124.右陽家口食三人　筭一　中訾　五　十(壹·9487/14)【注】簡中"中"爲朱筆。

125.右植家口食四人　筭三　中訾　五　十(壹·9503/14)【注】簡中"中"爲朱筆。

也應當從屬於中鄉徵賦户籍簿。另外,有兩枚關於吏口筭錢的統計簡:

126.今年實得二百五十五户,口一千一百一十三人,收吏口……十一錢(壹·9292/14)

127.□□年領吏民户二百五十五户,口一千一百一十三人,收吏口筭錢合六萬二千一百一十八錢(壹·9407/14)

與我們復原、整理的嘉禾四年小武陵鄉徵賦户籍簿統計簡相近:

128.▨右小武陵鄉領四年吏民一百九十四户,口九百五十一人,收吏口筭錢合□□一千三百卅四錢(壹·4985)①

應當就是徵賦户籍簿中的統計簡。而闌入簡"凡口二事一　訾五十"(壹·9483/14)按其格式和所在盆號,應爲嘉禾四年小武陵鄉徵賦户籍簿中的户計簡。總之,在簡壹·9005—9506中,闌入了不少徵賦户籍簿中的竹簡。

簡壹·9005—9506中還闌入了小武陵鄉户口簡,其簡例如下:

129.東陽里户人公乘文兩年八十一踵兩足(壹·9252/14)

130.東陽里户人公乘王離年卌七(壹·9390/14)

131.右離家口食五人　訾　五　十(壹·9040/14)

① 該簡原釋文作:"▨右小武陵鄉領四年吏民一百九十四□民口九百五十一人吏口□□□筭一千三百卅四錢",今據圖版改、補。

132.東陽里户人公乘陳□年卅五(壹・9394/14)

東陽里爲小武陵鄉屬里。[1] 值得注意的是,東陽里户人簡 130、132,按户人年齡,理應納筭,却未注記"筭一"。而王離一户的户計簡 131 也未記録筭數。由此看來,它們也不會屬於注"筭"整齊的嘉禾四年小武陵鄉徵賦户籍簿。由於明確記録里名的這類闌入簡較少,我們還難以探究其所在簿書的整體樣式。同時,我們還懷疑,因家户成員未記録里名,簡壹・9005—9506 中可能還有一些户口簡從屬於簡 129—132 所在的小武陵鄉某種簿書。既然這些户口簡都衹記録身份、姓名、年齡和口食數,與新占民户籍簡體例基本一致,我們似可推定,簡 125—128 這類户口簡也有可能是户籍簡。

再次,有户口簡記録了"給吏":

133.嵩妻大女汝年廿五(壹・9117/14)

134.嵩從兄志年廿□給縣卒(壹・9123/14)

簡 133、134 有可能從屬於派役户籍簿,也應爲闌入簡。

最後,還有數枚户口簡的格式迥异:

135.民男子李敬年卌□盲右目 ☐(壹・9043/14)

136.民唐任年七十六 ☐(壹・9097/14)

137.右任家口食三人 中訾 五 十(壹・9428/14)【注】簡中"中"爲朱筆。

138.民男子慈殷年□七(壹・8943/14)

139.殷妻大女婢年十八 中(壹・9478/14)【注】簡下"中"爲朱筆。

140.仰妻大女意年卅六 中(壹・9480/14)

簡壹・9005—9506 中,絶大多數户人簡格式爲"○○里户人公乘○○年○○",而上列户人簡以吏民身份起始。此格式雖然與廣成鄉嘉禾六年派役户籍簡相同,[2]但是,簡 137 記録的"户訾"却不見於廣成鄉嘉禾六年派役户籍簿。没有迹象表明簡 131—136 爲派役户籍簿中的簡牘。值得注意的是,簡 135 記録的户人"李敬","敬"原闕釋,從其圖版""來看,字迹雖有殘缺,但其構件"艹""攵"均可辨認,可能爲"敬"字。如果"李敬"釋文無誤,那麼,簡

① 拙作:《走馬樓吴簡採集簡"户籍簿"復原整理與研究——兼論吴簡"户籍簿"的類型與功能》,《吴簡研究》第 3 輯,北京:中華書局,2011。

② 侯旭東:《長沙走馬樓吴簡〈竹簡〉〔貳〕"吏民人名年紀口食簿"復原的初步研究》,《中華文史論叢》2009 年第 1 期;拙作:《走馬樓吴簡採集簡"户籍簿"復原整理與研究——兼論吴簡"户籍簿"的類型與功能》,48 頁;侯旭東:《長沙走馬樓吴簡"嘉禾六年(廣成鄉)弦里吏民人名年紀口食簿"集成研究——三世紀江南鄉里社會管理一瞥》,《古代庶民社會——第四屆國際漢學會議論文集》,臺北:中研院,2013,103-147 頁。

135 記録的"李敬"很可能也是中鄉户人。吴簡中有中鄉東夫丘大男李敬交納調皮的記録：

141.入中鄉羊皮三枚‖Ⅹ嘉禾元二年二月六日東夫丘大男李敬付庫吏殷連受(貳·8881)

142.入中鄉麂皮廿枚‖Ⅹ嘉禾元二年月六日東夫丘大男李敬付庫☐(貳·8929)

由此看來,簡 135—140 很可能爲中鄉户口簡。這些簡的體例與新占民户籍簡體例也基本一致,其性質也有可能爲户籍簡。

四 "南鄉吏民户數口食人名年紀簿"解識

簡壹·9005—9506 中,目前可確認的闌入簡有 65 枚,約占 1/8。其他户口簡中,有相當多明確爲南鄉平樂里、石門里、義成里、宜陽里的户人簡及其家庭成員簡。兹將其標題簡、户人簡及其成組家庭簡按里分别羅列如下：

標題簡

143.南鄉謹列嘉禾四年吏民户數口食人名年紀簿(壹·9088/14)

144.平樂里[魁](魁)[谷]唄(碩)謹列□□□□人[名]□□□　☐(壹·9005/14)

平樂里

145.平樂里户人大女番妄年卌八(壹·9006/14)

146.　妄子男成年五十一苦腹心病(壹·9294/14)

147.　成妻大女汝年卅三(壹·9285/14)

148.　右妄家口食三人　中訾　五　十(壹·9286/14)【注】簡中"中"爲朱筆。

149.平樂里户人李帛[年]　☐(壹·4137)

150.　右帛家口食七人　中訾　五　十(壹·9021/14)【注】簡中"中"爲朱筆。

151.平樂里户人公乘吕兵年五十[九](壹·9734/14)

152.　右兵家口食三人　☐(壹·9062/14)

153.平樂里户人公乘秦香年卌八(壹·9196/14)

154.　香妻大女汝年卌四(壹·9245/14)

155.　右香家口食六人　中訾　五　十(壹·9742/14)【注】簡中"中"爲朱筆。

156.平樂里户人公乘胡穑年卅七(壹·9202/14)

157.平樂里户人公乘黄頭年卅三(壹·9203/14)

158.平樂里户人公乘萬章年六十五苦腹心病(壹·9307/14)

159.平樂里户人公乘李尾年八十五(壹・9311/14)
160.平樂里户人公乘李昱年卅六苦腹心病(壹・9346/14)
161.　昱男弟兒年二歲(壹・9643/14)
162.平樂里户人公乘妻宜年卌八(壹・9426/14)
163.平樂里户人公乘彭光年五十風病(壹・9465/14)

石門里

164.石門里户人公乘劉旋年卌八(壹・9069/14)
165.石門里户人公乘樂蔦年十七(壹・9119/14)
166.　蔦妻大女汝年廿五(壹・9228/14)
167.　右蔦家口食二人　中訾　五　十(壹・9223/14)【注】簡中"中"爲朱筆。
168.石門里户人公乘盧仵年卌八雀左手盲(壹・9212/14)
169.　仵妻大女絮年卅二 (壹・9016/14)
170.　右仵家口食八人　訾　五　十(壹・9405/14)
171.石門里户人公乘番主年六十五踵兩足(壹・9295/14)
172.右主家口食十人　訾　五　十(壹・9403/14)
173.石門里户人公乘□喜年卌八(壹・9452/14)

義成里

174.義成里户人公……年廿五苦風病(壹・9054/14)
175.義成里户人公乘……(壹・9210/14)
176.義成里户人公乘□生年八十☐(壹・9249/14)
177.義成里户人公乘陳雅年五十□(壹・9266/14)
178.　雅妻大女純年卅九(壹・9274/14)
179.　雅兄散年五十六刑左足(壹・8893/14)
180.　右雅家口食七人　訾　五　十(壹・9376/14)
181.義成里户人公乘番麥年卌(壹・9312/14)
182.　麥妻大女婢年卅六(壹・9281/14)
183.義成里户人公乘李孫年八十五(壹・9412/14)
184.　右孫家口食四人　訾　五　十(壹・9450/14)
185.義成里户人公乘番廣年七十一踵兩足(壹・9446/14)
186.　廣妻大女汝年七十一(壹・9474/14)
187.義成里户人公乘高卭年六十二苦風病(壹・9462/14)
188.義成里户人公乘雷夷年卅九苦腹心病(壹・9473/14)

189.義成里户人公乘□□……(壹·9498/14)

190.義成里户人公乘李城年七十盲兩目風病(壹·9506/14)

宜陽里

191.宜陽里户人公乘番霸年廿二真吏(壹·9007/14)

192. 霸妻大女汝年廿一(壹·9206/14)

193. 霸男弟把年七歲踵左足 把男弟胡年五歲(壹·9189/14)

194. 霸母藥年五十七(壹·9220/14)

195.宜陽里户人公乘□□年卅五(壹·9010/14)

196.宜陽里户人公乘鄧樵年廿八(壹·9020/14)

197. 樵母大女妾年六十二(壹·9152/14)

198.宜陽里户人公乘孟識年廿八(壹·9030/14)

199. 識母大女姑年五十踵兩足(壹·9048/14)

200. 識兄平年卅踵兩足(壹·9276/14)

201.宜陽里户人公乘劉豔年廿四真吏(壹·9065/14)

202.豔[1]母大女妾年六十四(壹·8956/14)

203. 右豔家口食五人 訾 五 十(壹·9348/14)

204.宜陽里户人公乘劉桓年卅九真吏(壹·8928/14)

205. 桓妻大女初年卅三(壹·9071/14)

206. 桓從兄夷年卌二刑右眉(壹·9201/14)

207. 桓户下奴平年十八苦□病(壹·9303/14)

208. 右桓家口食四人 訾 五 十(壹·9260/14)

209.宜陽里户人公乘徐熙年卌四真吏(壹·9085/14)

210. 熙妻大女劉年廿三(壹·9150/14)

211. 熙男弟賷年卅五真吏(壹·8964/14)

212. 右熙家口食八人 訾 三 百(壹·9094/14)

213.宜陽里户人公乘夏隆年卌一真吏(壹·9090/14)

214. 隆子男帛年十一(壹·9165/14)

215. 帛男弟燥年八歲(壹·9213/14)

216. 燥男弟得年六歲(壹·9217/14)

① "豔",原釋作"艷",今據圖版改。

217. 㝵女弟吴年三歲(壹·9275/14)

218. 隆户下奴謹年十三雀兩足⧄(壹·9013/14)

219. 隆户下奴成年廿二(壹·9092/14)

220. 右隆家口食九人 訾 一 百(壹·9324/14)

221. 宜陽里户人公乘許紹年卅五真吏(壹·9129/14)

222. 紹子女婢年十二(壹·9167/14)

223. 紹男弟成年十二(壹·9369/14)

224. 紹户下奴寔年十三(壹·9383/14)

225. 紹户下婢退年六十(壹·9372/14)

226. 紹户下婢易年廿三刑左足(壹·9168/14)

227. 紹户下婢心年廿二苦腹心病(壹·9320/14)

228. 紹户下婢意年十六(壹·9370/14)

229. 右紹家口食十一人 ……(壹·9231/14)

230. 宜陽里户人公乘區規年廿二真吏(壹·8962/14)

231. 規父慈年六十一(壹·9141/14)

232. 宜陽里户人公乘劉温年卅三真吏(壹·9142/14)

233. 温妻大女安年廿九(壹·9018/14)

234. 温女弟華年十七(壹·9066/14)

235. 温户下奴斗年六十二(壹·9068/14)

236. 温户下奴李年十四(壹·8892/14)

237. 温户下婢錢年七 十□(壹·8894/14)

238. ⧄ 温户下婢財年十七(壹·9354/14)

239. 温户下婢□年十六(壹·9332/14)

240. 右温家口食十二人 訾 五 十(壹·9024/14)

241. 宜陽里户人公乘桓彝年卅五真吏(壹·9143/14)

242. 彝子女華年六歲(壹·9431/14)

243. 彝母大女妾年五十(壹·9149/14)

244. 彝弟宜如□年廿(壹·9081/14)

245. 彝女弟阿年十三(壹·9079/14)

246. 彝户下奴士年六十三(壹·9134/14)

247. 彝户下奴健年十四(壹·9135/14)

248.　右彝家口食十人　訾　一　百(壹·9055/14)
249.宜陽里户人公乘黄高年廿五　真吏(壹·9146/14)
250.　高妻大女□年廿一(壹·9038/14)
251.　高妻大女箕年廿二(壹·9067/14)
252.　高兄興年卅一腹心病(壹·8920/14)
253.　高男弟檐年九歲(壹·9039/14)
254.　·右高家口食五人　訾⧄(壹·8921/14)
255.宜陽里户人公乘虞囊年卅五(壹·9153/14)
256.　囊男弟文年十二(壹·9125/14)
257.　囊從兄將年六十一(壹·9089/14)
258.　囊伯父仵年八十三(壹·9216/14)
259.　仵(?)男孫度年四歲(壹·9291/14)
260.宜陽里户人公乘陳顔年五十六真吏(壹·9156/14)
261.　顔妻大女妾年卌(壹·9073/14)
262.　顔小妻大女陵年卅六(壹·9058/14)
263.　顔子男格年卅一真吏(壹·9084/14)
264.　格男弟頭年十三(壹·9087/14)
265.　頭男弟莫年四歲　⧄(壹·9250/14)
266.　顔從兄奇年八十二刑左手盲左目(壹·9159/14)
267.　奇妻大女青年五十一(壹·9061/14)
268.　奇男弟崇年卅八(壹·9138/14)
269.　崇妻大女定年廿七　⧄(壹·9063/14)
270.　崇子男生年十二　⧄(壹·9095/14)
271.　[生]女弟兒年七歲(壹·9045/14)
272.　顔户下奴宋年十七(壹·9059/14)
273.　顔户下婢汝年卌八苦腹心病(壹·9075/14)
274.　顔户下婢綿年十七(壹·9036/14)
275.　右顔家口食十六人　訾　二　百(壹·9109/14)
276.宜陽里户人公乘董厚年五十六(壹·9157/14)
277.　厚母大女妾年一百一歲(壹·9009/14)
278.宜陽里户人公乘黄竦年廿八(壹·9164/14)
279.　竦妻大女明年廿六(壹·9077/14)

280. 竦小妻大女汝年廿三(壹·9033/14)

281. 竦父得年六十盲兩目(壹·9136/14)

282.宜陽里户人公乘靳佑年廿四真吏(壹·9207/14)

283.宜陽里户人公乘徐誉年廿三真吏(壹·9219/14)

284. 誉男弟草年十歲(壹·9205/14)

285. 誉户下婢意年卅九(壹·9244/14)

286. 右誉家口食五人 訾 五 十(壹·9209/14)

287.宜陽里户人公乘□□年……☐(壹·9235/14)

288.宜陽里户人公乘徐朝年廿一真吏(壹·9289/14)

289. 右朝家口食四人 訾 五 十(壹·9279/14)

290.宜陽里户人公乘文雄年八十(壹·9306/14)

291. 雄子男通年十五(壹·9008/14)

292.宜陽里户人公乘文慎年卅三真吏(壹·9309/14)

293. 慎妻大女汝年卅三(壹·9121/14)

294. 慎子男聾年六歲(壹·9176/14)

295. 慎男弟鼠年十一(壹·9327/14)

296. 鼠男弟紵年七歲(壹·9325/14)

297.宜陽里户人公乘張厥年廿九(壹·9322/14)

298. 厥妻大女贍年廿一(壹·9408/14)

299. 厥男弟世年一一踵兩足(壹·9374/14)

300. 世男弟昜年七歲(壹·9459/14)

301. 昜男弟聞年四歲(壹·9375/14)

302. 右厥家口食五人 中訾 五 十(壹·9366/14)【注】簡中“中”爲朱筆。

303.宜陽里户人公乘郭像年廿九真吏(壹·9323/14)

304. 像子男嵩年二歲(壹·9313/14)

305. 像母大女妾六十五(壹·9490/14)【注】本簡背面有反文“右萇家口食”等,係另簡所留印痕。

306. 右像家口食三人 中訾 五 十(壹·9461/14)【注】簡中“中”爲朱筆。

307.宜陽里户人公乘鄧偅年卌(壹·9338/14)

308. 偅小妻慈年卅五(壹·9443/14)

309. 偅男弟改年八歲(壹·9395/14)

310. 改女弟阿年七歲(壹・9381/14)
311. 右僮家口食七人 訾 五 十(壹・9017/14)
312. 宜陽里户人公乘劉高年廿八(壹・9339/14)
313. 高妻 大女汝年廿六(壹・9425/14)
314. 高子女姑年六歲(壹・9377/14)
315. 高男弟遣年四歲 ▨(壹・9664/14)
316. 高女弟買年▨(壹・9318/14)
317. 高妻兄張年六十二(壹・9430/14)
318. 右高家口食六人 訾 五 十(壹・9292/14)
319. 宜陽里户人公乘莫先年廿五真吏(壹・9341/14)
320. 先男弟青▨(壹・9301/14)
321. 右先家口食六人 訾 五 十(壹・9042/14)
322. 宜陽里户人公乘吕詔年廿一真吏(壹・9345/14)
323. 詔母大女妾年六十一(壹・9333/14)
324. 詔兄德年廿三苦腹心病(壹・9340/14)
325. 德妻大女汝年廿一(壹・9284/14)
326. 德男弟羊年十六(壹・9330/14)
327. 羊女弟脊年四歲(壹・8929/14)
328. □(宜)陽里户人公乘何統年六十一真吏(壹・9356/14)
329. 統妻大女汝年廿五(壹・9308/14)
330. 統母大女妾年五十三(壹・9328/14)
331. 統户下奴聽年十四(壹・9108/14)
332. 宜陽里户人公乘黄阿年卅一真吏(壹・9360/14)
333. 阿妻大女□年廿六(壹・9417/14)
334. 阿父胡年六十八風病(壹・9387/14)
335. 阿男弟狗年十八(壹・9282/14)
336. 宜陽里户人公乘文□年廿真吏(壹・9384/14)
337. 宜陽里户人公乘□化年卅四真吏苦腹心病(壹・9396/14)
338. 化妻大女青年卅一(壹・9166/14)
339. 右化家口食四人 訾 五 十(壹・9096/14)
340. 宜陽里户人公乘周秃年五十七(壹・9409/14)

341.　秃妻大女思年廿六(壹·9398/14)

342.　右秃家口食四人　中訾　五　十(壹·9026/14)【注】簡中“中”爲朱筆。

343.宜陽里户人公乘胡狁年卅六(壹·9422/14)【注】簡中有朱筆塗痕。

344.宜陽里户人公乘趙緒(?)年五十六苦腹心病(壹·9472/14)

345.宜陽里户人公乘文胤年卌五真吏(壹·9495/14)

346.　胤子男帛年九歲(壹·9027/14)

347.　右胤家口食五人　訾　五　十(壹·9448/14)

上列四個里的户口簡皆記録了編户民身份、姓名、年齡;全面著録了家户人口,户計簡對口食數進行了統計。這兩點與新占民户籍簡完全相同。稍有不同的有兩點:第一點,雖然平樂里、義成里、石門里簡例同新占民户籍簡一樣,皆未注記賦役,但是,宜陽里許多户口簡注記了“真吏”,這是該簿書中比較特别的現象。

爲何衹有宜陽里簡注記“真吏”,而其他里就不記呢?從簡144來看,平樂里吏民户口人名年紀等信息由“里魁谷頙(碩)”具體負責登録。吴簡中有不少簡例顯示諸里户口籍簿一開始是由“里魁”分别編制的:

348.廣成里謹列所□吏人名年紀爲簿(壹·8655)

349.廣成里謹列領任吏民人名年紀口食爲簿(貳·1797)

350.·集凡五唐里魁周□領吏民五十户口食二百八十九人(肆·380)

351.·集凡東枎里魁鄧(?)□領吏民户五十五口食二百七十七人(肆·428)

352.集凡小赤里魁黄仨領吏民户五十口食四百卅五人(肆·495)

353.·集凡曼溲里魁□忽領吏民五十户口食二(?)百五十七人(肆·568)

354.·集凡新造里魁黄女□領吏民五□□☒(肆·3079)

355.·集凡陽貴里領吏民五十户口合二百卌四人　魁　潘　酥　主(柒·256)

356.·集凡富貴里領吏民五十户口食合二百六十三人　魁　陳　魯　主(柒·290)

357.·集凡樂安里領吏民五十户口食二百七十人　魁　文　當(?)　主(柒·373)

358.·集凡上鄉里領吏民五十户口食二百卌人　魁　周(?)　鵲(?)　主(柒·427)

359.·集凡夫秋里魁吴明領吏民五十户口食三百十九人(柒·5021)

360.·集凡變中里魁吴巴所領吏五十户口食三百五十四人(柒·5253)

361.·集凡常遷里魁黄春領吏民五十户口食四百廿一人(柒·5454)

362.·集凡富貴里魁鄭理領吏民五十户口食二百五十九人(柒·5593)

簡 349—362 中的"領"帶有"記録"之意。[①] 這些里皆安排了專門的"里魁",由"里魁"分别負責抄寫、編制各里户口簿籍。侯旭東復原、集成整理的廣成鄉廣成里、弦里口食簿(我們稱之爲"派役户籍簿"),亦顯示這兩個里户籍簿分别由"里魁"蔡喬、郭𥖄負責抄寫。[②]

諸里户口簿籍最初由各里"里魁"分别負責書寫,户籍亦當如此,這容易導致各里户口簡之間書寫格式、内容出現不同。比如,由里魁蔡喬、郭𥖄分别負責書寫的廣成里與弦里派役户籍簿,兩份簿書之間就存在一些差异。[③] 廣成里户口簡相對較短,其户人簡連記其家庭成員,多有"筭"的注記,如:

363.軍吏朱謙年卅五　　謙妻大女壹年廿六筭一(貳·1723·93/16)

364.民男子范宜年卌二刑右足　　宜妻大女姑年卅二筭一(貳·1764·157/16)

而弦里户口簡相對較長,其户人簡衹記録户人,不記其他家庭成員,也不記"筭",如:

365.郡卒潘囊年廿三(貳·1708·70/16)

366.　囊妻大女初年廿六　　囊父公乘尋年六十苦虐(?)病(貳·1696·57/16)

367.縣卒蔡庫年卅三·(貳·1877)

368.　·庫妻大女思年卅八　庫小妻大女移年卅七(貳·1881)

這類因書寫、製作者的不同,導致文書之間格式、内容等存在差异的現象在吴簡中比較常見,如嘉禾吏民田家莂中少數鄉丘的計算、换算失誤是來自個别的擔任徵收(估計徵收數量)的鄉吏;[④]而年少男童稱"士伍"僅出現在廣成鄉派役户籍簿,并非普遍現象,主要與該鄉鄉吏的登記習慣有關。[⑤]

此嘉禾四年南鄉石門里、平樂里、義成里户口簡皆未注記"真吏",該簿書衹是"吏民户數口食人名年紀"的登録,没有迹象表明它與賦役徵派有任何直接的關聯,宜陽里户口簡"真吏"注記很可能衹是其里魁個人所爲,從南鄉其他屬里的登記情況來看,"真吏"注記對於整個南鄉吏民户數口食人名年紀簿而言,似乎并無實際的意義,否則,該簿書的内容和功能就

① 參見侯旭東《走馬樓竹簡的限米與田畝記録——從"田"的類型與納"米"類型的關係説起》,《吴簡研究》第 2 輯,166 頁。

② 侯旭東:《長沙走馬樓吴簡"嘉禾六年(廣成鄉)弦里吏民人名年紀口食簿"集成研究——三世紀江南鄉里社會管理一瞥》,103-147 頁。

③ 參見鷲尾祐子《長沙走馬樓吴簡連記式名籍簡的探討——關於家族的記録》,《吴簡研究》第 3 輯,北京:中華書局,2011,70-75 頁;侯旭東《長沙走馬樓吴簡"嘉禾六年(廣成鄉)弦里吏民人名年紀口食簿"集成研究:三世紀江南鄉里社會管理一瞥》。

④ 伊藤敏雄:《從嘉禾吏民田家莂看米的交納狀況與鄉、丘》,《吴簡研究》第 2 輯,95-99 頁。

⑤ 拙作:《走馬樓吴簡所見"士伍"辨析》,《吴簡研究》第 3 輯,153-165 頁。

過於駁雜。準此,抛開與簿書功能無關的"真吏"不談,宜陽里户口簡與新占民人名口食年紀簡的體例一致。

即使如此,也值得我們思考的是,"真吏"注記爲何會出現在該户籍中,在必要的簿書行政過程中,"真吏"注記本身的含義是什麽,又發揮着怎樣的作用呢?我們注意到,嘉禾四年南鄉吏民户數口食人名年紀簿的筆迹同一,這意味着,它是在諸里里魁製作的户口簿籍的基礎上,由專人抄寫而成的。這究竟是南鄉抄寫者的選擇性失誤,還是宜陽里里魁不按規定,提交了這樣一份比較特殊的簿書呢?因吴簡中僅在宜陽里户口簡上出現"真吏"注記,這使我們很難聯想當時會存在一類整齊地注記"真吏"的某鄉户口簿籍。因此,我們傾向於後一種可能性。

宜陽里户口簡雖然在嘉禾四年南鄉户口簿籍中别具一格,但是,當我們返回到"鄉吏民户數口食人名年紀簿"套連之前的狀況,亦即由各里里魁分别編制的單個"里吏民户數口食人名年紀簿",這時,我們會發現,里魁按相關規定登記"吏民户數口食人名年紀",在"隱核"户口的過程中,他們完全可以根據自己行政管理的需要,積極地調查他們需要掌握的情况,如核查編户民任吏、服役的情况。宜陽里里魁提交的户口簡帶有的"真吏"注記,雖然對於南鄉吏民户數口食人名年紀簿的編制要求純屬"畫蛇添足",但并不妨礙該簿書的功能和使用。然而,對於宜陽里里魁自己而言,調查後的"真吏"注記無疑使他掌握了全里編户民的任吏、服役的實際情况。

"真吏"注記,根據我們的研究,很可能就是那些"應役民"的注記,包括"給吏"的職吏和"給役""給事"的平民,不僅比所謂的"正式的吏",也比嚴格意義上的"給吏"的外延要寬泛得多。而"真吏"之"真",按三國魏張揖《廣雅·釋言》"真、是,此也。"[①]注記"真吏"即指明"此吏也","真吏"之"真"就是指示代詞"此"的意思,用以説明通過隱核以確認編户民"吏"之身份和服"役"的情况。"真吏"注記體現了宜陽里里魁核查本里編户民任吏和服役的實際情况之後的如實記録。[②]

"真吏"之"真"的這一用法,在吴簡中還有他例。如在隱核州、軍吏父兄子弟簿中,有不少與"假人自代"相對的"真身",如:

> 牘2:‖〼東鄉勸農掾殷連(言):被書,條列州吏父兄人名、年紀爲簿。輒料核鄉界,州吏二[③]人,父
>
> ‖〼兄二人,刑踵、叛走,以下户民自代。謹列年紀以審實,無有遺脱。若有他官所

---

① 王念孫:《廣雅疏證》,北京:中華書局,2004,138頁。

② 參見拙作《"真吏"别解》,《出土文獻研究》第12輯,上海:中西書局,2013,347-366頁。

③ "二",原釋作"三",核對圖版,首筆疑爲干擾痕迹,今據改。

覺,連

‖※自坐。嘉〔禾〕四年八月廿六日破莂保據。(J22-2543)

牘3:‖※廣成鄉勸農掾區光言:被書,條列州吏父兄子弟狀[①]、處、人名、年紀爲簿。輒隱核鄉

※‖界,州吏七人,父兄子弟合廿三人。其四人刑踵聾歐病,一人被病物故,四人真身已送及,

※‖隨本主在宫,十二人細小,一人限佃,一人先出給縣吏。隱核人名、年紀相應,無有遺脱。

※‖若後爲他官所覺,光自坐。嘉禾四年八月廿六日破莂保據。(編號不詳)

牘4:‖※都鄉勸[農]掾郭宋言:被書,條列軍吏父兄子弟人名、年紀爲簿。輒隱核鄉界,軍吏八人,父兄[子]

‖※弟合十一人。其一人被病物故,四人叛走,定見六人。其三人刑踵,二人守業,已下户民自代,一人

‖※[給][吏]。隱核人名、年紀、死、叛相應,無有遺脱。若爲他官所覺,宋自坐。嘉禾四年八月廿六日破莂。[②] (編號不詳)

369.☑真身送宫,八人細小,七人假(?)下户民[以]自代,謹條列☑(貳·8977)

370.·其一人真身送宫(貳·7093)

371.☑　·其四人真身已送及隨本(?)主在宫(貳·8936)

372.·右九人真身送(肆·3769)

373.·其七人假人自代(貳·7494)

374.□人假人自代一人□☑(叁·1005)

這裏"真身"的意思很明確,即通過隱核,確定"送宫"是其本人,而不是"假人自代"(請人替代),"真",即此,就是這個人,而不是代替的其他人。總之,吴簡"真吏"注記藴含了經過核查確定編户民任吏或服役情況之義。"真吏"涵括了任吏職、服吏役乃至雜役者,衹是一個比較籠統的注記。因此,在需要準確記録派役情況的簿書中,并不會出現"真吏"注記,以致該注記在吴簡中少見。

第二點不同是,平樂里、義成里、石門里、宜陽里户計簡皆有"户訾"的注記。從隱核新占民簿的編制要求來看,隱核新占民發生在嘉禾二年,此時孫吴已大規模地調布,其依據可能

① "狀",原釋作"伏",今據圖版改。

② 圖版又見田伏隆主編《湖南歷史圖典㈠》,長沙:湖南美術出版社,2010,153頁。

是户訾。[①] 爲了發調的需要,户訾當已登入了户籍。然而,根據太常府丁卯書規定“諸郡生子受居比郡縣者及方遠客人皆應上户籍”,在鄉勸農掾隱核新占民的過程中,還衹是按户籍登録的要求,將新占民的人名口食年紀等信息記録下來,其户訾的注記恐怕還需要專門的家産調查,才能够在八月案户比民時録入户籍。因而新占民人名口食年紀簡中缺乏户訾的注記。一旦這些新占民成爲鄉里編户民,那麽,在新一輪的造籍過程中,官方會評定他們的户訾,并加以注記。因此,上列南鄉諸里户計簡上的“户訾”注記,應當是當時户籍的必備項目。

總之,上列南鄉諸里户口簡以及闌入簡以外其他未記録鄉里信息亦無賦役注記的户口簡,其體例與新占民人名口食年紀簡基本相同,絶大多數應爲南鄉户籍簡。嘉禾四年南鄉吏民户數口食人名年紀簿的性質應爲户籍。據此,我們將這一時期孫吴户籍的基本要素進一步總結如下:一,全面登記鄉里家户人口,并有人口結計;二,具體登記編户民的身份、姓名、年齡以及身體狀况等;三,户籍并無直接的賦役徵派功能,户籍簡無須賦役注記,不過,因里魁的個人書寫習慣,或者是轉抄徵賦、派役户籍簿的緣故,有的户籍簡可能也有賦役注記,但整個鄉里户籍不會整齊注記某項賦役信息;四,孫吴此時已經大規模地徵調,户訾是其重要的發調依據,户訾也已經登入户籍。户籍與徵賦、派役户籍簿相比,户籍登記的内容主要是鄉里編户民個人基本信息及鄉里人口數,而徵賦、派役户籍簿則是在户籍的基礎上,附加賦、役注記,并進行相應的統計而成。故我們認爲,户籍與户籍簿相比,其最大的區别之一就是有無賦役之類的注記。[②]

值得一提的是,學界也從其他角度對簡牘户籍的格式進行了總結。胡平生根據漢代鄉、縣、郡三級《户口簿》的格式推定了“户籍”的格式,他認爲,秦及漢初法律規定的户籍格式,就是像里耶秦簡那樣,衹具有最基本簡單内容的格式,其他的更加複雜的形式則是法律規定的其他户口簿籍。[③] 這也印證了他曾根據幾例孫吴户口簡總結吴簡户籍記録的内容:“户籍記户主及妻兒、子女、姓名、年齡、疾病、傷殘等情況,奴婢附於户下,記名字、身高,每户有一簡作户口合計。其他各種專項的賦税統計登記的簿籍,都不應當列入户籍中”。[④] 楊際平根據敦煌文書 S.113《敦煌郡敦煌縣西宕鄉高昌里建初十二年(416)正月籍》,指出吴簡中相對簡約的户口簡已完全具備户籍所應有的各種要素,爲狹義的“户籍”;而加注“訾”和“筭、事”的則爲廣義的“户籍”。[⑤] 這些研究,在當時看來,還有不少推測的成分,然而,從新占民人名口食年紀簿以及此嘉禾四年南鄉户籍來看,其看法是比較合理的。

---

① 拙作:《走馬樓吴簡採集庫布賬簿體系整理與研究——兼論孫吴的户調》,《文史》2012 年第 1 期。

② 我們重申,“户籍簿”的性質并非户籍,之所以稱之爲“户籍簿”,是因爲“户籍簿”與“户籍”的主體内容相同,即對鄉里户口有着比較完整的登録。

③ 胡平生:《新出漢簡户口簿籍研究》,《出土文獻研究》第 10 輯,北京:中華書局,2011,249-284 頁。

④ 胡平生:《從走馬樓簡“ (創)”字的釋讀談到户籍的認定》,《中國歷史文物》2002 年第 2 期,35-37 頁。

⑤ 楊際平:《秦漢户籍管理制度研究》,《中華文史論叢》2007 年第 1 期,19-30 頁。

五　縣鄉簡本户籍的題名

我們認爲,嘉禾四年南鄉吏民户數口食人名年紀簿的性質爲户籍。然而,其標題簡記作“南鄉謹列嘉禾四年吏民户數口食人名年紀簿”(壹·9088/14),這裏容易引發兩點疑問,其一,其標題簡爲何不直接自名爲“户籍”,其二,其標題簡爲何記録爲“謹列嘉禾四年吏民户數口食人名年紀簿”的形式,這是特别值得説明的問題。

從唐代紙本户籍來看,唐前期以每年編造的手實和計帳爲基礎,三年一造户籍。唐前期户籍的名稱很齊整,按唐户令的規定和敦煌吐魯番文書紙本户籍實物,一般在籍縫處注明“某州某縣某鄉(某里)籍”,[①]嚴格説來,也非以“户籍”自名。“籍”爲户籍的通稱在十六國時期的敦煌吐魯番文書紙本户籍中大致就已如此,如前秦建元二十年(384)三月高昌郡高寧縣都鄉安邑里籍、[②]西凉建初十二年(416)正月敦煌郡敦煌縣西宕鄉高昌里籍。[③]

然而,秦漢魏晋簡本“户籍”的名稱却很駁雜。在傳世文獻中,《管子·禁藏篇》《史記·秦始皇本紀》中載有“户籍”,[④]《三國志·李儼傳》載有“民籍”,[⑤]王隱《蜀記》載有“士民簿”,[⑥]晋令載有“黄籍”,[⑦]此外,史籍中常見的意義較爲寬泛的“名數”“名籍”有時也用來指代户籍。[⑧] 而在出土文獻中,張家山漢簡和走馬樓吴簡中記有“户籍”,[⑨]虎溪山漢簡和走馬樓吴簡中録有“黄簿”,[⑩]松柏漢簡和天長漢簡出現以“户口簿”爲名的木牘,[⑪]吴簡記録了“户

---

① 參見池田温《中國古代籍帳研究》,龔澤銑譯,北京:中華書局,2007,88-95頁;

② 參見榮新江、李肖、孟憲實主編《新獲吐魯番出土文獻》,北京:中華書局,2008,176-179頁。該户籍注明“建元廿年三月籍”。

③ 參見池田温《中國古代籍帳研究》,龔澤銑譯,3-5頁,該户籍注明“建初十二年正月籍”。

④ 《管子·禁藏篇》“户籍田結者,所以知貧富之不訾也”,《史記》卷六《秦始皇本紀》獻公“十年,爲户籍相伍”(289頁)。

⑤ 《三國志》卷四〇《蜀書·李儼傳》“枝黨星散,悉復民籍”,北京:中華書局,1982,999頁。

⑥ 《三國志》卷三三《蜀書·後主傳》“遣送尚書郎李虎送士民簿”,901頁。

⑦ 《太平御覽》卷六〇六引《晋令》“郡國户口黄籍,籍皆用一尺二寸札,已在官役者載名”。

⑧ 如《史記》卷一〇三《萬石奮列傳》“元封四年中,關東流民二百萬口,無名數者四十萬”,《索隱》案:小顔云“無名數,若今之無户籍”,2768頁。《史記》卷一〇四《田叔列傳》“因占著名數”,《索隱》:言卜占而自占著家口名數,隸於武功,猶今附籍然也,2779頁。《漢書》卷九九《王莽傳中》“其令天下上此五姓名籍於秩宗,皆以爲宗室”,北京:中華書局,1962,4106頁。

⑨ 張家山漢簡《二年律令·户律》規定:“恒以八月令鄉部嗇夫、吏、令史相襍案户,户籍副臧(藏)其廷”。釋文參見鄔文玲《張家山漢簡〈二年律令〉釋文補遺》,166頁。走馬樓吴簡“户籍”參見“☐□□著户籍,督條列人名年紀爲簿,忠等文書到 ☐(肆·4482)”等。

⑩ 虎溪山漢簡“黄簿”參見湖南省文物考古研究所、懷化市文物所、沅陵縣博物館《沅陵虎溪山一號漢墓發掘簡報》,《文物》2003年第1期,50頁。走馬樓吴簡“黄簿”參見“輒操黄簿審實,不應爲私學”(J22-2695),“右黄簿吏民卌户口食一百八十人”(貳·4659)。

⑪ 參見天長市文物管理所、天長市博物館《安徽天長西漢墓發掘簡報》,《文物》2006年第11期,11頁;荆州博物館《湖北荆州紀南松柏漢墓發掘簡報》,《文物》2008年第4期,29頁;朱江松《罕見的松柏漢代木牘》,荆州博物館編著《荆州重要考古發現》,北京:文物出版社,2009,211頁;彭浩《讀松柏出土的四枚西漢木牘》,《簡帛》第4輯,上海古籍出版社,2009,336頁。

數”“家數”的標題簡,如:

375.南鄉謹列嘉禾四年吏民户數口食人名年紀簿(壹·9088)

376.……吏……客家數年紀口食人名簿(貳·1546)

377.☑嘉禾四年吏民□數人名年紀數簿(肆·2070)

其所在的簿書,應也是户籍。性質爲户籍的各類簡牘簿書,爲何其名稱各异,其原因又是什麽呢?

這些簡本户籍名稱大致可以分爲兩類:一類稱“籍”,分别有“户籍”“民籍”“黄籍”“名籍”等,在傳世文獻中較爲常見;另一類稱“簿”,分别有“士民簿”“黄簿”“户口簿”“吏民户數口食人名年紀簿”等,多見於出土簡牘。那麽,“籍”與“簿”有何區别呢?永田英正對居延漢簡中的簿籍進行了分類,認爲“籍是以人爲對象的名單,與之相比,簿則首先是以物爲對象的”。[①] 此結論并不準確。通檢居延漢簡和居延新簡,不僅有吏卒名籍、吏名籍、卒名籍、罷卒吏名、戍卒定罷物故名籍,還有對應的吏卒簿、吏員簿、戍卒簿、罷卒簿、戍卒物故餘見簿。[②] 不過,這些“簿”大都爲統計人數的簡牘册書。[③] 統計人數的文書一般稱作“簿”,而不稱爲“籍”。此爲“簿”“籍”的區别之一。

從“簿”“籍”較爲原始的含義來説。《説文》竹部:“籍,簿書也,從竹耤聲”。“簿”,《説文》未收,後人加“笏”字,“笏,公及士所搢也,從竹勿聲。案,籒文作囘,象形,義云佩也,古笏佩之”。[④]《釋名·釋書契》“笏,或曰簿”。[⑤]《三國志·蜀書·秦宓傳》“宓以簿擊頰”,裴注“簿,手版也”,[⑥]《史記·絳侯周勃世家》“獄吏乃書牘背示之”,《集解》引李奇曰:“吏所執簿。”韋昭曰:“牘版。”《索隱》:“簿,即牘也”。[⑦] 由此看來,簿,即笏,即牘;而籍,爲册書,此爲“簿”與“籍”的區别之二。

再從“簿”“籍”的使用情况來説。《釋名·釋書契》云,“籍,籍也,所以籍疏人名户口也”,“笏,或曰簿,言可以簿疏物也”。[⑧]《文心雕龍·書記》云,“籍者,借也。歲借民力,條之於版,春秋司籍,即此事也”,“簿者,圃也。草木區别,文書類聚,張湯李廣,爲吏所簿,别情僞

① [日]永田英正:《居延漢簡研究(上)》,桂林:廣西師範大學出版社,2007,255-258頁。

② 參見李天虹《居延漢簡簿籍分類研究》,北京:科學出版社,2003,1-24頁。

③ 李均明認爲:“秦漢時期簿與籍之區别在於簿常以人或錢物的數量值爲主項,而籍大多數以人或物自身爲主項。”李均明:《秦漢簡牘文書分類輯解》,北京:文物出版社,2009,247頁。

④ 〔漢〕許慎撰、〔宋〕徐鉉校定:《説文解字》,北京:中華書局影印,1963,95、99頁。

⑤ [東漢]劉熙撰、[清]畢沅疏證、王先謙補:《釋名疏證補》,北京:中華書局,2008,202頁。

⑥ 《三國志》卷三八《蜀書·秦宓傳》,975頁。

⑦ 《史記》卷五七《絳侯周勃世家》,2072-2073頁。

⑧ [東漢]劉熙撰、[清]畢沅疏證、王先謙補:《釋名疏證補》,202-203頁。

也"。[1] 這當是總結漢晋以來用詞習慣而言的。漢晋時期,"籍"一般與"人名户口"相聯繫,如漢晋史籍中常見"户籍""名籍""籍吏民""市籍""民籍""黄籍"等。而"簿"則多與"文書類聚"相聯繫,含義較爲寬泛,主要用來條列包括與人在内的各類事物,在日常行政中廣泛運用。如漢晋史籍常見"主簿"一職,《漢書·張敞傳》載"敞使主簿持教告(絜)舜",[2]主簿爲掌管文書的佐吏,由此可窺當時的官文書似一般稱作"簿"。如《漢書·禮樂志》"今其甚者殺父兄,盗者取廟器,而大臣特以簿書不報期會爲故",顔師古曰:"簿,文簿也。故謂大事也。言公卿但以文案簿書報答爲事也"。[3]《漢書·食貨志下》"因與郡縣通奸,多張空簿,府臧不實,百姓俞病",顔師古曰:"簿,計簿也";[4]《漢書·李廣傳》"吏治軍簿至明",顔師古曰:"簿,文簿";又"大將軍長史急責廣之莫府上簿。廣曰:'諸校尉亡罪,乃我自失道,吾今自上簿。'"顔師古曰:"簿謂文狀也";[5]《漢書·張湯傳》"上以湯懷詐面欺,使使八輩簿責湯",顔師古曰:"以文簿次第一一責之";[6]《漢書·兒寬傳》"之北地視畜數年,還至府,上畜簿",顔師古曰:"簿謂文計也"。[7] 等等。由此看來,"籍"一般專指名籍,"籍疏人名户口";而"簿"指代較爲寬泛,各類日常行政文書似皆可稱作"簿",此爲"簿"與"籍"的區别之三。

由"簿"與"籍"之義的差别來考察秦漢魏晋簡本"户籍"的不同名稱,很多問題就好理解了。"户籍""黄籍""民籍"主要"籍疏人名户口",當是唐代"户籍"的前身。"士民簿"所記内容是:"領户二十八萬,男女口九十四萬,帶甲將士十萬二千,吏四萬人,米四十餘萬斛,金銀各二千斤,錦綺綵絹各二十萬匹,餘物稱此",[8]因與統計數目有關,故稱"簿"。虎溪山漢簡"黄簿"據稱"詳細記載了西漢初年沅陵侯國的行政設置、吏員人數、户口人民、田畝賦税、大型牲畜(如耕牛)、經濟林木(如梨、梅等)的數量,兵甲船隻以及各項的增減和增減的原因,還有道路交通、亭聚、往來長安的路綫和水陸里程",[9]該"黄簿"是否全部包含如此之多的内容,我們存有疑慮,不過,似可確認的是,因與統計數據有關而稱"簿"。而天長漢簡和松柏漢簡"户口簿"則是寫在木牘上登録縣、鄉户口的數目,故應稱爲"簿"。

值得特别説明的是走馬樓吴簡中的"黄簿"以及"吏民人名口食年紀簿"。吴簡"黄簿"是否同虎溪山漢簡"黄簿"一樣,主要與人數統計有關呢?從簡 J22-2695"本鄉正户民,不爲

---

① 劉勰著、范文瀾注:《文心雕龍注》,北京:人民文學出版社,1958,457 頁。
② 《漢書》卷七六《張敞傳》,3223 頁。
③ 《漢書》卷二二《禮樂志》,1031 頁。
④ 《漢書》卷二四《食貨志下》,1183 頁。
⑤ 《漢書》卷五四《李廣傳》,2441-2442、2448-2449 頁。
⑥ 《漢書》卷五九《兒寬傳》,2645-2646 頁。
⑦ 《漢書》卷五八《兒寬傳》,2628-2629 頁。
⑧ 《三國志》卷三三《蜀書·後主傳》,901 頁。
⑨ 湖南省文物考古研究所、懷化市文物所、沅陵縣博物館:《沅陵虎溪山一號漢墓發掘簡報》,《文物》2003 年第 1 期,50 頁。

遺脱。輒操黄簿審實,不應爲私學"來看,吴簡"黄簿"當記録了吏民户口的具體信息。再來看簡貳·4659"右黄簿吏民卌户口食一百八十人",該簡記録的内容與嘉禾六年廣成里派役户籍簿的里計簡"右廣成里領吏民五十户口食二百九十□人"(貳·1671)基本相同。由此看來,吴簡"黄簿"很可能同"吏民人名口食年紀簿"(户籍簿)性質一樣,雖然記録了户口人名年紀信息,但本身并非户籍(主要作爲檔案的形式留存),而是根據行政需要以户籍爲依據製作的日常行政文書,故稱爲"簿"。實際上,"黄籍"與"黄簿"的性質之别,[①]同我們看待"户籍"與"户籍簿"區别一樣,前者爲户籍,後者爲根據户籍製作的日常行政簿書。

一般説來,秦漢魏晋時期,"籍"一般專指名籍簡册,籍疏人名户口;而"簿"指代較爲寬泛,統計、簿疏文書類聚,又多指在日常行政中廣泛運用的各類官文書。"簿"因含義過於寬泛,又由於文書制度的發展,一些官文書逐漸放棄籠統地稱"簿",而運用特定的名稱,如統計之"簿"後來一般稱作"帳",而以"簿"疏物後來一般稱作"疏"了。因"籍"疏人名户口很明確,故一直保留了下來。"户籍"從而戰勝其他詞彙成爲國家登記户口册籍主要名稱。

以上我們分析了秦漢魏晋時期,簡牘文書中"籍"與"簿"的一般性的區别。然而,問題是,没有人能否認王隱《蜀記》所載"士民簿"的性質就是蜀政樞部門掌握的户籍。通過研究,我們還認爲,吴簡"南鄉謹列嘉禾四年吏民户數口食人名年紀簿"的性質也是户籍。既然簡本户籍時代,有以"籍"來指稱户籍的用例,爲何同時又用"簿"呢?吴簡户籍標題簡還用"謹列"一類的上行文書動詞來標示呢?我們認爲,這與簡牘時代的户籍制度密切相關。

簡本户籍制度與紙本户籍制度存在不同,其中一個重要的原因是,書寫材料的發生了改變。紙本造籍制度,如唐"開元十八年十一月敕"規定:

> 諸户籍三年一造。起正月上旬,縣司責手實計帳,赴州依式勘造。鄉别爲卷,總寫三通。其縫皆注某州某縣某年籍,州名用州印,縣名用縣印。三月三十日納訖,并裝潢。一通送尚書省。州、縣各留一通。[②]

《舊唐書·職官志二》載:

> 每一歲一造計帳,三年一造户籍。縣以籍成於州,州成於省,户部總而領焉……州縣之籍,恒留五比,省籍留九比。[③]

---

① "户籍"爲何又稱作"黄籍","黄"的含義又是什麼呢?方以智《通雅·事制》云:"黄册以黄小而名也","唐制凡民始生爲黄,四歲爲小,故相沿號曰黄册",他認爲"黄册"之"黄"沿襲自唐代丁中制之"黄"。其實,"黄"不僅指"黄口小兒",也指"耄耋老人"。前者如《淮南子·氾論訓》"古之伐國,不殺黄口,不獲二毛";後者如《爾雅·釋詁》"黄髮、齯齒、鮐背、耇老,壽也",《釋名·釋長幼》"或曰黄耇,鬢髮變黄也"。由此看來,"黄"既可指"幼",又可指"老","黄籍""黄册"爲全面登録編户民的户籍,以"黄"爲名,可指從幼到老無遺漏。

② 《唐會要》卷八五《籍帳》,上海古籍出版社,2006,1848頁。

③ 《舊唐書》卷四三《職官志二》,1825頁。

唐代户籍由縣州勘造，一般一式三份，一份送尚書省户部，須保留二十七年，州、縣各留一份，保留十五年。

對於簡牘時代的户籍制度，據張家山漢簡《二年律令・户律》規定：

恒以八月令鄉部嗇夫、吏、令史相襍案户，户籍副臧(藏)其廷。[①]

可知漢代由鄉部編造户籍，其正本存鄉，副本藏縣。至西漢中後期，居延漢簡中還有哀帝建平三年(前4)"户籍臧鄉"(81.10)的記録。[②] 走馬樓吴簡户口簿籍大多由一鄉户口簡編連而成，據其標題簡的記録，一般由鄉謹列户口人名口食年紀簿，孫吴户口簿籍的編造仍當在鄉部(雖然有里謹列户口人名口食年紀簿的諸里標題簡，但簿籍的編制一般以鄉爲單位，由鄉彙編諸里簿)。由此看來，漢魏時期，簡本户籍當主要由鄉編制，其正本當留存在鄉部。這與紙本户籍在縣州勘造不同。

張家山漢簡《二年律令・户律》還規定，户籍副本藏縣。走馬樓吴簡主要是臨湘侯國官文書檔案，其中不乏户口簿籍，本文整理的"嘉禾四年南鄉吏民户數口食人名年紀簿"應當就是副藏縣廷的户籍。在隱核新占民簿中，都鄉勸農掾郭宋隱核鄉部新占民占上户籍，按隱核的要求，也應當製作了兩份簿書，其中一份留鄉，另一份以"謹列人名口食年紀右别爲簿"的形式呈報户曹。漢魏時期，簡牘户籍副本藏縣一直延續下來。那麼，郡以上的官府是否也保存户籍呢？據肩水金關漢簡記録："☑大守府謹案户籍"(73EJT22:17)，[③]據此，似乎漢代郡府也保存有户籍，然而，核對圖版，該簡上殘，前後文意不明，加上字迹潦草，恐難成確證。韓樹峰認爲，户籍文書收藏於郡及中央在簡牘時代并不具備條件。郡能够典藏的，是縣以各鄉户籍、賦役籍、田籍等各種簿籍爲依據編制的全縣計簿；中央能够藏的，是郡以各縣計簿爲依據編制的全郡計簿。這些計簿的内容均以總計性數字爲主，其中縣上計於郡的計簿中，户口簿主要條列本縣總户口、屬下各鄉總户口及其增減數額；郡上計於中央的計簿中，户口簿内容與縣相同。[④]

誠然，簡牘時代郡及中央掌握的并非縣鄉那類具體登記户口人名年紀的户籍，而是統計户口數字的數字。而這類記録户口數字的簡牘，其題名是"户口簿""士民簿""(户口)集簿"(如朝鮮平壤貞柏洞364號漢墓出土的《樂浪郡初元四年(前45)縣别户口多少集簿》)，[⑤]

① 張家山二四七號漢墓竹簡整理小組：《張家山漢墓竹簡〔二四七號墓〕(釋文修訂本)》，54頁；鄔文玲：《張家山漢簡〈二年律令〉釋文補遺》，166頁。

② 謝桂華、李均明、朱國炤：《居延漢簡釋文合校》上册，北京：文物出版社，1987，144頁。

③ 甘肅簡牘保護中心等編：《肩水金關漢簡〔貳〕》，上海：中西書局，2013，96頁。

④ 參見韓樹峰《論漢魏時期户籍文書的典藏機構的變化》(《人文雜誌》2014年第4期)以及《簡牘時代的户籍文書》，未刊稿。

⑤ 楊振紅、尹在碩：《韓半島出土簡牘與韓國慶州、扶餘木簡釋文補正》，《簡帛研究二〇〇七》，桂林：廣西師範大學出版社，2010，281-288頁。

古今學者也多將這類文書徑直視作“户籍”資料。爲此,我們不妨换一種思考方式來理解簡牘時代的“户籍”。

因簡牘、紙張書寫材料的不同,漢、唐户籍制度雖然存在一些差异,但不可否認的是,“户籍”是帝國各級機構治民的根本依據。無論漢魏,還是隋唐,其中央、郡縣必然皆應掌握户籍的基本情况。因簡册笨重,搬運、典藏殊爲不易,這也導致縣以上的行政機構并不會存檔具體記録鄉里户口人名年紀等信息的户籍,而是由里、鄉、縣逐級上計的户口數目,諸如朝鮮平壤貞柏洞 364 號漢墓出土的《樂浪郡初元四年(前 45)縣别户口多少集簿》、安徽天長紀莊 19 號漢墓出土的《户口簿》。因紙本户籍的輕便,使縣級以上機構典藏具體記録編户民信息的户籍成爲可能。因書寫材料變化的關係,漢、唐政樞機關、州郡所藏户籍檔案的形式和内容雖然有所不同,但是,無論簡本户口集簿,還是紙本户籍,皆是這些機關掌握户口信息的基本依據,從其功用的角度而言,我們當然不能否認簡本“(户口)集簿”“户口簿”的性質就是“户籍”。這類“簿”重在對户口數目的記録,因此,在簡牘時代,又稱“户籍”爲“户數”“名數”“民數”等。[①]

總之,我們認爲,秦漢魏晋時期,簡本“户籍”分爲兩種形式:一類是縣、鄉收藏的具體登録户口人名年紀口食等的“籍”書,另一類是郡及中央掌握的記録與户口有關各項統計數據的“簿”書。簡本户籍在副藏縣廷的過程中,鄉不僅要將户口籍書“謹列”上去,同時還要統計户口數據,製作、呈報“户口簿”(諸如湖北荆州紀南松柏 1 號漢墓出土的《二年西鄉户口簿》)。具體在吴簡“南鄉謹列嘉禾四年吏民户數口食人名年紀簿”(壹・9088)中,南鄉不僅謹列了“吏民口食人名年紀”具體情况,其結計簡中也應有户口數據的統計“户數”和口食數。而縣、郡也正是通過彙總這類户口數上報中央,帝國政樞機關纔得以全面掌握國家的户籍數據。

附記:在文章的修改過程中,得到了侯旭東、鄔文玲先生的惠助,謹致謝忱!

① 韓樹峰先生對此有不同意見,請參見其作《名籍、名數、民數與户籍》,《田餘慶先生九十華誕頌壽論文集》,165–173 頁。

雲夢睡虎地出土秦律的性質*

[日]龍谷大學文學部　江村治樹著
中國社會科學院研究生院　單印飛譯

一　前言

1975年12月,湖北省雲夢縣睡虎地十一號墓中出土了多達1155枚(另有殘片80枚)的秦代竹簡。目前根據竹簡的格式和内容,被分類整理爲《編年紀》、《語書》、《秦律十八種》、《效律》、《秦律雜抄》、《法律答問》、《封診式》、《爲吏之道》以及《日書》甲、乙種等十種。[①] 其中,《秦律十八種》和《效律》是律條文彙編,均記有律名。《秦律雜抄》中也可見到律名,但它們是從各律條中以處罰内容爲中心截録的,不是完整的條文。這三篇可以稱之爲秦律,此外,《法律答問》也引用了非常簡短的律文。自竹簡發現以來,在中國和日本均引起極大關注,就是因爲其中包含了大量上述這樣的秦國法律律文。律文的數量雖然衹是一部分,但已超過了我們一定程度上有所了解的漢律的數量。而且,由於這些秦律的出土,不僅是秦國法律制度,而且是社會、經濟等方面活生生的新資料,以我們不敢奢望的程度出現在眼前。因此,這批資料在學界大受歡迎與期待是理所當然的。

但是,爲了利用這批出土秦律,有必要先明確其性質。爲此,從發現之初就不斷有學者

---

* 本文原刊於《東洋史研究》第40卷第1號,1981。

① 睡虎地秦墓竹簡整理小組編:《睡虎地秦墓竹簡》,北京:文物出版社,1978。這些竹簡的篇名在發現之初并不確定,後來根據字迹訂正的篇名比較確切。另外,可以參照永田英正《中國雲夢秦簡研究的現狀》(《木簡研究》2,1980)中的篇名對照表。

嘗試從各種角度闡明其性質。首先最初是在中國,明確了出土律是商鞅變法以後到始皇帝時期的秦律,[①]但當時正值所謂"儒法鬥爭"期間,受此影響,將其直接與導致始皇帝統一天下的秦國法家路綫聯繫起來,很少從律文本身探討其性質。但是,隨着"四人幫"被粉碎,以及史學界重新重視"實事求是",也開始從律文的具體内容來確定其性質,如黄盛璋、高敏等的嘗試。[②] 尤其是黄盛璋先生對出土秦律,從年代、性質、淵源等進行全面探討。黄先生首先對年代進行了嚴格的限定,根據有無避始皇帝之諱以及條文本身的具體内容,認爲其下限在始皇二十年以前,不包含始皇統一後修訂的法律,反駁了此前的"秦始皇之法"説。關於它的性質,他認爲,"秦律"(上述《秦律十八種》、《效律》、《秦律雜抄》)是官府的管理制度,其規定涉及的官吏一般都是直接負責制度執行的中央和地方(縣)的下級官吏;另一方面,"秦律説"(《法律答問》)是刑律的解説,與官府和民間均有關。此外,關於它的淵源,他指出,與刑律相關的"秦律説"與李悝《法經》有重疊之處,但作爲官府管理制度的"秦律",除了《秦律雜抄》中所見《盗律》外,應是和《法經》有着不同來源的律。即,商鞅的法律本身是以《法經》爲藍本,并參考其他國家法律以及秦國法律修訂而成的,由此發展而來的出土秦律律文的來源也是多方面的,特别是和三晋、齊國法律有關。高敏先生的看法與黄先生接近,認爲出土秦律不包含始皇統一後的東西,它是在商鞅秦律的基礎上逐漸積累、撰寫而成的,雖然和商鞅秦律有一定的區别,但它的基本精神和階級本質是一脈相承的。但是,關於商鞅秦律和出土秦律的關係,他認爲出土秦律是在大的篇目之下增加的細目,是正式律文之外的律。

其次在日本,秦簡釋文公開發表後,大庭脩先生先於中國學界,立刻就對律文本身的性質進行了全面探討。[③] 他認爲,其形成年代可能在始皇即位以前,統一後仍作爲現行法擁有效力。另外,律文本身可能不是商鞅所定律正文的六律之文,而是其後陸續增加的追加法。而且,從《田律》以下各律多是行政上的制度規定,以及多是違反情況下處罰規定的條文來看,應當與《晋書·刑法志》所記載的漢代"事律"的性質相似。堀毅先生也和大庭先生一樣,認爲各律文相當於李悝《法經》六篇以外的"事律",出土秦律是《法經》以後時代人們根據各地區、各時代的情況逐漸增補的。[④]

上述是根據律文本身理解其性質,但也可以從隨葬角度對其性質進行考察。大庭脩先生認爲墓主是低級法律技術官吏,出土律是他生前個人所喜愛使用的"律書"。[⑤] 永田英正先生也認爲,墓主身爲司法吏,爲了學習秦律,履行職務,將其用作參考書,節選出需要的部分

① 季勛:《雲夢睡虎地秦簡概述》,《文物》1976年第5期。

② 黄盛璋:《雲夢秦簡辨正》,《考古學報》1979年第1期;高敏:《商鞅〈秦律〉與雲夢出土〈秦律〉的區别和聯繫》,《雲夢秦簡初探》,北京:文物出版社,1979。譯者按:出版社信息誤,應爲:"鄭州:河南人民出版社"。

③ 大庭脩:《雲夢出土竹書秦律研究》,《關西大學文學論集》27-1,1977。

④ 堀毅:《雲夢出土秦簡的基礎研究》,《史觀》97,1977。

⑤ 大庭脩:《雲夢出土竹書秦律的研究》。

抄寫而成。[1] 古賀登先生也認爲它是墓主按照需要私自抄寫的,但其目的不是作爲治獄官的需要,而是爲了接受考試。[2]

將上述認識加以歸納:(一)出土秦律不過是當時存在的全部秦律的一部分,是墓主人爲了個人需要抄寫的;(二)其内容是官府的管理制度;(三)它不同於商鞅的六律,是商鞅之後逐漸增補的,但不包含始皇統一後的律。在考慮出土秦律的性質時,大體上可以認同上述認識,但若以秦律内容本身爲基礎,却很難説已經明確了其具體性質。首先,關於(一),可以説出土秦律衹不過是全部秦律的一部分,但它在全部秦律中到底處於怎樣的地位呢?特别是關於《秦律十八種》,我們甚至還不清楚它是墓主人根據自己的需要隨意抄寫的,還是爲了一定目的將其匯集爲一個東西抄寫的。其次,關於(二)官府的管理制度,黄盛璋先生認爲它是以中央、地方(縣)的下級官吏爲對象,但他并没有進行論證,特别是正文中甚至没有觸及是否包括中央官府,因此并非没有疑問。而且,作爲其管理對象的官府在秦國的官僚體系中處於什麽樣的地位也不明確。關於(三),出土秦律是否全部都是商鞅變法以後增補的(如上所述,黄先生認爲它是在整理包括商鞅制定的法律、秦舊律基礎上形成的)也有疑問,關於增補問題,也有必要搞清楚增補的形式。搞清楚增補的形式,顯然是探討出土秦律本身性質所必要的基礎工作。下面,本文將在關注上述性質諸問題的同時,將以出土秦律特别是律文彙編的《秦律十八種》、《效律》爲中心,根據其内容探討其性質。

二　出土秦律的律文形式

首先,從出土秦律的律文形式來考察增補問題。出土秦律中,公認條文所屬律名清楚、且各條條文均完整的律篇,是《秦律十八種》和《效律》兩篇。[3] 前者各律的條文數各不相同(缺少的衹有一條),而且内容也十分零散,無論如何也不能認爲是將各律彙集爲一篇的律。而後者,在一枚簡一面的上端寫有"效"字,其背面有可稱之爲此篇序文的如下句子:

> 爲都官及縣效律:其有嬴、不備,物直之,以其賈多者罪之,勿嬴。(《效律》簡 1 正,113 頁)[4]

---

① 永田英正:《中國雲夢秦簡研究的現狀》,《木簡研究》2,1980。

② 古賀登:《關於雲夢睡虎地某喜墓的秦律等法律文書隨葬情況》,《史觀》100,1979。

③ 一般是一條一簡,但也有僅八字的條文(《秦律十八種》簡 60,53 頁),以及像《徭律》(簡 115–124,76–77 頁)那樣長達 10 簡的長文。短的應是抄録的,長的則是由各自不同的條文集成的,但大體上長的律條在内容上有一定的聯繫性,應是條文不斷增補的結果。關於這一點還有探討的餘地,但由於所有條文的劃分都很明確,所以下文可以分别將其作爲一個條文來看待。

④ 簡號據睡虎地秦墓竹簡整理小組編《睡虎地秦墓竹簡》(北京:文物出版社,1977),頁碼據睡虎地秦墓竹簡整理小組編《睡虎地秦墓竹簡》(1978)釋文。下同。

因此,正面的"效"字應是該篇的標題,是縣和都官的"效",即與物資賬簿檢查有關的首尾完整的一篇律文。[①] 這是秦的效律,雖然不是與"效"有關的全部律文,[②]但根據出土位置、書寫格式和字體、條文數的多少、内容等,可確定它是一定程度上集成的律文彙編,是考察秦律律文形式的最合適材料。

《效律》也和其他竹簡一樣,編連的繩子已經腐朽,已無法窺知原來的排列順序。但嘗試通過内容對其分類整理,就會明白它呈現出以下相當整齊的結構。[③]

(1)對主管官吏的處罰規定

1.度量衡方面(《效律》,113–114頁)

2.贏不備方面

a.數(《效律》,115頁)、縣料(《效律》,116頁)

b.禾芻稿(《效律》,118–119頁)、公器(《效律》,120頁)、甲旅札(《效律》120頁)、皮革(《效律》,120頁)、漆(《效律》,122頁)

3.標識方面(《效律》,120、121頁)

4.會計方面(《效律》,123、125頁)

(2)與主管官吏有關的連坐規定(《效律》,113、117–118、123–124頁)

(3)倉中"效"的手續(《效律》,119–120頁)

此外還有一條與委輸有關的條文(《效律》,123頁),祇有這條與"效"没有關係,或有誤入的可能。

在上述三類中,(1)和(2)有密切關係。(1)是針對主管官吏的處罰規定,(2)是針對職務上與(1)有關官吏的連坐規定。另外,(1)的内容也緊密相聯。1與度量衡有關的條文恰好是檢查2贏不備的必要前提,3標識、4會計方面的條文也是檢查2贏不備時直接涉及的條款。對(1)(2)所含條文必須特别注意的是,大部分的主管官吏被記作"官嗇夫"。[④] 這種

---

① 睡虎地秦墓竹簡整理小組編:《睡虎地秦墓竹簡》(1978)。

② 首先,可以確定其是以縣和都官爲對象,與《秦律十八種》的《效》對比,其條款存在脱落(《秦律十八種》簡176,100頁的"至計而上廥籍内史"一條在《效律》中没有)等。

③ 以下的分類充其量祇是一種嘗試的方案。一般最先設立基本的事項,之後增加附則。《睡虎地秦墓竹簡》(1978)也是根據内容進行整理分類,但把和《秦律十八種》的《效》重合的部分集中在一起,整理方法上不一致。此外,(3)中也有與(2)有關的條款,我認爲没有必要將這些條文從文意上分開。

④ (1)(2)中有以官嗇夫以外者爲對象的條文,祇有漆工(《效律》簡46–48,122頁)、尉計和尉官吏(《效律》簡54,124頁)、司馬令史掾(《效律》簡55,124頁)三條。後二條應當都是參考其他律的規定,也可以認爲是一種附則。工的條文比較特殊,或許可以認爲和後述有關倉的條文性質相同。另外,條文中没有明確記載對象的有六條(《效律》簡11,116頁;簡25–26,119頁;簡39,120頁;簡41,120頁;簡45,121頁;簡50,121頁),這些都是與"效"的執行者相關的條文,規定了"效"時的文書事務、法律處理方法等。官嗇夫及其佐、史被免職時的"效"派遣官嗇夫本人或令進行(《效律》簡17–18,117頁;簡19–21,118頁;簡32–36,119頁),在其他律文中也没有見到有專門進行"效"的官職。以上没有特别指定官職的條文應當也是以官嗇夫爲直接對象的。

“官嗇夫”在《效律》以外的其他律文中也多次出現，應是對比令、丞地位低，像倉嗇夫、田嗇夫等那樣各種專職嗇夫的總稱。[1] 這樣説來，(1)(2)結構上規整的部分應當看作是各官府共通的一般性規定。

與之相對，(3)是與倉有關的條款，它雖然也是與“效”有關的規定，但和(1)(2)相比，在對主管官吏的稱呼和内容等方面都有本質區别，不能説是一般規定。這種不同性質的條文爲什麽會像這樣存在於一般規定當中呢？考察這個問題的綫索是，《秦律十八種》中《倉律》的條文有一部分文字幾乎與《效律》的内容完全相同。下面引用兩律文中一致的部分。

《效律》：入禾〇，萬石一積，而比黎之爲户。及籍之曰：“某廥禾若干石，倉嗇夫某、

《倉律》：入禾倉，萬石一積，而比黎之爲户。(而書入禾增積者之名事邑里於廥籍。)

佐某、史某、稟人某。”是縣入之，縣嗇夫若丞及倉、鄉相雜以封印之，而遺倉嗇夫及(36頁)

〇〇〇〇，縣嗇夫若丞及倉、鄉相雜以〇印之，而遺倉嗇夫及

離邑倉佐主稟者各一户，以氣人。【其出禾，有書其出者，如入禾然】。嗇夫免而效，

離邑倉佐主稟者各一户，以氣〇。【自封印，皆輒出，餘之索而更爲發户】。嗇夫免，

效者〇見其〇封及隄，以效之，〇〇〇〇〇，勿度縣，唯倉所自封印是度縣。(119頁)

效者發見〇雜封者，以隄效之，而複雜封之，勿度縣，唯倉〇自封印者是度縣。(35-36頁)

(這裏的〇主要是爲了文字的對應)

將這兩條的文字進行比較，可注意到《效律》比《倉律》多出的字句有“是縣入之”、“封”、“人”、“而效”、“其”、“所”等，應是爲了文意通暢而增加的。特别是“人”、“其”、“所”等字，它們應不是因爲意識到這是《效律》，爲了符合《效律》的文意而插入，而純粹是爲了讓條文通暢易懂而補的。相反，《倉律》中多出的文字有“倉”、“發”、“雜”、“而復雜封之”等，它們應不是單純爲了讓條文易懂而增加的。《效律》是檢驗物品與賬簿是否吻合的法律，對文書特别重視。上引律文中與廥籍相關的記述比《倉律》更加具體，【 】中是兩律中内容不同的部分，但可以看出其記述的是文書之事。相對而言，《倉律》是關於倉的管理規定，倉封印之事

[1] 鄭實：《嗇夫考——讀雲夢秦簡札記》，《文物》1978年第2期；高敏：《論〈秦律〉中的“嗇夫”一官》，《雲夢秦簡初探》。高先生認爲是縣中各類專職嗇夫的總稱，但都官也應當包含在内。

十分重要,這也可以從【 】内的部分看出來。"發"、"雜(封)"、"而復雜封之"等涉及到倉管理的核心,而對關注倉中禾數量的《效律》來説,即使省略也没有關係。因此,兩律中重複的部分,《倉律》不是將《效律》的條文進行加工節選而成,《效律》則可能是從《倉律》中截取的。也就是説,這些重複的部分,《倉律》方面是原文,《效律》則是盡量忠實於《倉律》條文,但爲了更容易理解文意增補了一些文字,并且將所有條文都改成以"效"爲核心。此外,《效律》中還有其他一些和《倉律》部分一致的條文,但都比《倉律》更爲簡略,它們也應當是從《倉律》中節選的。[1]

總之,《效律》中之所以存在着倉方面的不同内容,是因爲它是選取《倉律》中與"效"有關的部分,儘量保持原文的樣子抄録而成。因此,據此可以推測有關秦律形成的兩個情況:(一)各律形成的先後關係,以及(二)秦人對律文的保存非常嚴格。首先關於(一),上文已證明《倉律》的一部分比《效律》早,而《效律》中也有根據其他律抄録的,即下條:

官府臧(藏)皮革,數煬風之。有蠹突者,貲官嗇夫一甲。(《效律》,120頁)

與這個條文内容幾乎相同的是《秦律雜抄》中《藏律》的"臧皮革蠹突,貲嗇夫一甲,令、丞一盾"(136頁)。這個《藏律》的條文比《效律》簡略很多,由於《秦律雜抄》本身衹抄寫了與處罰有關的條文,所以不能簡單地認爲它是從《效律》中截取的。相反,這個條文置於以物品和賬簿關係爲中心的《效律》中,是關於物品管理本身的規定,應當是從《藏律》中特别是與"效"有關的内容中原樣截取的吧。像這樣,《效律》中留有從其他律文原樣抄録的痕迹,據此可推測這個律是在某個時期參照其他律,追加形成爲一篇新律。亦即,被歸爲《效律》的(1)(2)中以官嗇夫爲對象的各官府通用的規定,雖有從《藏律》中抄録的,但大部分可能都是在編纂《效律》時新彙集的,而且也正因爲如此才將這些條款彙編爲一個律。關於《效律》的形成年代,由於律文中有不避秦王政諱的"正"字,因此它應是在秦王政即位(前246)以前形成的。[2] 而關於它的上限,根據條文中已有與錢有關的條款,可以確定它應在商鞅之後的惠文王二年(前336)"初行錢"[3]之後。應當認爲就是在此期間,或者由於秦國依據已有的律文無法進行"效"的工作,或者由於當時出現了對所有官府的物品管理進行控制的需要,秦國開始獨立編纂新的有關"效"的律。

另一方面,已確定《倉律》的部分内容比《效律》形成早,但它是何時形成的呢?《效律》抄録《倉律》時,將其詞語變得更加通俗易懂,顯示出當時《倉律》的詞語非常難懂,是否正意

---

① 《效律》簡37-38,120頁;《秦律十八種》簡26-38,36-38頁。
② 黄盛璋:《雲夢秦簡辨正》。
③ 《史記·秦始皇本紀》、《史記·六國年表》。

味着它的形成很早。關於上文引用的"縣嗇夫",以往有説法認爲其指縣令、長,[①]但没有説明爲何會有這樣的稱呼。或者它是孝公十二年(前350)在縣設置令、丞以前的稱謂。[②] 這樣一來,《倉律》就可能是在商鞅變法以前形成的非常古老的法律。《倉律》的有關條文是針對倉詳細的管理規定,是根據現實管理的需要而制定的。我們很容易設想,對於戰國時期國家而言,糧食保障是最重要的事情之一,有必要對其進行嚴格管理。另外,再來看刑律,作爲管理規定的律,具體的物品管理方面的規定顯然應當早於抽象的一般規定。從這些方面來看,《倉律》核心部分的形成應當是非常早的事情。關於其他法律這裏無暇做更多的探討,但通過上述考察是否可以就官府管理制度的秦律的形成過程得出下述結論:秦國從很早以前就存在基於現實物品管理的需要而編纂出來的各種律,而在商鞅變法以後的某個時期,出於對所有官府物品管理進行統制的需要,重新編纂了更爲普遍性的律。亦即,可以推測管理制度的秦律的形成過程至少分爲兩個階段:形成《倉律》這種以個别規定爲中心的時期,和形成《效律》這種各官府通用律的時期。特别是使用"官嗇夫"一詞的條文,或許就在第二階段。而且,在這兩個階段之間,秦很可能在官制上進行了較大的調整,但從現有文獻還無法加以證明。

其次,想觸及(二)秦人對保存律文的態度。如上所述,編纂新律時是將相關的已有法律原樣截取,從這一點來看,其對現行法律的保存很可能是同樣的。亦即,即使是在一個律中對條文加以增補的場合,也是對舊律不加改訂而原樣保存下來。也正因爲如此,舊律的語句在當時仍然難懂,因此《法律答問》這樣的書也就變得很有必要了。[③] 另外,《秦律十八種》中《倉律》的倉管理規定是以禾(穀子)爲中心,是僅適用於以秦固有領土的關中爲中心的北方地區的規定,[④]但同時《倉律》中也存在明顯是針對以稻爲對象的巴、蜀等南方地區的條文(《秦律十八種》,41、43頁)。後者是秦在占領南方地區之後追加的條文,與之相對,前者很可能是在秦的領土僅限於關中的早期形成的。這一點也可以從前者包含了很可能是非常古老的"效"的有關條文得到佐證。還可以見到其他認爲是關中爲中心的規定,[⑤]秦律本來都是

① 睡虎地秦墓竹簡整理小組編:《睡虎地秦墓竹簡》。

② 《史記·商君列傳》:"集小都鄉邑聚爲縣,置令、丞,凡三十一縣。"《史記·秦本紀》:"并諸小鄉聚,集爲大縣,縣一令,四十一縣。"《六國年表》中也有大致相同的記載。《商君列傳》中雖有令、丞,但其他衹記載了令,丞是否也一起被設置存有疑問。嗇夫可見於《左傳》昭公十七年所引《夏書》,可能是古老的官名,但丞是否是古官名尚不明確。另外,《法律答問》中"辭者不先辭官長、嗇夫。可(何)謂官長?可(何)謂嗇夫?命都官曰長,縣曰嗇夫。"(簡95,192頁)可以解釋爲這時縣的長官已經改稱爲嗇夫。但是《語書》在開頭部份有"南郡守騰謂縣道嗇夫"(簡1,15頁),但之後又改稱説"令丞"。這裏的縣、道嗇夫作爲文書開頭的稱呼可能是使用古老説法作爲雅號。

③ 《法律答問》中除了對法律適用上的具體解釋外,還包含很多對語句本身的解釋。

④ 《周禮·職方氏》中有"雍州……其穀宜黍稷"。

⑤ 《田律》的一條(簡1-2,24頁)是重視雨水的旱地農作法,不是與稻作有關的規定。另外,《司空律》中(簡131,83頁)有關於使用柳或其他柔質木材作爲公文書用簡牘規定的條文,這應當也不是針對竹子豐富的南方地區的規定。

以關中地區爲對象形成的,將那些舊條文原樣保存的同時再加以增補而成。

三　出土秦律的適用範圍

(一)管理内容與適用官府

《秦律十八種》中所包含的各篇律的條文數量各不相同,多的達 26 條,少的僅有 1 條。而且,各個律的規定内容也没有一定的傾向性。所以,乍看之下會有《秦律十八種》是單純的没有規律的條文集之感。但是,這些條文雖已經散亂,但它們是從墓主身體的一定部位集中出土的,其書寫格式也是固定的,能够和置於其他部位的竹簡相區别,而且竹簡本身還有編繩的痕迹。因此,可以設想它們本來是作爲編連好的一卷書隨葬的,是爲了某種目的編輯爲一卷書的。所以,對這些條文按照各律分别進行考察是没有意義的,有必要從其内容進行整理,探求將其彙集爲一卷書的意圖。

没有迹象表明這個現在名之爲《秦律十八種》的竹簡本身是有篇目的,從外部來看完全没有綫索。但是,它的内容明顯是涉及官府人、物兩方面的管理制度。首先,有必要從各個管理内容對條文進行分類整理,明確哪個部分是主要部分。以下整理衹不過是一種嘗試性的方案,即將《秦律十八種》的各條文大體分爲七個管理項目。([　]内是律名、條文數、簡號。一個條文中含有兩種以上適用對象時,將根據這條材料被引用的意圖來分類。)

(1)官吏方面

1.任免[置吏 3(158—162)、内史雜 5(189—193)]

2.文書[司空 1(131—132)、行書 2(184—186)、内史雜 3(187—188、197—198)、尉雜 2(200—201)]

(2)勞役方面

1.管理[倉 1(61—62)、金布 1(76)、繇 1(115—124)、司空 6(137—153)、軍爵 2(154—157)]

2.衣食供給[倉 8(48—60)、金布 2(90—96)、司空 2(134—136)、屬邦 1(202)]

(3)物品方面

1.管理[金布 6(70—75、80—89)、司空 4(125—130)、效 2(178—179)、内史雜 1(199)]

2.對百姓的貸給[廄苑 1(15)、金布 1(77—79)、工 3(101—107)]

(4)倉方面

1.管理[田 1(10)、倉 4(21—32、63)、效 6(163—177)、内史雜 2(194—196)]

2.糧食供給[倉 11(33—37、41—47)、傳食 3(180—183)]

(5)錢布方面[金布 5(64—69)、關市 1(97)]

(6)工方面［工 3(98—100)、工人程 3(108—110)、均工 2(111—113)］

(7)農牧方面

1.農［田 4(1—9、11—12)、廄苑 1(13—14)、倉 2(38—40)］

2.牧［廄苑 1(16—20)］

首先,(1)雖是官吏方面的,但這裏集中的是對(2)以下具體的人、物進行管理的一般官吏的通用規則。關於 1 任免,條文中明確記載作爲其對象的官有尉、官嗇夫(也包括苑嗇夫)、佐、史、禁苑憲盜等,以官嗇夫以下的下級官吏爲中心,不包含令、丞。《置吏律》中有"縣都官十二郡免除吏及佐群官屬"(94 頁),這裏的"吏"、"群官屬"也與縣等的任免有關,指的可能是官嗇夫以下。[1] 所以據此可以推測,《秦律十八種》彙集的是以官嗇夫以下爲對象的規定。2 文書,包括文書材料即木簡的調撥(簡 131-132,83 頁)、文書的接收與傳送(簡 184-186,103-104 頁)、文書存放地書府的防火規定(簡 200-201,109 頁)等文書行政方面的基本條款。其他還有一條《内史雜》(簡 187,104 頁[2])和二條《尉雜》(109-110 頁)是有關律的處理的規定。以上,1 和 2 在内容上有一致性,特别是 2,感覺主要是將與文書行政有關的主要事項彙集在一起。

(2)勞役方面,是以官府中各種勞役者即城旦舂、鬼薪白粲、下吏等刑徒和隸臣妾爲對象的規定。[3] 1 管理方面,《司空律》中的四條(簡 138-145,84 頁;簡 146-151,89-91 頁)是與監督城旦舂等勞役的城旦司寇有關的規定,其中一條是關於監督那些欠官府債務以及有罪應贖者要服城旦舂等勞役的長文規定。《金布律》中的一條(簡 76,60 頁)、《司空律》中的一條(簡 137,88 頁),也都是針對贖債務以及刑罰服勞役者的規定。《倉律》(簡 61-62,53 頁)、《司空律》(簡 152-153,91 頁)、《軍爵律》(簡 156-157,93 頁)各一條,都是爲了將隸臣妾、工隸臣身份贖爲一般庶人所需條件的相關規定。這一項所包含的内容,從另一方面來看,是有關補充勞役者的規定,也可以看作是一種管理勞役者的條款。另外,《軍爵律》中的另一條(簡 154-155,92 頁)是關於因從軍應被賜爵或賞賜者死亡的場合,其繼承者又獲罪耐遷時,是否可以繼承父親的爵位和賞賜的規定。前引《軍爵律》中有通過歸爵來免除其父母隸臣妾身份的規定,因此應當也可以用來贖刑罰。[4] 這條和爵相關的條文也應是因爲與贖罪等有關而包含在此項之中。另外,《徭律》(簡 115-124,76-77 頁)的主要内容是縣使用刑徒

① 《内史雜》中有"官嗇夫免,□□□□□□□其官亟置嗇夫。過二月弗置嗇夫,令丞爲不從令"(簡 189,106 頁),官嗇夫由令任免。《置吏律》中的一條(簡 160—161,94 頁)的"吏"可能也是指官嗇夫。

② 譯者案:原文爲 140 頁,應爲 104 頁。

③ 隸臣妾應與一般的刑徒不同(高敏:《關於〈秦律〉中的"隸臣妾"問題質疑》,《雲夢秦簡初探》),但是出土秦律的條文中有關衣食供給等的規定是和城旦舂等記録在一起的,因此都應作爲勞役對象來看待。

④ 《商君書·境内篇》中有"爵自二級以上,有刑罪則貶。爵自一級以下,有刑罪則已"的記載。

建築、修理禁苑、牛馬苑的圍牆和官舍時的規定。[①] 以上關於勞役者的管理,彙集了大量與刑徒有關的管理監督規定,但關於隸臣妾,除了贖其身份的相關規定外,完全看不到其他規定。這或許是因爲隸臣妾不是以普通群體進行工作,不需要監督。2 衣食供給也可以説是一種管理規定,但爲了整理的方便另設條目。《倉律》中八條(簡 48-60,48-53 頁)是分别針對隸臣妾、城旦舂等勞役的非常詳細的糧食供給規定。《金布律》中的一條(簡 94-96,67 頁)顯然是對隸臣妾和城旦舂、府隸發放衣服的規定,但另外一條(簡 90-93,66 頁)供給衣服的對象却不明確。這裏也包含了一部分給囚徒發放褐衣的條款。《司空律》中的二條(簡 134-136,87-88 頁)是不向隸臣妾、城旦舂的司寇徵收衣食費用,向公食的城旦舂徵收多少費用等的規定。《屬邦律》(簡 202,110 頁)是道官在輸送隸臣妾或捕囚時給予衣食的相關規定。

(3)關於物品方面的 1 管理,《金布律》中的一條(簡 72-75,58 頁)是關於都官的有秩吏、離官嗇夫、佐、史等所能使用養、車牛、見牛者的法定數的詳細規定,它可能與《司空律》三條(簡 126-130,81-82 頁)公車牛的使用規定有關。以上都是與官吏個人的使用物品相關的規定,而關於官府的一般物品,有《金布律》中的二條(簡 86-89,64-65 頁)、《司空律》中的一條(簡 125,80 頁)等物品(傳車、大車、版築用材、鐘虡的横木等)廢棄的相關規定,其中兩條明確記載是縣、都官的規定。另外,《内史雜》中的一條(簡 199,105 頁)是專門關於内史的都官從物品的賬簿上注銷和補充的規定。《效律》中的二條(簡 178-179,101 頁)是關於公器登記(標識記録)和"效"的處罰規定。另外,《金布律》中的二條(簡 80-85,61-63 頁)也包含了與"效"有關的規定。而《金布律》中剩下的一條(簡 80-81[②],58 頁)是關於物品輸送、接收的會計方面的規定。這裏也包括工的製品輸送的相關條款,有必要和(6)工的方面聯繫起來考慮。以上是與物品管理有關的條文,總之,從縣、都官的物品登記到廢棄以及"效"(檢查用品)的規定彙集在一起,形成一個彙編。2 向百姓借貸的條文也可以説是物品管理的一項業務。《工律》中的三條(簡 101-107,70-72 頁)是貸給公器、公甲兵的規定。其中兩條本來是有關標識規則方面的條文,被引用到這裏是因爲其關於借貸方面的條款非常詳細。《廄苑律》中的一條(簡 15,32 頁)是貸與鐵器的相關規定,但没有明確記載其貸與對象。另外,《金布律》中的一條(簡 77-79,60 頁)是有關百姓、隸臣妾借用公器等的賠償條款,規定了當其不能償還時官嗇夫等的責任。此條文也可以歸入(2)勞役方面。

(4)與倉有關的《倉律》的條文(簡 21-32,35-40 頁)是關於禾、芻稿等從入倉到出倉、增積以及"效"等的非常詳盡的規定,可以明顯看出内容具有一致性。《田律》中的一條(簡 10,28 頁)也是一條與《倉律》所見管理規定有關的條文。而且,除了這種與倉本身有關的管理

① 條文中"興徒"之徒的監督者是司空或君子,因此其可能是刑徒,或者也可能是一般的徭役者。

② 譯者案:原文爲 71,應爲 81。

規定之外,還有一條《倉律》(簡 63,54 頁)和一條《内史雜》(簡 195-196,108 頁)有關倉的管理規定,由此也可以看出對倉管理的慎重。《秦律十八種·效律》的條文,除了上述(3)物品方面的 1 管理所含兩條外,其餘都是與倉相關的"效"的規定。倉管理中"效"的條款在數量上也占大部分,可知其爲倉管理中的重要工作。另外,《内史雜》的另一條(簡 194,108 頁)也應當視爲與"效"有關的條文。其次,關於 2 糧食供給,供給對象有官吏、勞役者、牛馬等。其中勞役者也包含在(2)勞役方面的 2 中,但可能也作爲倉管理的一環包含在其中。關於牛馬,《倉律》的一條(簡 47,47 頁)是對傳馬、縣馬供給禾的條款。另外,關於官吏,《倉律》(簡 44-46,45-47 頁)中有對使者和押送刑徒者供給、貸給糧食的規定,《傳食律》(簡 180-183,101-103 頁)也有對使者的供給規定。不過這些都是臨時性的,《倉律》中還有很多其他關於供給方面的條款如對客供給或賞賜等特殊情況的供給規定。《倉律》中針對官吏常規的供給規定完全缺失,可能是其衹摘引了特殊的供給規定。

(5)錢布方面的《關市律》(簡 97,68 頁)是針對製作官府外包物品的商賈這類人的條款,規定了賣物品時受錢的方法。《金布律》五條(簡 64-69,55-57 頁)包括官府受錢時的封印法,行錢的禁止,關於錢與布的基本規定等。這些錢布方面的條文或許都和《關市律》一樣,是與官府外包手工業者、商人的管理密切相關的規定,[①]但引用的衹是很少的一部分。

(6)工方面包含了《工人程》、《均工》的所有條。《工律》三條(簡 98-100,69-70 頁)是關於製作器物的規格、賬簿製作的標準、度量衡的校正等器物製作以及登記的一般規定。《工人程》和《均工》中的一條是隸臣妾和刑徒從事工的工作時的規定,或許也應該包括在(2)勞役方面。《均工》的兩條是有關工的教育的規定。這些與工有關的條文,涉及器物製作本身的規定非常少,而且各條從内容上彼此也没有聯繫。或許有必要將它們和(3)公器方面聯繫起來考慮。

最後談一下(7)農牧方面。關於 1 農,《田律》的三條(簡 1-3,24 頁;簡 8-9,28 頁;簡 11-12,29-30 頁)是關於田地降雨或受灾的縣有上報義務,按受田頃數交納芻稿,對乘馬服牛者和大田無恒籍者給予糧食,禁止百姓在田間販賣酒等規定。另外《廄苑律》(簡 13-14,30 頁)是對田牛的考課規定。以上條文中出現了"受田"、"豤不豤"、"大田"[②]等用語,這些農業方面的規定可能是與縣開墾土地有關的條文。這樣一來,《倉律》的二條(簡 38-40,43-44 頁)中稻、麻、禾、麥、黍、荅、叔的每畝播種量以及縣對用作種子的麥的儲藏規定,也能和縣的開墾土地聯繫起來。另外,《田律》中剩下的一條(簡 4-7,26 頁)應是關於山林藪澤和禁苑

---

① 以往研究已指出,秦製陶業中存在官府外包私營手工業者的現象(袁仲一、程學華:《秦代中央官署製陶業的陶文》,《考古與文物》1980 年第 3 期)。

② 《吕氏春秋·勿躬》:"墾田大邑,辟土藝粟,盡地力之利,臣不若寧遬,請置以爲大田。"這裏引用的是管子的話,但由於是在秦國的書上引用的,所以秦律中的大田可能是與之相近的官。

的規定,條文内容是以其附近居住的百姓爲主要對象的。增淵龍夫先生指出,戰國時期山林藪澤被大量開墾,漢代也曾開放禁苑允許農民開墾。[①] 因此,也可以將這一條文看作是以開墾土地的百姓爲對象的。以上農業方面的各條文内容涉及多個方面,是分散性規定,不能將其看作是對開墾地經營管理的規定等那樣内容一致的東西。可能存在其他直接管理開墾地的機構,但這裏衹引用了與縣有關的條款。2 牧方面的條文可能衹有《廄苑律》的一條(簡 16–20,33 頁)。[②] 此條的適用對象有放牧公馬牛、朝廷廄馬牛者,乘服公馬牛者,以及縣、都官中管理公服牛者,其内容全部是關於馬牛死亡情況下的處置規定,多少都和縣有些關係。這一條很可能也是因爲與縣有關而被引用。

以上對每個管理項目的内容進行了討論。對每個項目中,能够區别出整體具有一致性的項目,和與之相反由散亂的條文彙集而成的項目,這一點很明確。如果將這個《秦律十八種》看成是與官府管理制度相關的一個彙編,那麽其具有一致性的東西就是它的管理對象。從以上分類項目來看,(1)官吏、(2)勞役、(3)物品、(4)倉四方面是管理的主要部分。由於可以預想,與之相對,没有一種統一感覺的(5)錢布、(6)工、(7)農牧方面是各自獨立的生産體,因此引用的與主要部分關係不大的,是從屬部分。而且,這些内容上有一致性的主要部分,應不是衹限於一個官府内就可完成的管理工作。

那麽,這個官府應當是什麽官府呢?《秦律十八種》各條文很多都没有明確記載其直接針對的官府。這其中出現特别頻繁的官府是縣和都官。另一方面,明確以郡爲對象的條文,衹有上引《置吏律》一條。而且此條寫作"縣都官十二郡",也是適用縣、都官的規定。另外,郡以外的官府還可見到内史、大倉、大内、少内等,但是這些官府名出現的次數相對縣和都官來説要少,而且大多數情況下都是與縣、都官有關時出現。進而,《秦律十八種》的分類項目中,與(3)物品和(4)倉方面直接有關,而且連條文都有重合部分的《效律》本身,其前文中限定了適用範圍爲縣和都官。這樣一來,將現在名之爲《秦律十八種》的書看成是關於縣、都官管理條文彙編的看法應當大致不錯。亦即,可以説《秦律十八種》是將爲了履行縣、都官管理工作所需要的條款,從各律中抽取出來彙編而成的書。

但是,這些摘選出來的條文是否是關於縣、都官管理工作的全部條文,還存在疑問。雖然要探討這一點是不可能的,但因爲是從各律中摘選的一定程度的彙編,因此至少應當涵蓋了主要的管理工作。特别是内容集中的(1)—(4)中,除了(1)是針對官吏的通用規則外,(2)—(4)是縣、都官的主要管理工作。(5)—(7)没有集中主題的部分,可以猜想存在於其他獨立的管理機構的條文,因爲與縣、都官有直接關係而被引用了。要言之,可以認爲,縣、

① 增淵龍夫:《先秦時期的山林藪澤與秦的公田》,其著《中國古代的社會與國家》,東京:弘文堂,1960。

② 這條律文的律名殘缺。《睡虎地秦墓竹簡》將其歸入《廄苑律》中。

都官在對以刑徒爲中心的勞役者、物品以及倉進行直接管理的同時,對外包的手工業者、商人以及工人、開墾地的農民、公牛馬的放牧者等也施行間接的管理。

(二)適用官府的官制位置

上文證明了《秦律十八種》是關於縣、都官内部管理工作以及其他機構中與之相關的管理工作的條文彙編。那麼,縣和都官在秦國的官制中處於怎樣的位置呢? 爲了明確出土秦律的性質,有必要首先搞清楚這一點。

首先,我們必須給不見於秦傳世文獻、學界意見分歧最大的都官在官制上定位。關於都官,現有學界有中央官和地方官兩種根本不同的觀點。持中央官説者認爲,它和漢代文獻中出現的"中都官"意思大體相同,指朝廷直屬的官僚機構。① 但是,于豪亮雖然總體上也認爲是朝廷直屬的官僚機構,但與"中都官"指京師的中央機構相對,出土秦律中出現的都官則是指分設在地方的中央官。② 可是,"中都官"一詞包括"都官"在内在漢初都不曾出現,③這一詞在漢代是否是原樣繼承秦的還有疑問。另一方面,工藤元男先生考慮到這一點,認爲出土秦律中所見都官是戰國秦郡縣制一環的一個地方行政機構。④ 他認爲都官是爲了在擁有强大宗室貴族勢力的邑(包括後來的侯、君的封邑)中滲透中央政府的統治而設立的官,但隨着統一六國後一元化郡縣制的建立被廢止。漢代諸侯王仍將中央各官府稱爲都官,衹不過是其名的殘留罷了,都從諸侯王的國都轉變爲京師專有稱呼後,京師的諸官府也被稱作"都官"。正如他所説,確實存在都官與縣并列被認爲是地方行政機構的條文。⑤ 但是,與其認爲都官是和縣對等的獨立機構,不如説它是隸屬於縣的官。于豪亮先生論證了漢代也存在中央官府在地方分設機構的例子。⑥ 由此也可以推想這種被認爲是地方行政機構的,可能是中央官府的派出機構。但是,不能把出土秦律中設在縣裏的都官都理解爲中央官府的派出機構。

出土秦律中有條文表明都官和中央有着密切的關係。《廄苑律》中有對縣、都官的公服牛一年中的死亡數進行考課的所轄官府;"内史課縣,大倉課都官及受服者"(簡 20,33 頁),

---

① 大庭脩:《雲夢出土竹書秦律的研究》;睡虎地秦墓竹簡整理小組編:《睡虎地秦墓竹簡》(1978);睡虎地秦墓竹簡整理小組編:《睡虎地秦墓竹簡》(1977)。

② 于豪亮:《雲夢秦簡所見職官述略》,《文史》第 8 輯,1980。另外,他還詳細論證了漢代的中都官是京師的中央機構。

③ 《史記》、《漢書》中衹能見到漢武帝以後的記載。特别是出現在昭宣時期的詔書中,由此可知它已成爲一種法律用語,此前的情况則不清楚。

④ 工藤元男:《睡虎地秦墓竹簡所見都官》,《史學雜誌》89-12,1980。

⑤ 《秦律十八種》簡 44,46 頁;簡 86-87,64 頁;簡 131-132,83 頁;簡 187,104 頁。另外,簡 199,105 頁也應是《内史雜》的條文,和簡 187 一樣,應是關於内史縣所屬都官的。

⑥ 于豪亮:《雲夢秦簡所見職官述略》。

都官與縣不同,接受的是被認爲是中央官的大倉[①]的考課。這應該是因爲都官是從中央官的大倉直接領取牛的糧食。與之相對,縣因爲有縣倉,它的糧食供給和大倉無關,而是受其直接上級官府内史的考課。此外,《金布律》中關於公器廢棄的條文(簡86,64頁)規定,縣可以獨自處理,而都官廢棄的公器必須輸送到大内,這表明都官與京師府藏的大内關係較近。[②]進而,正如《倉律》"縣上食者籍及他費太倉,與計偕。都官以計時讎食者籍"(簡37,42頁)所反映,縣將食者的賬簿和其他費用的賬簿在上計時一起上呈給大倉,而都官則自行對其賬簿進行檢查。這也可以認爲,與大倉較近的官府都官由於直接從大倉領取糧食,其計簿理當放在大倉,衹需要自己進行檢查,而不需要上呈。而且,在《倉律》的一條(簡44,46頁)中,都官吏、都官人是和宦者一起記載的,這點也顯示都官和中央有很深的關係。[③] 如上所論出土秦律的都官,既不能説是於先生認爲的均是分設在地方的官,也不能説是工藤先生認爲的和縣并置的地方行政機構。都官是指中央京師諸官府的同時,也應當是指派往地方機構的用語。另外,關於指中央官府的都官一詞在漢初没有出現這一點,在《漢書・百官公卿表》中關於諸侯王國有如下記載:"有太傅輔王,内史治國民,中尉掌武職,丞相統衆官,群卿大夫都官如漢朝"。此條雖是關於漢初諸侯國中央機構的記載,但據此應當可以斷言作爲諸侯國模板的漢朝的中央官府也稱都官。

高敏先生雖然也認爲都官是地方官,但却没有提出證據。[④] 而何四維先生認爲都官是皇帝任命的所有的官吏,[⑤]但是將都官和縣并提這一點又該如何解釋呢?都官衹能理解爲是和縣相對而設的。

其次,關於縣似乎不存在都官那樣麻煩的問題。縣一般被認爲是管理秦固有領土的内史[⑥]和地方郡下屬的地方行政組織。但是,由於出土秦律中關於與縣相關的内史存在若干問題,所以想稍微觸及。如上所述,《秦律十八種》中完全没有明確記載縣和郡關係的條文,但有幾條明確記載縣和内史關係的條文。[⑦] 關於這個内史,研究者間意見分歧很大。一種説法

---

① 《史記・高祖本紀》中有"蕭丞相營作未央宫,立東闕北闕前殿武庫太倉"的記載,在首都長安。秦代應該在咸陽。

② 《史記・孝景本紀》集解引韋昭注。

③ 據此,宦者、都官吏、都官人通常是由縣支付糧食。這種情況也應該認爲是針對中央派遣到縣的宦者、都官的規定。

④ 高敏:《從雲夢秦簡看秦的幾項制度》。

⑤ A.F.P. Hulsewé, *The Ch' in documents discovered in Hupei in 1975*, (*T' oung Pao*, Vol. LXIV, Livr. 4-5, 1978)。

⑥ 鐮田重雄:《秦郡官制》,其著《秦漢政治制度研究》,日本學術振興會,1962。

⑦ 簡20,33頁;簡86,64頁;簡28,38頁;簡35-36,41頁。後兩條并没有明確記載是針對縣的規定,但如上所述,《秦律十八種》若是關於縣和都官條文的彙編,那麼它們就應當是有關縣倉的規定,另外,《内史雜》中與縣相關的條文也應當是内史下的縣。

認爲是《漢書·百官公卿表》所載"内史,周官,秦因之,掌治京師"治理秦固有領土的内史,[①]另一種説法認爲是同見於《百官表》的"治粟内史,秦官,掌穀貨"的治粟内史。[②] 高敏先生的看法和後者治粟内史説相近。[③] 他對上述與内史相關的條文内容進行歸納,認爲内史是管理封建國有制經濟的官,這個官在秦統一以後改稱爲治粟内史。可是,出土秦律很明顯彙編的是與縣、都官有關的法律,而不是爲内史彙編的律。因此,首先不會認爲這裏包含了内史的所有職掌,不能這樣一概而論。另外,工藤元男先生還提出了下列説法,即認爲出土秦律中的内史是兼具《百官表》中内史和治粟内史二官職能的官。[④] 他認爲内史在其下設太倉和大内,通過這兩個官對縣、都官的糧草、財貨進行管理,是所謂財政總長官。而且這種内史在秦統一過程中逐漸將下屬的太倉、大内分離出去,形成治粟内史,剩下的機構改編爲掌治京師的官。他的思考方法也是重視出土秦律中内史所含的治粟内史要素,和高先生的説法存在同樣的疑點。另外,根據出土秦律很難確定他所説的内史與大倉、大内的關係。[⑤] 説大倉、大内不是治粟内史所屬機構雖然没錯,[⑥]但也不能説這兩個官就是内史的屬官。或者在秦統一後,在内史之外另設了統轄大倉、大内等掌治"穀貨"官的官府。

出土秦律中的内史,是否就是"掌治京師"的内史呢?這個内史和郡與縣的關係一樣,是管轄内史地區所有縣的官。如上所述對縣財政方面工作的參與也是其中的一項。出土秦律的内史此外也參與對工師的監督。[⑦] 此事可以和秦製造兵器的工師直屬於郡守相對應。[⑧] 而《史記》所見秦的内史也領軍到内史以外的地區出征,這裏的内史與其説是財政方面的官,不

---

① 睡虎地秦墓竹簡整理小組編:《睡虎地秦墓竹簡》(1977);睡虎地秦墓竹簡整理小組編:《睡虎地秦墓竹簡》(1978);于豪亮:《雲夢秦簡所見職官述略》;太田幸男:《關於湖北睡虎地出土秦律之倉律(一)》,《東京學藝大學紀要》(社會科學)31,1980;等。

② 睡虎地秦墓竹簡整理小組編:《睡虎地秦墓竹簡》(1977),34頁;鄭實:《嗇夫考——讀雲夢秦簡札記》;Hulsewé, *The Ch' in documents discovered in Hupei in 1975*;林甘泉:《秦律與秦朝的法家路綫——讀雲夢出土的秦簡》,《文物》1976年第7期。

③ 高敏:《從雲夢秦簡看秦的幾項制度》。

④ 工藤元男:《睡虎地秦墓竹簡所見都官》(史學會第七十八屆東洋史部會概要,1980)。這是《睡虎地秦墓竹簡所見都官》報告的概要。本來應該在論文發表後引用,但由於是與本文有直接關係的重要報告,故特意請求他允許在此引用。若對概要存在誤讀還請諒解。

⑤ 工藤先生認爲與兩者有關的條文有:《秦律十八種》簡8-9,27頁;簡21-27,35頁;簡28,38頁;簡102-103,71頁;簡104-107,72頁;簡111-112,75頁等。除最後一條外,均没有出現各自的官名,是根據規定内容進行的推測。另外,最後一條應也是以内史和縣的關係爲中心的規定,大内不一定屬於内史。

⑥ 《漢書·百官公卿表》中有"秦官,掌穀貨"的記載,它的屬官有太倉。大内雖然也和《百官表》的"貨"有關,但不能看作是它的屬官。但是,《史記·孝景本紀》中六年條"治粟内史爲大農。以大内爲二千石,置左右内官,屬大内",由於將治粟内史改爲以"穀"爲中心的官,因此職掌"貨"的大内獨立爲二千石的官。衹是《百官表》中没有見到大内。

⑦ 《均工》:"工師善教之……盈期不成學者,籍書而上内史。"(簡111-112,75頁)

⑧ 若看秦國的銅戈銘文,一般都在督造者郡守的名下刻有工師名(李學勤:《戰國時代的秦國銅器》,《文物參考資料》1957年第8期),由此可知工師不是直屬縣而是郡的。

如說是和郡守相似的軍政官。[①] 工師直屬於内史不也正反映了内史的軍政官性質嗎？出土秦律中存在與“掌治京師”的内史有關的縣的條文，也完全可以從上文所述秦律的形成情況得到證明。秦律本來就是秦固有領土的内史之律，條文中包含“掌治京師”的内史是理所當然的。

四　結語

以上以出土秦律中的《秦律十八種》和《效律》爲中心，對其性質進行了探討，可以説它們均是將與縣和都官管理工作中有關的律文進行彙編的書。特别是《秦律十八種》，可以將其看作是與縣和都官現實管理工作中主要部分有關的條文彙編在一起的一部書。另一方面，《效律》是《秦律十八種》主要内容的一部分，也就是有關“效”的部分，或許也可以看成是《秦律十八種》的附篇。總之，兩書可以看作是一套書。

那麽，這些書是爲了什麽目的彙編在一起的呢？它的出土地是湖北省雲夢縣，它過去是秦的南郡之地。另外，出土秦簡中也可看到有涉及南郡的部分，[②]特别是被認爲是這部書所有者的墓主喜，曾歷任安陸□史、安陸令史、鄢令史等職，[③]實際是南郡下轄縣的官吏。并且，由於從這些書不是木簡而是竹簡，可知這是根據實際需要在當地即南郡之地書寫的。所以，這些書中所含的條文應是爲了適用於南郡下轄縣而書寫的。

但是，那些條文中包含了與中央官府官的都官，以及明顯是“掌治京師”的内史下轄縣有關的條文，對此怎樣理解才好呢？關於都官，或者是爲了設在縣的都官引用的，或者是秦律條文本身是對將都官、縣和官制上同一級别的官府一起規定的，所以一起引用。但是，似乎不能將與内史相關的條文理解爲“掌治京師”的内史把郡下的縣也置於其統治之下。應當將其與條文中存在那些衹適用於關中的條文結合起來進行考慮。如上所述，秦律從其增補的形式來看，是將古老的法律原樣保存下來，不能認爲這些書中引用的條文對南郡下轄縣也是原樣無條件適用。也就是説，可以認爲秦律在地方郡應當是準用的。這可能也和郡本來是在新奪取地區或國境上設置、防備他國侵略的臨時性質有關。但它也表明，從郡守方面來

① 《史記・秦始皇本紀》中有“十七年，内史騰攻韓，得韓王安，盡納其地，以其地爲郡”的記載（但《六國年表》中爲内史勝），另外蒙恬曾以内史的身份率領三十萬軍隊驅逐北方戎狄修築長城（《蒙恬列傳》）。鐮田重雄先生認爲，郡是在新獲得的領土或者國境設置的防備他國侵略的特殊軍政施行地區（鐮田重雄：《秦郡官制》），將郡守看成是一種軍政官。

② 《語書》是南郡守騰向下級縣、道發布的文書，《編年紀》中也有“十九年，□□□□南郡備敬（警）”（《編年紀》簡26，7頁）之語。

③ 《編年紀》簡11、13-14，6頁。

看,他在其所轄郡擁有很大的權力。[①]

(本文是昭和54年科學研究費獎勵研究A《形成時期中國官僚制的社會史研究》研究成果之一。)

追記:本文脱稿後,注中所引工藤先生報告中有關内史的部分已以《秦的内史——以睡虎地秦墓竹簡爲主》(《史學雜誌》90-3,1981)爲題發表。請一并參考。

(譯文由楊振紅審校)

① 南郡守騰發布的《語書》中有"故騰爲是而脩法律令田令及爲閒私方而下之"(《語書》簡4,15頁),其中的"田令"、"爲閒私方"可能是郡守在法律以外,因時制宜爲郡編纂的法令。

韓國羅州伏巖里出土百濟木簡的釋讀及其用途分析
——兼論7世紀初百濟的地方統治

【韓】東國大學校首爾校區歷史教育科　尹善泰著
中國社會科學院歷史研究所　戴衛紅譯

内容提要　羅州伏巖里木簡是首次在百濟地方遺址、而不是中央都城發掘的木簡,記載了不見於文獻史料的百濟户口編制方式、農業經營情况(量田及單位生産量),以及"郡—城"的行政體系等内容,意義重大。伏巖里木簡的年代可推定爲610年,木簡内容大部分爲户口或者與"郡—城"行政體系相關的文書,應是7世紀初百濟地方官府製作的。可據此在一定程度上復原百濟的户籍格式。百濟的"户"由複合家庭構成,每户單獨記録,記有"中口"、"小口"等,子女没有男女區别,衹按照年齡順序來登記。與已知的中國西魏大統十三年(547)和日本西海道(702)户口籍的書寫格式十分類似。西魏户籍樣式很可能通過7世紀末亡命的百濟文人傳播到古代日本。伏巖里地區即"豆肹城",應是7世紀初統轄軍那、半那等地的郡治。根據伏巖里木簡和古墓群提供的相關信息,可以推測出當時榮山江流域地方權力構造的變化過程。

關鍵詞　羅州　伏巖里　百濟　木簡　户籍　地方行政

一　前言

經過國立羅州文化財研究所2006–2008年的調查,在羅州伏巖里古墓群東部遺址和冶鐵遺址中同時出土了木簡、銘文陶器、硯臺等與百濟文字材料相關的遺物。對該遺址中出土的木簡(以下略稱“伏巖里木簡”),發掘機構在2009-2010年詳細介紹了遺址狀態、木簡文字的釋讀和用途等信息,[①]最近發表了報告書,對前三次的發掘調查狀況進行了整理。

伏巖里木簡是首次在百濟地方而不是在百濟中央都城發掘的,這一點意義重大。更重要的是木簡文字中有傳世文獻材料中没有的百濟户口編制方式、農業經營(量田及單位生産量)情况,以及關於“郡—城”的地方行政等具有劃時代意義的内容,從而引起學術界很大的關注。

在2010年10月28日國立羅州文化財研究所主辦的“6-7世紀榮山江流域與百濟”國際學術會議中,研究者們發表了有關伏巖里木簡的製作時期、簡文釋讀以及木簡用途等研究成果。此後有學者整理了會議的争論焦點。[②] 現將與本文主題相關的重要研究成果介紹如下:

第一,關於伏巖里木簡的製作主體和時期,根據木簡11[③] 上記載的“庚午年”可以判定爲610年,大體上是7世紀初百濟地方官府製作的。但會議上也有學者提出“庚午年”爲670年,[④]但從木簡出土層中有機物的C^{14}分析結果看,[⑤]“庚午年”爲610年的可能性更大。[⑥]

第二,伏巖里木簡爲了解百濟的户籍和基層社會形態奠定了基礎。雖然木簡2的破損嚴重,很難辨識簡的文字。但在這次會議上,明確了木簡2的文書書寫格式和内容中的“親族關係稱呼”,[⑦]有學者提出木簡是户籍文書,[⑧]得到了其他學者的贊成。[⑨] 另外,發掘方强調木簡5爲“百濟村落文書”,認爲它是管窺當時地方社會内部情况的重要材料。[⑩] 因此,木簡

① 金聖範:《羅州伏巖里遺迹出土百濟木簡和其他有文字的遺物》,韓國木簡學會《木簡和文字》第3輯,2009;金聖範:《羅州伏巖里木簡的判讀和釋讀》,韓國木簡學會《木簡和文字》第5輯,2010;金聖範:《羅州伏巖里遺迹出土木簡的判讀和意義》,震檀學會《震檀學報》第109輯,2010。

② 金昌錫:《羅州伏巖里出土木簡研究的争論焦點和課題》,公州大學百濟文化研究所《百濟文化》第45輯,2011。

③ 文中使用的伏巖里木簡的連續簡號和木簡的尺寸依據金聖範《羅州伏巖里木簡的判讀和釋讀》所載。伏巖里遺址共發掘出木製品65件之多,包括有文字的木簡。已有研究均以通過肉眼和紅外綫合成攝影能够釋讀其文字的13件爲中心。本文利用的衹是公開發表的木簡。

④ 金昌錫:《羅州伏巖里木簡的製作年代和帶方州的性質》,國立羅州文化財研究所《6-7世紀榮山江流域和百濟》,2010。

⑤ 對木簡出土層中的有機物進行C14試驗,測定的年代是6世紀末到7世紀前半期。因此,木簡的製作年代不可能晚至7世紀後半期。參見김혜정著《羅州伏巖里遺迹木簡的出土經過和遺址解析》,國立羅州文化財研究所《6-7世紀榮山江流域和百濟》,11-13頁。

⑥ 最初認爲“庚午年”爲670年的金昌錫最近也收回了原來的看法。參見金昌錫《羅州伏巖里出土木簡研究的争論焦點和課題》,公州大學百濟文化研究所《百濟文化》第45輯,105頁。

⑦ 平川南:《日本古代地方木簡和羅州木簡》,國立羅州文化財研究所《6-7世紀榮山江流域和百濟》,184頁。

⑧ 平川南:《日本古代地方木簡和羅州木簡》,185頁;尹善泰:《羅州伏巖里出土百濟木簡的用途》,國立羅州文化財研究所《6-7世紀榮山江流域和百濟》,159-162頁。

⑨ 金昌錫:《羅州伏巖里出土木簡研究的争論焦點和課題》,公州大學百濟文化研究所《百濟文化》第45輯,105-111頁。

⑩ 金聖範:《羅州伏巖里木簡的判讀和釋讀》,韓國木簡學會《木簡和文字》第5輯,165頁。

2 和木簡 5 是理解百濟户籍、賦役體制以及農業經營方式的一手材料。[①]

伏巖里木簡 2 和木簡 5 與扶餘宫南池木簡中的“西卩後巷”有密切聯繫。之前筆者以宫南池木簡爲基礎,提出“百濟户籍”的存在,并通過當時百濟實行“丁”、“中”制的事實考察了百濟户籍制度。[②] 這次伏巖里木簡 2 和木簡 5 的出土再次證明了這一點,從而可以更加具體地復原 7 世紀初百濟的户籍。

第三,伏巖里木簡爲檢討百濟的“郡—城”地方行政體系提供了基礎。有的學者認爲伏巖里木簡體現了百濟的“郡—城”地方行政體系,[③]伏巖里木簡中可以確認的與“郡—城”行政相關的木簡有數支,例如木簡 4 的“郡佐”和木簡 10 的“郡得分”等。對木簡中所見“郡”的位置,是否在木簡的出土地羅州伏巖里地區,學界提出了不同的意見。

通過伏巖里出土的木簡和宫旁出土的帶有“豆肹舍”銘文的陶器更加可以肯定,木簡出土的多侍面伏巖里地區即百濟時期的“豆肹”。[④] 百濟滅亡之後,唐朝非常重視豆肹地區的地位,在豆肹設置了帶方州。在這次學術會議上,有學者認爲 7 世紀初百濟時期也在豆肹地區設置了郡。[⑤] 然而,最近有學者提出了一種新見解,認爲發羅郡下轄豆肹縣;而依據新羅統一時期的郡縣制,半那郡是在今羅州市地區設置的郡。[⑥] 筆者曾認爲,以扶餘官北里和宫南池木簡中記録的百濟地名,以百濟“郡—城”體制來説明新羅統一時期郡縣制存在較大的問題,[⑦]伏巖里木簡進一步堅定了我的這一看法。這批材料的性質應引起研究者更多的關注。百濟木簡中有關地名的材料,不僅是百濟的歷史資料,也是研究百濟地方政權怎樣解體、新羅如何重建的重要材料。

以上介紹了目前伏巖里木簡研究的成果。本文第二部分將選取簡文中有關“户口”的材料,嘗試文字釋讀并論述其用途,以此爲基礎,復原 7 世紀初百濟户籍的格式并説明其淵源。由此可以看到,伏巖里木簡所反映的百濟在古代東亞世界的文化交流圈中占有一席之地。第三部分將考察與“郡—城”行政相關的木簡,探討 7 世紀榮山江流域百濟的地方統治方式。筆者期望本文能爲今後百濟户口編制方式、賦役體制,以及地方行政研究奠定基石。

---

① 洪承佑:《韓國古代律令的特徵》,首爾大學校大學院國史學科博士學位論文,2011,138-148 頁;金昌錫:《羅州伏巖里出土木簡研究的争論焦點和課題》,143-149 頁。伏巖里木簡發掘的最大意義,是爲百濟社會經濟史研究打下了堅實的基礎。

② 尹善泰:《木簡講述的百濟史話》,周留城,2007,172-180 頁。

③ 李成市:《羅州伏巖里木簡在韓國古代社會的地位》,國立羅州文化財研究所《6-7 世紀榮山江流域和百濟》, 108-113 頁;尹善泰:《羅州伏巖里出土百濟木簡的用途》, 167 頁。

④ 천관우:《高祖先史·三韓史研究》,一潮閣,1979,403 頁。

⑤ 李成市:《羅州伏巖里木簡在韓國古代社會的位置》,126-128 頁;尹善泰:《羅州伏巖里出土百濟木簡的用途》,173 頁。

⑥ 金昌錫:《羅州伏巖里出土木簡研究的争論焦點和課題》,104 頁。

⑦ 尹善泰:《木簡講述的百濟史話》,周留城,2007,210 頁。

二　與“户口”相關的木簡及百濟户籍復原

伏巖里木簡中與户口相關的有木簡 2 和木簡 5。首先我們來考察木簡 2。這枚木簡出土時,不僅上端和左右缺失,而且斷裂爲横、竪 7 塊。殘長 28.1cm,寬 5cm,厚 0.3cm。根據發掘小組公布的紅外綫照片,殘斷處的文字有互相交錯的地方(圖 1),因此部分文字難以準確釋讀。不過,由於對木簡中“丁”、“中口”、“小口”等文字的釋讀,研究者們没有异議,因此將它歸爲與户口有關的文書木簡,并無不妥之處。

現存竹簡上端儘管有毁損,但從殘存筆劃可以看到有 2 行墨迹。而且,從文字的内容和格式推測,該木簡長度原來應在 30cm 左右。木簡正面有文字,背面無文字。發掘小組的釋讀絶大多數是正確的,[①]在 2010 年學術會議上平川南先生進行了細緻的解讀,使文字内容更加明了。尤其是他將斷片進行綴合,可以看出第 2 行殘斷的字爲“妹”字,[②]這對於理解木簡 2 的整體書寫格式有很大幫助。不過,對某些字的釋讀和解釋還有進一步討論的餘地。由於有分歧的字對理解這枚簡至關重要,今後有必要對其進行更加縝密的釋讀。

“圖 1”木簡 2

木簡 2 釋文:[③]

［　］　兄將除［云］丁　［婦］中口二　小口四
　　　　X　　　　　　　　定
［　］　［　］兄定文丁　妹中口一　［　］
　　　　　　　　　　　益［中］口［　］

第一行的“［云］”字,學界有不同的釋讀,如釋爲“公”、[④]“之”、[⑤]“正”、[⑥]“云”,[⑦]但從字形來看與“云”字最爲接近。有學者將這個字釋爲“公”,將其與“新羅村落文書”中表示年齡等級的“除公”聯係起來,認爲百濟的年齡等級中

① 下文進行比較的發掘小組的釋文是金聖範在《羅州伏巖里木簡的判讀和釋讀》一文中提出的。

② 平川南:《日本古代地方木簡和羅州木簡》,184 頁。

③ 釋文中使用的符號如下:“□”爲無法釋讀的字;“［之］”一類,括號内的字是推測釋讀的;“［　］”是確認有墨痕,但無法釋讀,并難以確定有幾個字的部分;“定”字,雖然字形相似,但仍有不同的筆畫;“X”表示破損,“V”表示有“V”字形的缺口,“◎”表示穿孔。

④ 平川南:《日本古代地方木簡和羅州木簡》,184 頁。

⑤ 尹善泰:《羅州伏巖里出土百濟木簡的用途》,國立羅州文化財研究所《6-7 世紀榮山江流域和百濟》,159 頁。

⑥ 金昌錫:《羅州伏巖里出土木簡研究的争論焦點和課題》,107 頁。

⑦ 洪承佑:《韓國古代律令的特徵》,首爾大學校大學院國史學科博士學位論文,2011,140 頁。

“丁”之上有“除公丁”。[①] 但筆者認爲,即使這個漢字爲“公”,也不能據此推測有“除公丁”的年齡等級。“新羅村落文書”的“除公”是從“老公”這個詞派生出來的。“除公”意味着“排除在國家賦役之外的“公”,“公”這樣的尊稱後面再附上表示課役的“丁”字,從詞性上不可能。尤其是這與當時百濟實行丁中制、“丁”之外還設有“次丁”這一點相矛盾。[②] “[婦]”字,筆者在會上將其釋爲“婕”,現在接受平川南的建議,釋爲“婦”。[③]

第2行中的“妹”字,左邊殘留了“女”旁的上半部,右邊的上半截雖然看起來像“北”,但將這個字和同一行的“中口”等字進行比較,可發現墨迹的兩竪不是兩個筆劃,而是墨迹分裂後造成的,殘片綴合後可將中間的筆劃作爲一筆釋讀。平川南在會上公開了綴合的紅外綫照片,“妹”字很清楚,[④]而第2行中的“中口”下面殘留有墨痕,但無法釋讀。

第3行文字,發掘小組釋爲“益[中]口”,平川南衹釋出“益”字。最近筆者提出應釋爲“益中……”,[⑤]對此行的釋讀還需要謹慎。第3行位於1-2行末尾的“小口”下面,它應是有意識的記録格式,記録的内容是與1-2行有關聯的總括部分,是整體性記叙研。[⑥]

木簡2第1、2行中,“丁”字是對齊的,可以感覺到書寫者大概有末端對齊的書寫意識。平川南指出,像這樣以末端區分記録的木簡格式最終爲紙文書所沿襲,以便於對照。

關於木簡的内容理解,首先是1、2行的第一個字“兄”,兩次出現在“丁”字前。將其與下面的“丁、中、小”的格式聯繫起來看的話,很容易聯想到古代中國和日本户籍材料中每個人名前記録“和户主親屬關係”的書寫格式。筆者推測被毁損的木簡的兩行墨痕,可能記録的是這些親屬關係中的核心人物,即户主。

繼承户主的嫡子大體上是年長者,一般情況下“户主”後記録的是“弟”。若有記録兄的情況,則“從父兄”出現的情況較多;[⑦]也存在户主因爲年老、身體缺陷、疾病,或者户主變爲“耆老”,而由弟繼承的情況,所以户主之後記録“兄”也有可能;[⑧]還存在另外一種情況,即兄没有身體殘疾等特殊情況,而由弟弟繼承户主。[⑨] 因此,筆者認爲木簡2毁損的上半部分可

---

① 李成市:《羅州伏巖里木簡在韓國古代社會的位置》,120頁;平川南:《日本古代地方木簡和羅州木簡》,185頁。

② 假如這個字真是“公”字的話,我認爲“除公丁”應該斷開讀爲“除公(姓名)+丁(年齡等級)”。

③ 這個字的左邊爲“女”旁,右邊上半部分雖然作“⇉”,但由於下半部分的筆劃不清楚,因此也有可能釋爲“婕”字。

④ 筆者在會上發表的論文中,雖然也指出了紅外綫照片上的上述問題,但尚未想到將其剪貼後進行綴合。會上看到平川南先生綴合的紅外綫照片,深受震動。

⑤ 金昌錫:《羅州伏巖里出土木簡研究的争論焦點和課題》,106頁。

⑥ 第3行的“[中]口下”無法確定的那個字,雖然有可能是[一]字,但不能肯定,衹能留待以後研究。

⑦ 第2行“兄”前面可以看到墨迹。有可能記録的是“從父”。當然,如後文所述,“兄”的前面也可能是空白,作爲新的段落開始。

⑧ 日本學界圍繞“户主之兄”對户主地位的繼承進行過討論,參見水口幹記《户主地位的繼承》,《美濃國户籍的綜合研究》,東京堂出版,2003,113-116頁。百濟的材料雖然衹有這一例,但仍可以進行比較研究。

⑨ 比如,古代日本《御野國味峰間郡春部里太寶貳年户籍》中户主石足的事例(《寧樂遺文(上)》,31頁)以及《下總國葛餝郡大嶋鄉養老五年户籍》中户主孔王部三田次的事例(《寧樂遺文(上)》,20頁)值得關注。

能爲户主,"兄"和"丁"中間的"將除云"和"定文"可能是人名。[①]

下面筆者嘗試復原、解析此木簡的内容。該簡毀損的第2行中,記録了户主的家庭成員(或者户主)、姓名、丁;(户主的家族成員)婦(妻)、中口,小口的數字。它旁邊另起一行,有可能記録着户内的不同親族家屬。第1、2行殘存的是"兄"的親族家屬部分。從古代東亞户籍中也能找到這種"户"由"複合家屬"構成的事例。

根據上述推論,對宫南池出土的寫有"西卩後巷"的木簡也可能有新的理解。宫南池木簡第1行的"巳達巳斯丁 依活□□丁"和第2行的"歸人"下的"中口四 小口二"分開記録,[②]根據伏巖里木簡2的書寫格式,宫南池木簡中前兩名"丁"和"中口四 小口二"爲一户的可能性比較大。[③] 有學者認爲這可能和徵收賦税有關,詳細記録户内課口的丁的姓名,不課口的中口和小口没有男女區别,僅有總人數的記載。[④]

將伏巖里木簡2和宫南池木簡與當代東亞的户籍材料進行比較,便可對百濟户籍中的户口書寫格式進行某種程度的復原,并搞清楚其淵源。筆者認爲百濟户籍,户主的家口,户主兄弟(姊妹)的家口各按次序獨立記録,其中的中口、小口等所屬子女不分男女,祇按年齡來記録。

百濟户籍的户口部份復原格式:[⑤]

户主 姓名 丁(其他身份等,是否課役[⑥])

户主婦(妻)

户主子女 中,小

户主兄弟(姊妹)丁(其他身份等,是否課役)

户主兄弟(姊妹)妻(配偶)

户主兄弟(姊妹)子女 中,小

以上復原的百濟户籍格式,與現存的西魏大統十三年(547)户籍的格式很類似,[⑦]尤其是不課的口數不分男女,以中口、小口來合計的形式。

---

① 尹善泰:《羅州伏巖里出土百濟木簡的用途》,161頁;洪承佑:《韓國古代律令的特徵》,142頁。

② 對這枚宫南池木簡的解析討論,可參見洪承佑《韓國古代律令的特徵》,138-139頁。

③ 尹善泰:《木簡講述的百濟史話》,214頁。

④ 洪承佑:《韓國古代律令的特徵》,首爾大學校大學院國史學科博士學位論文,144頁。

⑤ 在復原的百濟户籍的格式中,字底下劃綫的部份是伏巖里木簡2殘存的部份。

⑥ 宫南池木簡中出現的"歸人"即歸化人。

⑦ 比如西魏大統十三年户籍中,户主白丑奴的户就是由其和弟弟武興的家庭構成的複合家庭(池田温《中國古代籍帳研究》,163-164頁)。其中有一點值得注意,即像木簡2一樣,户主白丑奴、妻、子,和弟弟武興、妻、子的家庭,是分開記録的。尹善泰著:《羅州伏巖里出土百濟木簡的用途》,國立羅州文化財研究所《6-7世紀榮山江流域和百濟》,162頁;洪承佑:《韓國古代律令的特徵》,首爾大學校大學院國史學科博士學位論文,144頁。

而且,從之後要討論的木簡5可知,“户口”之後記録的是“牛”的情況,考慮到西魏户籍在家庭成員中記録有奴婢等隸屬者,那麽百濟户籍的格式實際上與西魏户籍格式幾乎相同。對於百濟丁中制的來源,筆者一向主張百濟户籍受到西魏律令的影響,屬於西魏系統的百濟户籍也影響了古代日本“西海道户籍”,而且是後者的直接淵源。① 現在通過伏巖里木簡2和木簡5可以進一步佐證上述主張。

如果以上推論成立的話,那麽伏巖里木簡2便是當地官府以户籍爲基礎,選取特定户作成的户口文書。若第3行的“益”以下釋讀正確的話,可進一步明確此木簡是將現有户與已有户相比較,統計增減而製作的“户口損益帳”文書。②

此外,此簡第一行的下面寫着一個大的“定”字,字迹和其他字不同,屬於“不同筆迹追記”,③這是將木簡文書記録的内容與已有户籍相勘驗,進行確認的步驟,或者是文書行政上的確認步驟。④

接下來,我們分析木簡5。這枚木簡爲長方形,長18.5cm、寬2.7cm、厚0.6cm,上端有穿孔。現在仍可以看到上下兩端用刀修整過,但没有削平,是形態完整的簡。其正面、背面都有文字。從圖2可知,正面“祀”字的下半部分因爲孔眼而有毁損,由此可見是先寫文字後穿孔的。雖然無法確認背面文字是否爲穿孔後所寫,但由於文字没有因孔眼受損,因此或可推測是爲了穿孔,索性在木簡的中間部分書寫文字。關於背面文字的釋讀,研究者没有大的分歧,對正面的幾個字却有不同意見。這些字對推定木簡的用途十分重要,因此在釋讀時需要注意。⑤

圖2　木簡5

木簡5釋文:

	丁一	中[口一]
(正面)大祀◎	村[户]彌首上	作□[四]
	[傭]丁一	牛一
	涇水田二形得七十二石	[右]月三十日者
(背面)◎	畠一形的六十二石	

① 尹善泰:《木簡講述的百濟史話》,周留城,172-180頁。

② 第3行“益中…”和“前…”相比較,是合計特定户籍内容,對與之前户籍相比較的損益情況進行附加説明。

③ 簡文不同字的大小在1cm以内,而“定”字横長2cm,竪長2.6cm,差2倍,參見金聖範著《羅州伏巖里木簡的判讀和釋讀》,韓國木簡學會《木簡和文字》第5輯,2010,155頁。

④ 平川南:《日本古代地方木簡和羅州木簡》,國立羅州文化財研究所《6-7世紀榮山江流域和百濟》,2010,185頁;尹善泰:《羅州伏巖里出土百濟木簡的用途》,國立羅州文化財研究所《6-7世紀榮山江流域和百濟》,2010,160頁;金昌錫:《羅州伏巖里出土木簡研究的争論焦點和課題》,公州大學百濟文化研究所《百濟文化》第45輯,2011,108頁。

⑤ 學術會議上筆者的釋讀數字有錯誤,本文的釋文是筆者現在的看法。

得耕麥田一形半

木簡5可能和木簡2一樣,有意識地分段書書寫。現分段從左至右來釋讀文字。"[户]"字比較小。發掘小組釋讀爲"主",但從字形看分明存在兩筆竪劃。而且這個字的第一劃"丿"下有"口"字形狀的筆劃,因此釋爲"户"。[①] 另外,"首"後面的字,發掘小組釋爲"山",但字形更接近"上"。而且它的下段記載的是"丁"數,其後記録的中口數和牛數。簡的背面按順序記録了水田、畠(白田、旱田)的面積、收穫量及麥田的面積。最後一段記録了"[右]月三十日者",其中"右"字發掘小組釋爲"在"字。

關於這枚木簡的用途,現在學界有兩種不同的觀點。一種認爲它記録了大祀村的"户"(户主)彌首(或者是户主"□彌首")的户内勞動力及土地(面積和生産量),是爲了核準户等而製作的"户等定簿"類文書;[②]另外一種見解認爲,木簡正面記録的是勞動力情況,背面是將其勞動結果進行記録,即對穀物栽培的勞動按月分别報告的帳簿。[③] 最近有學者從第二種觀點出發,認爲這枚簡是户主"□彌首[山]"及其一部分户口成員被徵發到國家公有土地的水田、旱田耕作和收穫,以及到麥田的播種作業,并記録了"一個月30日"期間與徵發徭役有關的帳簿。[④] 筆者認爲第二種看法存在較大的問題。第一,若是徭役徵發,但木簡5記録有牛的情況。恕我寡聞,從未見過牛作爲徭役徵發的對象,在東亞也未見到這樣的事例。第二,現在還不清楚是否有徵收特定户地租的情况,但很難找到以户(包含丁、中口、牛等)爲單位徵發徭役、耕種公有土地的事例。而且,如果30日是使役天數的話,就不可能是徵收地租。第三,"作□[四]"名、"[傭]丁一"名、"中口一"名等,與一般的"丁"不同,若是"半役"的話,難以得出總共30日的使役天數。第四,所從事徭役勞動的對象不清楚。背面記録的"涇水田"、"畠"、"麥田"等是土地的種類,徵發勞動力在公有土地上進行徭役勞動的話,應該在徭役帳簿上逐一對應記録其土地的類型。第五,土地面積爲三形,即未滿九結。很難想象收穫這樣面積的穀物花費了七名勞動力30天的時間,對一形半的麥田播種30天時間也多。而且,在穀物的收穫和播種期内,國家徵發特定家户的七名勞動力整整一個月,完全不考慮這個家庭的再生産,也是問題之一。

我們重新分析木簡5的文字。首先正面第一行從"大祀村"村名開始。其上没有記録郡、城名,可能是其出土地"豆肹城"所屬的村名。[⑤] 第二段中的"户"即在編户籍的户和户主

---

① 與此相關,下一章中可以看到木簡3上記録有"户+人名"這樣的書寫。

② 尹善泰:《羅州伏巖里出土百濟木簡的用途》,163-165頁;洪承佑:《韓國古代律令的特徵》,144-146頁。

③ 李成市:《羅州伏巖里木簡在韓國古代社會的位置》,124頁;平川南:《日本古代地方木簡和羅州木簡》,196頁。

④ 金昌錫:《7世紀初榮山江流域的户口和農作——羅州伏巖里木簡的分析》,百濟學會《百濟學報》第6輯,161頁。

⑤ 和宮南池木簡的"西卩後巷"進行比較,可知中央的都城以"部"爲單位,其下轄"巷";地方以"城"爲單位,其下轄"村",百濟的户籍以此爲單位做成。

的略記,“彌首”是其姓名,“上”是“户等”,可解釋爲記録其户等爲“上户”。上文論及百濟户籍的淵源——西魏大統十三年户籍中,每户的第一行是按户主的名字、年齡、身份、户等這樣的順序記録的,也將户等略記爲上、中、下三等。① 其他學者即使未把這兩個字判定爲“户”和“上”,但一般仍將“□彌首□”部分理解爲户主。② 因爲如果不是一户的話,很難理解其内容。

第三段摘録了此户户口簿中“丁”(丁、作□、傭丁)的數量。“作□”、“傭丁”等與丁數分開記録,應不是這個家庭的親屬成員,從名稱上看是該户的依附人口。③ 上文復原百濟户籍時曾談到“丁”和“中”是分開來記録的,不僅是親族家庭成員而且依附人口等也以“丁”來分類,因此有必要注意“中口”前的記録。

第四段記録了中口數和牛的數量。“中”下面一字的右部已經毁損,僅留下一劃,與“口”的第一劃相類。從木簡 5 的格式看,“丁”後記録的是數字,因此筆者贊成將“口”之下的字釋讀爲“一”。④ 木簡 5 正面的第三段和第四段可與西魏的户籍相比較,西魏户籍也按家庭成員丁、中、小的年齡順序記録,即使是奴婢,亦在家庭成員中間按年齡大小插入;而且在户口簿的末尾將各户所有的牛數作爲一個獨立的項目記録。

背面第一段記録了水田、白田的面積和收穫量,第 3 行的“得耕麥田一形半”和前面幾行的格式不同,没有關於收穫量的記載,或許“得耕”是“新開墾”的意思。⑤ 這一部分可理解爲,大祀村彌首一户所有(以及耕作)的土地總面積(爲“四形半”)及其收穫量記録。

宫南池木簡已經確認百濟的土地面積單位爲“形”,而這枚簡中“形”的面積是與收穫量一起記録的。高麗成宗時,水田 1 結的收穫量大概爲 18 石至 7 石,⑥平均每結大概 12.5 石。百濟水田 1 形收穫約 36 石。⑦ 量制一般隨着時間的推移,有越變越大的傾向,因此百濟時期 1 形的土地面積不到高麗前期的 3 結。

學術界一般認爲,統一新羅和高麗前期“結”的面積大體相同。⑧ 根據《新羅村落文書》,695 年西原京附近的 4 個村落每户的土地面積平均在 10 結到 14 結左右。7 世紀初百濟豆肹

① 最近洪承佑也將這個字釋讀爲“上”,和前面的名字相分離。參見洪承佑《韓國古代律令的特徵》,首爾大學校大學院國史學科博士學位論文,144 頁。

② 洪承佑:《韓國古代律令的特徵》,首爾大學校大學院國史學科博士學位論文,144 頁。金昌錫:《7 世紀初榮山江流域的户口和農作——羅州伏巖里木簡的分析》,百濟學會《百濟學報》第 6 輯,151 頁。

③ 雖然釋讀有所不同,但金昌錫也認爲他們不是家庭成員,而是依附人口。參見金昌錫《7 世紀初榮山江流域的户口和農作——羅州伏巖里木簡的分析》,百濟學會《百濟學報》第 6 輯,151 頁。

④ 金昌錫:《7 世紀初榮山江流域的户口和農作——羅州伏巖里木簡的分析》,150 頁。

⑤ 會議討論時,平川南提出了米和麥兩茬播種的看法,但是没有記載來支持這種觀點。金昌錫將其解釋爲“播種麥種”。參見金昌錫《7 世紀初榮山江流域的户口和農作——羅州伏巖里木簡的分析》,161 頁。

⑥ 《高麗史》卷七八《食貨一・田制・租税》。

⑦ 有必要考慮不同社會經濟條件下白田的收穫量問題,但本文省略這樣的比較,擬另文討論。

⑧ 이우태:《古代度量衡的發達》,駕洛國史籍開發研究院《講座韓國古代史》第 6 輯,2002,327 頁。

城大祀村彌首户的所有水旱田面積包含新開墾地共有 4 形半,可換算爲 13.5 結。這個數字和《新羅村落文書》每户平均土地面積相符。

與之相關的是,宫南池木簡記録的西部後巷邁羅城法利源水田的面積爲數字。這個數字也與《新羅村落文書》每户平均土地面積近似。由此可推測,宫南池木簡也是以"(住所)西部後巷,(户主)姓名丁,(家庭成員中的丁)姓名丁,(需課役的)歸人,(不課口)中口、下口的人數,(土地)五形"這樣的書寫格式是從户籍中抽取出來的。筆者曾提出的宫南池木簡是從西部後巷特定户的户口簿和財産(土地)簿記録中抽取出來的看法,而以上的分析也支持了這點。①

同時,根據第二段的"[右]月三十日者"可以了解該木簡的製作日期。"右月"説明這個木簡前還有同一性質的木簡,可以理解爲和它同月的意思。這枚木簡上段有孔眼,可知它與同一性質的木簡按照順序編綴在一起,最終以其爲基礎作成紙質文書。然而,這個紙質文書的用途是什麽呢?

儘管彌首户中没有"小口",但也不能斷定木簡抽取到中口爲止。我們有必要把丁數、隸屬人數、中口數、牛數、田畝面積及收穫量的記録格式和製作這枚木簡的目的聯繫起來考慮。值得注意的是和以上格式類似的文書,有唐開元二十一年作成的《唐西州浦昌縣九等定簿》②:

肆户　下上户

户韓君行年七十二老　部曲知富年二十九　宅一堛采薗塢舍一所　車牛兩乘　青小麥捌碩　床穀四十碩

户宋克儁年十六中　婢葉力年三十五丁　宅一堛　采薗一畝　車牛一乘　牸牛大小二頭　青小麥五碩　床穀十碩

户範小義年二十三五品孫　弟思權年十九　婢柳葉年七十老　宅一堛　床穀拾碩

户張君政年四十七衛士　弟小欽年二十一白丁　賃房坐　床穀拾碩

已上并依縣

以上文書向我們展示了 733 年 12 月西州浦昌縣各户的户等核定文書中,爲了户等核定集計了哪些項目。現在可以看到,遺留的下上户 4 户有關的部分,户等集計需要的各户主要項目由五個部分構成:第一,丁的數量及隸屬勞動力的數量;第二,中的數量;第三,宅及采薗的數量;第四,牛的數量;第五,收穫量。這和木簡 5 的書寫格式差不多一致。爲了核定户等,木簡 5 正面從基礎的户籍材料中抽取出有關項目的數量,之後附加上當年"户彌首"的田

① 尹善泰:《木簡講述的百濟史話》,214 頁。

② 池田温:《中國古代籍帳研究》,"概觀・録文",東京大學出版會,1979,368 頁。

地面積及收穫量的調查,然後在背面并記。由此筆者認爲木簡 5 是爲了制成“户等定簿”而作爲基礎工作用的文書木簡。

從發掘地點來看,木簡 2 和木簡 5 與治鐵遺址相關聯,當然也可以看成是爲了冶鐵生産動員隸户而從户口簿中抽取出來的文書,但僅將木簡看成是與制鐵相關而製成的,是存在問題的。因爲在同一地點還出土了與“郡—城”行政相關的木簡以及官府陶器上銘刻的“豆肹舍”和“官内用”材料,和爲數頗多的“硯臺”等,因此有必要開闊視野,從百濟掌握户口和統治人民的角度出發,審視伏巖里木簡。對於伏巖里冶鐵遺迹及郎洞生活遺迹,我們也應該考慮其他的可能性。曾經認爲包含冶鐵遺迹的周邊建築物,有可能是製作以上户口文書木簡的豆肹城的官衙設施,由此伏巖里冶鐵遺迹可視爲豆肹城官衙設施内的冶鐵官府遺址。

三　與“郡—城”行政相關的木簡和豆肹城的地位

根據伏巖里木簡 4,可以瞭解百濟的“郡—城”行政關係。木簡 4 雖然形態完整,但是文字已經被損壞。雖然正、背面都有文字,但很難確定正面有幾個字、有幾行,現存文字的一部分被削刀刮削掉了[①]。其完整形態是韓國國内出土木簡中最大、最長的,長 60.7cm、寬 5.0cm、厚 0.5cm。

木簡 4 釋文:

(正面)　　　　　　　　[　　　]

·郡佐□□□　　　　　[　　　]　　　　　[　　　]文

(背面)　受米之及八月八日高支□記□□之好二□□又及告日□□

·賚之　　　　　　□□□□　　　　八月六日

對木簡 4 正面、背面的文字,發掘小組的釋讀大體上是正確的。但正面還可以確認有很多墨痕,可能被分成三段。很明顯,背面“受米之……”的句子能與正面文句連接。筆者認爲正面上端中央的墨書“郡佐□□□”相當於該文書木簡的標題,這之後另起一段,可能記載的是文書的主題。背面結束部分記載的文書木簡發出日期爲八月六日,而在文書内容中記載的是“及八月八日”,從内容上看,背面的文字可以理解爲“接收米到八月八日截止怎樣做,報告的日子(告日)帶來□□”的命令。[②]

① 金聖範:《羅州伏巖里木簡的判讀和釋讀》,韓國木簡學會《木簡和文字》第 5 輯,2010,161 頁。

② 李成市:《韓國古代社會的羅州伏巖里木簡的位置》,國立羅州文化財研究所《6-7 世紀榮山江流域和百濟》,2010,123 頁。學術會議上,雖然筆者將“賚”字釋讀爲“貢”,在此仍採納發掘組的意見,釋爲“賚”字。

在現存文獻中,“郡佐”没有記載,可能與“方領”下面的“方佐”相類,是郡將下的輔佐官吏。[①] 然而問題是,郡佐到底是該文書的發出者,還是該文書的受信人,比較模糊。[②] 與此相關的是這支長達60cm左右的木簡性質是什麼呢? 在學術會議上有的學者强調它和日本的“郡符木簡”類似。[③]

古代日本的“郡符木簡”大體上長60cm左右,製作成大小爲大尺2尺,郡向統治的地域社會下達郡符時,這個長度既象徵着權威,又容易被人看得到。[④] 百濟也在7世紀初期使用了大尺,[⑤]木簡4是百濟木簡中現存最長的,而且其長度和大尺2尺一致。考慮到百濟給古代日本木簡文化帶來的影響力,[⑥]木簡中“郡”在行政上的特點以及大尺2尺的長度,將木簡4與古代日本郡符木簡進行比較研究,是一個很有意義的切入點。

木簡4與日本郡符木簡特點類似,可能是某一個郡的郡佐給下轄地區下達的下行文書。如果那樣的話,木簡4的出土地“豆肹城”的行政地位則是某一個郡隸屬的“縣級城”,但是這一點不能輕率斷定。古代日本的郡符木簡大體上都是在郡家或者郡相關的官署設施裏發掘出來的,這意味着郡符木簡没有在受信處廢棄,而是重新返回發信處即相關的官衙處再廢棄。因爲郡符木簡主要爲了徵召民衆的目的而使用,徵召人和郡符木簡一起回到郡以後木簡就被廢棄了。

與此相關,木簡4背面“又及告日□□賫之”是一種命令,這一點也值得注意。或者有這種可能,即木簡4郡佐給下轄地區的徵召人發布命令後,徵召人執行命令後帶着木簡回到郡報告後,再將木簡廢棄了。若如此,木簡4的出土地“豆肹城”則是木簡4的發布者郡佐所在的地方,即是郡治。

雖然木簡4與古代日本的郡符木簡有相同特點,但是否使用了與之相同的廢棄方式,目前還不能確定。然而,除了木簡4外,伏巖里木簡中還有其他木簡顯示出“豆肹城”在當時爲“郡”,木簡10就是其中的一枚。

木簡10釋文:

(正面)·V 郡得分

(背面)·V□子□州久川米付

---

① 金聖範:《羅州伏巖里木簡的判讀和釋讀》,162頁。

② 會上,筆者將木簡4理解爲給郡佐的上行文書。之後吸取了李成市指出的和日本“郡符木簡”的形態上有連續性的見解,從而修正補充了原來的觀點。

③ 李成市:《韓國古代社會中羅州伏巖里木簡的位置》,國立羅州文化財研究所《6-7世紀榮山江流域和百濟》,123頁。

④ 以下對古代日本“郡符木簡”的論述是根據平川南的觀點。

⑤ 尹善泰:《木簡講述的百濟史話》,185頁。

⑥ 渡边晃宏:《日本古代的都城木簡和羅州木簡》,國立羅州文化財研究所《6-7世紀榮山江流域和百濟》。

這枚木簡上端兩旁有“∨”字形的缺口,下端越來越細呈尖形,長15.3cm、寬2.9cm、厚0.7cm。從以上形態特點來看,這枚木簡是爲了繫在物品上而製作的“附札”。正面的“郡得分”,可以解釋爲“郡得到的分”;背面可解釋爲“□子□州久川(地名)的米付(發送米)”,木簡10便是捆在從“□子□州久川”(地名)以“郡得分”名目發送的米袋上的標籤。這意味着這枚木簡出土地“豆肹城”在當時便是郡。[①]

然而,與伏巖里木簡所示“豆肹城”郡的地位不同,從《三國史記・地理四》百濟郡縣關係的記載中看,豆肹城位於現在羅州市的“發羅郡”轄下的“豆肹縣”,即它是郡下的縣。那麼,筆者前面對伏巖里木簡的研究是否錯了呢?《地理四》的百濟郡縣關係和新羅統一期的郡縣關係基本没有差异,它到底是不是如實反映了百濟當時地方行政關係呢?對此有必要進一步考察。首先,在百濟時期“縣”這一名稱不再使用,郡下的編制爲“城”。然而,《地理四》中的“郡—縣”編制真是百濟時期的地方行政材料嗎?我們對此表示懷疑。

與此相關,唐爲了扶植扶餘隆統治百濟故地而設置了所謂“都督府”,當時在榮山江流域實施唐的州縣制,這和新羅統一期的郡縣關係截然不同。根據《舊唐書》記載,百濟滅亡之前,有5方37郡200城,唐將其重組爲5都督府、37州和250個縣,郡和州的數量一致,百濟的郡差不多照原樣編制爲州。這一時期榮山江流域設置了帶方州,其下轄至留縣、軍那縣、徒山縣、半那縣、竹軍縣、布賢縣等6個縣。其中竹軍縣正是豆肹城,此地爲帶方州的州治所在。而且,若根據李丙燾所説布賢縣在今羅州市地區[②]的話,都督府時期半那郡(縣,羅州市)管轄豆肹縣,與統一新羅時期的郡縣體系不同,帶方州的豆肹地區反倒是包括布賢縣(半那郡地區)在内下轄軍那縣、半那縣等的行政區域,這一點比較明顯。

學術界將唐朝對原來的百濟地名漢化改名理解爲唐朝對百濟既有地方統治進行瓦解的過程,以後新羅在控制這一地區時,又恢復原來的百濟地名,重新用過去百濟的“郡—城”體系來掌控,因此百濟的“郡—城”體系原樣保留在新羅統一期的“郡—縣”體系中。[③] 然而隨着最近宮南池木簡中“邁羅城”、官北里木簡中“嵎夷”等記録百濟當時地名的木簡材料的增加,有學者指出以上認識存在問題。[④] 雖然《地理四》中“買那”和“嵎夷”是都督府時期開始出現的地名,但通過前面的木簡材料可知,它們實際上是7世紀時百濟已經使用的地名,這一點很清楚,伏巖里木簡1的“得安城”也同樣。以下將要介紹的木簡12和木簡3,也是説明榮山江流域百濟“郡—城”體系的重要材料。

---

① 李成市著:《韓國古代社會的羅州伏巖里木簡的位置》,國立羅州文化財研究所《6-7世紀榮山江流域和百濟》, 125頁;尹善泰:《羅州伏巖里出土百濟木簡的用途》,國立羅州文化財研究所《6-7世紀榮山江流域和百濟》, 175頁。

② 천관우:《高祖先史・三韓史研究》,一潮閣,1979,403頁。

③ 노중국:《百濟政治史研究》,一潮閣,2010,250-262頁。

④ 尹善泰:《木簡講述的百濟史話》,210頁。

木簡 12 釋文：

◎軍那德率至安

木簡 12 的大小爲長 19cm，寬 2.4cm，厚 0.5cm，上部有穿孔孔眼，可知爲附札。最近出土的百濟木簡中屢見"地名+官等+人名" 的記録格式，對於這枚木簡中出現的"軍那"，所有研究者都認爲是都督府時期帶方州下轄六縣之一的"軍那縣"。由此可知《地理四》中作爲"軍那"舊地名而記録的"屈奈"不是百濟的地名，"軍那"才是 7 世紀初百濟使用的。然而這并不是筆者注意這個木簡的原因，與之相比，還有更重要的原因。

與"軍那"地區相關的這枚木簡爲什麽在豆肹城廢棄了呢？考察這枚木簡的形態和文字，這枚木簡或是在軍那居住的德率至安在去豆肹城時爲確保他通行而隨身攜帶的附札，或者是軍那德率至安懸掛在發送到豆肹城物品上的標籤。就像帶方州時期豆肹城爲隸屬軍那的一個縣一樣，它也告訴我們在 7 世紀初百濟時期，軍那與豆肹城之間存在"郡—城"隸屬關係的可能性。支持筆者以上推論的還有另外一支木簡。這就是下述的木簡 3。

木簡 3 釋文：

(正面) [午]年自七月十七日至八月廿三日[ ]
·X 中[ ]毛羅 X
[半]那比高墻人等若 X

(背面) [ ]户智次 前巷奈率烏胡留 X
·X 夜之間徒 釵非頭扦率麻進 X
[ ]將法户菊次 又德率[ ]X

木簡 3 呈飯勺形狀，廢棄後被再利用，因此木簡的上、下端都有缺失。[①] 正面和背面都有文字，正面 3 行，背面分爲 2 段，每段 3 行，均殘留着文字。木簡 3 殘存長度爲 24.8cm，最寬的部分寬 4.5cm，厚 0.5cm。從圖 3 可知木簡 3 的特點，書寫者緊靠着木簡左右邊緣的地方書寫文字、中間留白相對較大。上端的正中間有一個孔眼，與宮南池 315 號木簡"佐官貸食記木簡"的書寫方式一樣。由於木簡的正中間是有意而爲的孔眼，故書寫者有意識地緊貼木簡左右邊緣書寫。圖 3 是反映其現狀的復原圖。

筆者認爲記録有"……午年"紀年的這一面是文書的正面。對於木簡的用途，研究者之間基本上不存在分歧，大體上認爲它是記録與"……午年從七月十七日到八月廿三日止半那比高牆人"相關的人事遴選和分配的文書木簡，而且"半那"與前面所説帶方州下轄的半那縣

① 金聖範：《羅州伏巖里木簡的判讀和釋讀》，韓國木簡學會《木簡和文字》第 5 輯，57 頁。

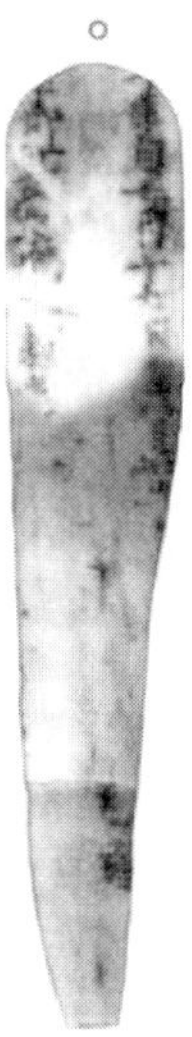

圖 3　木簡 3

爲同一個地名。[①]

從國家掌握户口(伏巖里木簡 5 的豆肹城"大祀村")與田地(宫南池木簡的邁羅城法利源)的單位是"郡—城"下的村,并以村爲基礎來編籍這一點出發,[②]"半那比高牆人"可理解爲"半那(城)的比高牆(村)的人"。伏巖里出土的這枚文書木簡體現出豆肹城能遴選、分配"半那"人事的行政地位,這一點與都督府時期帶方州(豆肹城地區)統轄軍那縣、半那縣等州縣統轄關係相類似。由此可以推測 7 世紀初的豆肹城,是在榮山江流域設置的管轄半那城、軍那城等的"郡"的行政治所。都督府時期的"州—縣"體系原樣繼承了 7 世紀初百濟的"郡—城"關係。爲了堵塞新羅通往百濟故地的要津,扶植扶餘隆、維持都督府統治的唐朝,并没有瓦解百濟既有的地方統治,而大體以原樣繼承的方式來運行都督府的州縣體制。伏巖里木簡如實反映了以上情況。

然而,滅亡百濟的新羅又有所不同。依據《三國史記・地理志》,新羅時管轄軍那、半那、發羅等的豆肹郡的地域關係解體,新羅把豆肹從行政上"郡"的行政地位降級成發羅郡下轄的豆肹縣。而且,將半那地區獨立出來,提高到郡的地位,從而確立了榮山江流域新的地方權力。新羅將大丘降級爲縣,壽昌郡變爲新的行政治所。過去瓦解達伐國地方權力的方式同樣用於榮山江流域;百濟進入榮山江流域時支援"伏巖里古墓"勢力,與瓦解"潘南古墓"既有權威的方式一脈相通。[③]

榮山江流域的地方權力構造隨着時間的流逝,可以推論如下:(1)榮山江流域以"潘南古墓群"爲象徵是傳統的"半那"勢力地方權力的頂點。(2)百濟 6 世紀以後榮山江流域勢力外延,爲了達到弱化半那既有勢力的目的,多侍面伏巖里一帶"豆肹"地區的勢力日漸成長。"伏巖里古墓群"便是其象徵。(3)百濟中央集權制下,"豆肹"以"郡"的形式管轄着"半那"、"軍那"、"布賢(發羅)"等城。這種"郡—城"的行政關係,延續到唐設置帶方州的都督府時期。(4)新羅滅亡百濟,爲了弱化這個地區的既有權力結構,提高百濟時受壓制的傳統半那勢力,從而將半那升格爲郡;而"豆肹城"被降級爲"縣",下轄於發羅郡。"豆肹"與管轄的軍那分離,軍那爲務安郡所轄。由此,以豆肹地區爲中心的百濟地域權力構造被新羅全面瓦解。(圖 4)

---

① 金昌錫:《羅州伏巖里木簡的製作年代和帶方州的性質》,國立羅州文化財研究所《6-7 世紀榮山江流域和百濟》,115 頁。

② 宫南池木簡的邁羅城"法利源"之類,雖不能一律視爲當時村單位的名稱,然而村、源、墻等爲多樣性的命名,依據《廣開土王碑》的"城—村"的標記,村作爲城的下一級地域單位的代表詞而使用。

③ 對此概括的説明請參考권오영《榮山江流域的甕棺古墳和前方"后苑墳"》,《百濟歷史和文化》,忠南歷史文化研究院,2008,520-521 頁。

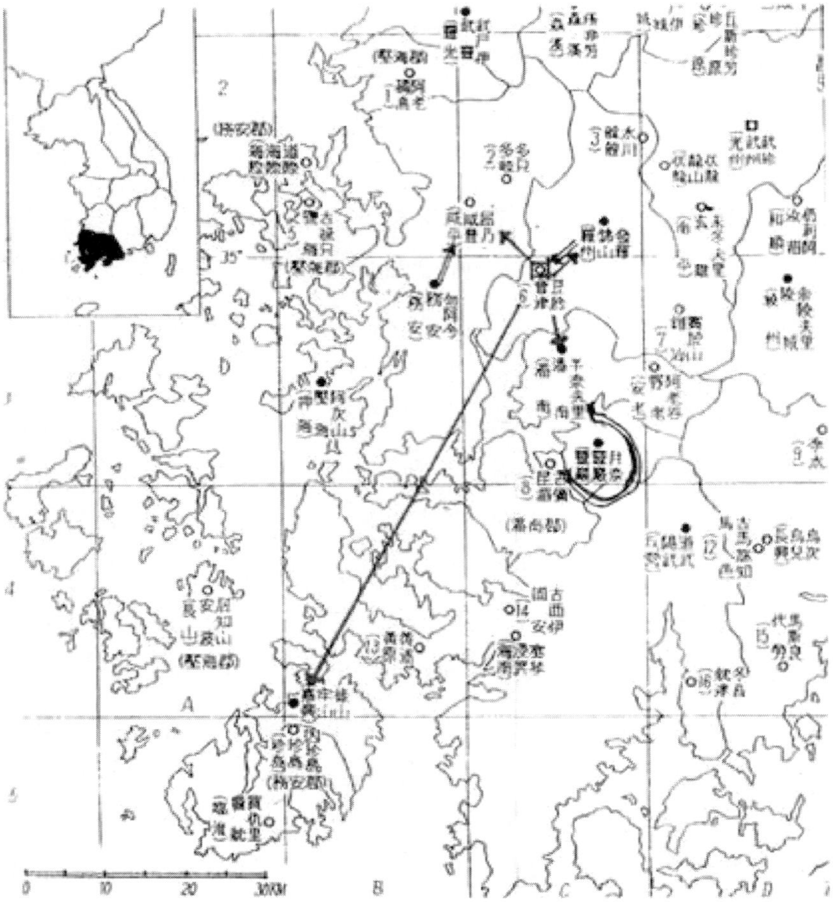

圖4　榮山江流域都督府時期的州—縣(單綫)關係和新羅統一期的郡—縣(複綫)關係

四　結論

伏巖里木簡不是在百濟中央都城,而是首次在地方遺址發掘的木簡。木簡上的文字記録了先前文獻材料中不能確認的百濟的户口編制方式、農業經營(量田及單位生産量),以及與"郡—城"行政體制相關的許多劃時代的内容,其意義重大。現將本文的分析結果整理如下:

首先,伏巖里木簡 11 中記録的"庚午年"可推定爲 610 年,木簡内容大部分爲户口或者與"郡—城"行政體系相關的文書,這些木簡文書應是 7 世紀初百濟地方官府製作的。

第二,伏巖里木簡爲理解百濟的"户籍"編制和基層社會的存在形態打下了基礎。根據木簡 2 和木簡 5,可以在一定程度上復原百濟的户籍格式。百濟的"户"由複合家庭構成,每個户單獨記録。各户中"中口"、"小口"的記録説明隸屬的子女在記録時没有男女區别,而衹有年齡之分。

百濟户籍的復原格式：

户主 姓名 丁(其他身份等,是否課役)
户主的婦(妻)
户主的子女 中,小
户主 兄弟 丁(其他身份等,是否課役)
户主兄弟的婦(妻)
户主兄弟的子女 中,小
户主姐妹
户主姐妹的配偶
户主姐妹的子女 中,小
課口的數(丁的數)
不課口的數(中口的數,小口的數)
牛的數
水田、旱田等的面積

這和現存的西魏大統十三年(547)户籍、日本的西海道户籍(702)的格式相類似。屬於西魏系列的西海道户籍記載格式極有可能是由7世紀末百濟滅亡後的流浪知識人傳播到古代日本的。

第三,伏巖里木簡爲研討百濟的“郡—城”地方行政體系提供了基礎。伏巖里木簡中可以確認的與“郡—城”行政相關的木簡有數支,比如木簡4的“郡佐”和木簡10的“郡得分”等。另外還有記録“軍那”的標籤和“半那人”等與力役統計相關聯的文書。木簡的出土地伏巖里地區,即“豆肹城”,應是7世紀初統轄軍那、半那等地的郡治。伏巖里木簡前後時期榮山江流域地方權力的變化過程可推論如下：

榮山江流域以“潘南古墓群”爲象徵,是傳統的“半那”地方權力的頂峰。百濟在6世紀以後將勢力擴張到榮山江流域,爲了弱化“半那”的既有勢力,支持了現在多侍面伏巖里一帶的“豆肹”地區的勢力,“伏巖里古墓群”便是其象徵。以後在百濟中央集權制下的“豆肹”作爲郡,管轄榮山江流域的半那、軍那、布賢(發羅)等城。這種“郡—城”行政關係一直持續到唐設置帶方州、都督府時期。

另一方面,新羅滅亡百濟後,爲了弱化榮山江流域已有的權力構造,將百濟時期受壓制的半那地區升爲“郡”,而將“豆肹”降爲縣,隸屬於發羅郡。這時,豆肹與原來管轄的軍那分離,軍那屬於務安郡。由此,百濟時期以豆肹地區爲中心的榮山江流域的地方權力構造被新羅全面瓦解。

筆者期望像伏巖里木簡這樣的百濟時期的木簡材料,不僅成爲研究百濟歷史,也成爲研究百濟原有地方權力構造怎樣解體、新羅如何重建的材料。

附録:《簡帛研究》文稿技術規範

《簡帛研究》文稿技術規範在原有基礎上進行了適當調整,從《簡帛研究二〇一四》輯開始執行,敬請同仁垂注。

一、作者投稿,敬請惠寄打印稿或電子稿(WORD+PDF 文檔)。文稿務請達到齊(内容提要、關鍵詞、正文、注釋均完整無缺)、清(整齊清晰)、定(係作者定稿)。

二、文稿全文繁體横排(如果需要保留格式,個別簡文可豎排)。標題下標出作者工作單位、姓名。如果是國外學者,請在工作單位前添加國别,并加“[ ]”,如[韓]。内容提要 300 字以内,關鍵詞 3—5 個。

三、文内分層或小節的標題數字順序依次是:一、,二、,三、,四、……;(一),(二),(三),(四)……;1.,2.,3.,4.……;(1),(2),(3),(4)……。文内一級標題漢字數碼後用頓號,後出標題題文,文内二級、四級標題後緊接標題,三級標題阿拉伯數字後加“.”。如:

一、名籍的格式

(一)物價波動狀況與换算失誤

1.臨潼銀鋌與安邑分司

(1)婺源縣的事例

四、爲突出引文的重要而另立段落者,引文第 1 行起首空 4 格,從第 2 行起,每行之首均空 2 格。引文的首尾不加引號。引文的注釋號標在引文最後標點之後。

五、系統在默認狀態下不能處理録入的文字,請造字或以圖片形式插入正文。

六、關於數字的用法:

(一)數字用法以國家技術監督局 1995 年 12 月公布的《出版物上數字用法的規定》爲基本依據,并考慮到本專業的特殊性。

(二)如下情形使用阿拉伯數字:

1.作者的一般性叙述。如:

漢武帝實行鹽鐵官營,在全國 40 個郡國中設立鐵官 49 處。

2.公曆世紀、年代、年、月、日。如:

1922 年 12 月初,顧頡剛到商務印書館編譯所任專任編輯。

3.公制的度量衡單位計數與計量,包括正負數、分數、小數、約數和百分比,各種物理量值。如:

中國歷史博物館藏唐武德元年銅權重 464.2 克。

清代農業人口占人口總數 90%以上,構成全國人口的主體。

4.表示順序號、數據及計量單位均用阿拉伯數字。

(三)如下情形使用漢字:

1.古籍文獻中的數字。如:

《晋書》卷一一《天文志上》:“古舊渾象以二分爲一度,凡周七尺三寸半分。”

2.古籍文獻中的卷數。如:

《册府元龜》卷三五《帝王部·封禪一》

3.中國朝代的年號及干支紀年使用漢字,其後加括號標出公元年代,但不寫出“公元”、“年”字。如:

乾道六年(1170),元狩四年(前 119)

4.數字作爲詞素構成定型的詞、詞組或慣用語。如:

相差十萬八千里,十之八九,四分五裂

5.帶有“幾”字的數字。如:

幾千年以來

七、文内標點符號用法

(一)標點符號以國家技術監督局 1995 年發布的《標點符號用法》爲依據。

(二)連接號“—”爲短横(一字綫),占兩個字符。

如:中國秦嶺—淮河以北地區屬温帶季風氣候。

(三)引文或行文中的省略號,前、後均不加逗號或句號。

如:《左傳》隱公十一年《傳》:“與鄭人蘇忿生之田……盟……”

八、表格需注明表題,文中含一個以上的表需注明表序號,表中或表後應注明資料來源。如:

表 1 明天啓元年(1621)北京五城鋪甲户數統計表

五城	鋪數	甲數(名)	户數(户)
中城	53	2544	25440
東城	173	3608	36080
南城	135	4330	43300
西城	101	3764	37640
北城	63	873	8730
合計	525	15119	151190

資料來源:《明熹宗實録》卷九。

九、注釋格式

(一)注文採用頁下注,每頁連續編號。

(二)注號採用阿拉伯圓圈數字,如:①、②、③。

(三)正文中的注號,無論隨文還是提行引用,一律標注在引號、逗號、分號、句號的後面。

(四)徵引古籍

1.徵引古籍標注一般順序:撰寫時代/撰寫者/著作名/卷數/版本/出版地點(出版社社名中已標示其所在地者,可不必再標地名)/出版社/年份/頁碼。影印古籍、未經今人整理的古籍亦出册頁。撰寫者時代以[ ]標出。如:

[宋]張齊賢:《洛陽縉紳舊聞記》卷五,文淵閣《四庫全書》本,上海人民出版社,1986,第231册,45頁。

2.習見古籍如二十四史、十三經、十通、《太平御覽》等書,徵引時可不出撰寫者時代和撰寫者。如:

《晋書》卷一四《地理志上》,北京:中華書局,1974,406頁。

《資治通鑑》卷一八五《唐紀一》貞觀元年,北京:中華書局,1956,5777頁。

(五)近人專著標注一般順序:責任者與責任方式/著作名/出版地點/出版社/年份/頁碼。

1.多卷本著作標明卷名,多人撰寫的著作應標出具體責任人。如:

林甘泉主編:《中國經濟通史·秦漢經濟卷》上册,第1章《緒論》(林甘泉撰寫),北京:經濟日報出版社,1999,8頁。

2.文集責任者與析出文獻責任者相同,省去文集責任者。如:

徐中舒:《殷人服象及象之南遷》,《徐中舒歷史論文選集》,北京:中華書局,1998,78頁。

3.文集責任者與文集析出者相同,但字面關係不明,可在文集前加上"收入其著"。如:

齊思和:《毛詩穀名考》,收入其著《中國史探研》,北京:中華書局,1981,24頁。

4.文集責任者與文集析出者不同,應標出責任人。如:

顧頡剛:《九州島之戎與戎禹》,中國社會科學院科研局組織選編《顧頡剛集》,北京:中國社會科學出版社,2001,101頁。

5.期刊文章標注順序:責任者與責任方式/著作名/期刊名/年期(或卷期,出版年月)。同名异地刊物應有區别説明。如:

潘明娟:《從鄭州商城和偃師商城的關係看早商的主都和陪都》,《考古》2008年第2期。

李濟:《創辦史語所與支持安陽考古工作的貢獻》,《傳記文學》(臺北)第28卷第1期,1976。

6.報紙文章標注順序:責任者與責任方式/著作名/報紙名稱、出版年月日/版次。如:

楊伯達:《東北夷玉文化板塊的男覡早期巫教辨》,《中國文物報》2008 年 4 月 9 日第 7 版。

7.網絡文章標注順序:責任者與責任方式/著作名/網站名稱/年月日。如:

邢義田:《漢代簡牘的體積、重量和使用——以中研院史語所藏居延漢簡爲例》(修訂稿),簡帛網,2008 年 4 月 5 日。

(五)外文文獻標注順序。西文專著:責任者與責任方式/著作名/出版地點/出版者/出版時間/頁碼。著作名用斜體,出版地點後用英文冒號,其餘各項間用英文逗點隔開。西文期刊:責任者與責任方式/著作名/期刊名/卷册及出版時間。著作名用英文引號標出,期刊名用斜體。引文跨頁用"pp. X–X"。日文、韓文等專著和期刊標注方式基本相同。日文、韓文等中的漢字請遵照其本來寫法,如發展的"發",日文寫作"発";"變"寫作"变","學"和"國"仍用簡體等。如:

T'ung-tsu Ch'ü, *Han Social Structure*. Seattle and London: University of Washington Press, 1972, p.121.

Brain E. Mcknight, *The Quality of Mercy: Amnesties and traditional Chinese Justic*. Honolulu: University Press of Hawaii, 1981, pp.37–72.

宮崎市定:《九品官人法の研究——科挙前史》,京都:同朋舎,1971,179 頁。

中村圭爾:《魏晋時代における"望"について》,《中國–社會と文化》2,1987,25 頁。

方東仁:《韓國의國境綫劃定研究》,首爾:一潮閣,1997,100 頁。

金文植:《조선후기지식인의자아인식과타자인식》,《大東文化研究》39,2001,19 頁。

(六)譯著格式:責任者國别/責任者與責任方式/翻譯者/著作名/出版地點/出版者/出版時間/頁碼。國别以[ ]標注,責任者需以括號標出本名,責任者和翻譯者間用逗點間隔。

譯文格式:責任者國别/責任者/翻譯者/著作名/刊名/出版時間或卷册。國别以[ ]標注,責任者需以括號標出本名,以書代刊出版物標出出版單位和時間。如:

[英]柯林伍德(R.C.Collingwood)著,何兆武、張文杰譯:《歷史的觀念》,北京:中國社會科學出版社,1986,155 頁。

[德]科卡(Juegen Kocka)著,景德祥譯:《全球化時代的社會史研究》,《史學理論研究》2007 年第 1 期。

[日]大庭脩著,徐世虹譯:《〈居延漢簡補編〉的出版》,《簡帛研究二〇〇一》,桂林:廣西師範大學出版社,2002,567 頁。

十、各朝代的簡帛資料,參照所引底本内容、格式、符號、標記、編號照録,或採用通行方法,如《吴簡研究》第 3 輯(北京:中華書局,2011,405 頁)附録的"吴簡徵引格式"。引用簡牘是否斷句、加標點,不做統一要求。

十一、其他

（一）凡徵引文獻以“參見”、“詳見”、“并見”等引導，責任人直接與文獻連接。如：

參見傅衣凌《明清社會經濟變遷論》，北京：人民出版社，1989，152 頁。

（二）同一文獻再次引用時，注釋中衹標出責任者、著作名和頁碼。一律不採用“前揭”、“前引”、“同前注”、“同上注”等。

（三）出版物的出版時間均採用公曆。

（四）需要標出基金項目、資助等，在文章標題後加注，注釋符號爲“ * ”號，在頁下脚注寫出説明性文字。

（五）文稿附加文字如鳴謝等置於全文後，另段標出。

徵稿簡約

一、本刊作爲中國社會科學院簡帛研究中心的專業性學術刊物，歡迎與下述内容相關的論文投稿：

1.出土簡帛的辨識、考證；2.根據出土簡帛考辨史實，研究中國古代的各種制度、思想文化以及社會發展狀況；3.有代表性的國外簡帛研究譯文；4.簡帛研究綜述；5.簡帛研究論著評論；6.簡帛研究論著索引。

二、本刊提倡嚴謹的學風，堅持“百花齊放、百家争鳴”的方針，堅持相互尊重的自由討論。本刊發表的文章均不代表本刊意見，由作者文責自負。

三、本刊衹接受首發投稿。已在正式出版物和網絡上刊發者，均不視爲首發。

四、來稿請提交一份文本稿，一份電子文稿（電子郵件或磁盤）。

五、本刊實行雙向匿名專家審稿制度。稿件中請勿出現作者個人信息。有關作者姓名、單位、聯繫方式等，請另紙提供。

六、本刊對刊登的稿件擁有爲期兩年的專有版權。作者如有异議和特殊要求，請於投稿時聲明。請勿一稿兩投。

七、本刊處理來稿期限爲60個法定工作日。逾期未接到通知，作者有權對自己的稿件另行安排。因本刊經費緊張，來稿一律不退，請作者自留底稿。

八、來稿請寫明作者真實姓名(發表時筆名聽便)、工作單位、職稱或職務、通訊地址、郵政編碼、電話號碼和電子郵箱，以便聯繫。

來函請寄：

北京市建國門内大街五號 中國社會科學院歷史研究所戰國秦漢史研究室

凌文超 收

郵編：100732

電子郵件請寄：jbyj2005@126.com